本书系：

国家社会科学基金重大项目（12&ZD199）阶段性成果
国家社会科学基金一般项目（14BJY084）阶段性成果
浙江省哲学社会科学规划重点项目（13NDJC004Z）阶段性成果
浙江省钱江人才计划社会科学类择优资助项目（QJC1302016）阶段性成果
浙江省教育厅科研项目（Y201224520）阶段性成果
浙江省技术创新与企业国际化研究中心重点资助项目阶段性科研成果
浙江工业大学人文社科预研基金重点项目（110307003708）阶段性成果
浙江工业大学中国中小企业研究院重点资助项目科研成果
浙江工业大学中小微企业转型升级协同创新中心重点资助项目科研成果
浙江省高校人文社科重点研究基地——技术经济及管理研究成果

课题支持单位：

浙江工业大学中小微企业转型升级协同创新中心
浙江工业大学中国中小企业研究院
国家工业与信息化部中小企业局
国家工业与信息化部中小企业发展促进中心
浙江省经济与信息化委员会（浙江省中小企业局）
杭州市经济与信息化委员会
中国技术经济学会
世界工业与技术研究组织协会（WAITRO）
浙江省哲学社会科学重点研究基地——技术创新与企业国际化研究中心

中小企业研究文库·主编 肖瑞峰 池仁勇
中小微企业转型升级协同创新中心
浙江工业大学中国中小企业研究院
浙江省哲学社会科学重点研究基地
浙江省高校人文社会科学重点研究基地

中国中小企业景气指数研究报告（2016）

Climate Index Report of Chinese SMEs 2016

池仁勇 刘道学 林汉川 秦志辉 等 著

中国社会科学出版社

图书在版编目（CIP）数据

中国中小企业景气指数研究报告.2016/池仁勇等著.—北京：中国社会科学出版社，2016.9
ISBN 978-7-5161-8904-7

Ⅰ.①中… Ⅱ.①池… Ⅲ.①中小企业—经济发展—研究报告—中国—2016 Ⅳ.①F279.243

中国版本图书馆CIP数据核字（2016）第217277号

出 版 人	赵剑英
责任编辑	卢小生
责任校对	周晓东
责任印制	王 超
出 版	中国社会科学出版社
社 址	北京鼓楼西大街甲158号
邮 编	100720
网 址	http://www.csspw.cn
发 行 部	010-84083685
门 市 部	010-84029450
经 销	新华书店及其他书店
印刷装订	北京君升印刷有限公司
版 次	2016年9月第1版
印 次	2016年9月第1次印刷
开 本	787×1092 1/16
印 张	27.75
插 页	2
字 数	441千字
定 价	100.00元

凡购买中国社会科学出版社图书，如有质量问题请与本社营销中心联系调换
电话：010-84083683
版权所有 侵权必究

《中国中小企业景气指数研究报告(2016)》课题组主要成员

组　　　长　池仁勇　林汉川　秦志辉

副　组　长　刘道学

主要执笔者（以姓氏笔画为序）

　　　　　　　王佳敏　王　梦　王黎萤　王国勇　刘道学
　　　　　　　池仁勇　汤临佳　李鸽翎　坎吉汗·阿西木
　　　　　　　吴　宝　宋煊懿　陈梦茜　范瑾瑜　林汉川
　　　　　　　金陈飞　郑　红　胡思闻　胡楚迪　秦志辉
　　　　　　　钱梦青　高雪晗　郭元源　黄萍萍　董　睿
　　　　　　　程宣梅　程　聪　谢安世　虞微佳　詹爱岚
　　　　　　　穆家柱

中国中小企业景气指数研究课题组
主要成员简介

池仁勇　管理科学与工程博士。浙江工业大学中国中小企业研究院执行院长、经贸管理学院教授，博士生导师，浙江省高校人文社科重点研究基地负责人，享受国务院政府特殊津贴专家。研究领域为中小企业创业管理、创新网络，是中国最早从事中小企业发展研究的学者之一。先后主持国家社会科学基金重大项目1项（12&ZD199），国家自然科学主任基金应急项目1项，国家自然基金项目3项及省部级课题10余项。在《管理世界》《科研管理》Small Enterprise Development 等国内外杂志发表论文100余篇。出版专著教材10余部。获中国科学技术协会"全国优秀科技工作者"称号，获教育部人文社会科学研究优秀成果奖二等奖1项，浙江省人民政府哲学社会科学优秀成果奖一等奖两项，浙江省科技进步三等奖、浙江省高校科研成果一等奖、二等奖各1项，2013年获美国中小企业协会（USASBE）年度会议企业家和公共政策最佳论文奖。现兼任中国技术经济研究会常务理事，世界工业与技术研究组织协会（WAITRO）常务理事，中国科学学与科学技术研究会理事。《中国中小企业发展年鉴》执行副总编，《浙江省通志：乡镇企业卷》常务副主编，中国中小企业景气指数研究课题组组长。

林汉川　经济学博士。对外经济贸易大学特级教授，博士生导师，校长顾问（学科建设），中小企业研究中心主任，享受国务院政府特殊津贴专家。任北京企业国际化经营研究基地首席专家，浙江工业大学中国中小企业研究院院长。主要研究方向为企业理论与企业制度、产业结构调整与企业国际化经营、中小企业发展与政策等。已公开发表论文200多篇，出版专著教材 20 多部。已主持 1 项国家社会科学基金重大项目（08&ZD039）和其他 11 项国家级项目，获得孙冶方经济科学奖、教育部人文社会科学研究优秀成果奖一等奖、北京市政府人文社科一等奖、蒋一苇企业改革与发展学术基金优秀著作奖、武汉市政府社科优秀成果一等奖与国家级精品课程奖、全国教学科学优秀成果奖等省部级以上科研与教学奖励 21 项。现兼任中国工业经济学会副理事长、中国企业管理研究会常务理事、中国商业联合会专家委员、中国国有资产管理学会理事等职。

秦志辉 经济学博士、研究员。现任工业和信息化部中小企业局副局长（正局长级），中国中小企业国际合作协会秘书长。先后主编《中国中小企业年鉴》《中外企业案例解析》《中小企业研究热点》《中国中小企业大讲堂》等多部著作，并在《人民日报》《经济日报》《中国经贸导刊》等报刊发表《小企业绝非责任"盲区"》《中小企业怎样做品牌》《快、准、灵是企业成功的秘诀所在》等多篇论文。先后主持全国人大财经委、国家发改委、财政部、工业和信息化部等委托的多项课题和规划。

刘道学 经济学博士，浙江工业大学中国中小企业研究院专职研究员，中国中小企业景气指数研究课题组副组长。主要研究方向为中小企业成长、区域产业经济。在国内外发表学术论著 30 余篇（部）。主持国家社会科学基金项目（14BJY084）、浙江省哲学社会科学规划重点项目（13NDJC004Z）、浙江省科技厅重点软科学研究项目（2012C25066）、浙江省"钱江人才"计划择优资助项目（QJC1302016）及浙江省技术创新与企业国际化研究中心重点课题等 7 项，同时参与国家社会科学基金重大项目及其他各级各类科研项目多项。作为主要参加成员获教育部人文社会科学研究优秀成果奖二等奖 1 项，浙江省人民政府哲学社会科学优秀成果奖一等奖两项。

丛 书 序

浙江省是中国中小企业最发达的省份之一。早在20世纪60年代，浙江广大农村就有很多社队企业发展，它们大多从事农副产品加工、农业机械修理、日用品生产等。改革开放以后，浙江农村乡镇企业成为中小企业的主要成分，在活跃城乡人民生活、增加市场竞争、增加城乡就业、活跃经济、区域经济增长、开展技术创新等方面发挥了不可替代的作用。浙江中小企业绝大多数是民营经济，它们经营机制灵活，市场信息灵敏，市场反应速度快，取得了很多成功经验。尤其是中小企业地域集聚形成的"块状经济"、"一村一品，一乡一品"的发展模式取得了很大成功，成为独特的浙江经济现象。浙江地方政策在扶持中小企业的发展，促进科技型中小企业发展，增强中小企业技术创新能力等方面，也做出了积极贡献。因此，研究浙江省中小企业发展经验，探讨中小企业发展方向与政策具有现实和理论意义。

浙江工业大学是中国最早开始研究中小企业的机构之一，早在20世纪80年代，以吴添祖教授带头的研究团队就开始研究中小企业的发展，是中国中小企业国际合作协会首届理事单位，先后承担十余项国家自然基金和国家社科基金项目等，培养了一支活跃于中小企业研究的科研队伍。浙江工业大学中小企业研究团队依托浙江省高校人文社科重点研究基地、浙江省哲学社会科学重点研究基地和2012年3月成立的中国中小企业研究院等研究平台，依托浙江省中小企业的实践，借鉴世界各国中小企业发展经验，在研究中小企业创新、产业集群、中小企业国际合作、中小企业政策、发展环境、中小企业融资、财务管理、市场营销、人力资源管理、中小企业劳工关系、中小企业知识产权保护等方面取得了开创性成就。

近年来，依托浙江工业大学中小企业研究理论，以开放性视野吸纳全国中小企业研究成果，逐渐出版"中小企业研究文库"，形成了一系列中小企业理论研究成果，在中国尚属首创，具有重要的现实与理论意义。期望以此为契机，推动中国中小企业理论研究向更高层次发展，为中小企业政策发展提供参考，为中小企业经营与发展提供理论支撑。

浙江省中小企业协会会长

2011 年 4 月

内 容 简 介

《中国中小企业景气指数研究报告（2016）》（以下简称研究报告）为中国中小企业景气指数研究的最新年度报告书，主体内容由四篇十六章构成。

第一篇为2015—2016年中国中小企业发展回顾与总体评述（第一章至第三章），主要聚焦近年来"新常态"背景下供给侧结构性改革、中小企业减负、P2P治理、不良资产处理等重点、热点问题，回顾了中国中小企业发展面临的国际国内新环境、发展动态及区域中小企业发展亮点（包括特色小镇、云计算中心及智能制造等），同时系统地梳理了2015年以来国家及各地方政府促进中小企业发展的最新政策与法规（包括国家中小企业发展基金、互联网融资、强化减税、商事制度、负面清单等）。

第二篇为2016年中国中小企业景气指数测评（第四章至第七章），是本书的核心部分。本报告书基于国内外相关最新前沿理论和中国中小企业发展的实际，通过确立宏观和微观、官方统计和非官方调研相结合的景气指数评价方法，收集选取统计数据、上市中小企业财务数据以及中小微企业景气监测问卷调查数据，采用主成分分析法—扩散指数法—合成指数法，计算出中国内地31个省份、七大地区及16个主要城市的中小企业综合景气指数，系统总结了中国中小企业总体发展及不同区域发展的最新现状和趋势。

第三篇为中国区域中小企业景气指数实证研究（第八章至第十章）。主要基于浙江中小微企业景气监测最新数据，计算出2016年浙江11市和主要行业中小企业景气指数，并针对当前浙江中小企业发展现状及主要问题进行了综合分析，提出相关对策与建议等。

第四篇为中国中小企业专题研究（第十一章至第十六章）。主要针对当前热点问题结合案例进行分析，包括"互联网+"中小企业创业创新专题、"中国制造2025"与中小企业转型升级专题、"工匠精神"与中小企业成长专题、中小企业减负专题、中小企业融资评价专题及"一带一路"与中小企业"走出去"专题。

　　本研究报告为浙江工业大学"中小企业研究文库"系列著作，是包括多项国家及省部级社会科学、自然科学重大重点科研项目的阶段性成果。全书由池仁勇、刘道学等策划统稿，是撰写团队持续开展中国中小企业景气指数研究协同攻关取得的最新标志性成果。本研究报告具有科学理论基础和可靠数据支撑，结合大量案例研究，深入分析中国中小微企业发展的最新景气状况和动态趋势，研究具有鲜明的现实针对性，可为政府决策、企业经营提供决策参考，具有较高学术价值和社会应用价值。

目 录

前 言 1

第一篇 2015—2016年中国中小企业发展回顾与总体评述

第一章 2015—2016年中国中小企业发展概况 3

第一节 2015—2016年中国中小企业发展环境 3
 一 世界经济复苏持续乏力 3
 二 中国国内经济向"新常态"平稳过渡 5
 三 2014—2015年中国中小企业发展环境评述 11

第二节 2014—2015年中国中小企业发展概况 13
 一 中小企业发展总体状况 13
 二 规模以上工业中小企业发展情况 15
 三 2015—2016年中国中小企业发展评述 16

第三节 2015年以来中国中小企业热点追踪 18
 一 供给侧结构性改革 18
 二 中小企业减负 19
 三 P2P治理 20
 四 中国制造2025 21

第二章 2015—2016年中国区域中小企业发展分析 23

第一节 中国区域中小企业发展环境与总体特征 23

  一 东部地区中小企业发展环境及特征 …………………… 23
  二 中西部地区中小企业发展环境及特征 ………………… 27
 第二节 中国区域中小企业发展比较分析 ……………………… 28
  一 东部、中部和西部三大区域的比较 …………………… 28
  二 各省份中小企业发展状况的比较 ……………………… 30
 第三节 各地中小企业发展亮点 …………………………………… 33
  一 东部地区 ………………………………………………… 33
  二 中部地区 ………………………………………………… 35
  三 西部地区 ………………………………………………… 37

第三章 2015—2016 年中国促进中小企业发展政策 …………… 39
 第一节 国家及各部委中小微企业发展扶持政策 ……………… 39
  一 中小企业财税金融扶持政策 …………………………… 39
  二 中小企业创业创新扶持政策 …………………………… 44
  三 中小企业公共服务平台政策 …………………………… 48
  四 中小企业国际化扶持政策 ……………………………… 52
 第二节 各地中小微企业发展扶持政策 ………………………… 54
  一 东部地区 ………………………………………………… 54
  二 中部地区 ………………………………………………… 57
  三 西部地区 ………………………………………………… 58
 第三节 重点政策解读与评述 ……………………………………… 60
  一 "大众创业，万众创新"进入 2.0 时代 ……………… 60
  二 中小企业众创空间培育政策 …………………………… 67
  三 供给侧结构性改革与中小企业发展 …………………… 69

第二篇 2016 年中国中小企业景气指数测评

第四章 中小企业景气指数的评价流程与方法 …………………… 75
 第一节 国外景气指数研究动态 …………………………………… 75
  一 经济周期波动与景气指数研究 ………………………… 75

二　企业与行业景气研究 …………………………………………… 77
　　三　景气监测预警研究 ……………………………………………… 78
第二节　国内景气指数研究动态 ………………………………………… 79
　　一　宏观经济景气循环研究 ………………………………………… 79
　　二　企业与行业景气研究 …………………………………………… 80
　　三　景气监测预警研究 ……………………………………………… 82
第三节　中国中小企业景气指数研究的意义 …………………………… 83
　　一　中国中小企业的重要地位与发展困境 ………………………… 83
　　二　中国中小企业景气指数研究的理论意义与应用价值 ………… 84
　　三　中国中小企业景气指数评价的经济意义 ……………………… 85
第四节　中小企业景气指数编制流程及评价方法 ……………………… 85
　　一　确定评价对象 …………………………………………………… 87
　　二　构建景气指数评价指标体系 …………………………………… 87
　　三　数据收集与预处理 ……………………………………………… 89
　　四　指标权重的确定 ………………………………………………… 89
　　五　景气指数的计算结果与分析 …………………………………… 89

第五章　2016 年中国中小企业景气指数测评结果分析 ……………… 91
第一节　2016 年中国工业中小企业景气指数测评 …………………… 91
　　一　评价指标的选取 ………………………………………………… 91
　　二　数据收集及预处理 ……………………………………………… 93
　　三　指标体系及权重的确定 ………………………………………… 93
　　四　2016 年中国省际工业中小企业景气指数计算
　　　　结果及排名 ……………………………………………………… 95
　　五　2016 年七大地区工业中小企业景气指数计算
　　　　结果及排名 ……………………………………………………… 98
第二节　2016 年中国上市中小企业景气指数测评 …………………… 100
　　一　指标体系构建及评价方法 ……………………………………… 100
　　二　2016 年中国省际上市中小企业景气指数排名分析 ………… 101
　　三　2016 年七大地区上市中小企业景气指数排名分析 ………… 104
第三节　2016 年中国中小企业比较景气指数测评 …………………… 105

　　　　一　2016年中国省际中小企业比较景气指数排名分析 …… 105
　　　　二　2016年中国七大地区中小企业比较景气
　　　　　　指数排名分析 …… 107
　　第四节　2016年中国中小企业综合景气指数测评 …… 108
　　　　一　计算与评价方法 …… 108
　　　　二　2016年中国省际中小企业综合景气指数排名分析 …… 108
　　　　三　2016年中国七大地区中小企业综合景气指数排名 …… 111

第六章　中国中小企业景气指数变动趋势分析（2012—2016） …… 113
　　第一节　中国省际中小企业景气指数变动趋势分析 …… 113
　　　　一　广东省 …… 113
　　　　二　浙江省 …… 114
　　　　三　江苏省 …… 115
　　　　四　山东省 …… 115
　　　　五　河南省 …… 116
　　　　六　北京市 …… 116
　　　　七　上海市 …… 117
　　　　八　福建省 …… 118
　　　　九　辽宁省 …… 118
　　　　十　河北省 …… 119
　　　　十一　安徽省 …… 119
　　　　十二　四川省 …… 120
　　　　十三　湖北省 …… 120
　　　　十四　湖南省 …… 121
　　　　十五　天津市 …… 121
　　　　十六　重庆市 …… 122
　　　　十七　江西省 …… 122
　　　　十八　陕西省 …… 123
　　　　十九　吉林省 …… 123
　　　　二十　贵州省 …… 124
　　　　二十一　广西壮族自治区 …… 124

二十二	云南省	125
二十三	山西省	125
二十四	新疆维吾尔自治区	126
二十五	甘肃省	126
二十六	海南省	127
二十七	西藏自治区	127
二十八	内蒙古自治区	128
二十九	黑龙江省	128
三十	宁夏回族自治区	129
三十一	青海省	129

第二节 七大地区中小企业景气变动趋势 … 130
  一 华东地区 … 130
  二 华南地区 … 130
  三 华北地区 … 131
  四 华中地区 … 131
  五 西南地区 … 132
  六 东北地区 … 132
  七 西北地区 … 133

第三节 2016年中国中小企业景气状况综合分析 … 133
  一 五大研究发现 … 133
  二 五大突出问题 … 136

第七章 2016年中国主要城市中小企业景气指数测评 … 138

第一节 评价方法与指标体系 … 138
  一 评价对象与评价方法 … 138
  二 样本的选取与指标体系 … 139
  三 分项指数与综合指数的计算结果 … 140

第二节 主要城市中小企业景气指数测评结果 … 143
  一 苏州市 … 143
  二 杭州市 … 144
  三 广州市 … 145

四　青岛市…………………………………………………………………… 145
　　五　成都市…………………………………………………………………… 146
　　六　郑州市…………………………………………………………………… 147
　　七　福州市…………………………………………………………………… 148
　　八　武汉市…………………………………………………………………… 148
　　九　石家庄市………………………………………………………………… 149
　　十　大连市…………………………………………………………………… 149
　　十一　长沙市………………………………………………………………… 150
　　十二　合肥市………………………………………………………………… 151
　　十三　昆明市………………………………………………………………… 151
　　十四　西安市………………………………………………………………… 152
　　十五　贵阳市………………………………………………………………… 153
　　十六　乌鲁木齐市…………………………………………………………… 154

第三篇　中国区域中小企业景气指数实证研究——浙江篇

第八章　浙江省中小微企业发展现状、问题与对策研究……………… 157
　第一节　浙江省中小微企业发展现状……………………………………… 157
　　一　企业发展活力增强，主体地位进一步巩固…………………………… 157
　　二　产业结构更加优化，"两化"融合进一步加快……………………… 158
　　三　企业研发投入加大，创新能力进一步增强…………………………… 159
　　四　国际化与本土化并驾齐驱，绿色成长趋向常态……………………… 159
　　五　集群化与城镇化互动发展，特色小镇粗具雏形……………………… 160
　第二节　浙江省中小微企业存在的主要问题……………………………… 161
　　一　融资难融资贵问题仍然突出，双链风险需要严防…………………… 161
　　二　用工成本居高不下，劳动力供需结构需要优化……………………… 161
　　三　精准服务提供不足，公共服务质量水平需要提高…………………… 162
　　四　企业生态不合理，大中小微企业协同关系需要改善………………… 162
　　五　企业家总体素质偏低，企业创新能力需要提升……………………… 164
　　六　实体经济增长动力不足，企业家信心需要提振……………………… 164

第三节　现阶段浙江中小微企业发展环境分析……………… 164
　　　　一　中小微企业发展面临的发展机遇……………… 165
　　　　二　中小微企业发展面临的系列挑战……………… 165
　　第四节　对策与建议……………… 167
　　　　一　切实加强组织领导……………… 167
　　　　二　加大政策扶持力度……………… 167
　　　　三　完善法制信用建设……………… 167
　　　　四　加强资源要素保障……………… 167
　　　　五　加强运行监测分析……………… 168

第九章　2016年浙江省区域中小企业景气指数测评——基于企业监测数据……………… 169

　　第一节　浙江省11个地市工业中小企业景气指数测评………… 169
　　　　一　评价指标选取及数据收集与预处理……………… 169
　　　　二　计算结果与排名……………… 170
　　　　三　趋势特点分析……………… 171
　　第二节　浙江省11个地市上市中小企业景气指数测评………… 172
　　　　一　评价指标选取及数据收集与预处理……………… 172
　　　　二　计算结果与排名……………… 173
　　　　三　趋势特点分析……………… 173
　　第三节　浙江省11个地市中小企业比较景气指数测评………… 174
　　第四节　浙江省11个地市重点监测企业景气指数测评………… 174
　　第五节　浙江省11个地市中小企业综合景气指数测评………… 176

第十章　2016年浙江省主要行业景气指数测评——基于行业监测数据……………… 178

　　第一节　评价指标体系……………… 178
　　第二节　数据收集与预处理……………… 179
　　　　一　数据收集及样本选取……………… 179
　　　　二　数据预处理……………… 179
　　　　三　行业景气指数的计算方法……………… 180

四　行业景气指数的计算结果 …………………………………… 181

第三节　浙江省主要行业景气指数波动趋势分析 ………………………… 181

　　一　橡胶和塑料制品业 …………………………………………… 181

　　二　纺织业 ………………………………………………………… 182

　　三　金属制品业 …………………………………………………… 183

　　四　通用设备制造业 ……………………………………………… 184

第四节　浙江省主要行业景气指数综合分析 ……………………………… 184

　　一　总体特征 ……………………………………………………… 184

　　二　指数波动原因分析 …………………………………………… 185

　　三　相关政策建议 ………………………………………………… 187

第四篇　2016年中国中小企业发展热点问题专题研究

第十一章　"互联网+"中小企业创新专题 …………………………… 191

第一节　战略意义及建设发展 ……………………………………………… 191

　　一　"互联网+"中小企业创业创新战略的重要意义 ………… 191

　　二　"互联网+"中小企业创业创新的现状 …………………… 194

第二节　主要发展模式 ……………………………………………………… 197

　　一　非正式组织"众包"强劲崛起 ……………………………… 197

　　二　众创空间高度活跃 …………………………………………… 199

　　三　浙江省"特色小镇"案例分析 ……………………………… 200

第三节　展望与对策建议 …………………………………………………… 202

　　一　未来展望 ……………………………………………………… 202

　　二　对策建议 ……………………………………………………… 209

第十二章　"中国制造2025"与中小企业转型升级专题研究 ……… 216

第一节　中国中小企业智能制造 …………………………………………… 216

　　一　中小企业在"中国制造2025"战略中的重要作用 ……… 216

　　二　中国中小企业在"智能制造"时代面临的挑战 ………… 218

　　三　中国中小企业借力"智能制造"实现转型升级

　　　　　的具体措施 …………………………………………………… 220
　第二节　浙江省"机器换人"助力中小企业转型升级 ………… 223
　　　一　浙江省"机器换人"助力中小企业转型升级的
　　　　　实施进程 …………………………………………………… 223
　　　二　浙江省"机器换人"助力中小企业转型升级的成效 … 225
　　　三　浙江省"机器换人"助力中小企业转型升级的问题 … 228
　　　四　浙江省"机器换人"再推进的政策建议 …………… 230
　第三节　中国中小企业科技成果转化 …………………………… 231
　　　一　中国中小企业科技成果转化模式 …………………… 232
　　　二　中国中小企业科技成果转化现状 …………………… 234
　　　三　促进中国中小企业科技成果转化的政策建议 ……… 240

第十三章　"工匠精神"与中小企业成长专题研究 ……………… 243
　第一节　呼唤"工匠精神"回归 ………………………………… 243
　　　一　呼唤"工匠精神"回归的背景、内涵及其历史使命 … 243
　　　二　"工匠精神"的中小企业实践——方太案例 ……… 247
　　　三　新经济常态下"工匠精神"回归的重点与难点 …… 249
　第二节　"专精特新"中小企业发展现状 ……………………… 251
　　　一　"专精特新"中小企业发展的政策体系 …………… 251
　　　二　"专精特新"中小企业发展现状、问题及建议 …… 254
　　　三　"专精特新"中小企业培育及典型发展实践 ……… 256
　第三节　转变发展方式提质增效 ………………………………… 262
　　　一　改革供给侧结构提质增效 …………………………… 262
　　　二　借助"互联网+"提质增效 ………………………… 264
　　　三　全面推行"精益管理"提质增效 …………………… 267

第十四章　中国中小企业减负专题研究 …………………………… 269
　第一节　减轻中小企业负担的相关政策措施 …………………… 269
　　　一　国家层面出台的中小企业减负政策 ………………… 270
　　　二　地区层面出台的中小企业减负政策 ………………… 275
　第二节　减轻中小企业负担的实施情况 ………………………… 279

一　全国范围减轻中小企业负担的实施情况……………………279
　　二　各省市减轻中小企业负担的实施情况……………………284
　第三节　减轻中小企业负担的实施成效及完善措施……………………289
　　一　减轻中小企业负担的实施成效……………………………289
　　二　减轻中小企业负担的改进建议……………………………291

第十五章　中小企业融资评价专题研究……………………………294

　第一节　2015年全球中小企业创业融资趋势分析……………………294
　　一　全球中小企业面临的宏观经济环境………………………294
　　二　全球中小企业信贷融资国际比较…………………………296
　　三　全球中小企业信贷份额国际比较…………………………298
　　四　全球中小企业信贷获取国际比较…………………………300
　　五　全球中小企业股权融资国际比较…………………………304
　　六　资产支持融资活动…………………………………………306
　　七　延期支付、破产率与不良贷款……………………………309
　第二节　2015年OECD中国中小企业创业融资报告……………………314
　　一　中国中小企业在国民经济中的地位………………………314
　　二　中小企业借贷总体情况……………………………………317
　　三　中小企业信贷环境变化……………………………………318
　　四　股权融资市场培育…………………………………………319
　　五　替代金融和其他指标………………………………………320
　第三节　2015年中国中小企业创业融资政策评价………………………323

第十六章　"一带一路"与中小企业"走出去"专题研究……………333

　第一节　"一带一路"背景下的中国中小企业国际化…………………333
　　一　"一带一路"战略下的中国中小企业国际化现状…………333
　　二　中国中小企业国际化面临的新问题………………………335
　第二节　中国中小企业国际化案例分析…………………………………336
　　一　卧龙控股集团有限公司概况………………………………336
　　二　卧龙控股集团海外投资并购………………………………337
　　三　卧龙并购效果总结…………………………………………344

2015 年中国中小企业大事记 …………………………………… 345

附表　2016 年中国中小企业景气指数测评数据 …………………… 360

参考文献………………………………………………………………… 394

图 目 录

图1-1　OECD国家综合领先指数及全球制造业PMI指数变动趋势 … 4
图1-2　世界发达经济体及新兴经济体各季度GDP …………… 4
图1-3　中国2014—2016年第一季度GDP增长状况 …………… 6
图1-4　中国2014—2016年第一季度固定资产投资发展状况 ……… 7
图1-5　中国2015—2016年第一季度社会消费状况 …………… 8
图1-6　中国2015—2016年城乡居民收入状况 ………………… 9
图1-7　中国2015—2016年第一季度进出口状况 ……………… 10
图1-8　中国2015—2016年第一季度居民消费价格指数及工业
　　　　生产者出厂价格指数情况 ………………………… 11
图2-1　中国东部、中部和西部中小企业数量 ………………… 29
图2-2　中国东部、中部和西部中小企业外向度比较 …………… 30
图2-3　中国东部、中部和西部中小企业总资产利润率比较 …… 30
图2-4　中国各省份中小企业数量比较 ………………………… 31
图2-5　中国各省份中小企业出口交货值比较 ………………… 31
图2-6　中国各省份中小企业就业人口比较 …………………… 32
图2-7　中国各省份中小企业总资产利润率比较 ……………… 32
图2-8　中国各省份中小企业上缴税金比较 …………………… 33
图4-1　中国中小企业景气指数编制流程 ……………………… 86
图5-1　2016年中国省际工业中小企业景气指数 ……………… 97
图5-2　2016年中国七大地区工业中小企业景气指数 ………… 99
图5-3　2016年中国省际上市中小企业景气指数 ……………… 103
图5-4　2016年中国七大地区上市中小企业景气指数 ………… 105
图5-5　2016年中国省际中小企业比较景气指数 ……………… 107

图 5-6	2016年中国省际中小企业综合景气指数及平均指数	110
图 5-7	2016年中国省际中小企业综合景气指数排名分布	110
图 5-8	2016年中国七大地区中小企业综合景气指数	111
图 5-9	2016年中国七大地区中小企业综合景气指数排名分布	112
图 6-1	广东省中小企业综合景气指数趋势	114
图 6-2	浙江省中小企业综合景气指数趋势	114
图 6-3	江苏省中小企业综合景气指数趋势	115
图 6-4	山东省中小企业综合景气指数趋势	116
图 6-5	河南省中小企业综合景气指数趋势	116
图 6-6	北京市中小企业综合景气指数趋势	117
图 6-7	上海市中小企业综合景气指数趋势	117
图 6-8	福建省中小企业综合景气指数趋势	118
图 6-9	辽宁省中小企业综合景气指数趋势	118
图 6-10	河北省中小企业综合景气指数趋势	119
图 6-11	安徽省中小企业综合景气指数趋势	119
图 6-12	四川省中小企业综合景气指数趋势	120
图 6-13	湖北省中小企业综合景气指数趋势	120
图 6-14	湖南省中小企业综合景气指数趋势	121
图 6-15	天津市中小企业综合景气指数趋势	121
图 6-16	重庆市中小企业综合景气指数趋势	122
图 6-17	江西省中小企业综合景气指数趋势	122
图 6-18	陕西省中小企业综合景气指数趋势	123
图 6-19	吉林省中小企业综合景气指数趋势	123
图 6-20	贵州省中小企业综合景气指数趋势	124
图 6-21	广西壮族自治区中小企业综合景气指数趋势	124
图 6-22	云南省中小企业综合景气指数趋势	125
图 6-23	山西省中小企业综合景气指数趋势	125
图 6-24	新疆维吾尔自治区中小企业综合景气指数趋势	126
图 6-25	甘肃省中小企业综合景气指数趋势	126
图 6-26	海南省中小企业综合景气指数趋势	127
图 6-27	西藏自治区中小企业综合景气指数趋势	127

图6-28	内蒙古自治区中小企业综合景气指数	128
图6-29	黑龙江省中小企业综合景气指数	128
图6-30	宁夏回族自治区中小企业综合景气指数	129
图6-31	青海省中小企业综合景气指数	129
图6-32	华东地区中小企业综合景气指数趋势	130
图6-33	华南地区中小企业综合景气指数趋势	130
图6-34	华北地区中小企业综合景气指数趋势	131
图6-35	华中地区中小企业综合景气指数趋势	131
图6-36	西南地区中小企业综合景气指数趋势	132
图6-37	东北地区中小企业综合景气指数趋势	132
图6-38	西北地区中小企业综合景气指数趋势	133
图6-39	中国中小企业景气平均指数的波动趋势	134
图7-1	2016年中国主要城市中小企业综合景气指数及排名	142
图7-2	苏州市中小企业综合景气指数变化趋势	143
图7-3	杭州市中小企业综合景气指数变化趋势	144
图7-4	广州市中小企业综合景气指数变化趋势	145
图7-5	青岛市中小企业综合景气指数变化趋势	146
图7-6	成都市中小企业综合景气指数变化趋势	147
图7-7	郑州市中小企业综合景气指数变化趋势	147
图7-8	福州市中小企业综合景气指数变化趋势	148
图7-9	武汉市中小企业综合景气指数变化趋势	149
图7-10	石家庄市中小企业综合景气指数变化趋势	150
图7-11	大连市中小企业综合景气指数变化趋势	150
图7-12	长沙市中小企业综合景气指数变化趋势	151
图7-13	合肥市中小企业综合景气指数变化趋势	152
图7-14	昆明市中小企业综合景气指数变化趋势	152
图7-15	西安市中小企业综合景气指数变化趋势	153
图7-16	贵阳市中小企业综合景气指数变化趋势	153
图7-17	乌鲁木齐市中小企业综合景气指数变化趋势	154
图9-1	2015年浙江省11个地市工业中小企业景气指数及排名	170
图9-2	2016年浙江省10个地市上市中小企业景气指数	173

图9-3	2016年浙江省11个地市中小企业比较景气指数	174
图9-4	2015年浙江省11个地市重点监测中小企业景气指数排名	176
图10-1	浙江省橡胶和塑料制品业景气指数趋势	182
图10-2	浙江省纺织业景气指数趋势	183
图10-3	浙江省金属制品业景气指数趋势	183
图10-4	浙江省通用设备制造业景气指数趋势	184
图10-5	浙江省中小微企业四大行业景气指数比较	185
图11-1	碎片化创新和生产模式	198
图12-1	2001—2014年中国技术合同交易额	236
图12-2	2003—2014年中国技术合同交易额占GDP的比重	237
图12-3	2006—2014年中国各类技术单项合同交易额	239
图13-1	2011—2015年中国企业互联网应用比例	265
图13-2	2011—2014年中国中小企业互联网应用比例	265
图15-1	2012—2014年各国中小企业贷款抵押品需求趋势	303
图15-2	2009—2013年中国中小企业贷款和商业贷款总额	330
图15-3	2009—2014年中国国家开发银行对中小企业贷款总额	330
图15-4	2009—2013年中国中小企业不良贷款及总额	331
图15-5	2013—2014年中国中小企业利率及利差	331
图15-6	2010—2013年中国风险资本和投资增长情况	331
图15-7	2009—2013年中国抵押贷款占中小企业贷款总额的比例	332
图16-1	并购前的ATB集团	339

表 目 录

表 1-1　2002—2015 年全国私营企业发展情况 …………………………… 13
表 1-2　2002—2015 年全国个体工商户发展情况 …………………………… 14
表 1-3　2001—2014 年全国规模以上中小型工业企业主要
　　　　经济指标比较 ………………………………………………………… 16
表 3-1　中小企业发挥专项资金支持重点和支持方式 ……………………… 40
表 3-2　2015 年国家层面中小企业财税金融重要政策一览 ………………… 42
表 3-3　2015 年国家层面中小企业创业创新重要政策一览 ………………… 46
表 3-4　2015—2016 年国家层面中小企业公共服务平台建设的
　　　　重要政策一览 ………………………………………………………… 50
表 3-5　2015—2016 年国家层面中小企业国际贸易的
　　　　重要政策一览 ………………………………………………………… 53
表 3-6　2015—2016 年东部地区中小企业扶持政策汇总 …………………… 54
表 3-7　2015—2016 年中部地区中小企业扶持政策汇总 …………………… 57
表 3-8　2014—2016 年西部地区中小企业扶持政策汇总 …………………… 59
表 3-9　2015—2016 年国务院常务会议关于"两创"的相关议题 ………… 61
表 3-10　2015—2016 年有关"两创"的重要政策汇总 …………………… 65
表 3-11　中国各地区建设中小企业众创空间的重要政策一览 …………… 68
表 3-12　供给侧结构性改革与中小企业发展相关政策一览 ……………… 70
表 4-1　中国中小企业景气指数分类指数指标及样本数据 ………………… 88
表 5-1　工业中小企业景气指数选取指标 …………………………………… 91
表 5-2　工业中小企业景气数据样本的地区分布 …………………………… 93
表 5-3　工业中小企业景气指数基准指标 …………………………………… 94
表 5-4　工业中小企业景气指标类型时差分析结果 ………………………… 94

表 5-5	工业中小企业景气评价指标的权重	95
表 5-6	2016 年中国省际工业中小企业景气指数	96
表 5-7	2016 年中国七大地区工业中小企业景气指数	99
表 5-8	2016 年中国省际上市中小企业景气指数	102
表 5-9	2016 年中国七大地区上市中小企业景气指数排名	104
表 5-10	2016 年中国省际中小企业比较景气指数	106
表 5-11	2016 年中国七大地区中小企业比较景气指数排名	107
表 5-12	2016 年中国省际中小企业综合景气指数排名	109
表 5-13	2016 年中国七大地区中小企业综合景气指数排名	111
表 7-1	2016 年中国主要城市中小企业景气指数分项数据及综合指数	141
表 9-1	浙江省 11 个地市工业中小企业景气指数	170
表 9-2	2016 年浙江省 10 个地市上市中小企业景气指数排名	173
表 9-3	浙江省 11 个地市重点监测中小企业景气指数	175
表 9-4	2016 年浙江省 11 个地市中小企业综合景气指数排名	176
表 9-5	2016 年浙江省 11 个地市中小企业综合景气指数	177
表 10-1	浙江省中小微企业行业景气评价指标	178
表 10-2	浙江省中小微企业分行业监测企业数量情况	180
表 10-3	浙江省中小微企业四大主要行业景气指数	181
表 11-1	2013—2015 年资本市场中小企业数量	192
表 12-1	2015—2016 年与"智能制造"密切相关的政策解读	220
表 12-2	2013—2016 年浙江省以"机器换人"为主的技术改造投资增长情况	225
表 12-3	2015—2016 年浙江省"机器换人"分行业推进名单	226
表 12-4	企业"机器换人"途径	227
表 12-5	中小企业科技成果转化模式比较一览	233
表 12-6	高新技术产业中小企业 R&D 相关人员情况一览	235
表 12-7	中国高新技术企业主要经济指标（2007—2013 年）	235
表 12-8	中国创业风险投资企业（基金）总量及增量（2006—2014 年）	238
表 14-1	国家关于企业减负的综合政策汇总	270

表 14-2	近几年来各地区加强涉企收费管理及减轻企业负担措施情况	276
表 14-3	全国减轻企业负担工作座谈会的具体内容	280
表 14-4	全国减轻企业负担政策宣传周活动的具体内容	282
表 15-1	2007—2014 年各国实际 GDP 增长率及 2015—2016 年的预测值	294
表 15-2	2008—2014 年各国中小企业贷款业务增长率	296
表 15-3	2007—2014 年各国中小企业贷款占所有商业贷款的比例	298
表 15-4	2013—2014 年各国中小企业贷款余额和信贷市场情况的变化趋势	300
表 15-5	2007—2014 年各国中小企业银行借贷的平均利率	301
表 15-6	2007—2014 年各国中小企业拒贷率走势	303
表 15-7	2007—2014 年各国风险投资金额变化情况	305
表 15-8	2007—2014 年各国融资租赁情况（以 2007 年为基准）	307
表 15-9	2007—2014 年各国中小企业保理业务量（以 2007 年为基准）	308
表 15-10	2007—2014 年各国中小企业延期付款的变化情况	310
表 15-11	2007—2014 年各国中小企业破产率变化情况	312
表 15-12	2007—2014 年各国中小企业不良贷款率	313
表 15-13	2008 年中国中小企业的规模分布	314
表 15-14	中国大中小微型企业划分标准	315
表 15-15	2015 年中国中小微企业拒贷率	319
表 15-16	中国影子银行体系中民间借贷的温州指数（调查于 2015 年 7 月 8—14 日）	320
表 15-17	2014 年中国互联网金融的发展成果	322
表 15-18	2007—2014 年中国中小企业融资评价情况一览	325
表 15-19	中国中小企业融资评价指标定义	328

前　言

2015年以来，中国中小企业总体保持增长态势，创业创新活力不断激发。据国家工商总局的最新资料，2015年，全国新登记企业443.9万户，平均每天新登记企业1.2万户，同比增长21.6%，注册资本（金）29万亿元，同比增长52.2%，均创历年新登记数量和注册资本（金）总额新高。截至2015年年底，全国实有各类市场主体7746.9万户，比上年增长11.8%，注册资本（金）175.5万亿元，增长35.8%。据统计，中国中小企业完成了80%的新产品开发、75%的技术创新和65%的发明专利。可见，中小企业是实施"大众创业、万众创新"的重要载体，在增加就业、促进经济增长、科技创新与社会和谐稳定等方面具有不可替代的作用，对国民经济和社会发展具有重要的战略意义。

但是，随着中国经济发展进入L形新常态，增速减缓带来的下行压力加大，部分中小企业特别是小微企业订单不足，生产经营困难，主营业务收入、利润总额等增速有所回落，融资难融资贵问题仍然存在。国家高度重视中小企业发展面临的各种困难，近年来出台实施了一系列稳增长、促改革、调结构、惠民生、防风险的政策措施，为中小企业持续健康发展创造了许多新的有利条件。

2016年是中国"十三五"规划的开局之年，中小企业发展面临的挑战和机遇并存，但机遇大于挑战。当前，全球新一轮科技产业变革孕育兴起，中国经济社会发展基本面平稳趋好，新型工业化、信息化、城镇化、农业现代化持续推进，内需增长潜力巨大，产业体系更加完备，科技水平大幅提高，劳动力素质明显改善，基础设施日益完善，生产要素综合优势更加突出，国内经济形势积极因素增多，中小企业发展大气候良好。同时，随着"大众创业、万众创新"深入推进，中小企业发展政策环境不断优化，特别是国家实施"中国制造2025"和推进"互联网+"行动，中小企业的内生动力和活力进一步释放。随着国家和地方财政扶持、税收减免、融资支持、信息服务等具体政策的落实，中国中小企业正迎来发展转型的良好机遇。

中小企业景气指数是用来衡量中小企业动态发展状况的"晴雨表"。为了帮助中国量大面广的中小企业及时了解企业运行现状及相关行业和区域发展态势，更好地为政府部门、行业机构以及企业自身提供决策依据，浙江工业大学中国中小企业研究院发挥浙江省高校人文社科重点研究基地、浙江省哲学社会科学重点研究基地及中小微企业转型升级协同创新中心等依托部门的专家团队优势，从2010年开始策划开展有关中小企业景气监测、景气指数编制工作，在中国率先开展中小企业景气指数理论及实证研究。2011年，该项研究工作列入浙江工业大学中国中小企业研究院的重大研究项目，当年8月课题组推出了中国首部《中国中小企业景气指数研究报告》，填补了该领域研究的空白。2012年在研究中国省际中小企业景气指数的基础上，追加研究中国主要城市中小企业景气指数，并基于深交所发布的中小板、创业板500指数样本企业的财务数据，运用扩散指数法编制中小板及创业板景气指数；2013年开始，基于浙江省的重点监测数据开展浙江11个地市的区域景气指数和小微企业发展指数编制工作，同时参加《浙江省中小企业发展报告》及《中国中小企业发展研究报告》的编撰工作，负责承担中小微企业动态数据分析及相关专题研究；2014年开始，随着新三板挂牌企业的财务数据逐渐可以获得，在此前仅限于中小板和创业板企业的景气分析，通过选取新三板的成分指数与做市指数样本，加入新三板企业数据后，使得上市中小企业景气指数更能够全面、客观地反映中小企业动态发展的现实。由此不断丰富和完善了中国中小企业景气指数研究的方法与内容，满足了该项研究的重大社会需求。

六年来，《中国中小企业景气指数研究报告》在西湖中小企业国际研讨会（2011年10月、2012年10月，杭州）、世界工业技术研究院协会暨国际创新成果浙江推介会（2013年10月，杭州）及APEC中小企业工商论坛（2014年9月，南京）、全国中小企业发展论坛（2015年6月，杭州）向国内外公开发布，并由中央级出版社出版发行。研究报告公开发布后，得到主要协同单位新华通讯社、《参考消息》中国新闻社《光明日报》《21世纪经济报道》《中国日报》中国网《浙江日报》《杭州日报》《文汇报》《新民晚报》《证券时报》、浙江在线、浙江卫视、人民网、央视网、中国广播网、中国经济网、新浪网、浙江网、凤凰网、《大公报》等60多家国内及境外新闻媒体的采访、报道及传播推广，引起相关各界高度关注，产生了较大社会影响。

本次出版的《中国中小企业景气指数研究报告（2016）》是依托浙江工业大学中国中小企业研究院和中小微企业转型升级协同创新中心的研究团队，联合相关部门和研究同行完成的又一大型年度报告书。本研究报告总体由四篇十六章构成。

第一篇由第一章至第三章组成。第一章是从宏观角度回顾2015年以来中国中小企业发展概况。内容包括2015—2016年中小企业发展环境评述；2015—2016年中小企业发展概况分析；2015年以来中国中小企业热点追踪，主要聚焦供给侧结构性改革、中小企业减负、P2P治理及"中国制造2025"等重点、热点问题。第二章是从中观角度，基于统计数据分析2015年以来中国区域中小企业发展动态。首先分析2015年以来中国区域中小企业发展环境与总体特征；其次分别从中国东中西三大区域、31个省份中小企业的发展状况进行比较分析；最后分析各地中小企业发展的主要亮点，东部地区重点介绍浙江省的"特色小镇"建设、江苏省的智能制造行动及山东省的电商示范推进计划；中部地区重点介绍河南省以财政兜底撬动担保融资、广西壮族自治区立足东盟促进中小企业国际合作；西部地区重点介绍贵州省用云计算推进中小企业信息化、重庆市围绕"一带一路"推动中小企业"走出去"及陕西省培育中小企业成长梯队的案例。第三章系统梳理分析了2015—2016年中国促进中小企业发展的政策与法规，包括国家及各部委出台和实施的扶持中小微企业发展的财税金融政策、创业创新政策、公共服务平台政策及中小企业国际化扶持政策；各地中小微企业发展扶持政策；最后对"大众创业、万众创新"2.0时代、中小企业众创空间培育政策及供给侧结构性改革与中小企业发展政策等进行了重点解读评述。

第二篇为2016年中国中小企业景气指数测评，是本研究报告书的核心部分，由第四章至第七章组成。第四章阐述了中小企业景气指数研究的最新动态及趋势，内容包括国内外中小企业景气指数研究的理论与方法前沿；中国中小企业景气指数研究的意义；景气指数评价的对象及指标选取原则、样本规模、数据收集与预处理、景气指数评价指标分类与评价指标权重的确定方法、中小企业综合景气指数指标体系构建等。第五章为2016年中国中小企业景气指数测评结果分析，分别研究分析工业中小企业、上市中小企业景气指数、比较景气指数的测评结果，并对2016年中国中小企业综合景气指数的省际排名、地区排名及年度景气指数基于加权平均指数进行了综合性探讨。第六章基于时序维度具体分析2016年中国内地31个省份中小企业综合景气指数的变动趋势。作为区域研究的有机组成部分，第七章对2016年苏州、杭州、广州、青岛、成都、郑州、福州、武汉、石家庄、大连、长沙、合肥、昆明、西安、贵阳及乌鲁木齐16个主要城市中小企业景气指数进行测评，报告了中国主要城市中小企业发展的最新现状与景气特征。

第三篇为中国区域中小企业景气指数实证研究。由第八章至第十章组成。继续选取浙江省为实证跟踪研究的对象。第八章为基于2015—2016年最新企业监测数据的浙江省区域中小微企业景气指数测评，在分别对浙江11个地市最新的工业中小企业景气指数、上市中小企业景气指数、比较景气指数、重点监测企业景气指数进行测评的基础上，计算2016年浙江11个地市中小企业综合景气指数，并基于全省平均指数进行了综合评价。第九章为基于2015—2016年最新行业监测数据的浙江省主要行业景气指数研究，内容包括浙江省行业发展总体景气状况、对浙江省企业数量占比最多的纺织业、通用设备制造业、金属制品业和橡胶与塑料制品业四大主要行业的景气指数进行了计算、分析和综合探讨等。连续五年使用区域监测平台数据进行行业景气指数研究，为行业分析积累了新的基础数据。第十章回顾总结了"十二五"以来浙江中小微企业发展现状及主要问题，分析了浙江中小微企业当前面临的发展机遇，最后针对困难与挑战，提出了相关对策建议。

第四篇包括第十一章至第十六章，针对当前中国中小企业的热点问题结合案例分析进行专题研究。其中，第十一章为"互联网+"中小企业创业创新专题研究，内容包括"互联网+"中小企业创业创新的战略意义、发展模式及相关政策建议等。第十二章为"中国制造2025"与中小企业转型升级专题研究，内容包括中国中小企业智能制造与科技成果转化，浙江省"机器换人"案例等。第十三章为"工匠精神"与中小企业成长专题研究，内容包括"工匠精神"开启"中国精造"新时代；中国中小企业"专精特新"发展现状；转换发展方式提质增效等。第十四章是中国中小企业减负专题研究，内容包括中国中小企业减负的政策措施、减负实施情况、减负成效及完善建议。第十五章为中小企业创业融资评价专题研究，内容包括2015年OECD全球中小企业创业融资趋势分析（宏观经济环境；信贷融资、信贷份额、信贷获取、股权融资、资产支持融资、延期支付、破产率与不良贷款等国际比较）；2015年OECD中国中小企业创业融资报告及2015年中国中小企业创业融资政策评价等。第十六章为"一带一路"与中小企业"走出去"专题研究，内容包括"一带一路"背景下中国中小企业国际化的最新现状及面临的新问题；中国中小企业国际化案例分析等。

作为反映中国中小企业景气状况的重要补充资料，本研究报告在参考文献之前设置附录，收录了2015年中国中小企业大事记，同时附录了中国中小企业景气指数测评数据表。

本研究报告作为中国中小企业景气指数研究的最新年度报告，具有较大学术价值和社会应用价值。

首先，本研究报告基于持续开展基础理论研究和监测调查数据的收集，进一步完善了中国中小企业景气指数评价方法与指标体系。本研究报告基于中国中小企业发展的实际情况，通过确立宏观和微观、官方统计和非官方调研相结合的景气指数评价方法，收集选取中国国家和各省市统计局的统计数据、上市中小板、创业板及新三板企业财务数据，以及全国中小微企业景气监测问卷调查数据，采用主成分分析法—扩散指数法—合成指数法，计算出了中国内地31个省份、七大地区及16个主要城市的中小企业综合景气指数和加权平均值，系统总结了中国中小企业总体发展及不同区域发展的最新现状和趋势，研究具有科学理论基础和可靠数据支撑。

其次，本研究报告密切关注近年来中国中小企业动态发展的现状及当前存在的主要问题，提出了若干有针对性的对策建议。研究报告采用定量分析与定性研究相结合，聚焦近年来中小企业减负、P2P治理等回顾了中国中小企业发展面临的国际国内新环境、发展动态及区域中小企业发展亮点，同时系统地梳理了2015年以来国家及各地方政府促进中小企业发展的最新政策与法规，特别是聚焦"互联网+"中小企业创业创新、"中国制造2025"与中小企业转型升级、"工匠精神"与中小企业成长、中小企业减负、中小企业融资评价及"一带一路"与中小企业"走出去"等重点、热点问题，结合具体案例展开专题研究，深入分析中国中小微企业发展的最新景气状况和动态趋势，研究具有鲜明的现实针对性与时代前瞻性。

本研究报告通过对中小企业景气指数的最新分析，可以帮助中小企业自身及时了解行业或地区的整体发展态势，明确其在行业或地区中的地位，较为客观地评估区域企业的优势所在与不足之处，从而有利于中小企业在转型升级过程中制定正确的经营方针和发展策略。同时，研究报告通过区域分析和企业案例研究，也为国家和地方政府调整区域产业结构、促进中国中小企业健康持续发展提供了决策依据。

本研究报告作为浙江工业大学"中小企业研究文库"系列著作，为国家社会科学基金重大项目（12&ZD199）、国家社会科学基金一般项目（14BJY084）、浙江省哲学社会科学规划重点项目（13NDJC004Z）、浙江省钱江人才计划社会科学类择优资助项目（QJC1302016）及浙江省哲学社会科学重点研究基地技术创新与企业国际化研究中心、浙江工业大学中国中小企业研究院、中小微企业转型升级协同创新中心的重点科研资助项目，是课题组撰写团队开展联合攻关的科研成果结晶。本研究报告由池仁勇、林汉川、秦志辉、刘道学负责策划设计、组织与统稿，具体参加本报告撰写的成员有（以章节为序）：池仁勇（前言），金陈飞（第一章），郭元源（第二章），汤临佳、范瑾瑜（第三章），池仁勇、刘道学、王梦（第四章），刘道学、陈梦茜、钱梦青、王梦（第五章），刘道学、池仁勇、陈梦茜、钱梦青、王梦（第六章），刘道学、胡思闻（第七章），谢安世、刘道学、池仁勇（第八章），刘道学、高雪晗、王国勇（第九章），刘道学、坎吉汗·阿西木、胡楚迪、王国勇（第十章），程宣梅（第十一章），李鸽翎（第十二章），詹爱岚（第十三章），王黎萤、郑红、宋煊懿、王佳敏、虞微佳（第十四章），吴宝（第十五章），程聪（第十六章），董睿、穆家柱（大事记、附录）。何叶田、丁子航、王泽丹和刘风婷参与协助部分数据收集工作。黄萍萍参与了书稿校对工作。池仁勇、刘道学对全书初稿进行了组织编纂。

本研究报告在研究和撰写过程中，得到国家工业与信息化部中小企业局、中国中小企业发展促进中心、中国社会科学院中小企业研究中心、中共浙江省委办公厅、浙江省人民政府办公厅、浙江省经济与信息化委员会（浙江省中小企业局）、浙江省中小企业协会、杭州市经济与信息化委员会、中国技术经济学会、经济合作与发展组织（OECD）、世界工业与技术研究组织协会（WAITRO）等国内外有关组织机构和部门的指导与大力支持，使得本书内容充实，数据准确，资料丰富，在此一并表示诚挚的感谢！

同时，还特别由衷感谢中国社会科学出版社经济与管理出版中心主任卢小生编审一如既往给予细心指导与大力支持。其专业团队从本书策划、出版设计到书稿审校、印刷出版等各方面都付出了诸多辛劳，正是因为他们高度敬业的工作，才及时保证了本研究报告的顺利出版。

参加本研究报告撰写的专家、学者对自己撰写的内容都进行了专门潜心研究，但由于中国中小企业发展面临众多新问题，加之时间紧迫，难免存在不足。本研究报告中如有不妥之处，敬请各位读者批评指正。

池仁勇

2016 年 6 月

于浙江工业大学

第一篇

2015—2016 年中国中小企业发展回顾与总体评述

第一章

2015—2016年中国中小企业发展概况

第一节 2015—2016年中国中小企业发展环境

一 世界经济复苏持续乏力

2015年,世界经济整体复苏疲弱乏力,增长速度放缓,经济增长低于普遍预期,国际货币基金组织(IMF)、世界银行等国际组织机构多次下调世界经济增速预期。世界工业生产低速增长,贸易持续低迷,金融市场波动剧烈,大宗商品价格大幅下跌,物价水平增速下行。经济合作与发展组织(OECD)国家综合领先指标下滑,并于2015年9月降至长期均衡值100以下,主要经济体活动有所放缓,经济前景不容乐观。由于持续低迷的新兴市场(中国、巴西、印度和俄罗斯)在全球工业生产增长上进展缓慢,全球制造业进展停滞。2015年,摩根大通全球制造业指数均值为两年来的新低,2016年2月更低至景气荣枯分界线50,制造业扩张增速有所放缓,呈疲软状态(见图1-1)。

在全球经济持续缓慢复苏中,不同经济体分化态势明显。发达经济体中,美国以"再工业化"为带动,以国内贸易以及房地产市场为支撑,复苏基础逐步稳固,经济复苏情况相对稳健;欧元区以"量宽"和推进制造业升级为导引,经济虽然逐步脱离了债务危机,又被通缩和难民问题困扰,增长乏力;日本在"安倍经济学"的刺激之下,一度给人快速增长的感觉,但数据反复情况时有出现,整体增速偏弱。新兴市场和发展中经济体则延续了五年来的下滑,普遍遭遇经济发展的困难,以巴西为代表的拉美地区增速下滑情况尤其严重,同时也出现了明显分化,以中国和印

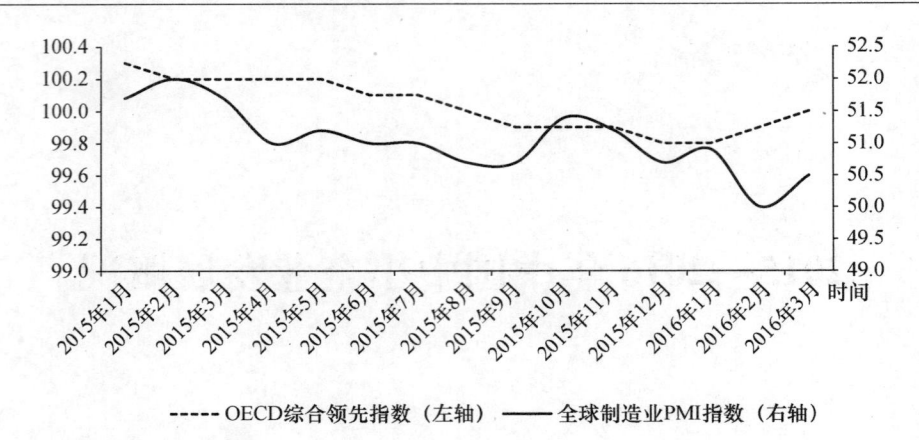

图 1-1　OECD 国家综合领先指数及全球制造业 PMI 指数变动趋势

资料来源：摩根大通（J. P. Morgan）调查报告及 OECD iLibrary 数据库资料（http：//www.oecd-ilibrary.org/）。

度为代表的加工制造国家，依旧保持着较高的增速与较低通胀，货币政策与国内改革有很大空间。整体来看，发达经济体仍保持增长，但增幅减小；新兴市场和发展中经济体增速下滑并未得到明显遏制（见图 1-2）。

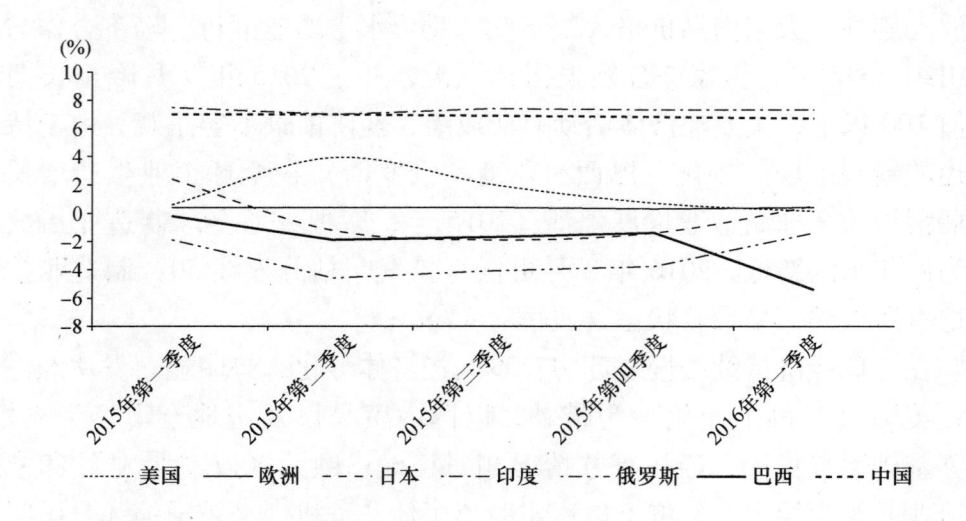

图 1-2　世界发达经济体及新兴经济体各季度 GDP

资料来源：各国官方统计网站。

总体而言，全球经济增速下降，仍未摆脱国际金融危机的负面冲击，据 IMF 估计，按购买力平价法国内生产总值（GDP）汇总，2015 年全球经济增长 3.1%；据世界银行估计，按汇率法 GDP 汇总，2015 年全球经济增长 2.4%，是 2010 年以来全球经济增长最慢的一年。

2016 年，世界经济运行中的不利因素和不确定性因素增多，政策措施的有效性下降，新的增长动能尚未确立，仍会维持"低利率、低通胀、低增长、高负债"的态势，复苏将依然疲弱乏力。国际大宗商品价格、美联储加息等因素仍是影响 2016 年全球经济走势的重要变量。2016 年，世界经济表现预计将好于 2015 年，IMF 按照购买力平价法预测 2016 年世界经济将增长 3.4%，世界银行按照汇率法预测 2016 年世界经济将增长 2.9%，分别较 2015 年加快 0.3 个和 0.5 个百分点。

但是，世界经济发展仍面临多方面潜在风险。第一，宽松货币政策已形成一定的泡沫，但 2016 年多数国家依旧倾向于提高资金流动性，实施宽松的货币政策。第二，美联储加息为全球经济带来不确定性。美元汇率如果出现大幅度震荡将引起全球资产价格和资本大规模异动，从而引发国际金融市场和部分国家国内金融市场的动荡。美元走强也必然令国际油价等大宗商品价格继续承压。第三，风险因素或推动新兴市场经济进一步放缓。曾经作为世界经济复苏主要推动力量的新兴市场经济体的经济增长可能进一步放缓。

二 中国国内经济向"新常态"平稳过渡

2015 年，面对错综复杂的国际形势和不断加大的经济下行压力，党中央、国务院保持战略定力，统筹谋划国际国内两个大局，坚持稳中求进工作总基调，主动适应引领新常态，以新理念指导新实践，以新战略谋求新发展，不断创新宏观调控，深入推进结构性改革，扎实推动"大众创业、万众创新"，经济保持了总体平稳、稳中有进、稳中有好的发展态势。2016 年，在全球经济持续缓慢复苏、国内经济"三期叠加"、供给侧结构性改革不断深化、制度改进红利进一步释放以及积极的财政政策和稳健的货币政策等因素的影响下，国内经济新常态的特征更加明显，新旧动力转换和结构调整步伐加快，经济增速下行压力较大。

（一）国民经济平稳运行

在世界经济复苏持续乏力，全球金融市场大幅震荡，国际贸易延续低迷态势；国内产能过剩与有效供给不足、去产能去库存与稳增长、融资难融资贵与财政金融风险上升、"走出去"与国际市场萎缩等多难问题更趋突出，趋势性、阶段性、周期性矛盾相互叠加，经济下行压力持续加大的国际国内形势下，2015年，中国经济新常态的特征更加明显。2014年以来中国经济运行总体平稳，且各季度增速保持稳定，但下行压力较大（见图1-3）。2015年中国国内生产总值676708亿元，比上年增长6.9%。尽管经济增速比上年有所放缓，但来之十分不易，不仅有较高的含金量，而且对稳定就业也发挥了重要作用，对世界经济增长贡献也十分抢眼。2016年，国内经济将面临持续的下行压力，投资、消费、出口"三驾马车"压力依然较大。产能过剩、投资和出口需求弱、银行不良率攀升将持续制约经济增长，以新基建为主的稳增长政策效果逐渐显现。

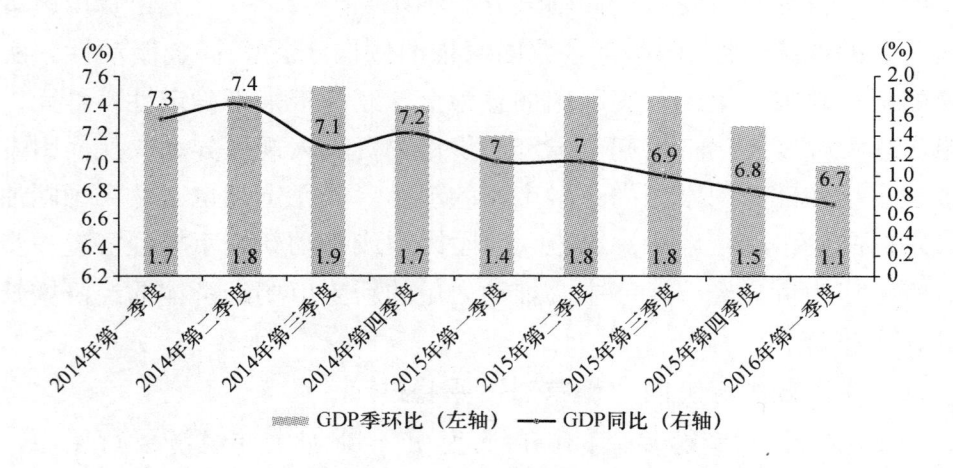

图1-3 中国2014—2016年第一季度GDP增长状况

资料来源：国家统计局季度统计数据。

（二）投资增速回落，结构不断优化

受外需萎缩、内需低迷以及房地产市场周期性调整等因素影响，中国固定资产投资增速逐年回落。根据国家统计局公布的数据，2015年，全年固定资产投资（不含农户）551590亿元，同比名义增长10.0%（扣除价格因素实际增长12.0%），实际增速比上年同期回落2.9个百分点，全年呈现"逐月放缓"的态势（见图1-4）。同时，投资结构不断优化。全年基础设施和高技术产业投资分别比上年增长17.2%和17.0%，分别比固定资产投资（不含农户）增速快7.2个和7.0个百分点，占固定资产投资（不含农户）的比重分别为18.4%和5.9%，比上年分别提高1.2个和0.3个百分点。2016年第一季度，全国固定资产投资（不含农户）85843亿元，同比名义增长10.7%（扣除价格因素实际增长13.8%），增速回落2.8个百分点，维持稳中略降态势。

房地产投资仍处于库存出清过程，市场整体延续调整回落态势，投资增速持续下滑，创住房制度改革以来新低。2015年全国房地产开发投资95979亿元，比上年名义增长1.0%（扣除价格因素实际增长2.8%），增速同比下滑9.5个百分点。在政府系列刺激政策的带动下，商品房销售形势有所好转。同期，全国商品房销售额87281亿元，比上年增长14.4%，增速同比上涨20.7个百分点。2016年第一季度，全国房地产开发投资17677亿元，同比名义增长6.2%（扣除价格因素实际增长9.1%）；同期，全国商品房销售额18524亿元，同比增长54.1%，房产市场回暖明显。随着老龄化社会渐行渐近，房地产市场不会出现持续性暴涨。房地产市场持续回暖的基础仍不牢固，整体将延续调整态势。

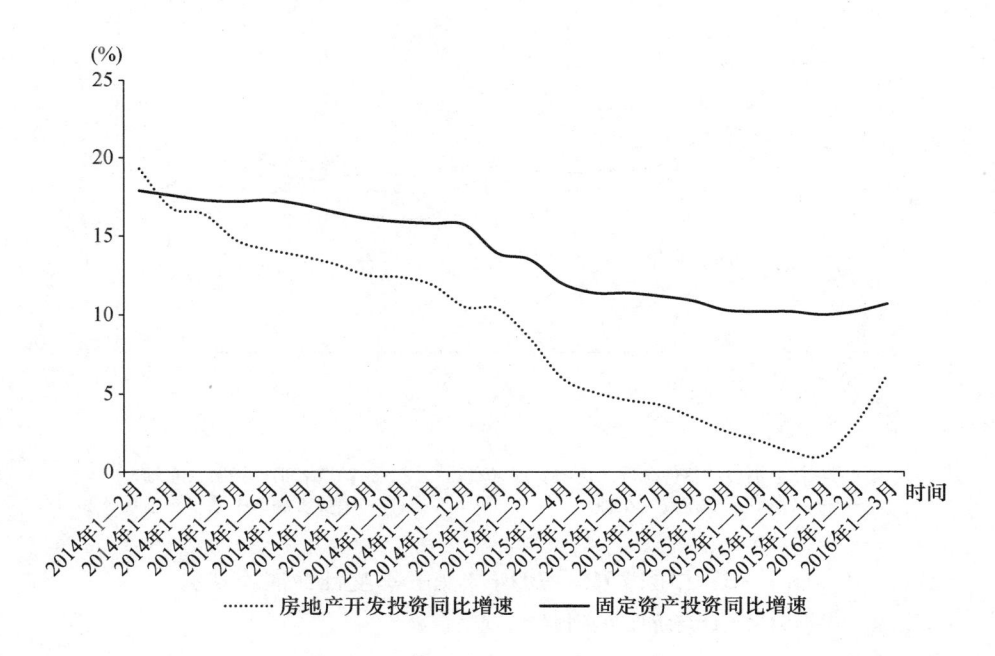

图1-4　中国2014—2016年第一季度固定资产投资发展状况

资料来源：国家统计局月度统计数据。

（三）消费增速稳中趋缓

在国民经济增速继续放缓，经济运行稳中有进、稳中有好的大背景下，消费品市场保持平稳较快增长。2015年，城乡居民收入持续保持较快增长为消费增长奠定基础，消费方式不断创新激活部分消费潜力，消费结构升级和消费环境不断改善等因素促进消费增长，全年最终消费对GDP增长的贡献率达66.4%，比上年提高15.4个百分点，成为拉动经济增长的绝对主力。最终消费保持较快增长。全年社会消费品零售总额300931亿元，比上年名义增长10.7%（扣除价格因素实际增长10.6%）。

消费网络化趋势继续深化。全年限额以上网上零售额38773亿元，同比增长33.3%，占社会消费品零售总额的12.9%，比上年同比提高2.3个百分点。服务消费保持较快增长。旅游消费、休闲娱乐消费、文化消费以及绿色消费等增长较快，消费升级的态势也越发凸显。消费者信心处于高位，呈企稳趋势，消费者预期波动上扬，消费者满意程度保持稳定，表明消费仍将是中国经济的强劲驱动力（见图1-5）。

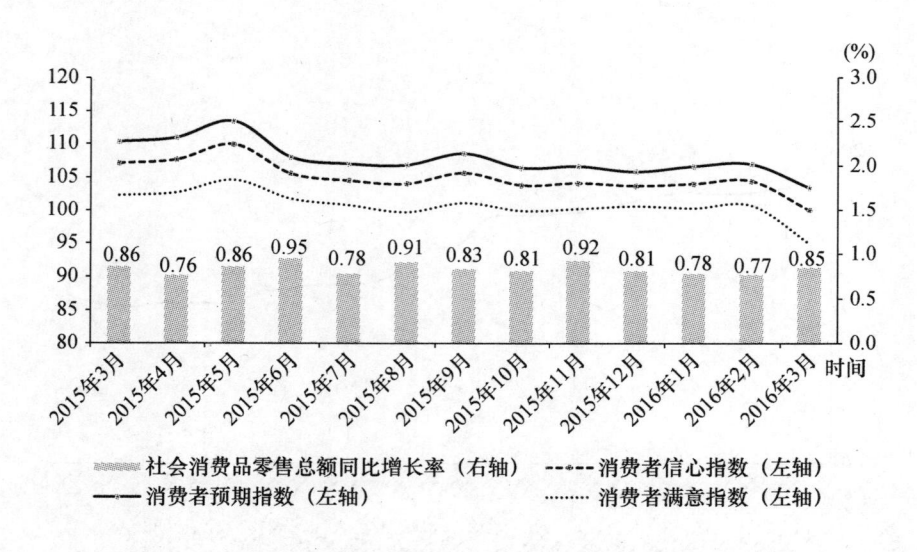

图1-5 中国2015—2016年第一季度社会消费状况

资料来源：根据国家统计局统计分析报告整理。

但城乡居民收入增速回落明显，对消费扩张产生一定的负面影响。如图1-6所示，2015年全国居民人均可支配收入21966元，比上年名义增长 8.9%，扣除价格因素实际增长 7.4%。其中，城镇居民人均可支配收入 31195 元，比上年增长 8.2%（扣除价格因素实际增长 6.6%），增速比上年回落 0.8 个百分点；农村居民人均可支配收入 11422 元，比上年增长 8.9%（扣除价格因素实际增长 7.5%），比上年回落 2.3 个百分点。2016 年第一季度，中国城乡居民收入增速继续回落，城镇居民人均可支配收入 9255 元，同比名义增长 8.0%（扣除价格因素实际增长 5.8%）；农村居民人均可支配收入 3578 元，同比名义增长 9.1%（扣除价格因素实际增长 7.0%）。

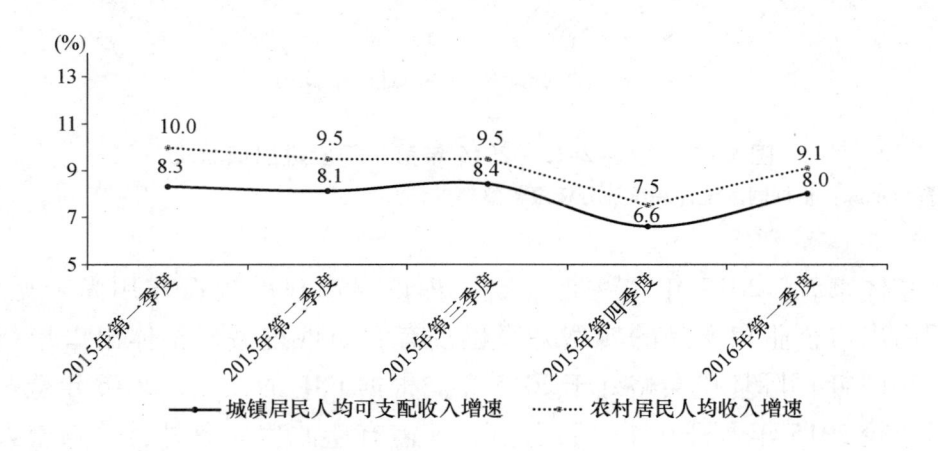

图 1-6 中国 2015—2016 年城乡居民收入状况

资料来源：根据国家统计局统计分析报告整理。

（四）对外贸易优化升级

2015 年中国对外贸易结构不断优化升级，外贸从"大进大出"向"优进优出"转变，开放性经济水平进一步提高，国际影响力不断增强。全年货物进出口总额 245849 亿元人民币，比上年下降 7.0%，但总额继续位居世界第一，占世界贸易总额的比重进一步提高。其中，出口 141357 亿元人民币，下降 1.8%；进口 104492 亿元人民币，下降 13.2%。进出口相抵，顺差 36865 亿元人民币（见图 1-7）；对美出口仍占主体，对"一带一路"沿线国家出口差于整体出口。全年服务进出口总额 7130 亿美元，比上年增长 14.6%。其中，服务出口 2882 亿美元，增长 9.2%，保险、金融、咨询等高附加值服务出口增长势头强劲；服务进口 4248 亿美元，增长18.6%。2016年第一季度，进出口总额52144亿元人民币，同比下降5.9%。其中，出口30123亿元人民币，增长4.2%；进口22021亿元人民币，下降8.2%。进出口相抵，顺差8102亿元人民币。

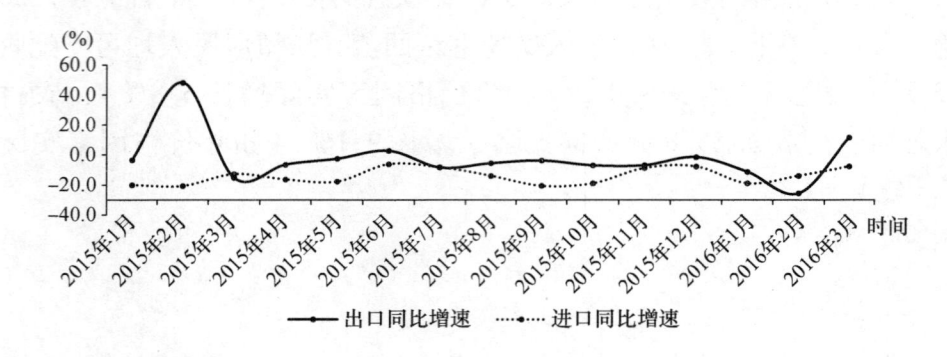

图1-7 中国2015—2016年第一季度进出口状况

资料来源：根据国家统计局统计分析报告整理。

总体来看，2015年"一带一路"倡议对出口的提振作用尚未见效，而国内出口企业和产品的转型升级也没有实质性进展，整体出口形势较差。2016年国际环境会略好于2015年。根据IMF的预测，2016年全球经济增速较2015年上升0.4个百分点，外需有望改善。另外，伴随着人民币汇率的调整，汇率抑制出口的局面有望缓解。预计2016年中国出口或止跌，但中国出口企业的结构调整和转型升级仍需时间，未来出口保持低增速将成为常态。

（五）通货膨胀维持低位稳定

2015年，中国物价水平继续走低，全年居民消费价格比上年上涨1.4%，较上年回落0.6个百分点，创下自2009年以来的物价涨幅新低；全年工业生产者出厂价格比上年下降5.2%；全年工业生产者购进价格比上年下降6.1%（见图1-8）。总体而言，物价水平处于低位平稳运行区间，低于3%的预期目标；工业品价格下跌比较快，国内油价连续下跌，工业生产者出厂价格保持负增长。

2016年第一季度，居民消费价格同比上涨2.1%，比上年同期上涨0.8个百分点，比上年全年上涨0.7个百分点；工业生产者出厂价格同比下降4.8%，3月同比下降4.3%，环比下降0.5%；工业生产者购进价格同比下降5.8%，3月同比下降5.2%，环比下降0.3%。2016年物价涨幅总体仍将保持低位运行，不会出现明显的通胀压力。在不出现严重的外部冲击与经济波动的情况下，CPI也不会跌入负增长区间。由于输入性通缩和去产能压力延续，2016年PPI负增长态势仍将延续，未来跌幅可能收窄，需求不足导致通缩压力加大是2016年中国经济运行面临的风险之一。

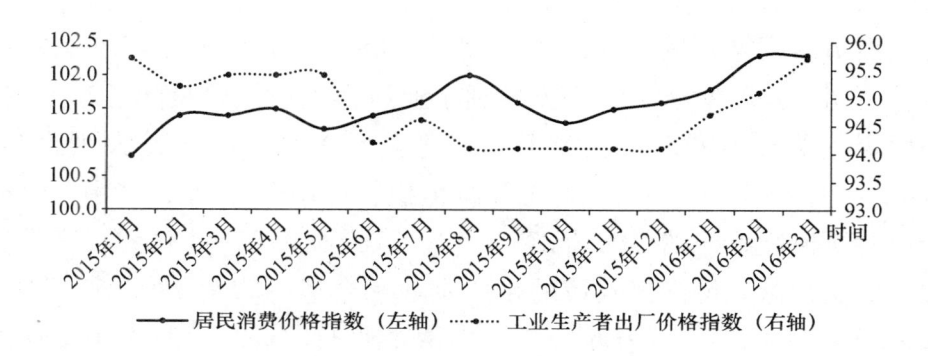

图1-8 中国2015—2016年第一季度居民消费价格指数及工业生产者出厂价格指数情况

资料来源：根据国家统计局统计分析报告整理。

三 2014—2015年中国中小企业发展环境评述

2015年，世界经济的复苏仍不乐观，国际货币基金组织和世界银行下调了明年世界经济增长的预期，同时经济发展分化局面明显。美国制造业扩张增速开始放缓；欧盟经济总体呈复苏态势，但不确定因素众多；日本经济陷入衰退；部分新兴经济体经济萎缩严重。受到美联储加息的影响，世界大宗商品的价格和股市均出现大幅波动，部分国家出现货币贬值现象，加大了中国中小企业的出口压力。自2015年以来，中国出口总值同比均出现负增长。2016年，世界经济复苏情况会延续这一趋势，中小企业仍将面临较为严峻的国际形势，中小企业出口下行压力继续加大。

国内经济经过30多年高速增长后，开始步入经济增速换挡期，新常态特征日趋明显，GDP增长率回落为6.9%。2015年，消费、投资同比增速回落，社会消费品零售总额同比增长速度、全国固定资产投资和民间资产投资同期累计增长率均低于上年水平。同时，工业生产者出厂价格指数同比下降、制造业采购经理指数低于景气荣枯线以及人口红利消失、资本边际报酬持续下降的影响，中国经济增速下行压力加大将成为长期趋势。2016年，随着中国经济增长持续减速，由房地产、汽车等消费热点带动的消费增长效应进一步减弱，国内市场需求增长乏力，将制约中国中小企业的市场拓展空间。

2015年，简政放权取得积极成效，中小企业政策环境显著改善。近两年，国务院取消和下放行政审批537项，投资核准中央层面减少76%。财税、商事制度等领域加大改革力度，2015年3月，财政部和国家税务总局重新制定并印发《关于小型微利企业所得税优惠政策的通知》，扩大了小微企业受益范围；8月19日，国务院常务会议再次扩大优惠范围。仅2015年上半年，中小微企业总共减免税收486.31亿元，其中，享受小微企业所得税优惠的纳税人为239万户，减税额为86.54亿元；享受暂免征收增值税和营业税优惠政策的小微企业和个体商户为2700多万户，减税额为399.77亿元，有力地扶持了小微企业的发展。针对中小企业融资难、融资贵的问题，银行金融部门不断加大对小微企业信贷支持力度。2015年6月11日，国务院印发《关于大力推进大众创业万众创新若干政策措施的意见》，支持符合条件的创业企业上市或发行票据进行融资，着力研究尚未盈利的高新技术和互联网企业到创业板发行上市制度。8月7日印发《关于促进融资担保行业加快发展的意见》，提出大力发展政府支持的融资担保机构，以开展小微企业和"三农"融资担保业务为标准，扶持融资担保机构扩大业务规模。健全再担保体系建设，加快再担保机构发展，完善再担保机制。中国多层次资本市场体系不断完善，上海证券交易所正在探索推出战略新兴产业板，并加快推进全国中小企业股份转让系统向创业板转板的试点。在间接融资方面，2015年10月通过的《中共中央关于制定国民经济和社会发展第十三个五年规划的建议》，提出构建多层次、广覆盖、有差异的银行体系，发展普惠金融，大力加强对中小微企业的金融服务。中小企业服务体系不断完善。2015年，启动国家小型微型企业创业基地城市示范工作，首批15个入围城市已经获得中央财政资金支持。另外，推出首批国家级小企业基地的申报认定工作，发挥了示范作用。

总体来看，受惠于制度改革的红利释放，2016年中小企业有望实现恢复性增长，同时由于国内外环境的不确定性，中小企业的发展仍将是机遇与挑战并存。

第二节 2014—2015年中国中小企业发展概况

一 中小企业发展总体状况

截至2016年第一季度，全国实有企业2477.8万户，比上年同期增长25.9%。其中，私营企业2067.87万户，同比增长25.5%。个体工商户6182.86万户，同比增长3.2%。

2015年，国家创业创新政策与商事制度改革形成叠加效应，有力推动了大众创业、万众创新，市场主体快速增长。全国新登记市场主体1479.8万户，比上年增长14.5%；注册资本（金）30.6万亿元，增长48.2%。截至2015年年底，全国实有各类市场主体7746.9万户，比上年增长11.8%，注册资本（金）175.5万亿元，增长35.8%。非公经济保持快速发展。2015年，全国新登记非公经济市场主体1436.4万户，比上年增长15.3%，占市场主体总数的97.1%。其中，私营企业新增421.2万户，占非公经济市场主体总数的29.3%；个体工商户新增1011万户，占70.4%（见表1-1和表1-2）。新登记企业再创历史新高。2015年全国新登记企业443.9万户，比上年增长21.6%，注册资本（金）29万亿元，增长52.2%，均创历年新登记数量和注册资本（金）总额新高。平均每天新登记企业1.2万户，比上年日均新登记企业1万户有明显提升。

表1-1　　　　2002—2015年全国私营企业发展情况

年份	企业数量状况 户数（万户）	企业数量状况 增长率（%）	从业人员状况 从业人数（万人）	从业人员状况 增长率（%）	注册资金状况 注册资金（万亿元）	注册资金状况 增长率（%）
2002	263.8	20.0	3247.5	19.7	2.5	35.9
2003	328.7	24.8	4299.1	32.3	3.5	42.6
2004	402.4	22.4	5017.3	16.7	4.8	35.8
2005	472.0	17.3	5724.0	16.1	6.1	28.0

续表

年份	企业数量状况 户数（万户）	增长率（%）	从业人员状况 从业人数（万人）	增长率（%）	注册资金状况 注册资金（万亿元）	增长率（%）
2006	544.1	15.3	6586.4	13.1	7.6	23.9
2007	603.1	10.8	7253.1	10.1	9.4	23.5
2008	657.4	9.0	7904.0	9.0	11.7	25.0
2009	743.2	13.0	8607.0	8.9	14.6	24.8
2010	845.5	13.8	9418.0	9.4	19.2	31.2
2011	967.7	14.5	10353.6	9.9	25.8	34.3
2012	1085.7	12.2	—	—	31.1	20.6
2013	1253.86	15.5	—	—	39.31	26.4
2014	1546.37	23.33	—	—	59.21	50.60
2015	1967.57	27.24				

资料来源：根据国家工商总局各年度《全国市场主体发展总体情况》整理。

表1–2　　　　2002—2015年全国个体工商户发展情况

年份	企业数量状况 户数（万户）	增长率（%）	从业人员状况 从业人数（万人）	增长率（%）	注册资金状况 注册资金（亿元）	增长率（%）
2002	2377.5	-2.3	4742.9	-0.4	3782.4	10.1
2003	2353.2	-1.0	4299.1	-9.4	4187.0	10.7
2004	2350.5	-0.1	4587.1	6.7	5057.9	20.8
2005	2463.9	4.8	4900.5	6.8	5809.5	14.9
2006	2595.6	5.3	5159.7	5.3	6468.8	11.4
2007	2741.5	5.6	5496.2	6.5	7350.8	13.6
2008	2917.3	6.4	5776.4	5.1	9006.0	22.5
2009	3197.4	9.6	6585.4	14.0	11900.0	20.6
2010	3453.3	8.0	7097.7	7.8	13400.0	12.6

续表

年份	企业数量状况 户数（万户）	企业数量状况 增长率（%）	从业人员状况 从业人数（万人）	从业人员状况 增长率（%）	注册资金状况 注册资金（亿元）	注册资金状况 增长率（%）
2011	3756.5	8.8	7945.3	11.9	16200.0	20.8
2012	4059.3	8.1	—	—	17800.0	22.2
2013	4436.29	9.3	—	—	24300.0	23.1
2014	4984.06	12.35	—	—	29300.0	20.57
2015	5995.06	20.28	—	—	—	—

资料来源：根据国家工商总局各年度《全国市场主体发展总体情况》整理。

2015年，中国发明专利申请量突破100万件，达到110.2万件，同比增长18.7%，连续5年位居世界首位。市场主体自主创新活力持续增强，每万户市场主体商标拥有量达1335件。其中，大量的新技术和新产品、新服务、新的商业模式都源自中小企业。目前在中国，中小企业提供了全国大约65%的发明专利，75%以上的企业创新和80%以上的新产品开发，已成为中国科技进步的主体和主力军。

二 规模以上工业中小企业发展情况

2014年，中国中小企业运行总体保持平稳发展态势。如表1-3所示，近年来，中国规模以上工业中小企业的发展具有如下特点：

（1）中小企业数量仍占绝对优势。2014年，全国共有规模以上工业中小企业367995家，占规模以上工业企业的97.3%。

（2）资产规模有较大幅度增长。2014年，中国规模以上工业中小企业资产规模为506410.28亿元，占规模以上工业的52.9%，比上年增长14.4%。

（3）中小企业效益总体较好。2014年，中国规模以上工业中小企业实现利润41804.11亿元，比上年增长9.6%。

（4）中小企业从业人员维持较大比重。截至2014年12月底，全国规模以上工业中小企业从业人员6572.66万人，较上年增长3个百分点，占规模以上工业企业从业人员的65.9%。

表1-3　2001—2014年全国规模以上中小型工业企业主要经济指标比较

年份	企业单位数（家）	工业总产值（亿元）	资产合计（亿元）	主营业务收入（亿元）	利润总额（亿元）	全部从业人员（万人）
2001	162667	50633.0	56102.7	47359.0	1763.2	3490.4
2002	172805	59648.2	61975.7	56314.0	2353.1	3615.1
2003	194238	93357.0	102530.5	90619.2	4501.3	4441.9
2004	274340	132348.5	136819.2	127867.6	6392.0	5244.6
2005	269332	160355.1	149705.9	154855.4	8001.1	5313.5
2006	299276	204249.6	177437.9	197290.7	10900.3	5636.2
2007	333858	264319.1	214306.2	254621.1	15743.3	6052.1
2008	422925	337981.1	267019.2	327282.4	20043.6	6867.1
2009	431110	372498.9	300568.9	361821.7	23644.6	6787.7
2010	449130	468643.3	356624.9	459727.2	35419.3	7236.9
2011	316498	492761.5	332798.0	482937.1	34962.6	5935.7
2012	334321	—	388802.8	544627	36740.2	6129
2013	343000	—	442657.5	619277.2	38154.8	6376.3
2014	367995	675597.8	506410.3	670286.8	41804.1	6572.7

资料来源：《中国工业统计年鉴（2015）》。

总体来看，2014年中小企业总体上实现了平稳发展，对经济的贡献不断扩大，就业主渠道作用进一步突出，技术创新能力不断提高，企业人员素质和管理水平稳步提高。

三　2015—2016年中国中小企业发展评述

近年来，中国中小企业数量保持平稳较快增长，年均增长超过10%，新增城镇就业岗位年均1000万个以上。对于国民经济发展呈现"56789"的贡献格局，即提供了50%以上的税收，60%以上的GDP，近70%的进出口贸易额，80%左右的城镇就业岗位，占中国企业总数的90%以上。中国中小企业平稳健康发展，党中央、国务院高度重视中小企业发展，在加强财税支持、完善金融服务、推进结构调整、健全服务体系、提升创新能力等方面密集出台政策措施，推进大众创业万众创新，中小企业发展迎来空前历史机遇。2015年，全国日均新创企业数量创新高，平均每天新登记企业1.2万户。2015年11月、12月全国新登记企业数量连创新高，分别达46万户、51.2万户。

2016年，世界经济仍处于缓慢复苏阶段，经济增长动力不足，经济调整、结构优化存在诸多阻力以及中小企业本身转型难、成本高、税负重、融资难和出口难等问题依旧突出，这些因素在2016年相互交织和相互叠加，给中小企业的生存与发展带来冲击。

（一）市场需求不足，转型升级难度较大

新常态下经济增长减速换挡、宏观经济下行压力制约了中小企业市场空间。2015年，全国固定资产投资（不含农户）增速为12.0%，同比增速回落2.9个百分点。而同期工业生产者出厂价格保持负增长，工业生产者出厂价格比上年下降5.2%，工业品价格下跌比较快，工业生产者购进价格比上年下降6.1%。2015年，小型企业PMI低于荣枯分水岭，并于2015年11月跌至全年最低值44.8%。另外，中小企业主要集中于传统工业、批发业和零售业、租赁和商务服务业，转型升级任务艰巨。中小企业支撑转型升级的资本、技术、人才、管理等关键因素积累不足，转型升级难度较大。

（二）"成本高"、"税负重"、"融资难"等问题依旧突出

现阶段，中小企业经营成本上升压力增大，全国各地最低工资标准以年平均超过10%的速度持续增长，土地、房租、物流成本也增长迅速，多项成本过快上涨挤压了企业的利润空间。另外，综合考虑税收、政府性基金、各项收费和社保等，中小企业税负较高，远高于欧美国家企业税负水平。而中小企业融资难融资贵问题仍很突出。外源性融资渠道不畅，银行信贷门槛较高，民间融资成本高企，互联网金融规范性不足等问题亟须进一步改进与完善。

（三）世界经济复苏缓慢，出口持续低迷

2015年，世界主要经济体逐步复苏，但复苏进程较为缓慢，中小企业海外需求偏弱，出口增速明显下滑，外贸前景不容乐观；同时，国际贸易保护主义有所升温，以美国为首的贸易大国强化贸易救济手段，加大对国内产业的保护力度。2015年，共有23个经济体对华启动98起贸易救济调查，比2014年微幅增加3起，增幅为3.16%。其中，反倾销72起，

增幅达 26.3%；反补贴 9 起，降幅达 35.7%；保障措施 17 起，同比降幅达 29.2%。但在"一带一路"倡议的影响下，中国对孟加拉国、巴基斯坦、以色列等"一带一路"沿线国家出口增速均在 20% 以上。

总体而言，随着经济发展进入新常态，国内外经济形势更加复杂，中小企业面临严峻挑战，创新转型、转变发展方式成为中小企业发展的重要选择。随着全面深化改革不断深入，"中国制造 2025"、"互联网+"等重大发展战略深入推进，中小企业迎来新的发展机遇。2016 年，应着力加大各项政策落实力度，进一步改善中小企业发展环境，放开中小企业投资领域，激发中小企业创新潜力，强化中小企业服务体系建设，加快中小微企业转型升级进程。

第三节 2015 年以来中国中小企业热点追踪

本节聚焦 2015 年以来，"供给侧结构性改革""中小企业减负""P2P 治理"以及"中国制造 2025"等热点问题进行重点追踪，旨在宏观把握中国中小企业发展的最新现状与趋势。

一 供给侧结构性改革

2015 年 11 月 10 日，中共中央财经领导小组第 11 次会议，习近平总书记首次提出了"供给侧结构性改革"。2016 年 1 月 26 日，中央财经领导小组第十二次会议，强调供给侧结构性改革的根本目的是提高社会生产力水平，落实好以人民为中心的发展思想。要在适度扩大总需求的同时，去产能、去库存、去杠杆、降成本、补短板，从生产领域加强优质供给，减少无效供给，扩大有效供给，提高供给结构适应性和灵活性，提高全要素生产率，使供给体系更好适应需求结构变化。2015 年 11 月 19 日，国务院印发《关于积极发挥新消费引领作用加快培育形成新供给新动力的指导意见》，正式拉开了中国供给侧结构性改革的大幕。

相比其他经济体，供给侧结构性改革对中小企业的影响更为重大。中小企业属于经济运行最为活跃的群体，若能够通过降低融资成本、各类税费、社保成本、交易费用，将会大大有利于中小企业增强创新能力，促使其更有积极性提高供给的质量、优化供给的结构、提高供给的效率。

供给侧结构性改革为中小企业提供大好发展机遇的同时，也带来了诸多困难和挑战。中国工业化正向高级阶段过渡，产业结构不断优化升级，内需市场进一步扩大，具有专业化优势、能快速应对市场变化的中小企业将赢得新的发展空间；大力发展战略性新兴产业，建设创新型国家，创新环境改善和科研投入增加，贴近市场需求、具备强烈创新意识和较强市场适应能力的中小企业将占得市场先机。同时，中小企业发展面临的生产要素和资源环境的约束力也不断增强，突出表现在：劳动力供求结构发生重大变化，劳动力成本快速上升，劳动关系不稳定，劳资争议多发；部分地区特别是东部沿海地区土地供应紧张，土地及相关厂房、商铺、住宅价格不断上涨；能源原材料价格走高，输入型通胀压力增大；节能减排和环境保护的力度加强，一些资源消耗高、环境污染大的中小企业面临更为紧迫的调整压力。供给侧结构性改革带来的新机遇、新挑战，向中小企业发展提出了新要求。中国中小企业发展必须加快转型升级的步伐，努力实现"三个转变"：从"拼资源、拼环境、拼成本"的粗放模式向"讲创新、讲环保、讲效益"的集约模式转变；从偏重加工制造向重视服务业和新兴产业转变；从低端产品出口为主向中高端产品出口为主、从贸易为主向贸易与投资并举转变。

二 中小企业减负

为进一步改善企业发展环境，完善企业负担监督管理机制，早在1997年，党中央、国务院就针对经济转轨时期向企业乱收费、乱罚款和摊派等"三乱"问题，出台了《关于治理向企业乱收费、乱罚款和各种摊派等问题的决定》（中办发〔1997〕14号），建立联席会议制度并设立办公室，负责减轻企业负担工作指导、组织协调和监督检查。随后，工业和信息化部分别于2010年、2012年、2013年、2014年、2015年和2016年牵头组织开展减轻企业负担专项治理、企业减负专项行动、辅助小微企业专项行动等工作。

2015年，中国在行政审批、投资审批、职业资格、收费清理、商事制度、教科文卫体等领域进行改革。全面完成清理非行政许可审批事项。被取消的非行政许可审批事项共计258项，占原来国务院部门直接行使的非行政许可审批事项的57%；积极推进地方政府工作部门权力清单制度。全国31个省份公布了省级政府部门权力清单，24个省份还公布了责任清单;"先照后证"改革进一步落实,工商登记注册便利化得到推进。2015年10月1日,"三证合一、一照一码"登记制度改革正式在全国全面实施。截至2015年年底,全国累计核发"一照一码"营业执照350.94万张;同时,开展专项治理和督察工作,规范重点领域的涉企收费行为,如进出口领域经营服务性收费项目、能源资源的乱收费、银行机构的清单管理和收费公开等方面。另外,营业税减免、各项准备金税前提取、资本金注入、担保费用补贴等扶持政策,支持中小企业信用担保机构和再担保机构为中小企业特别是小微企业提供信用担保服务,为中小企业多方面减负。2016年,国务院进一步加大简政放权,持续为企业松绑减负,为大众创业、万众创新清障搭台。取消150多项审批事项,清理规范192项中介服务事项,取消61个职业资格许可和认定事项,对66部行政法规相关条款进行"一揽子"修改,以更有力有效的"放"与"管"释放企业发展和创新潜能。

由工业与信息化部中小企业发展促进中心发布的《2015年企业负担调查评价报告》显示,2015年企业缴费负担总体下降,政府部门的收费项目数量减少,收费内容和标准更加清晰,90%以上的被调查企业认为政务环境得到了明显改善。但是,受经济下行压力的影响,企业对各种负担和经营困难的主观感受增强,企业对加大减负力度的呼声仍然较高。2015年年底的中央经济工作会议将"帮助企业降低成本"列为明年经济发展的五大任务之一,并列出具体措施,"组合拳"式地开展降低实体经济企业成本行动。

三 P2P治理

2007年,P2P风潮自英美登陆中国,其后P2P网贷平台就以几何级数式迅速增长。截至2015年,全国P2P平台共有3858家,其中问题平台为1263家,仅12月,全国P2P就新增问题平台106家,其中"跑路"占问题平台比例高达52.83%。2016年,行业负面消息仍在不断爆发。

从2015年下半年开始,互联网金融风险不断释放,监管部门相继出台一系列监管细则,包括《关于促进互联网金融健康发展的指导意见》、《网络借贷信息中介机构业务活动管理暂行办法(征求意见稿)》等,互联网金融行业迎来监管时代。

2016年4月,国务院牵头多部委联合召开会议,由央行牵头联合各金融监管部门成立专项整治小组，并出台《互联网金融风险专项整治工作实施方案》，针对互联网金融制定了分领域、分地区条块结合的专项整治方案，按照业务形态，打造不同监管机构联合地方政府及相关金融监管部门的"多合"整治体系。

P2P对中小企业的融资可提供一定的便捷，一般在获得融资上相对比向银行贷款要容易得多。互联网金融稳定、健康发展监管和政府支持三足鼎立。应当健全P2P监管的法律法规、设立数据分析与预警系统、建立虚假广告法律责任追究制度，并加快社会征信体系建设，以加强对网贷平台的监管和引导，支持网贷平台健康发展，切实保护民间资本安全，为中小企业提供可靠便捷融资。

四 中国制造2025

2014年12月，"中国制造2025"这一概念被首次提出。2015年3月5日，李克强在全国"两会"上作《政府工作报告》时首次提出"中国制造2025"的宏伟计划。2015年3月25日，李克强组织召开国务院常务会议，部署加快推进实施"中国制造2025"，实现制造业升级。也正是这次国务院常务会议，审议通过了"中国制造2025"。2015年5月8日，国务院正式印发"中国制造2025"。

新形势下，实施"中国制造2025"，推动制造业由大变强，经济升级发展要靠改革创新。与大型国企、外企相比，我国中小企业一直表现出更加强烈的创新愿望，有着更为强劲的创新活力。中小企业是推动"大众创业、万众创新"的基础，在增加就业、促进经济增长、科技创新与社会和谐稳定等方面具有不可替代的作用，对国民经济和社会发展具有重要的战略意义。"中国制造2025"把促进大中小企业协调发展作为深入推进制造业结构调整的工作重点，把进一步完善中小企业政策作为战略支撑和保障，这是新常态下全面促进中小企业发展的重要部署。

"中国制造2025"对促进中小企业结构调整与转型升级提出了明确的工作任务，为新时期促进中小企业发展工作赋予了新的内涵。需要激发中小企业创业创新活力；促进中小企业转型升级，实现"专精特新"发展；提高中小企业产业集群发展水平；支持中小企业"走出去"和"引进来"。中小企业应在产业链环节上专业化生产配套产品，专注创新，持续升级，打造一个又一个在细分市场上绝对领先、优势地位但同时只是社会知名度较低的"隐形冠军",在战略上专注于细分市场;在业务上注重横向扩张;在产品上强调品质而非低价;在文化上保持低调与踏实。这样,中小企业一定可以在"中国制造2025"的大战略时代下创造更加宽广的发展方向和提升空间。

第二章

2015—2016年中国区域中小企业发展分析

随着国家"互联网+""大众创业、万众创新"等战略的逐步深入，中小企业正面临重要的发展机遇，一方面，政策倾斜、技术发展等有利因素降低了企业运营成本，并催生大量新企业；另一方面，对低劳动成本、家族管理、中低端市场定位等传统中小企业发展模式也提出了新的挑战。特别是由于产业基础、资源禀赋等原因，中国中小企业东强西弱的局面依然十分明显，东部与中西部中小企业在此过程中所呈现的特点也存在显著的差异。本章将围绕中国区域中小企业发展总体特征、区域中小企业发展状况和区域中小企业发展亮点三个方面展开探讨，重点阐述东中西部中小企业发展所呈现的不同特征，以期为准确把握中国中小企业总体发展情况提供参考。

第一节 中国区域中小企业发展环境与总体特征

一 东部地区中小企业发展环境及特征

(一) 部分企业面临转型困境

东部中小企业起步较早，及时抓住了改革开放的历史机遇，依靠政策红利和创业者企业家的吃苦耐劳精神，在尚处于短缺阶段的市场中迅速壮大，迎来了30年发展的春天。但随着宏观经济步入由高速增长到中速增长的转换期，经济运行出现"新常态"，社会消费品零售总额、全国固定资产总投资和民间固定资产投资增速均低于往年水平，资本边际报酬持续下降，加上人口红利消散等因素，使部分中小企业的传统发展模式受到不利影响，甚至经营出现困难，迫切需要改变原有方式实现转型升级，具体表现在如下方面。

1. 互联网发展需要实现战略转型

互联网已成为主要的信息传播媒介，国务院将"互联网+"上升到国家战略高度，各种产业与网络的加速融合已是大势所趋。但对于大多数在传统行业中摸爬滚打多年的东部中小企业来说，对于互联网的认知却十分有限，很多企业家都简单地将互联网经营与电子商务相等同，即便如此，在产品销售方面，由于固化思维及对于新事物的陌生感，一些企业仍局限于原先的渠道网络，认为网络营销属于小打小闹，不值得甚至不屑于参与其中，更不用说更深层次的互联网应用。短期之内要使大多数中小企业都具备互联网基因，仍是一项艰巨的任务。

2. 环保约束需要实现生产转型

随着环境问题的日益突出，绿色发展理念受到重视。习近平总书记多次在重要场合提及"绿水青山就是金山银山"；2015年1月，被称为"史上最严"的新《环境保护法》正式实施；以浙江的"五水共治"为代表，各省市也借助各种专项工作整治污染，政府希望通过严厉环保规制来治理环境污染问题的思路已十分明确。而大多数处于化工、纺织、机械等传统行业的中小企业由于规模、资金等原因，往往对环保缺乏必要的重视，以高能耗、高污染换取利润的经营模式普遍存在，如不加速转变生产方式降低能源减少污染，将面临最终关停淘汰的命运。

3. 代际传承需要实现管理转型

经过多年的发展，部分企业的创业者已到达退休年龄，面临企业"接班"问题。由于东部中小企业大部分仍以家族企业为主，因此往往面临两种情况：一种是继承人对企业事务不感兴趣，拒绝参与企业管理，创业者不得不借助外界力量如职业经理人来维持企业的经营；另一种是继承人接受一定程度的教育后（出国留学、国内高等教育等），回到企业参与企业管理并逐渐过渡为企业负责人。无论哪一种，企业管理方式均可能面临较大变革：职业经理人的引入对原先的家族管理制会产生重要影响，年轻人的思维方式与父辈也会存在较大的差异，创业者原先"一招鲜，吃遍天"的创业环境已不复存在，继承者更善于用知识武装自己，更善于从现代管理理念和方法中去寻找企业发展的出路。除了管理者的代际转换，员工也面临同样问题。"80后""90后"务工人员比例逐年上升，与原先"60后""70后"注重工资待遇相比,新一代的务工人员更为强调个体价值,原先单纯依赖物质来实现激励或者惩罚的管理方式已显颓势,迫切需要构建新机制来实现对员工的有效管理。

(二) 外部环境变化加剧

"快"正在成为时代发展的重要特征,中小企业发展的外部环境变化将更为频繁,现在仍处于快速发展期的某家企业到明年可能就会濒临破产,企业当前的成功战略可能过几个月就不再适用,东部中小企业过去随着产业行业发展而自然增长的相对安逸稳定环境已一去不复返。目前,外部环境的变化主要体现在如下方面:

1. 全球经济正在经历低谷

无论是国际货币基金组织还是世界银行对2016年世界经济发展态势均抱不乐观的态度。受美国加息预期的影响,世界大宗商品价格和股市均出现大幅波动,许多国家出现货币贬值现象,以出口业务为主的东部中小企业压力持续增加。2016年4月,美国制造业采购经理人指数(PMI)降至50.8,为2009年9月以来最低水平,行业增长逼近临界值,处于萎缩边缘。欧盟经济虽逐渐步入恢复轨道,2015年欧元区经济平均增长为1.5%,2016年预计为1.6%,但由于希腊债务危机仍是不稳定因素,而且欧洲经济结构调整前景尚不明朗,整体来看欧盟经济复苏仍有待时日。油价的持续下跌对俄罗斯经济产生了重要影响,2015年其GDP萎缩了3.7%,国际货币基金组织对俄罗斯2016年经济增速的预期仅为0.2%。总体来说,世界经济复苏情况低于预期,中小企业所面临的国际经济形势仍未好转。

2. 国内政策"新招"频出

在过去的24个月,为进一步拉动经济增长、优化产业结构,中央政府借鉴发达国家发展经验,先后制定并实施"一带一路""互联网+""大众创业、万众创新""供给侧结构性改革"等一系列宏观经济战略,各部委及地方政府也出台多项配套政策。虽然政策的快速更新对企业往往意味着更多机会与更好环境,但热点的频繁转换也可能使部分对本身经济发展规律及原理并不了解的中小企业主无所适从。如2015年年底"房地产去库存"政策所释放出的信号使房地产市场迅速升温,但到2016年年初北京、上海等地就实行了更为严格的调控政策,给部分投资者造成了一定损失。

3. 技术发展更为迅猛

科技进步已进入加速发展的"快车道",各类新产品、新概念、新技术以及衍生的新商业模式层出不穷,行业乃至产业都可能因某项技术的突破发生重大变革,中小企业如不顺应形势,最终可能将会被时代所淘汰。如随着信息技术的广泛应用,制造业的自动化智能化程度快速提高,德国的"工业4.0"、美国的"三位一体"、中国的"智能制造2025"等发展战略均将此作为提升效率、降低成本的关键手段,产品制造过程将进一步扁平化、集成化、敏捷化、协同化,传统生产模式即将发生重大变革,在此技术发展的十字路口,如果企业墨守成规或没有及时做出相应调整,将迅速丧失竞争优势。

(三)成本提升仍旧困扰企业发展

总体来说,2015年东部中小企业所面临的"用工贵、用料贵、融资贵、间接费用贵;订单难、转型难、生存难"的"四贵三难"困境并没有发生实质性转变,而在宏观经济形势整体走低的大环境下,成本的不断提升使部分企业特别是浙江、广东等从事加工贸易型中小企业在市场中的竞争能力继续削弱,生存空间受到进一步挤压,主要表现在如下几个方面。

1. 要素成本高居不下

中小企业特别是劳动密集型企业对劳动力的需求仍十分旺盛,平均缺口在15%—20%,部分企业用工缺口甚至高达50%,企业用工成本仍在攀升,从业人员劳动报酬持续上涨,并进一步引发了原材料价格的高位波动,企业利润率不断走低。据不完全统计,东部多数中小企业销售利润率已在5%以下,扣除企业所得税后将进一步下降。此外,东部土地供应更为紧张,大部分地区在有限的土地指标供应商设置了较高的准入门槛,传统中小企业很难获得土地审批,只能租用厂房和办公场地。而随着城市的发展,不少工业用地被重新规划,部分中小企业被迫迁址,又进一步增加了经营成本。

2. 融资成本下降有限

虽然中央及地方各级政府近年来对中小企业的融资问题日益重视,研究出台了一系列扶持政策引导和鼓励各类金融机构加大对中小企业的服务力度,但从目前来看,融资难仍旧是困扰中小企业的主要问题之一。实际上,从根源看,贷款交易和监控成本过高是银行不愿意向中小企业放贷的主要原因，而证券市场门槛较高，投资体系尚未健全，造成企业融资渠道较为狭窄。从贷款结构来看，流动负债所占比例较大，而长期负债则较少，说明银行不愿意对企业提供长期贷款。即使拿到放款指标，银行也通常会对中小企业实施利率上浮，并搭上存款回报、理财产品、财务中介费用等一系列"回扣"，进一步提升了贷款成本。多数中小企业无法获得贷款，在资金短缺时只能依靠高利民间借贷，甚至某些短期融资年化利息率高达50%以上，造成企业一旦资金链断裂因无法承受高额利息而发生老板跑路、企业倒闭的风险大幅增加。

二 中西部地区中小企业发展环境及特征

（一）区位优势进一步显现

随着西部大开发和"一带一路"整体战略的持续推进，西部各省份中小企业将继续获得国家的多重政策扶持，针对中西部中小企业的专项资金、金融机构的定向贷款额度等倾斜政策会进一步增加。而且中西部地区资源禀赋较高，矿产资源丰富，"自然资源综合优势度"、"自然资源人均拥有量优势度"和"自然资源总量"均在全国前列，相较于东部中小企业，煤、铁、铜等基础资源的可得度、便利性、费用率具有显著优势。此外，由于经济发展差异，中西部地区土地、厂房、劳动力等要素价格明显低于东部地区，根据2016年1月更新的最低工资标准，上海、杭州、广州等东部沿海城市分别为2020元、1860元、1895元，而成都、昆明、西安等内陆城市分别为1500元、1570元、1480元，在东部中小企业普遍面临成本、用地等要素约束的情况下，中西部地区可以利用东部产业结构调整的机遇对接产业转移，实现本地中小企业快速发展。实际上，中西部部分地区中小企业发展已步入发展通道。以宝鸡市为例，中小企业户数2014年年底达到18.1万户，已经占全市企业总户数的99%以上，中小企业工业增加值已经占当年地区GDP的49.23%，并且中小企业增加值以每年23.03%速度递增，远远高于宝鸡同期GDP 18.5%的平均增长率。

（二）管理方式仍较为落后

由于起步时间、技术水平、开放程度、从事行业等多方面因素，部分中西部中小企业管理理念、思维方式仍较为陈旧，过于依赖"家长式"或"家族式"管理，造成管理随意、缺乏规划、制度缺位等一系列问题。企业权力集中于企业主或者家族内部，企业行为及管理决策往往取决于个人判断而非制度约束，使得企业发展受制于个体眼光，容易出现短视行为。目前，许多中西部中小企业均没有强烈的无形资产意识，对于品牌、研发均较为忽视，造成产品外观设计陈旧、技术含量低下，市场定位长期在中低端徘徊，只能依靠成本优势换取利润。而且，过于随性的管理同样体现在财务方面，很多企业缺乏健全的财务制度，账目混乱，财务信息不完整不真实，使得银行等金融机构很难对其经营状况和财务状况做出准确判断，对其融资行为产生直接不利影响。此外，企业员工也普遍存在教育程度偏低、职业化素养不高、企业认同感少、流动性大、缺乏职业生涯规划等问题，给管理带来更多困难。

（三）融资"瓶颈"依然存在

中西部地区由于发展相对落后，尚未形成发达的资本市场，而中国的大型金融机构的总部均设于东部城市，发展重心也位于东部，造成中西部金融机构密度远远落后于东部地区。而且，中西部地区内部金融机构分布也存在不均衡现象，大城市相对密集，而中小城市网点建设显著低于全国平均水平。加之由于直接融资的相应管制政策，大部分中西部中小企业都无法通过证券交易的方式进行直接融资，造成中西部中小企业融资渠道单一的现象没有发生实质性改变，仍以银行贷款为主。而从银行经营策略来看，其实施的是"重点地区、重点行业、重点产品、重点客户"的四种战略，资金更倾向于流向大城市、大企业、大客户、大项目，中小企业并非其业务热点。而且由于部分中西部中小企业建立时间短、规模小、财务制度不规范、管理混乱、行业缺乏增长力，银行出于控制风险考虑，更容易发生惜贷行为。此外，民间借贷行为仍未得到良好规范，P2P网络借贷、农民合作社、私募基金等引发的非法集资案件增速明显，中小企业若因融资牵扯其中，将面临巨大风险。

第二节 中国区域中小企业发展比较分析

一 东部、中部和西部三大区域的比较

（一）中小企业数量比较

根据《中国工业统计年鉴（2015）》的数据，东部区域中小企业数量

占比为 65.38%，较去年有所上升；中部为 24.46%，较去年有所上升；西部为 10.16%，较去年有所下降。总体来看，相比去年，中西部地区的中小企业数量占比有所下降，而东部有所提升。

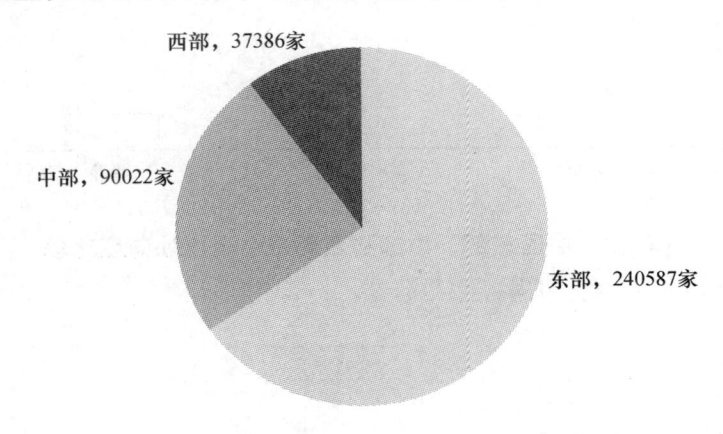

西部，37386家
中部，90022家
东部，240587家

图 2-1　中国东部、中部和西部中小企业数量

注：东部包括北京市、天津市、河北省、山东省、辽宁省、吉林省、黑龙江省、上海市、江苏省、广东省、浙江省和福建省等；中部包括安徽省、江西省、山西省、河南省、湖北省、湖南省、内蒙古自治区、广西壮族自治区和海南省等；西部包括重庆市、四川省、贵州省、云南省、西藏自治区、陕西省、甘肃省、青海省、宁夏回族自治区和新疆维吾尔自治区，下同。

资料来源：《中国工业统计年鉴（2015）》。

（二）外向度比较

外向度可以用当年出口交货值与当年销售收入的比值来表示，用以表征中国东部、中部、西部中小企业在对外贸易中的差异。结果显示，2014年东部中小企业的外向度为 10.33%，比 2013 年、2012 年均有一定的回落；中部为 2.67%，基本与去年持平；西部为 2.38%，增长幅度十分明显。总体来看，东部地区中小企业的外向度仍然较高，但中西部地区的增长势头十分强劲。

（三）总资产利润率比较

总资产利润率是反映企业盈利能力的指标之一，一般用总利润与总固定资产的比值来表示，从图 2-3 可以看出，2014 年，中部中小企业的利润率仍然最高，为 9.41%，东部地区中小企业次之，为 8.44%，西部中小企业最低，为 5.45%。总体来看，2014 年中国中小企业总资产利润率再次出现一定幅度的下滑，表明中国整体经济仍处于深度调整期，中小企业发展面临较大压力。

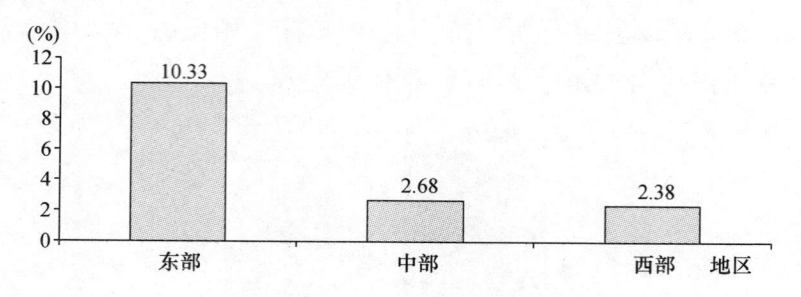

图 2-2 中国东部、中部和西部中小企业外向度比较

资料来源：《中国工业统计年鉴（2015）》。

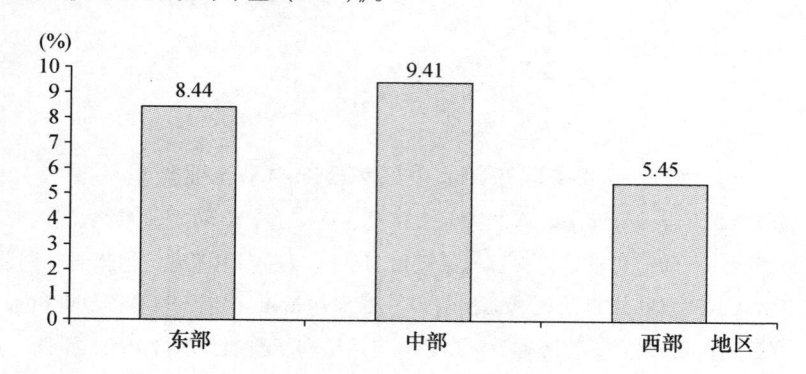

图 2-3 中国东部、中部和西部中小企业总资产利润率比较

资料来源：《中国工业统计年鉴（2015）》。

二 各省份中小企业发展状况的比较

（一）企业数量

2014年，从省级行政区划分来看，中国中小企业数量最多的依然是江苏、浙江、山东和广东。第一名是江苏省，企业数量虽然较2013年有所下降（同比下降0.17%，减少79家），但仍以总量47458家位于全国首位；第二名是浙江省，达到40243家，较2013年增加1283家（增速为3.29%）；第三名是山东省，达到39798家，较2013年增加283家（增速为0.72%），位次与去年持平；第四名是广东省，中小企业数量为39573家，较2013年减少149家，同比下降0.38%，位次也由去年的第二名滑落到第四名。数量最少的仍然是西藏自治区，为96家，比上年增加22家（增速为29.73%）。总体来看，大多数省份企业数量都出现了增速下降甚至负增长的情况（见图2-4）。

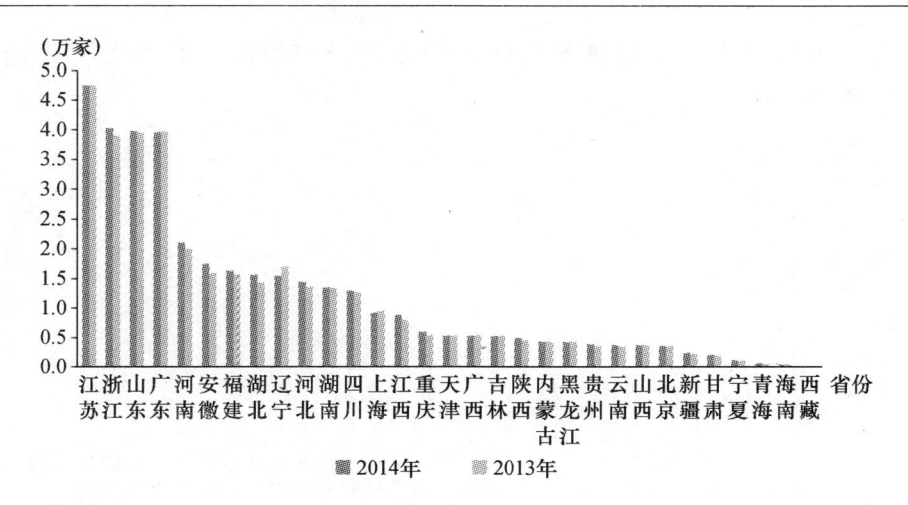

第二章 2015—2016年中国区域中小企业发展分析

（万家）

图中横轴省份（从左到右）：江苏 浙江 山东 广东 河南 安徽 福建 湖北 辽宁 河南 湖北 四川 上海 江西 重庆 天津 广西 吉林 陕西 内蒙古 黑龙江 贵州 云南 山西 北京 新疆 甘肃 宁夏 青海 海南 西藏

图例：2014年　2013年

图2-4　中国各省份中小企业数量比较

资料来源：《中国工业统计年鉴（2015）》。

（二）出口交货值

从出口交货值来看，2014年，排在前四位的仍然是中小企业数量最多的四个省，广东、浙江、江苏、山东。但广东外向度最高为20.52%，出口交货值为13142.37亿元，浙江为8916.18亿元，江苏为8518.89亿元，山东为4265.71亿元。

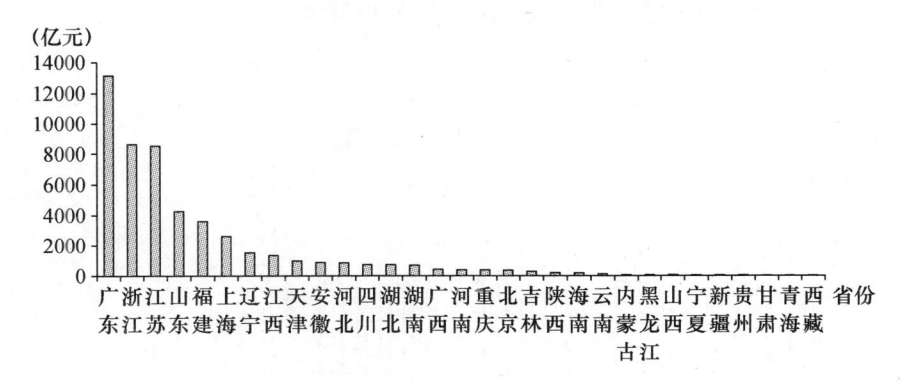

（亿元）

图中横轴省份（从左到右）：广东 浙江 江苏 山东 福建 上海 辽宁 江西 天津 安徽 河北 四川 湖南 湖北 广西 重庆 北京 吉林 陕西 海南 云南 内蒙古 黑龙江 山西 宁夏 新疆 贵州 甘肃 青海 海南 西藏

图2-5　中国各省份中小企业出口交货值比较

资料来源：《中国工业统计年鉴（2015）》。

（三）从业人员数量

中小企业吸纳就业的主力军，其从业人员数量一定程度上反映了工业中小企业在该区域的重要性。图2-6显示，2014年，广东、江苏、山东、浙江等省份排在前列，而海南、西藏等排在后面，基本上与当地的中小企业数量大体相关。

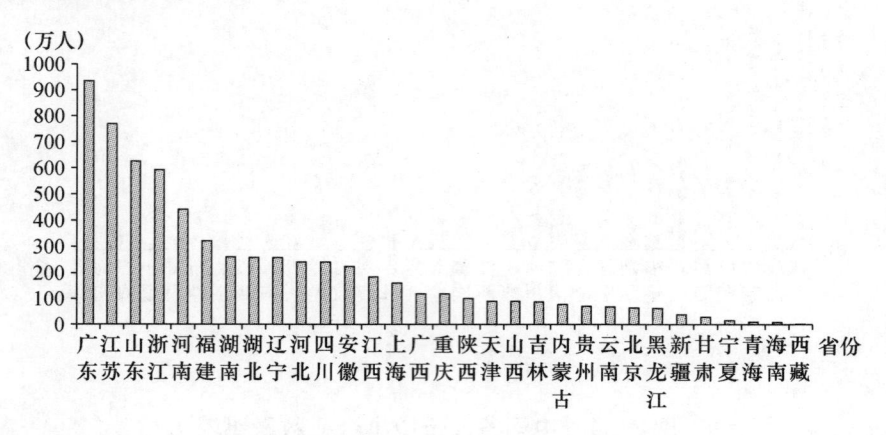

图 2-6 中国各省份中小企业就业人口比较

资料来源：《中国工业统计年鉴（2015）》。

（四）总资产利润率

总资产利润率在一定程度上体现了各省份中小企业的盈利能力差异。从数据看，2014 年，江西、河南、山东、湖南等省份中小企业经营效果位居前列，而浙江、广东等东部中小企业大省反而名次靠后，表明中西部中小企业发展较为稳健，受宏观环境影响较小。

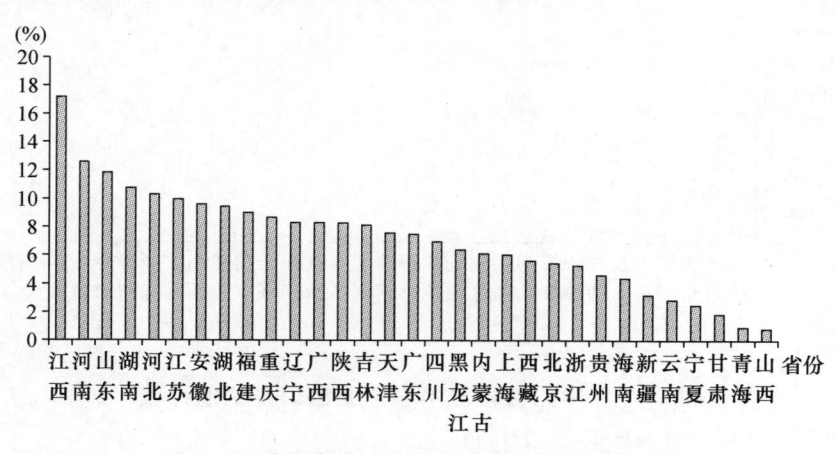

图 2-7 中国各省份中小企业总资产利润率比较

资料来源：《中国工业统计年鉴（2015）》。

（五）主营业务税收

主营业务税收既反映中小企业经营状况，也是反映其对社会贡献的主要指标，从图 2-8 中的数据可以看出，各省市中小企业主营业务税收数额与其中小企业总数有较大联系，山东、浙江、江苏、广东等东部中小企业大省位居前列，而宁夏、甘肃、青海、西藏等中小企业数量较少的省份名次靠后。

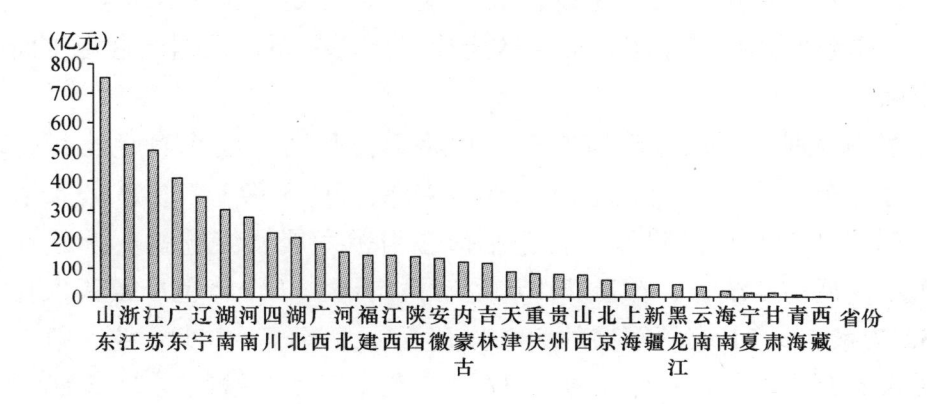

图 2-8　中国各省份中小企业上缴税金比较

资料来源：《中国工业统计年鉴（2015）》。

第三节　各地中小企业发展亮点

一　东部地区

（一）浙江省：以"特色小镇"引领中小企业发展

特色小镇是浙江省以新理念、新机制、新载体推进产业集聚、产业创新和产业升级的产物，目的是结合区域特质，聚焦信息、环保、健康、旅游、时尚、金融和高端装备制造七大产业，兼顾茶叶、丝绸、黄酒、中药、青瓷、木雕、根雕、石雕、文房等历史经典产业，科学进行规划，找准产业定位，挖掘产业特色、人文底蕴和生态禀赋，在有限地理空间内集聚若干优质企业，形成"产、城、人、文"四位一体有机结合的重要功能平台。根据 2015 年 4 月浙江省出台的《浙江省人民政府关于加快特色小镇规划建设的指导意见》，特色小镇面积一般控制在 3 平方公里左右，建设面积一般控制在 1 平方公里左右，原则上三年内要完成固定资产投资

50 亿元左右（不含住宅和商业综合体项目），所有特色小镇要建设成为 3A 级以上景区。

目前特色小镇建设主要有三种模式：一是企业主体，政府服务，政府负责小镇的定位、规划、基础设施和审批服务，引进民营企业建设特色小镇。二是政企合作、联动建设，政府做好大规划，联手大企业培育大产业。三是政府建设、市场招商，政府成立国资公司，根据产业定位面向全国招商。

根据规划，浙江省政府在三年内将重点培育 100 个特色小镇，2015 年 6 月公布了首批 37 个特色小镇建设名单，2016 年 1 月再次公布第二批 42 个特色小镇。首批建设的特色小镇在引领发展、促进就业上起到了重要作用，据初步统计，截至 2016 年 3 月，首批 37 个特色小镇新入驻企业达 3207 家，除 21 家领军型的 500 强企业，大部分为中小企业，新增就业人员 4.6 万人。仅仅一年，浙江 37 个特色小镇就新增税收 21.3 亿元。

（二）江苏省：重抓智能制造，变革中小企业生产模式

2015 年 1 月，江苏省政府与工信部签订《共同推进智能制造创新发展的战略合作协议》，率先在全国范围内就智能制造开展部省合作。同年 4 月，江苏省经信委印发《企业智能化改造升级项目三年滚动实施计划》，提出从如下三个方面对企业进行智能化改造：一是引导企业在研发设计、生产过程、企业管理和制造服务四个环节加大技改投入，提高整体运营的智能化水平；二是引导企业加快研发和应用智能技术、智能测控装置、智能成套装备，针对柔性制造、生产调度、故障诊断、在线检测等环节实施技术改造；三是引导企业建设"智能车间"，实现数据及时采集传输、生产过程在线监控、产品质量实时监测、故障自动诊断分析。该计划预计在 2015—2017 年全省范围内实施 603 个智能化改造升级项目，总投资 1572 亿元，预计新增工业机器人 1.3 万台。

2015 年 6 月，江苏省委、省政府印发《"中国制造 2025"江苏行动纲要》，明确提出以推进智能制造和突破关键核心技术为主攻方向，重点实施增强自主创新能力、推进"两化"深度融合、持续推进技术改造、加强质量品牌建设、推动业态模式创新、加强对外交流合作、加快产业结构调整和推进绿色生产制造八大工程，鼓励企业加大智能化改造投入，着力提升智能制造水平。江苏各地也随之掀起推进智能制造的热潮。常州市

研究编制了《"中国制造2025"常州行动纲要》和《关于进一步加强技术改造引领制造业中高端发展的实施意见》。苏州市召开智能车间建设推进会,并编制发放《苏州市智能制造支撑服务体系制造商和服务商手册》。盐城市对智能车间建设项目按设备投入的7%予以补助。各市着力构建智能制造整体推进机制,将智能制造作为技术改造的主攻方向强力推进。

(三)山东省:利用电商帮助中小企业赢取市场

山东省将电子商务作为中小企业发展的重要抓手,将2015年定为"电商推进年",省、市、县三级联动实施电商村、电商市场、电商园区、电商专精特新产品、电商特色服务企业和电商平台六项电商示范推进计划。2016年3月,山东省与阿里巴巴集团签署战略合作协议,期望通过双方在智慧山东、信用山东、创新创业等方面的深度合作,将阿里巴巴过去十几年中所积累生态圈中的各项资源在山东进一步集聚,为当地中小企业创业和青年创业提供技术上和资源上的支持。此外,山东省围绕农村电子商务发展现状,积极开展农村电子商务实操培训,着重帮助基层企业和农村青年学习如何开展网购、网销,学习网上营销模式和线下资源整合、供应链管理、仓储物流等相关电商知识。山东省中小企业局出台了《加快中小企业电子商务发展的意见》,并确定79个村、73个市场、79个园区、391个专精特新产品、138个特色服务企业、89个电商平台列入第一批山东省中小企业"电子商务推进年"省级示范推进计划。计划到2017年79个村网上销售额由27亿元达到112亿元,比例由21%提高到54%;73个市场网上销售额由152亿元达到536亿元,比例由11%提高到25%;79个园区网上销售额由212亿元达到1629亿元,比例由15%提高到45%;391个专精特新产品网上销售额由147亿元达到479亿元,比例由18%提高到33%;138个特色服务企业网上销售额由55亿元达到282亿元,比例由16%提高到28%;89个平台网上销售额由561亿元达到4080亿元,比例由53%提高到81%。据初步统计,近年来,电子商务在山东呈"井喷式"增长,截至2016年3月,全省"淘宝村"已近百个,电商平台3000多家,各类电商经营主体120万家。

二 中部地区

(一)河南省:财政兜底撬动担保融资

融资担保是破解中小企业融资困境的重要途径,但因宏观经济下行、货币流动性大幅动荡等原因，担保公司倒闭、跑路频发，数量大幅缩减，且结构变为政府出资设立为主，类似于银行等其他金融机构，出于风险控制的考虑，其对中小企业融资担保业务兴趣度与参与度均处于较低水平。因此，2015年11月，河南省财政厅、河南省工业和信息化委员会、河南省人民政府金融服务办公室印发《河南省小微企业信用担保代偿补偿资金管理办法（试行）》，提出"担保代偿 政府补偿"的指导思想。随后，2016年3月，河南省政府金融办公布《关于开展融资担保机构小额贷款公司服务经济发展"1215行动计划"的实施意见》，给担保机构"下任务"，要求全省担保和小贷公司为2万家中小微企业，15000个"三农"和个体创业者提供融资担保和小额贷款服务，目标任务是年度实现新增担保额1000亿元以上，新增贷款额260亿元以上，将任务详细分解到了各个县市和各家政府性担保机构。同时，针对增长型较强的科技型中小企业，河南省科技厅、财政厅联合推出科技金融"科技保"业务，设立科技信贷准备金，并实行专户管理，对符合条件的担保机构因为特定科技型中小企业提供服务等而发生代偿的，由财政厅从准备金中取出不超过实际代偿额60%给予补偿，单笔最高不超过500万元。预计此业务将引导担保机构为500家以上的科技型企业提供20亿元以上的信贷融资担保。

（二）广西壮族自治区：立足东盟促进中小企业国际合作

中国和东盟国家都是以中小企业为主导的经济发展格局，双方中小企业合作具有良好的互补性和广阔的前景。广西作为中国唯一与东盟陆海相连的省份，充分发挥背靠大西南、毗邻港澳、面向东南海、北部湾一湾连七国的区位优势，积极对接东盟经济，与东盟各国的贸易往来与技术合作日益频繁和紧密，东盟已连续八年成为广西最大贸易伙伴，是广西利用外资的主要来源地之一。广西早在2004年就在南宁设立"中国—东盟经济园区"，将其作为国内企业通向东盟市场的桥梁，打造东盟归侨落户和投资首选之地。目前，该区已形成食品加工、轻纺制鞋、生物制造等诸多特色产业集群，轻工产业基地初见规模，入园企业200多家，投产企业120多家，成为自治区极具投资潜力的区域之一，2013年3月正式升级为国家级经济技术开发区。此外，广西积极组织各类对接活动，如连续12年举办中国—东盟博览会中小企业跨境投资与贸易合作洽谈会。在2015年9月举办的第12届洽谈会上，全天共开展八轮一对一对接、自由对接及八轮视频对接活动，参与企业的行业涉及木材加工、建筑材料、清真食品、农产品、养殖业、电子电器等领域。据不完全统计，经过上午三轮297场次的对接洽谈，截至当天15时，共计195家对企业初步达成合作意向，洽谈成功率达67%。

三 西部地区

（一）贵州省：用云计算推进中小企业信息化

针对中小企业信息化不足、个体投入负担过重等问题，由贵州省政府主导引入具有国际领先水平的微软云计算技术，建立服务于贵州省内各中小企业的综合型云服务平台，于2015年4月26日在贵安新区大数据孵化园正式上线发布，从而中小企业以最低的成本拥抱"互联网+"，提高生产效率，实现快速投融资，拓展企业创新能力。平台通过模块化的组建，可以为中小企业提供有针对性的定制化服务，如根据需求自行选择OA、CIM或HR等系统，相比中小企业的自建平台，利用该平台可降低30%的成本，更为企业提供了便利。除为省内中小企业提供企业信息化云服务外，平台还提供中小企业投融资渠道服务、企业"互联网+"落地服务及企业众创空间服务等业务，而且整合一套基于云计算、"互联网+"、"工业4.0"的整体推进方案，可拓宽企业在大数据时代的经营管理和发展思路。现在已有超过50家中小企业使用贵州省中小企业云平台。

（二）重庆市：围绕"一带一路"推动中小企业"走出去"

重庆地处丝绸之路经济带、中国—中南半岛经济走廊（连接21世纪海上丝绸之路）与长江经济带"Y"字形大通道的联络点上，具有承东启西、连接南北的独特区位优势，是丝绸之路经济带的重要战略支点、长江经济带的西部中心枢纽、海上丝绸之路的产业腹地。随着国家"一带一路"战略的深入开展，重庆市中小企业正面临重要的发展机遇。为进一步推进中小企业"走出去"，充分利用国家政策的春风，重庆市各级中小企业部门主要做了如下工作：一是开展"中巴经济走廊"项目建设论证。组织10家中小企业参加第五届中国—巴基斯坦商务论坛活动，实地调研国外企业、考察投资环境，开展巴基斯坦重庆产业园区前期论证工作。二是组织三批次企业赴台湾地区参加"两岸企业家峰会"和渝台经贸交流活动，促成当地中小企业与台湾地区合作。三是组织当地优秀物流及贸易企业、服装企业赴香港地区参加"亚洲物流及航运会议暨展览会"和首届香港国际时尚汇展，推动企业实现境外合作。四是组织六批次企业实施对外投资考察，拓展国际市场，涉及区县企业抱团开拓国（境）外市场考察论证、企业（公共服务机构）赴国（境）外交流学习与合作、"一带一路"沿线国家投资项目与海外园区建设项目考察论证。

（三）陕西省：培育中小企业成长梯队

为发挥优质企业的示范带动作用，营造全省中小企业实现追赶超越，为经济稳增长做出新贡献的良好氛围，陕西省决定重点培育发展一批市场前景好、创新能力强、发展速度快、综合效益高、核心竞争力强的企业，从政策制定、重点项目建设、中小企业发展专项资金、服务平台、融资服务、技术支持、人才培训等方面全方位加强对培育企业的扶持力度。培育企业以成长梯队形式分为"行业之星"企业、"成长之星"企业和"创业之星"企业三个层次。"行业之星"企业主要是各行业中规模相对较大，创研能力强，中高端产品多，发展速度快，对区域中小企业发展和产业升级转型有着较大影响带动力的中小企业；"成长之星"企业主要是各行业中"专精特新"优势比较明显、发展速度和规模扩张较快的高成长性中小企业；"创业之星"企业主要是近年初创的科技型、新兴产业小微企业，发展速度较快，具备短期内培育发展为"三上"企业（规模以上工业、限额以上服务业、资质等级以上建筑业）的潜力。

2015年12月，陕西省公布首批成长梯队企业，其中工业企业744个，服务业企业60个，其他企业23个。主要分布在机械设备制造、汽车制造、医药、计算机及通信设备制造、航空铁路设备制造、非金属矿物制品、信息传输和信息技术服务及软件开发、物流等32个行业。2015年上半年营业收入增速在50%以上的企业占梯队企业总数的16%，增速20%以上的企业占45%，增速10%以上的企业占83.2%。

第三章

2015—2016年中国促进中小企业发展政策

第一节 国家及各部委中小微企业发展扶持政策

一 中小企业财税金融扶持政策

综观2015年，国家不断健全面向中小企业的财税金融政策支持体系，切实减轻税费负担，引导和鼓励社会资金投入，加大对中小企业的扶持力度。加快培育和发展战略性新兴产业，大力推动中小微企业转型升级，培育了一批具有创新能力、知识产权和知名品牌的创新型中小企业。倡导牢固树立国际视野，积极参与国际市场合作竞争，鼓励和帮助中小企业走出去。国家于2016年5月1日全面推开"营改增"试点，不断落实和强化结构性减税，同时针对中小企业群体设置专项资金，全面降低中小企业经营负担。

（一）中小企业财政扶持政策

2015年，中央层面对于中小企业发展的财政扶持政策力度不断加强，涉及面也不断深化，着力推动财政资金流向优质中小企业群体。总体来说，各项财政扶持主要集中于工业转型升级中小企业服务体系专项工作、中小企业服务平台建设、融资环境改善等方面。

2015年7月，财政部印发《中小企业发展专项资金管理暂行办法》的通知，对于专项资金的支持重点做出规定，是指中央财政预算安排用于优化中小企业发展环境、引导地方扶持中小企业发展及民族贸易、少数民族特需商品定点生产企业发展的资金。专项资金支持范围包括小微企业创业创新基地城市示范，中小企业参加重点展会、完善中小企业公共服务体系、中小企业创新活动、融资担保及国内贸易信用保险等，民族贸易和少数民族特需商品定点生产企业发展以及其他促进中小企业发展的工作等。在科技创新方面，资金专门支持中小企业围绕电子信息、光机电一体化、资源与环境、新能源与高效节能、新材料、生物医药、现代农业及高技术服务等领域开展科技创新活动。专项资金旨在引领带动地方积极探索政府扶持中小企业的有效途径，支持改善中小企业发展环境，加大对薄弱环节的投入，突破制约中小企业发展的"短板"与"瓶颈"，建立扶持中小企业发展的长效机制，有效促进形成"大众创业、万众创新"的良好局面。

2015年9月，国务院常务会议决定设立总规模为600亿元的国家中小企业发展基金。专项资金旨在按照市场化原则运行基金，充分发挥中央资金的杠杆作用和乘数效应，撬动更大规模的社会资本投入。以下是中小企业发展专项资金支持重点和资金支持方式（见表3-1）。

表3-1　　　　中小企业发挥专项资金支持重点和支持方式

政策分类	项目细分	支持方式
固定资产建设类项目	企业技术改造项目、战略性新兴产业项目、服务环境改善项目	采取无偿资助方式的，企业技术改造项目、战略性新兴产业建设项目资助额不超过该项目固定资产投资额的10%和企业已投入的自有资金总额；服务环境改造项目资助额不超过该项目固定资产投资额的30%和企业已投入的自有资金总额。每个项目最高资助额不超过300万元
担保（再担保）业务补助项目	担保业务补助项目、再担保业务补助项目、保费补助项目	对符合条件的业务按业务额给予一定比例的补助，担保期不足一年的业务按年折算
企业提高素质活动补助项目	提升企业管理水平补助项目、提升企业研发能力补助项目、企业专利申请补助项目	补助额不超过项目实际投资额（软件、硬件）的50%，单个企业最高补助额不超过200万元；2008—2010年获得的专利（含已受理专利），每个专利补助额不超过5万元，单个企业最高补助额不超过200万元
中国国际中小企业博览会补助项目	对境内参加第八届中国国际中小企业博览会的中小企业给予展位费补助	境内中小企业租用的每个标准展位补助3000元。各参展企业按此补助标准减交展位费

2015年1月，国务院常务会议决定设立国家新兴产业创业投资引导基金，助力创业创新和产业升级；加快发展服务贸易，以结构优化拓展发展空间。这是中国主动适应经济发展新常态的重要决策部署。

2015年6月，央行宣布在有针对性地对金融机构实施定向降准之外，下调一年期存款和贷款基准利率各0.25个百分点。定向降准的内容包括：对"三农"贷款占比达到定向降准标准的城市商业银行、非县域农村商业银行降低存款准备金率0.5个百分点；对"三农"或小微企业贷款达到定向降准标准的国有大型商业银行、股份制商业银行、外资银行降低存款准备金率0.5个百分点；降低财务公司存款准备金率3个百分点。

（二）中小企业税收优惠政策

2015年，在税收政策方面，中央各部委主要发布了《关于全面推开营业税改征增值税试点的通知》、《关于小型微利企业所得税优惠政策的通知》等重要政策。2015年发布的促进中小微企业发展的税收优惠政策所涉及的具体税种分类如下：

1. 企业所得税优惠政策

中国目前专门针对促进小微企业发展的企业所得税优惠政策主要是对符合小型微利企业认定条件的小微企业按照20%的优惠税率计算企业所得税。《财政部 国家税务总局关于小型微利企业所得税优惠政策的通知》规定，自2015年1月1日至2017年12月31日，对年应纳税所得额低于20万元（含20万元）的小型微利企业，其所得按50%计入应纳税所得额，按20%税率缴纳企业所得税，该政策的落实进一步缓解了小微企业的企业所得税缴纳压力。

2. 增值税优惠政策

2015年6月，国家税务总局发布修订后的《税收减免管理办法》（以下简称《办法》），《办法》规定自2015年8月1日起，开始贯彻落实国务院行政审批制度改革精神，进一步规范和加强减免税管理工作。

根据《关于全面推开营业税改征增值税试点的通知》，2016年5月1日，在全国范围内全面推开营业税改征增值税试点，建筑业、房地产业、金融业、生活服务业等全部营业税纳税人，纳入试点范围，由缴纳营业税改为缴纳增值税。

2015年7月，税务总局发布《关于明确部分增值税优惠政策审批事项取消后有关管理事项的公告》。公告提出,将加强对 5 项已取消审批的后续管理,进一步简化企业办理税收优惠的程序。

3. 出口退(免)税优惠政策

根据国家税务总局 2015 年 6 月出台的《关于逾期未申报的出口退(免)税可延期申报的公告》,出口企业或其他单位由七种特殊原因造成未收齐出口退(免)税申报单证,逾期未申报出口退(免)税的,可在 2015 年 7 月 31 日前提出延期申请,延期申报退(免)税。

(三)中小企业融资担保政策

融资难、融资贵是一直以来制约中小微企业发展的顽疾,在 2015 年中央各部委联合出台了多项鼓励和支持中小企业开拓融资和担保渠道的政策措施。

2015 年 8 月,国务院发布《国务院办公厅关于加快融资租赁业发展的指导意见要求》(以下简称《要求》),要充分发挥市场在资源配置中的决定性作用,完善法律法规和政策扶持体系,建立健全事中、事后监管机制,转变发展方式,建立专业高效、配套完善、竞争有序、稳健规范、具有国际竞争力的现代融资租赁体系,引导融资租赁企业服务实体经济发展、中小微企业创业创新、产业转型升级和产能转移等,为打造中国经济升级版贡献力量。《要求》强调要加快重点领域融资租赁发展,积极推动产业转型升级,鼓励融资租赁公司积极服务"一带一路"、京津冀协同发展、长江经济带、"中国制造 2025"和新型城镇化建设等国家重大战略。

表 3-2　　　　2015 年国家层面中小企业财税金融重要政策一览

颁布时间	政策文号	出台部门	政策名称	政策要点
2015 年 12 月 24 日	国发〔2015〕72 号	国家税务总局	国务院关于支持沿边重点地区开发开放若干政策措施的意见	提出 31 条措施意见,支持沿边重点地区开发开放,构筑经济繁荣、社会稳定的祖国边疆
2015 年 11 月 12 日	国家税务总局〔2015〕76 号	国家税务总局	国家税务总局关于发布《企业所得税优惠政策事项办理办法》的公告	为转变政府职能,优化纳税服务,提高管理水平,有效落实企业所得税各项优惠政策

续表

颁布时间	政策文号	出台部门	政策名称	政策要点
2015年9月25日	国家税务总局〔2015〕68号	国家税务总局	国家税务总局关于进一步完善固定资产加速折旧企业所得税政策有关问题的公告	进一步完善固定资产加速折旧企业所得税政策有关问题
2015年9月21日	国家税务总局〔2015〕69号	国家税务总局、工业和信息化部	国家税务总局关于中小企业信用担保机构免征营业税审批事项取消后有关管理问题的公告	中小企业信用担保机构免征营业税审批事项取消后有关后续管理问题
2015年3月18日	国家税务总局〔2015〕17号	国家税务总局	国家税务总局关于贯彻落实进一步扩大小型微利企业减半征收企业所得税范围有关问题的公告	只要符合小型微利企业规定条件，均可以享受小微企业所得税优惠政策
2015年5月27日	国家税务总局〔2015〕40号	国家税务总局	国家税务总局关于资产（股权）划转企业所得税征管问题的公告	明确四种企业资产（股权）划转情形享受税收优惠
2015年5月8日	国家税务总局〔2015〕33号	国家税务总局	国家税务总局关于非货币性资产投资企业所得税有关征管问题的公告	明确非货币性资产投资企业所得税政策执行过程中具体征管要求
2015年4月27日	国家税务总局〔2015〕25号	国家税务总局	国家税务总局关于金融企业涉农贷款和中小企业贷款损失税前扣除问题的公告	金融企业涉农贷款、中小企业贷款逾期一年以上，经追索无法收回，应依据涉农贷款、中小企业贷款分类证明，按规定计算确认贷款损失进行税前扣除

续表

颁布时间	政策文号	出台部门	政策名称	政策要点
2015年3月18日	国家税务总局〔2015〕17号	国家税务总局	国家税务总局关于贯彻落实扩大小型微利企业减半征收企业所得税范围有关问题的公告	适应税收政策调整，对一些具体管理操作问题进一步做了明确规定
2015年1月7日	国家税务总局〔2015〕2号	国家税务总局	《出口退（免）税企业分类管理办法》	进一步规范出口退（免）税管理，优化出口退税服务，支持中国外贸发展

资料来源：课题组根据http：//www.gov.cn/、http：//www.chinatax.gov.cn资料整理。

二 中小企业创业创新扶持政策

在引导中小企业创新创业方面，国家继续通过出台各项鼓励性政策激发中小企业创业创新活力，促进中小企业转型升级，实现"专精特新"发展，提高中小企业产业集群发展水平，同时深度支持中小企业"走出去"和"引进来"。

与往年中央扶持中小微企业的政策相比，2016年国家特别注重解决资金使用分散和政策落实"最后一公里"的问题，对中小微企业的提供项目直接支持，分部门分行业专项推进。工作政府主要在以下三个方向推出有关政策，鼓励促进中小企业创业创新。

（一）引导型政策

国务院2015年3月发布了《国务院办公厅关于发展众创空间推进大众创新创业的指导意见》，意见明确抓好加快建设众创空间、降低创新创业门槛、鼓励科技人员和大学生创业、支持创新创业公共服务、加强财政资金引导、完善创业投融资机制、丰富创新创业活动和营造创新创业文化氛围八个任务。

2015年5月，财政部、工业和信息化部、科技部、商务部、工商总局联合发布了《关于支持开展小微企业创业创新基地城市示范工作的通知》，从资助中小微企业，放宽市场准入，建设创业基地，进一步完善中小微企业融资担保等方面提出了落实的具体措施。

国务院于 2015 年 6 月印发了《关于大力推进大众创业万众创新若干政策措施的意见》，从创新体制机制、优化财税政策、搞活金融市场、扩大创业投资、发展创业服务、建设创业创新平台、激发创造活力、拓展城乡创业渠道、加强统筹协调九大领域、30 个方面明确了相关政策措施。

（二）服务型政策

中小企业创业创新服务型政策主要表现在支持小企业创业基地的建设和完善创新创业公共服务体系这两个方面。

一是支持小企业创业基地的建设。政府出台了国家小型微型企业创业示范基地建设的管理办法，优化小型微型企业创业创新的环境，鼓励各地利用闲置的厂房和土地，以及在现有的工业园区等建立小企业创业基地。2016 年 5 月，国务院办公厅发布了《关于建设大众创业万众创新示范基地的实施意见》，确定了首批双创示范基地名单。

二是完善创新创业的公共服务体系。为中小企业创业创新发展提供多层次、全方位网络化的服务，使中小企业找得到、用得起、可信赖，工信部认定了 500 多家国家中小企业公共服务的示范平台，其中创业服务和技术服务的示范平台将近 400 家。中国政府还实施了中小企业公共服务平台网络建设工程，全国一共建设了 800 多个网络窗口平台。2014 年这些平台开展了创业创新服务达到 600 多个，提供了创业服务达到 32 万人次。同时，还组织开展了服务机构能力的培训与交流，提升创业创新服务的能力。

（三）专项政策

2015 年 7 月，国务院印发《关于积极推进"互联网 +"行动的指导意见》，随后组织实施"互联网 + 小微企业行动计划"，以支持小微企业创业创新为目标，以中小企业信息化推进工程，中小企业"两化"融合能力，运用互联网云计算、大数据、移动互联网等信息技术，不断完善中小企业的服务体系，全面提升小微企业信息化发展的水平和"两化"深度融合的能力。

2015 年 11 月 23 日，国务院印发《关于积极发挥新消费引领作用加快培育形成新供给新动力的指导意见》，全面部署以消费升级引领产业升级，以制度创新、技术创新、产品创新增加新供给，满足创造新消费，形成新动力。

2016年2月，国务院办公厅发布《关于加快众创空间发展服务实体经济转型升级的指导意见》和2016年3月国务院印发了《实施〈中华人民共和国促进科技成果转化法〉若干规定》，提出继续推动众创空间向纵深发展，在制造业、现代服务业等重点产业领域强化企业、科研机构和高校的协同创新，加快建设一批众创空间。政策明确要求，通过龙头企业、中小微企业、科研院所、高校、创客等多方协同，打造产学研用紧密结合的众创空间，吸引更多科技人员投身科技型创新创业，促进人才、技术、资本等各类创新要素的高效配置和有效集成，推进产业链、创新链深度融合，不断提升服务创新创业的能力和水平。

表3-3　　　　2015年国家层面中小企业创业创新重要政策一览

颁布时间	政策文号	出台部门	政策名称	政策要点
2016年3月16日	国办发〔2016〕24号	国务院办公厅	国务院办公厅关于深入实施"互联网+流通"行动计划的意见	进一步推进线上线下融合发展，从供需两端发力，实现稳增长、扩消费、强优势、补短板、降成本、提效益
2016年3月16日	国办发〔2016〕14号	国务院办公厅	国务院办公厅关于完善国家级经济技术开发区考核制度促进创新驱动发展的指导意见	牢固树立创新、协调、绿色、开放、共享的发展理念，在培育发展新动力、拓展发展新空间、构建产业新体系和发展新体制等方面，持续发挥国家级经开区窗口示范和辐射带动作用，培育有全球影响力的先进制造业、现代服务业发展基地
2016年1月4日	国发〔2016〕4号	国务院	国务院关于促进加工贸易创新发展的若干意见	延长产业链，提升加工贸易在全球价值链中的地位；发挥沿海地区示范带动作用，促进转型升级提质增效；支持内陆沿边地区承接产业梯度转移，推动区域协调发展；引导企业有序开展国际产能合作，统筹国际国内两个市场两种资源；改革创新管理体制，增强发展动力；完善政策措施，优化发展环境；组织保障八部分33条

续表

颁布时间	政策文号	出台部门	政策名称	政策要点
2015年10月31日	国办发〔2015〕78号	国务院办公厅	国务院办公厅关于促进农村电子商务加快发展的指导意见	加强政策扶持力度；鼓励和支持开拓创新；大力培养农村电商人才；加快完善农村物流体系；加强农村基础设施建设；加大金融支持力度；营造规范有序的市场环境。到2020年，初步建成统一开放、竞争有序、绿色环保的农村电子商务市场体系
2015年9月18日	国办发〔2015〕72号	国务院办公厅	国务院办公厅关于推进线上线下互动，加快商贸流通创新发展转型升级的意见	国务院办公厅关于推进线上线下互动，加快商贸流通创新发展转型升级的意见
2015年8月14日	国办函〔2015〕90号	国务院办公厅	国务院办公厅关于同意建立推进大众创业万众创新部际联席会议制度的函	为推进大众创业万众创新计划，明确工作职责、成员单位、工作规则、工作要求
2015年7月1日	国发〔2015〕40号	国务院	国务院关于积极推进"互联网+"行动的指导意见	明确"互联网+"进行讲述如何把互联网的创新成果与经济社会各领域深度融合的要点，进一步促进社会发展
2015年6月18日	国办函〔2015〕47号	国务院办公厅	国务院办公厅关于印发进一步做好新形势下就业创业工作重点任务分工方案的通知	进一步分解细化涉及各个部门的工作，抓紧制定具体措施，逐项推进落实
2015年6月17日	国办发〔2015〕47号		国务院办公厅关于支持农民工等人员返乡创业的意见	支持农民工、大学生和退役士兵等人员返乡创业，通过大众创业、万众创新使广袤乡镇百业兴旺，可以促就业、增收入，打开新型工业化和农业现代化、城镇化和新农村建设协同发展的新局面

续表

颁布时间	政策文号	出台部门	政策名称	政策要点
2015年6月11日	国发〔2015〕32号		国务院关于大力推进大众创业万众创新若干政策措施的意见	创新体制机制，实现创业便利化；优化财税政策，强化创业扶持；搞活金融市场，实现便捷融资；扩大创业投资，支持创业起步成长；发展创业服务，构建创业生态；建设创业创新平台，增强支撑作用；激发创造活力，发展创新型创业；拓展城乡创业渠道，实现创业带动就业；加强统筹协调，完善协同机制九大领域、30个方面明确了96条政策措施
2015年5月4日	国办发〔2015〕36号		国务院办公厅关于深化高等学校创新创业教育改革的实施意见	明确重点抓好九个方面的任务，强调，各地区、各高校要制订深化本地本校创新创业教育改革的实施方案，强化督导，加强宣传，抓好改革措施落地
2015年5月4日	国发〔2015〕24号		国务院关于大力发展电子商务加快培育经济新动力的意见	明确了三点原则，提出了七方面的政策措施
2015年4月27日	国发〔2015〕23号		国务院关于进一步做好新形势下就业创业工作的意见	把创业和就业结合起来，以创业创新带动就业，催生经济社会发展新动力，为促进民生改善、经济结构调整和社会和谐稳定提供新动能

资料来源：课题组根据http：//www.gov.cn、http：//www.chinatax.gov.cn等资料整理。

三 中小企业公共服务平台政策

中小企业服务平台是指由法人单位建设和运营，经工业和信息化部认定，为中小企业提供信息、技术、创业、培训、融资等公共服务，具有开放性、应用性、公益性、有偿性和便利性的特征。加强中小企业公共服务平台建设，对于提高中小企业产品质量技术水平，优化产品结构，增强自主创新能力，实现战略转型，以及增强产业集群竞争力，加快中国生产性服务业发展具有重要的现实意义。

根据《2015年度政府工作报告》部署和《国务院关于大力推进大众创业万众创新若干政策措施的意见》等文件精神，国务院重点围绕创业创新重点改革领域开展试点示范，在更大范围、更高层次、更深程度上推进大众创业万众创新，加快发展新经济、培育发展新动能、打造发展新引擎，建设一批"双创"示范基地、扶持一批"双创"支撑平台、突破一批阻碍"双创"发展的政策障碍、形成一批可复制可推广的双创模式和典型经验。

（一）公共服务示范平台政策

为了推动中小企业公共服务平台建设，特别支持小型微型企业健康发展，工信部积极建设中小企业公共服务示范平台，研究制定公共服务示范平台评价标准，对信誉好、服务优、效果显著的公共服务示范平台，实行服务补助和奖励表彰等扶持措施，引导服务平台规范运营，不断增强服务功能，提高服务质量，实现可持续健康发展。同时，对中小企业公共服务示范平台实行动态管理，对示范平台的运营服务情况进行质量监督和检查测评，对以前年度的示范平台进行复核，及时撤销不符合条件的单位，2016年5月，按照《国家中小企业公共服务示范平台认定的管理办法》，经平台申报、省级中小企业主管部门测评、专家评审等程序，工业和信息化部对第二批国家中小企业公共服务示范平台（以下简称示范平台）进行了复核。

（二）信息化服务平台政策

2015年，围绕国家实施"互联网+"行动、"中国制造2025"以及大众创业万众创新重要部署，按照工信部实施"互联网+小微企业"行动的要求，依托中小企业信息化推进工程和中小企业"两化"融合能力提升行动，相关单位积极探索进一步推进中小企业信息化的新思路、新方式和新模式，全面提升中小企业信息化服务能力。

2016年2月，国务院再次对发展众创空间进行研究部署，主要目的是促进众创空间向专业化发展，为"双创"提供低成本、全方位、专业化服务。

2016年5月，工业和信息化部在北京举办"2016中小企业信息化服务信息发布会"，总结2015年中小企业信息化推进工作并部署2016年工作任务。

2015年共有18家大型的电信运营商、信息化服务商和专业的服务机构参与了中小企业信息化推进工作。据不完全统计，全国已经建立了6400多个服务机构，配备了12万名专业的服务人员，联合了2700多家专业合作伙伴，企业投入服务中小企业信息化的资金约13亿元，也获得了各级财政的支持。年内组织开展了宣传培训和信息化推广活动3万余场，参加活动的人数达到140多万人。与地方政府、工业园区等签署了将近500份合作协议。

（三）专项资金政策

在资金投入方面，2015年5月，工业和信息化部办公厅发布了《关于做好2015年中小企业公共服务平台网络建设有关工作的通知》，指出各地中小企业主管部门、财政部门要按照《工业和信息化部办公厅、财政部办公厅关于中小企业公共服务平台网络在建项目有关问题的复函》（工信厅联企业〔2013〕185号）中的有关要求，结合年度资金安排，加大对本地区平台网络在建项目的推进力度，确保项目建设按批复要求按时完工，并提前做好项目验收的准备工作，按时完成验收工作。

表3-4　　　　　2015—2016年国家层面中小企业公共服务平台建设的重要政策一览

颁布时间	政策文号	出台部门	政策名称	政策要点
2016年5月8日	国办发〔2016〕35号	国务院办公厅	国务院办公厅关于建设大众创业万众创新示范基地的实施意见	在更大范围、更高层次、更深程度上推进大众创业万众创新，加快发展新经济、培育发展新动能、打造发展新引擎，建设一批"双创"示范基地、扶持一批"双创"支撑平台、突破一批阻碍"双创"发展的政策障碍、形成一批可复制可推广的"双创"模式和典型经验而制定的法规
2016年2月14日	国办发〔2016〕7号	国务院办公厅	国务院办公厅关于加快众创空间发展服务实体经济转型升级的指导意见	继续推动众创空间向纵深发展，在制造业、现代服务业等重点产业领域强化企业、科研机构和高校的协同创新，加快建设一批众创空间

续表

颁布时间	政策文号	出台部门	政策名称	政策要点
2016年1月12日	国函〔2016〕17号	国务院	国务院关于同意在天津等12个城市设立跨境电子商务综合试验区的批复	同意在天津市、上海市、重庆市、合肥市、郑州市、广州市、成都市、大连市、宁波市、青岛市、深圳市、苏州市12个城市设立跨境电子商务综合试验区，名称为中国（城市名）跨境电子商务综合试验区
2015年12月6日	国发〔2015〕69号	国务院	国务院关于加快实施自由贸易区战略的若干意见	明确三项总体要求，进一步优化自由贸易区建设布局，加快建设高水平自由贸易区，完善支持机制，加强组织设施
2015年9月23日	国发〔2015〕53号	国务院	国务院关于加快构建大众创业万众创新支撑平台的指导意见	提出"把握发展机遇，汇聚经济社会发展新动能；创新发展理念，着力打造创业创新新格局"等十项意见
2015年4月8日	国发〔2015〕18号	国务院	国务院关于印发中国（广东）自由贸易试验区总体方案的通知	明确广东自由贸易试验区的总体要求、区位布局和主要任务措施
2015年4月8日	国发〔2015〕21号	国务院	国务院关于印发进一步深化中国（上海）自由贸易试验区改革开放方案的通知	明确进一步推进上海自由贸易区的总体要求、主要任务和措施
2015年4月8日	国发〔2015〕19号	国务院	国务院关于印发中国（天津）自由贸易试验区总体方案的通知	明确天津自由贸易试验区的总体要求、区位布局和主要任务措施
2015年4月8日	国发〔2015〕20号	国务院	国务院关于印发中国（福建）自由贸易试验区总体方案的通知	明确福建自由贸易试验区的发展目标，实施范围以及主要任务和措施

资料来源：课题组根据 http://www.gov.cn、http://www.chinatax.gov.cn 等资料整理。

四　中小企业国际化扶持政策

工信部 2015 年 5 月发布了关于《大力促进中小企业发展》的通知，指出当前中国对外开放进入新阶段，必须加快构建开放型经济新体制，实施新一轮高水平对外开放，以开放的主动赢得发展的主动、国际竞争的主动。支持中小企业"走出去"和"引进来"，以建设"一带一路"为契机，积极支持中小企业稳定和开拓国际市场。鼓励有实力的中小企业参与境外基础设施合作和产能合作，推动中国装备走向世界，促进冶金、建材等产业对外投资。加大出口信用保险以及各类出口信贷对中小企业的支持力度。鼓励中小企业到境外收购技术和品牌，带动产品和服务出口。

中国政府支持中小企业的国际化的政策做法主要有：

（一）加强政策引导

在发展方向上，政府鼓励有实力的中小企业参与境外基础设施合作和产能合作，推动中国装备走向世界，促进冶金、建材等产业对外投资。鼓励中小企业到境外收购技术和品牌，带动产品和服务出口。加大出口信用保险以及各类出口信贷对中小企业的支持力度。

（二）增强政策保障

在指导和帮助中小企业运用世界贸易组织规则维护企业合法权益，为中小企业提供在反补贴、反倾销等方面的法律援助。发挥行业协会作用，加强行业自律，规范中小企业进出口经营秩序，从源头上避免恶性竞争和贸易纠纷。

坚持中小企业"走出去"和"引进来"相结合，坚持引进资金、引进技术和引进智力相结合。发挥已签署的合作协议和已建立的政策对话机制的作用，深化中欧、中美等中小企业政策对话与合作、中德培训等方面的务实合作。发挥中外中小企业合作园区示范作用，积极探索中小企业国际合作新途径和新机制，加强与国外政府、国际机构和中小企业组织之间的双边和多边合作及政策对话。

（三）强化政府服务

支持建立各类中小企业产品技术展示中心，鼓励中小企业利用电子商务拓展市场，降低市场开拓成本。继续办好中国国际中小企业博览会，重点培育和发展一批适合中小企业开拓市场的品牌展会。支持中小企业参加各类展览展销活动，鼓励减免中小企业参展展位费。

（四）扩大信贷支持

创新外贸金融产品，通过发放信用贷款、票据贴现、押汇贷款、对外担保等方式加强信贷支持。开展出口退税托管账户、出口信用保险保单、应收账款、股权、订单、仓单等抵（质）押贷款融资。指导企业通过境外银行人民币贷款、关联企业借款和人民币跨境担保等方式实现多渠道融资。

表3-5　2015—2016年国家层面中小企业国际贸易的重要政策一览

颁布时间	政策文号	出台部门	政策名称	政策要点
2016年5月9日	国发〔2016〕27号	国务院	国务院关于促进外贸回稳向好的若干意见	提出对促进外贸回稳向好的十四项意见
2015年6月16日	国办发〔2015〕46号	国务院办公厅	国务院办公厅关于促进跨境电子商务健康快速发展的指导意见	提出促进中国跨境电子商务健康快速发展的十二项意见
2015年10月10日	国家税务总局〔2015〕70号	国家税务总局	关于企业境外所得适用简易征收和饶让抵免的核准事项取消后有关后续管理问题的公告	符合条件的企业，可以采取简易办法对境外所得已纳税额计算抵免
2015年4月1日	国发〔2015〕16号	国务院	国务院关于改进口岸工作支持外贸发展的若干意见	为推动外贸稳定增长和转型升级，提出六项意见措施
2015年3月18日	国家税务总局〔2015〕16号	国家税务总局	国家税务总局关于企业向境外关联方支付费用有关企业所得税问题的公告	就企业向境外关联方支付费用有关转让定价

资料来源：课题组根据 http://www.gov.cn、http://www.chinatax.gov.cn 等资料整理。

第二节　各地中小微企业发展扶持政策

一　东部地区

东部地区对于中小企业的扶持政策主要体现在财税金融、建设公共服务平台、创业创新及国际化扶持相关政策上（见表3-6）。财税金融政策方面，东部地区政府非常重视中小企业公共服务平台的建设，大部分地区均建立了多个中小企业公共服务平台。如山东省建立中小企业公共服务平台，这个平台以省级网上平台为枢纽、以17个市级网上平台和服务大厅及20个产业集群专业平台为节点、以县市窗口平台和社会服务机构为基础，互联互通、资源共享、服务协同、覆盖全省中小企业。在国际化扶持政策上，东部各省市主要通过资助中小企业参与境外展会、举办中小企业进入境外的推介会、创建互联网平台等，为中小企业提供国际贸易全价值链的一站式服务。

东部地区中，浙江省在中小企业的创新创业政策上出台了较多的扶持政策，非常注重培养中小企业的创新创业。浙江省举行了创业辅导，举办中小微创新能力培训班，2015年浙江省培育创建"创新型示范中小企业"60家，各市推荐5—8家企业，其中小型微型企业推荐比例高于70%。

表3-6　　2015—2016年东部地区中小企业扶持政策汇总

分类	省份	扶持政策要点
财税金融政策	海南	月销售额不超过3万元的增值税小规模纳税人享受免征增值税优惠政策，使应减免已减免的小规模纳税人达到100%；出台助力小微企业发展的18条措施，以确保实现全省小微企业数量年均增长不低于33%的目标
	福建	小微企业贷款保证保险先在福州、泉州、三明市开展试点，积累经验后再逐步推广
	河北	"纳税信用贷"启动为诚信小微企业量身定制，专门用于企业短期生产经营周转的可循环信用贷款产品

续表

分类	省份	扶持政策要点
财税金融政策	山东	中小企业可凭政府采购合同贷款 小微企业创业补贴标准增 2000 元，推广"创新券"
	天津	市中小微企业风险补偿金贷款备案系统的开通运行；银行将依据小微企业纳税信用记录和实际纳税额，为小微企业提供最高 300 万元的信用贷款
	浙江	加大小微贷款力度，确保实现了增速、户数、申贷获得率"三个不低于"要求明确界定出小微企业产业发展导向，并支持符合导向的小微企业在境内外资本市场挂牌上市 "小微企业三年成长计划"，安排 5.5 亿元专项资金，省国税、地税部门落实税收优惠政策，为小微企业减免税费 60 亿元
	江西	取消或暂停征收 12 项中央级设立的行政事业性收费，对小微企业（含个体工商户）免征 42 项中央级设立的行政事业性收费，对符合条件的小微企业暂免征收 5 项政府性基金
	安徽	首批"政银担"贷款项目在宿州成功落地，共计为 18 户企业发放贷款 7000 余万元；之后又在宿州、淮北、亳州、阜阳、蚌埠 5 个地市全面开花 从 2015 年 7 月 1 日起，上年度出口额在 300 万美元以内的小微出口企业，安徽省政府将按其向出口信用险承办机构应缴纳的短期出口信用险保费给予 70% 的补贴
	海南	印发《海南省进一步增强小微企业融资能力构建政银保合作新机制方案（试行）》
	河北	小微企业申报企业所得税享受税收减免将"一步到位"，税务机关不再审批利用 2015 年度外经贸发展专项资金支持中小外贸企业提升国际化经营能力
	辽宁	发布《辽宁省工商局关于鼓励大众创业支持小微企业加快发展的若干意见》，将办理营业执照、组织机构代码、税务登记的时间，由现在的 8 天压缩到 5 天以内
公共服务平台政策	天津	印发《关于发展众创空间推进大众创新创业的政策措施》，对经认定的众创空间，分级分类给予 100 万—500 万元的一次性财政补助，用于初期开办费用
	河北	印发《河北省中小企业公共服务示范平台认定管理办法》
	上海	推出《关于本市发展众创空间推进大众创新创业的指导意见》；落实集中登记、一址多照，采取单一窗口、网上申报、三证合一等措施；符合一定条件的创业人才，居住证转办户籍年限可由 7 年缩短为 3—5 年

续表

分类	省份	扶持政策要点
公共服务平台政策	浙江	出台《浙江省人民政府关于加快特色小镇规划建设的指导意见》 浙江省政府出台《关于加快特色小镇规划建设的指导意见》（浙政发〔2015〕8号），明确了特色小镇规划建设的总体要求、创建程序、政策措施、组织领导等内容 杭州市在产业定位上重点聚焦省里确定的七大产业，制定特色小镇的规划区域面积为三平方公里、核心区建设面积按一平方公里控制，市级特色小镇三年完成固定资产投资要求达到30亿元
	江苏	江苏省经信委和南京市经信委共同召开江苏（南京）中小企业信息化服务券试点工作布置会，标志着中小企业信息化服务券试点工作正式启动
	辽宁	出台《大连市加强创业孵化平台建设进一步促进创业型人才在连创业办法》，对高新区、生态科技创新城和金普新区建设的综合性创业孵化平台，正式投入使用时市政府给予2000万元的一次性资金补助
国际化扶持政策	天津	发布《关于促进天津市外贸综合服务企业发展三年行动方案的通知》
	浙江	发布《2015年浙江省外经贸发展专项资金支持中小企业申报指南》
	安徽	出台扶持政策，积极支持外贸优进优出，助力外贸企业提高"走出去"组织化程度，稳步扩大外贸进出口总量
创新创业政策	浙江	浙江省经济和信息化委员会举办的小微企业云服务推介会在浙江省中小企业公共服务平台举行，依托浙江省中小企业公共服务平台，推出了第一批小微企业云服务项目 《浙江省人民政府关于大力推进大众创业万众创新的实施意见》，出台二十七条创新创业新政，创业担保贷款额度最高30万元
	上海	发布《中共上海市委 上海市人民政府关于加快建设具有全球影响力的科技创新中心的意见》
	福建	出台扶持就业和自主创业财政政策，包括应届高校毕业生可享受社会保险补贴，灵活就业将得到更多扶持
	江西	（1）发展众创空间，着力优化创新创业生态；（2）强化科技服务，着力壮大创新型企业集群；（3）加快改革步伐，着力激发创新创业活力；（4）加强政策集成，着力营造良好创新创业环境

资料来源：课题组根据http://www.sme.gov.cn/资料整理。

二 中部地区

中部地区对于中小企业的扶持政策主要集中于财税金融和公共服务平台，国际化政策和创新创业政策较少。

在财税政策上，西部地区各地政府主要通过财政资金、中小企业发展专项资金、融资政策和税收优惠等途径来扶持中小企业发展。

公共服务平台建设方面，中部各地区处于平台搭建阶段。目前河南、江西、内蒙古、山西等均已经建立了其各具特色的中小企业公共服务平台，山西的中小企业服务平台网络是以1个省级服务平台为枢纽，11个市级综合服务窗口平台和18个产业服务窗口平台为节点。河南中小企业发展服务中心与广东金融高新区股权交易中心、中国长城资产管理有限公司达成战略合作伙伴关系，内蒙古服务平台主要为中小企业建立起政府联系、投融资、管理咨询和人力资源平台。

表3-7　2015—2016年中部地区中小企业扶持政策汇总

分类	省份	扶持政策要点
财税金融	河南	河南省工信委与中国光大银行郑州分行签订战略合作协议，为河南中小企业发展做支撑
	湖北	印发《小额贷款保证保险试点工作实施方案》，在全省启动小额贷款保证保险。小微企业无抵押担保，最高贷款额度达500万元
	山西	发布《山西省免征小微企业行政事业性收费项目目录清单》和《关于印发减轻企业负担促进工业稳定运行若干措施的通知》
	广西	下发《关于取消、停征和免征一批行政事业性收费的通知》
	海南	月销售额不超过3万元的增值税小规模纳税人享受免征增值税优惠政策，使应减免已减免的小规模纳税人达到100% 利用2015年度外经贸发展专项资金支持中小外贸企业提升国际化经营能力
公共服务平台	河南	河南省首家众创空间——UFO众创空间已在国家大学科技园开放，旨在为中原"创客"提供全周期产业孵化平台 河南省中小企业公共服务平台网络成员单位、国家和省级中小企业公共服务示范平台、省小企业创业基地为基础，河南省内其他中小企业服务机构自愿加入组成的全省性联合组织

续表

分类	省份	扶持政策要点
公共服务平台	江西	印发《江西省众创空间认定管理办法（试行）》的通知，明确了省级众创空间的认定条件和扶持措施，众创空间内符合条件的小微企业，将被优先认定为高新技术企业，享受减免10%税收的优惠
	内蒙古	发布《内蒙古自治区人民政府办公厅关于加快发展众创空间的实施意见》
	山西	综合运用购买服务、资金补助、业务奖励等方式，鼓励支持研发设计、科技金融、创业孵化、成功交易、认证检测等众创服务平台建设，为创业者提供政策咨询、项目推介、创业指导、融资服务、补贴发放等"一站式"创业服务
国际化	山西	下达专项资金2059万元，对全省14个外贸基地公共服务平台建设给予资助，涉及检验检测、质量追溯、培训展示、供应链管理和信息服务五大领域，总投资达6亿元，平台的建成将大大巩固和提升外贸发展实力
	内蒙古	出台《内蒙古检验检疫局服务自治区向北开放支持外贸发展的措施》及19项措施服务外贸发展
创业创新	黑龙江	建立创新创业学分积累转换制度，大学生（研究生除外）休学创业学籍最长可保留八年
	湖北	发布十条科技创业扶持政策，强力推进科技创业与培育，推进科技成果转化
	内蒙古	发布《内蒙古自治区人民政府关于大力推进大众创业万众创新若干政策措施的实施意见》

资料来源：课题组根据 http：//www.sme.gov.cn/网站等资料整理。

三　西部地区

西部地区的中小企业相对较少，对于中小企业的扶持政策也是最少的。在扶持政策类型的结构与东部地区和西部地区保持一致，主要集中于财税政策和公共服务平台建设上。具体的政策措施也都基本类似，各地区具体的政策措施如表3-8所示。

表 3-8　　2014—2016 年西部地区中小企业扶持政策汇总

分类	省份	扶持政策要点
财税金融	陕西	出台推进陕西经济持续健康发展的 10 项政策措施，为陕西经济转型升级、创新发展提供有力保障和支持
	四川	印发《关于实施鼓励直接融资财政政策的通知》，从 2015 年 10 月 1 日起实施为期三年的鼓励直接融资财政政策。针对债权融资、股权融资以及资产证券化融资三类直接融资模式的对应情形分别进行财政补贴，每年最高可达 500 万元
	云南	出台《关于促进民营经济发展若干政策措施的意见》，提出加大金融支持、拓宽融资渠道、帮助促销降本、强化用地保障、优化财税政策、实行社保优惠等 19 条措施
	重庆	出台简政放权的"负面清单"制度，加大财政优惠扶持政策的升级力度，建成市级"助保贷"平台，采取"1+X"发展模式，扩大小微企业贷款规模，从而缓解融资困难
	甘肃	通过税务部门和银行合作，企业纳税信用数据被转化为银行发放贷款的依据，纳税信用好的企业可以多贷款，建立全省小微企业互助贷款风险补偿担保基金
	贵州	国税局、地税局和财政局合作引导小微企业规范账务管理，降低小微企业的涉税风险，推动小微企业健康发展
	陕西	中小企业发展资金实行股权投入改革，陕西省级预算安排的各类产业发展资金都要安排不低于 50% 的比例进行股权投入试点
	重庆	一是完善政府补贴办法；二是落实税收扶持政策；三是加大就业社保扶持；四是加强涉企收费管理
	新疆	管理咨询专家组成若干个咨询专家组，每组 3—4 人，实地深入企业一线，与企业管理者进行面对面沟通，免费为中小企业进行第一阶段管理诊断活动，2014 年有 12 个小企业创业基地被授予"自治区小企业创业基地"称号
公共服务平台	武汉	通过计划项目引导各类创新载体向创业企业开放共享科技资源，将创新载体服务创业企业的情况作为年度绩效考评的重要依据；支持社会资金购买的大型科学仪器设备，以合理收费方式向创业个人和企业提供服务等
	四川	成都高新区每年将出资 1 亿元，支持成长型科技创业企业发展，投入创新创业的各类资金总额不低于 10 亿元
	云南	发布《云南省众创空间认定管理办法（试行）》的通知

续表

分类	省份	扶持政策要点
公共服务平台	重庆	下发《关于申报2015—2016年度重庆市众创空间建设科技项目的通知》，遴选150个项目予以资金支持
	甘肃	发布《甘肃省加快众创空间发展服务实体经济转型升级实施方案的通知》
	贵州	民间小微企业创业服务中心在贵阳建首个创业孵化基地
国际化	陕西	下发《陕西省发展跨境电子商务实施方案》，将推进"互联网+"行动计划在陕西省对外贸易领域的实施，加快发展跨境电子商务，符合条件电商零售出口可享两税退税政策
	新疆	将征税退税衔接的生产企业退税审批权下放到县（区）局，使退税时间进一步缩短，凡是能通过计算机进行信息比对的都不再需要人工审核。14项生产企业项目将不再需要人工审核，21项外贸企业
创新创业	云南	出台《云南省人民政府关于促进全省经济平稳健康发展的意见》，力争培训创业800人资助小微企业70个
	陕西	省财政部门已下拨资金6000万元，用以支持10个县（区）的小微企业创业创新示范建设
	新疆	新增万户中小微企业，增强创业活力

资料来源：课题组根据 http：//www.sme.gov.cn/网站等资料整理。

第三节 重点政策解读与评述

一 "大众创业，万众创新"进入2.0时代

李克强总理最早在2014年9月的夏季达沃斯论坛上公开场合发出"大众创业、万众创新"的号召，提出要借改革创新的"东风"，推动中国经济科学发展，在960万平方公里土地上掀起"大众创业""草根创业"的新浪潮，形成"万众创新""人人创新"的新态势。此后，总理在首届世界互联网大会、国务院常务会议和各种场合中频频阐释这一关键词。每到一地考察，他几乎都要与当地年轻的创客会面，他希望激发民族的创业精神和创新基因。

2015年年初，李克强总理在政府工作报告正式提出："大众创业，万

众创新"。政府工作报告中做了以下表述：推动大众创业、万众创新，"既可以扩大就业、增加居民收入，又有利于促进社会纵向流动和公平正义"。在论及创业创新文化时，强调"让人们在创造财富的过程中，更好地实现精神追求和自身价值"。

2015年8月15日，国务院办公厅关于同意建立推进大众创业万众创新部际联席会议制度的函（国办函〔2015〕90号）：国务院同意建立由发展改革委牵头的推进大众创业万众创新部际联席会议制度。

2016年5月国务院办公厅印发《关于建设大众创业万众创新示范基地的实施意见》（以下简称《意见》），系统部署"双创"示范基地建设工作。《意见》指出，为在更大范围、更高层次、更深程度上推进大众创业万众创新，加快发展新经济、培育发展新动能、打造发展新引擎，按照政府引导、市场主导、问题导向、创新模式的原则，加快建设一批高水平的双创示范基地，扶持一批"双创"支撑平台，突破一批阻碍"双创"发展的政策障碍，形成一批可复制可推广的"双创"模式和典型经验。

表3-9　　2015—2016年国务院常务会议关于"两创"的相关议题

时间	主要议题	内容要点
2015年1月7日	李克强主持召开国务院常务会议，确定规范和改进行政审批的措施提升政府公信力和执行力讨论通过部分教育法律修正案草案	针对群众反映较多的审批"沉疴"，着力规范和改进行政审批行为，治理"审批难"，是在不断取消和下放审批事项、解决"审批多"基础上，政府自我革命的进一步深化，是推进转变政府职能、简政放权、放管结合的关键一环，有利于提高行政效能，促进行政权力法治化，防止权力寻租，营造便利创业创新的营商环境，激发社会活力和创造力
2015年1月14日	李克强主持召开国务院常务会议，决定设立国家新兴产业创业投资引导基金助力创业创新和产业升级部署加快发展服务贸易以结构优化拓展发展空间审议通过《博物馆条例（草案）》	设立国家新兴产业创业投资引导基金，重点支持处于"蹒跚"起步阶段的创新型企业，对于促进技术与市场融合、创新与产业对接，孵化和培育面向未来的新兴产业，推动经济迈向中高端水平，具有重要意义

续表

时 间	主要议题	内容要点
2015年1月28日	李克强主持召开国务院常务会议，部署加快中国装备"走出去"推进国际产能合作 确定支持发展"众创空间"的政策措施为创业创新搭建新平台	顺应网络时代推动大众创业、万众创新的形势，构建面向人人的"众创空间"等创业服务平台，对于激发亿万群众创造活力，培育包括大学生在内的各类青年创新人才和创新团队，带动扩大就业，打造经济发展新的"发动机"，具有重要意义
2015年2月6日	李克强主持召开国务院常务会议，听取2014年全国两会建议提案办理工作汇报完善公共决策吸纳民意机制部署改革政府投资管理方式和转变职能便利投资创业规范市场秩序讨论通过报请全国人大授权在土地制度改革试点地区暂时调整实施有关法律规定的决定草案	建立部门和地方协同联动的投资项目审批监管制度，是推进简政放权、放管结合的重要举措，可使政府管理更加规范高效，防止随意性和权力寻租，更好服务和方便群众，对促进投资、带动创业就业具有重要意义
2015年2月25日	李克强主持召开国务院常务会议，确定进一步减税降费措施支持小微企业发展和创业创新部署加快重大水利工程建设以公共产品投资促进稳增长调结构决定提高中等职业学校和普通高中国家助学金补助标准助力贫困学子和技能型人才成长	应对当前经济下行压力，保持经济运行在合理区间，积极的财政政策必须加力增效。要坚持创新宏观调控思路和方式，围绕以大众创业、万众创新打造新引擎，以扩大公共产品和服务供给改造传统引擎，加强定向调控，加大财税政策支持力度，用减税降费鼓励创业创新，带动社会就业和调节收入分配；推进包括重大水利工程在内的公共设施建设，扩大有效投资需求，推动结构调整和相关产业发展
2015年4月1日	李克强主持召开国务院常务会议，部署盘活和统筹使用沉淀的存量财政资金有效支持经济增长确定加快发展电子商务的措施培育经济新动力决定适当扩大全国社保基金投资范围更好惠民生助发展	发展电子商务等新兴服务业，是"互联网+"行动的重要内容，对于促进传统产业和新兴产业融合发展，减少流通成本，激励创业扩大就业，拉动消费，改善民生，增加金融活力，促进发展升级，具有重要意义。要创新政府管理和服务，积极支持电子商务发展，为其清障搭台，在发展中规范和引导

续表

时间	主要议题	内容要点
2015年4月8日	李克强主持召开国务院常务会议，决定在全国范围清理规范涉企收费下调燃煤发电上网电价和工商业用电价格依法适当降低铁矿石资源税征收比例多措并举减轻企业负担支持实体经济发展	进一步实行结构性减税和普遍性降费，是坚持定向调控稳增长、调结构，精准发力促创新、扩就业的重要举措，可以更加充分发挥积极财政政策作用，进一步激发市场活力，聚焦经济运行中的新情况和企业面临的突出问题，大力清障减负，推动大众创业、万众创新持续蓬勃发展，增强经济发展动力
2015年4月21日	李克强主持召开国务院常务会议，部署进一步促进就业鼓励创业以稳就业惠民生助发展通过《基础设施和公用事业特许经营管理办法》用制度创新激发民间投资活力决定清理规范与行政审批相关的中介服务更好服务和便利群众	大众创业、万众创新是富民之道、强国之举，有利于产业、企业、分配等多方面结构优化。面对今年就业压力加大的形势，必须采取更加积极的就业政策，大力支持大众创业、万众创新，把创业和就业结合起来，以创业创新带动就业
2015年5月6日	李克强主持召开国务院常务会议，确定进一步简政放权、取消非行政许可审批类别把改革推向纵深、部署推进国际产能和装备制造合作、以扩大开放促发展升级、决定试点对购买商业健康保险给予个人所得税优惠、运用更多资源更好保障民生	今年要继续深入推进简政放权、放管结合，加快转变政府职能，破除阻碍创新发展的"堵点"、影响干事创业的"痛点"和市场监管的"盲点"，为创业创新清障、服务
2015年6月4日	李克强主持召开国务院常务会议，确定大力推进大众创业万众创新的政策措施，增添企业活力，拓展发展新天地	一要鼓励地方设立创业基金，对众创空间等的办公用房、网络等给予优惠；二要创新投贷联动、股权众筹等融资方式，推动特殊股权结构类创业企业在境内上市，鼓励发展相互保险；三要取消妨碍人才自由流动的户籍、学历等限制，营造创业创新便利条件；四要盘活闲置厂房、物流设施等，为创业者提供低成本办公场所；五要用简政放权、放管结合、优化服务更好发挥政府作用，以激发市场活力、推动"双创"

续表

时间	主要议题	内容要点
2015年9月16日	李克强主持召开国务院常务会议听取政策落实第三方评估汇报	把简政放权放管结合等改革推向纵深部署建设大众创业万众创新支撑平台,用新模式汇聚发展新动能确定扩大固定资产加速折旧优惠范围,推动产业加快改造升级决定全面建立困难残疾人生活补贴和重度残疾人护理补贴制度,强化民生兜底保障
2015年10月14日	李克强主持召开国务院常务会议	决定完善农村及偏远地区宽带电信普遍服务补偿机制,缩小城乡数字鸿沟部署加快发展农村电商,通过壮大新业态促消费惠民生;确定促进快递业发展的措施,培育现代服务业新增长点
2015年6月10日	国务院总理李克强主持召开国务院常务会议,明确推进财政资金统筹使用措施,更好发挥积极财政政策稳增长调结构惠民生作用	决定将消费金融公司试点扩至全国,增强消费对经济的拉动力;部署促进跨境电子商务健康快速发展,推动开放型经济发展升级;确定支持农民工等人员返乡创业政策,增添大众创业万众创新新动能
2015年6月24日	国务院总理李克强主持召开国务院常务会议,部署推进"互联网+"行动,促进形成经济发展新动能	决定降低工伤和生育保险费率,进一步减轻企业负担;确定设立中国保险投资基金,以金融创新更好服务实体经济;通过《中华人民共和国商业银行法修正案(草案)》
2015年7月15日	国务院总理李克强主持召开国务院常务会议,决定再取消一批职业资格许可和认定事项	以改革释放创业创新活力;部署促进进出口稳定增长的政策措施,在扩大开放中增强发展动力
2015年8月26日	国务院总理李克强主持召开国务院常务会议,确定加快融资租赁和金融租赁行业发展的措施,更好服务实体经济	部署进一步清理和规范进出口环节收费,为企业发展减负;听取重点政策措施落实第三方评估汇报,狠抓政策落地助力经济发展;决定全面推开中小学教师职称制度改革,为基础教育发展提供人才支撑
2015年9月1日	国务院总理李克强主持召开国务院常务会议,决定设立国家中小企业发展基金,政府与市场携手增强创业创新动力	确定调整和完善固定资产投资项目资本金比例制度,促进投资结构优化;部署推进分级诊疗制度建设,合理配置医疗资源方便群众就医;通过《中华人民共和国电影产业促进法(草案)》

续表

时间	主要议题	内容要点
2015年9月16日	国务院总理李克强主持召开国务院常务会议，听取政策落实第三方评估汇报，把简政放权放管结合等改革推向纵深	部署建设大众创业万众创新支撑平台，用新模式汇聚发展新动能；确定扩大固定资产加速折旧优惠范围，推动产业加快改造升级；决定全面建立困难残疾人生活补贴和重度残疾人护理补贴制度，强化民生兜底保障
2015年10月14日	李克强主持召开国务院常务会议	决定完善农村及偏远地区宽带电信普遍服务补偿机制，缩小城乡数字鸿沟
2015年12月9日	李克强主持召开国务院常务会议，确定改革完善知识产权制度的措施，保障和激励大众创业万众创新	今后两年要以提质增效为重点，一是紧盯市场需求强化创新，改善供给增效益，建设央企专业化"双创"平台，二是推动优势产业集团与中央科研院所深度合作，对主要承担行业共性技术研究的科研院所探索组建科技集团，围绕新兴产业和关键技术发力攻关，发展"互联网+"等新业态

资料来源：课题组根据中国中央人民政府网资料整理。

表3-10　　2015—2016年有关"两创"的重要政策汇总

颁布时间	政策文号	政策名称	摘　要
2015年1月9日	国发〔2015〕4号	国务院关于2014年度国家科学技术奖励的决定	为全面贯彻党的十八大和十八届二中、三中、四中全会精神，大力实施科教兴国战略、人才强国战略和创新驱动发展战略，国务院决定，对为国家科学技术进步、经济社会发展、国防现代化建设做出突出贡献的科学技术人员和组织给予奖励
2015年1月12日	国发〔2014〕64号	国务院印发关于深化中央财政科技计划（专项、基金等）管理改革方案的通知	为深入贯彻党的十八大和十八届二中、三中、四中全会精神，落实党中央、国务院决策部署，加快实施创新驱动发展战略，按照深化科技体制改革、财税体制改革的总体要求和《中共中央国务院关于深化科技体制改革加快国家创新体系建设的意见》、《国务院关于改进加强中央财政科研项目和资金管理的若干意见》（国发〔2014〕11号）精神，制订本方案

续表

颁布时间	政策文号	政策名称	摘要
2015年1月26日	国发〔2014〕70号	国务院关于国家重大科研基础设施和大型科研仪器向社会开放的意见	为加快推进科研设施与仪器向社会开放，进一步提高科技资源利用效率提出意见
2015年1月30日	国发〔2015〕5号	国务院关于促进云计算创新发展 培育信息产业新业态的意见	为促进中国云计算创新发展，积极培育信息产业新业态，现提出意见
2015年3月11日	国办发〔2015〕9号	国务院办公厅关于发展众创空间 推进大众创新创业的指导意见	为加快实施创新驱动发展战略，适应和引领经济发展新常态，顺应网络时代大众创业、万众创新的新趋势，加快发展众创空间等新型创业服务平台，营造良好的创新创业生态环境，激发亿万群众创造活力，打造经济发展新引擎，经国务院同意，现提出意见
2015年5月1日	国发〔2015〕23号	国务院关于进一步做好新形势下就业创业工作的意见	"大众创业、万众创新"是富民之道、强国之举，有利于产业、企业、分配等多方面结构优化。面对就业压力加大形势，必须着力培育大众创业、万众创新的新引擎，实施更加积极的就业政策，把创业和就业结合起来，以创业创新带动就业，催生经济社会发展新动力，为促进民生改善、经济结构调整和社会和谐稳定提供新动能。现就进一步做好就业创业工作提出意见
2015年5月7日	国发〔2015〕24号	国务院关于大力发展电子商务 加快培育经济新动力的意见	当前，中国已进入全面建成小康社会的决定性阶段，为减少束缚电子商务发展的机制体制障碍，进一步发挥电子商务在培育经济新动力，打造"双引擎"、实现"双目标"等方面的重要作用，现提出意见
2015年5月6日	财建〔2015〕114号	关于支持开展小微企业创业创新基地城市示范工作的通知	根据国务院关于促进中小企业健康发展的决策部署，财政部、工业和信息化部、科技部、商务部、工商总局决定，从2015年起开展小微企业创业创新基地城市示范工作，中央财政给予奖励资金支持

续表

颁布时间	政策文号	政策名称	摘　要
2015年5月7日	财办建〔2015〕34号	"小微企业创业创新基地城市示范"申报工作启动	根据财政部、工业和信息化部、科技部、商务部、国家工商行政管理总局（以下简称五部门）联合印发的《关于支持开展小微企业创业创新基地城市示范工作的通知》（财建〔2015〕114号），五部门决定启动"小微企业创业创新基地城市示范"申报工作
2016年5月13日	国发〔2015〕35号	关于建设大众创业万众创新示范基地的实施意见	《意见》强调，要支持双创示范基地探索创新、先行先试，在拓宽市场主体发展空间、强化知识产权保护、加速科技成果转化、加大财税支持力度、促进创业创新人才流动、加强协同创新和开放共享等方面加大改革力度，激发体制活力和内生动力，营造良好的创业创新生态和政策环境

资料来源：课题组根据http://www.gov.cn/网站资料整理。

二　中小企业众创空间培育政策

2016年5月8日，国务院根据2016年《政府工作报告》部署和《国务院关于大力推进大众创业万众创新若干政策措施的意见》（国发〔2015〕32号）等文件精神，发布《国务院办公厅关于建设大众创业万众创新示范基地的实施意见》（以下简称《意见》），强调通过试点示范完善"双创"政策环境，推动"双创"政策落地，扶持"双创"支撑平台，构建"双创"发展生态，调动"双创"主体积极性，发挥"双创"和"互联网＋"集众智汇众力的乘数效应，发展新技术、新产品、新业态、新模式，总结"双创"成功经验并向全国推广，进一步促进社会就业，推动形成"双创"蓬勃发展的新局面，实现发展动力转换、结构优化，促进经济提质增效升级。《意见》同时还公布了首批"双创"示范基地名单，包括有17个区域示范基地、4个高校和科研院所示范基地和7个企业示范基地。

表3-11　中国各地区建设中小企业众创空间的重要政策一览

省份	政策来源	名称	类型
北京	创业中国"中关村"引领工程（2015—2020年）	创客组织	包括北京创客空间、清华创客社团等各类创客组织，以及创客空间模式的职能硬件孵化器和加速器
上海	"创业浦江"行动计划（2015—2020年）	众创空间	包括创业营、苏河汇等新型孵化模式，依托大学科技园、产业园的创业苗圃+孵化器+加速器"创业孵化载体"，大企业"设立的产业驱动型孵化器"，创业社区等
浙江	浙江省人民政府关于加快特色小镇规划建设的指导意见	众创空间	全国互联网创业首选地和创新资本集聚高地，包括"众创空间"、O2O服务体系，"苗圃+孵化器+加速器"孵化链条，打造创业生态系统
天津	关于发展众创空间推荐大众创新创业的若干政策	众创空间	包括北大创业训练营、京津互联创业咖啡等新型孵化器、天津高新区与南开大学合作共建的"V创新空间"、民办非盈利机构天津创客空间等
武汉	东湖国家资助创新示范区条例、东湖国家自主创新示范区关于建设创业光谷的若干意见	创新型孵化器	"孵化+创投"、互联网在线创业服务平台等创新型孵化器
成都	成都"创业天府"行动计划（2015—2025年）	众创空间	包括众创空间、创新孵化载体、网上虚拟孵化平台、"创业苗圃—孵化器—加速器"的全链条孵化培育体系等
青岛	创业青岛千帆启航工程实施方案	创新型孵化器	包括众创空间、专业孵化器、企业、高新院所衍生创业群落、新型创业社区
厦门	厦门市人民政府关于发展众创空间推进大众创新创业的实施意见	众创空间	众创空间是新型业态的创新创业孵化器

省份	政策来源	名称	类型
广东	广东省人民政府关于加快科技创新的若干政策意见关于进一步促进创新带动就业的意见	创新型孵化器	高校和社会力量新建或利用各种场地资源改造建设创业孵化基地
江苏	"创业中国"苏南创新创业示范工程实施方案（2015—2020年）	创新型孵化器	包括苏州工业园区云彩创新孵化器、无锡高新区3S创业咖啡馆、常州高新区"嘉壹度"青年创新工场、武进工薪区青武·创客空间、镇江高新区五洲创客中心等新型孵化服务机构

资料来源：课题组根据中国知网资料整理。

三 供给侧结构性改革与中小企业发展

推进供给侧结构性改革，是以习近平同志为总书记的党中央在深刻分析国际国内经济新形势、科学判断中国经济发展新走向基础上做出的重大战略部署，既是适应引领经济发展新常态的重大创新和必然要求，也是对中国特色社会主义政治经济学的重大创新和丰富发展。在思想理论上强化对供给侧结构性改革重大意义、目标任务的认识，对于深化供给侧结构性改革、进一步增强改革的自觉性坚定性具有重要意义。

2015年中央经济工作会议明确提出"微观政策要活"。明确要通过完善市场环境、激发市场活力和消费者潜力，放活政策，做活微观经济，充分释放生产消费活力和内部增长潜能，开创经济发展新局面。微观经济是经济形势的"晴雨表"、发展的"推进器"，放活微观政策是应对经济下行压力、积蓄发展新动能的现实需求。

2015年10月19日，国务院发布《国务院关于实行市场准入负面清单制度的意见》，此项制度建设将有望大幅降低投资、创业的门槛，从供给侧充分激发各类市场主体的潜力与活力，其最直接的表现在于负面清单管理必结合"准入前国民待遇"，将市场准入管理模式从以往的前置审批转向事中和事后管理。

2015年11月10日上午，中共中央总书记、国家主席、中央军委主席、中央财经领导小组组长习近平主持召开中央财经领导小组第十一次会议，会上首次提出"供给侧结构性改革"，提出在适度扩大总需求的同时，着力加强供给侧结构性改革，着力提高供给体系质量和效率，增强经济持续增长动力。

2015年11月23日，国务院印发《关于积极发挥新消费引领作用加快培育形成新供给新动力的指导意见》，全面部署以消费升级引领产业升级，以制度创新、技术创新、产品创新增加新供给，满足创造新消费，形成新动力。

2015年12月21日，中央经济工作会议强调，明年及今后一个时期，要在适度扩大总需求的同时，着力加强供给侧结构性改革，实施相互配合的五大政策支柱。

2016年1月27日，中共中央总书记、国家主席、中央军委主席、中央财经领导小组组长习近平主持召开中央财经领导小组第十二次会议，研究供给侧结构性改革方案。习近平在会议上强调，供给侧结构性改革目标是降低企业融资成本，增强金融对实体经济支撑能力，进一步简政放权、助力创业创新，搞活微观，增强企业竞争力，减轻企业税费负担，提高社会生产力水平，落实好以人民为中心的发展思想。要在适度扩大总需求的同时，去产能、去库存、去杠杆、降成本、补短板，从生产领域加强优质供给，减少无效供给，扩大有效供给，提高供给结构适应性和灵活性，提高全要素生产率，使供给体系更好适应需求结构变化。

表3-12　　供给侧结构性改革与中小企业发展相关政策一览

颁布时间	政策文号	出台部门	政策名称	政策要点
2015年5月12日	国发〔2015〕29号	国务院	2015年推进简政放权放管结合转变政府职能工作方案	以职能转变为核心，继续简政放权、推进机构改革、完善制度机制、提高行政效能，加快完善社会主义市场经济体制，为全面建成小康社会提供制度保障
2015年6月23日	国办发〔2015〕50号	国务院办公厅	国务院办公厅关于加快推进"三证合一"登记制度改革的意见	将企业登记时依次申请，分别由工商行政管理部门核发工商营业执照、质量技术监督部门核发组织机构代码证、税务部门核发税务登记证，改为一次申请、由工商行政管理部门核发一个营业执照的登记制度

续表

颁布时间	政策文号	出台部门	政策名称	政策要点
2015年10月19日	国发〔2015〕55号	国务院	国务院关于实行市场准入负面清单制度的意见	明确了实行市场准入负面清单制度的总体要求、主要任务和配套措施
2015年11月23日	国发〔2015〕66号	国务院	关于积极发挥新消费引领作用加快培育形成新供给新动力的指导意见	全面部署以消费升级引领产业升级,以制度创新、技术创新、产品创新增加新供给,满足创造新消费,形成新动力

资料来源:课题组根据 http://www.gov.cn/ 网站资料整理。

第 二 篇

2016年中国中小企业景气指数测评

第 四 章

中小企业景气指数的评价流程与方法

景气指数（Climate Index）是用来衡量经济发展状况的"晴雨表"。企业景气指数是对企业景气调查所得到的企业家关于本企业生产经营状况及对本行业景况的定性判断和预期结果的定量描述，用以反映企业生产经营和行业发展所处的景气状况和发展变化趋势。在企业景气调查和指数编制方面，自德国伊弗（IFO）研究所于1949年正式开始实施以来，在世界发达市场经济国家已有半个世纪以上的理论研究和实践经验。中国国家统计局在1998年将企业景气调查纳入了统计制度，但是，从政府机构和学术界对企业景气指数的研究和应用来看，大都以工业企业和大中型企业为对象。在企业运行监测和管理方面，2004年中国农业部开始建立全国乡镇企业信息直报系统，2009年国家工业和信息化部也在全国建立了中小企业生产经营运行监测平台，使中国中小企业景气监测和预警机制逐步得以确立。但是，从目前的监测企业数量和类型等来看，还不能充分客观地反映中国中小企业发展景气特征。本章首先跟踪国内外有关景气指数研究的理论前沿和最新动态，其次阐述分析中国中小企业景气指数研究的意义，最后介绍本研究报告采用的中小企业景气指数编制流程及评价方法。

第一节 国外景气指数研究动态

一 经济周期波动与景气指数研究

经济周期波动是经济发展过程中难以回避的一个重要现象。在20世纪初，对于经济周期波动的研究首先在欧美各国的学术界引起普遍重视，相关机构及学者提出了各种定量方法来测量经济的周期性波动。1909年，美国巴布森统计公司（Babson）发布了巴布森经济活动指数，这是最早较为完整地提出景气指数分析的经济预测和评价活动。早期研究中影响最大的是哈佛大学1917年开始编制的哈佛指数，其在编制过程中广泛收集了美国经济发展的历史数据，选取了与经济周期波动在时间上存在明确对应关系的17项经济指标，在三个合成指数的基础上，利用它们之间存在的时差关系来判断经济周期的波动方向并预测其转折点，较好地反映了20世纪以来美国的四次经济波动情况。哈佛指数从1919年起一直定期发布。此后，欧洲各国涌现出了许多类型指数研究小组，从不同角度分析经济、产业与市场等运行状况。

米切尔（W. C. Mitchell，1927）总结了历史上对经济景气指数以及经济周期波动测定等方面的一些结果，从理论上讨论了利用经济景气指标对宏观经济进行监测的可能性，提出了经济变量之间可能存在时间变动关系，并由此来超前反映经济景气波动的可能性。这些理论的提出为W. C. 米切尔和A. F. 伯恩斯（Burns，1938）初步尝试构建先行景气指数提供了基础，他们从500个经济指标中选择了21个构成超前指示器的经济指标，最终正确地预测出经济周期转折点出现的时间。1929年美国华尔街金融危机爆发后，学术界认为仅凭借单个或几个指标已经难以全面、准确地反映整个经济运行状况，由此季节性调整成为经济监测的基本方法。

在对经济周期进行系统性的研究后，米切尔和伯恩斯（1946）在 Measuring Business Cycles 一书中提出了一个关于经济周期的定义："一个周期包括同时发生在许多经济活动中的扩张、衰退、紧缩和复苏，复苏又融入下一个周期的扩张之中，这一系列的变化是周期性的，但并不是定期的。在持续时间上各周期不同"。这一定义成为西方经济学界普遍接受的经典定义，并一直作为NBER判断经济周期的标准，也为企业景气指数的研究提供了理论支撑。

从1950年开始，NBER经济统计学家穆尔（G. H. Moore）的研究团队从近千个统计指标的时间序列中选择了21个具有代表性的先行、一致和滞后三类指标，开发了扩散指数（Diffusion Index，DI），其中先行扩散指数在当时能提前6个月对经济周期的衰退进行预警。虽然扩散指数能够很好地对经济周期波动的转折点出现的时间进行预测，却不能表示经济周期波动的幅度，没能反映宏观经济运行的效率与趋势，这使得扩散指数的推广和应用受到了一定的限制。为了弥补这一缺陷，希金斯和穆尔（J. Shiskin and G. H. Moore，1968）合作编制了合成指数（CI），并且在1968年开始正式使用，合成指数有效地克服了扩散指数的不足，它不仅能够很好地预测经济周期的转折点，而且能够指出经济周期波动的强度。其中，经济周期波动振幅的标准化是构建合成指数的最核心问题，不同的经济周期波动振幅标准化后获得的合成指数也不相同。合成指数为经济周期波动的度量提供了一个有力的工具，至今广泛应用于世界各国的景气指数评价研究。

由于指标选取会直接影响到最终构建的景气指数，一些经济学家开始尝试利用严谨的数学模型作为分析工具，利用多元统计分析中的主成分分析法来合成景气指数，以此尽量减少信息损失。斯托克和沃森（J. H. Stock and M. W. Watson，1988，1989）还利用状态空间模型和卡尔曼滤波建立了S—W型景气指数，这种指数方法也被许多国家用来监测宏观经济周期波动状况。

二 企业与行业景气研究

经济衰退和经济增长过快都会影响到企业的运营与行业发展。而客观判断企业与行业发展景气状况主要是通过企业景气指数分析来实现的。企业景气指数是对企业景气监测调查所得到的企业家关于本企业生产经营状况及对本行业景况判断和预期结果的定量描述，用以反映企业生产经营和行业发展所处的景气状况及发展趋势。1949年德国伊弗研究所首次实施了企业景气调查（IFO Business Climate Index），具体对包括制造业、建筑业及零售业等各产业部门的约7000家企业进行月度调查，主要依据企业评估目前的处境状况、短期内企业的计划及对未来半年的看法等编制指数。这种企业景气指数评价方法很快被法国、意大利及欧共体（EEC）等采用，并受到包括日本、韩国与马来西亚等亚洲国家的重视。

日本是世界上中小企业景气调查机制最为健全完善的国家之一。日本在1957年以后实行了两种调查，即17项判断调查和定量调查。日本的权威性企业景气动向调查主要有日本银行的企业短期经济观测调查（5500家样本企业）、经济企划厅的企业经营者观点调查和中小企业厅的中小企业景况调查。其中，中小企业景况调查和指数编制及研究始于1980年，其会同中小企业基盘整备机构，依靠全国533个商工会、152个商工会议所的经营调查员、指导员及中小企业团体中央会的调查员，对全日本约19000家中小企业（2011年度）分工业、建筑业、批发业、零售业、服务业5大行业按季度进行访问调查，并通过实地获取调查问卷信息来实施。在2004年以后日本还从全国420万家中小企业中选出11万家，细分10个行业，在每年8月进行定期调查，并发布研究报告。

此外，美国独立企业联合会（NFIB）自1986年开始面向全美47万家小企业每月编制发布小企业乐观程度指数（The Index of Small Business Optimism），该指数至今为反映美国小企业景气状况的"晴雨表"。

三 景气监测预警研究

经济预警（Economic Early Warning）基于经济景气分析，但比景气分析预测要更加鲜明，属于经济突变论的概念范畴。其最早的应用可追溯到1888年巴黎统计学大会上发表的以不同色彩评价经济状态的论文。但经济预警机制的确立是在20世纪30年代第一次世界经济危机之后。20世纪60年代引入合成指数和景气调查方法之后，美国商务部开始定期发表NBER经济预警系统的输出信息（顾海兵，1997）。具有评价功能的预警信号指数始于法国政府制定的"景气政策信号制度"，其借助不同颜色的信号灯对宏观经济状态做出了简明直观的评价。

1968年，日本经济企划厅也发布了"日本经济警告指数"，分别以红、黄、蓝等颜色对日本宏观经济做出评价。1970年，联邦德国编制了类似的警告指数。1979年，美国建立"国际经济指标系统（IEI）"来监测西方主要工业国家的景气动向，这标志着经济监测预警系统研究开始走向国际化。到20世纪80年代中期，印度尼西亚、泰国、新加坡、中国台湾、中国香港等国家和地区先后将景气预警作为宏观经济的政策支持基础。

作为反映国际贸易情况的领先指数，波罗的海干散货运价指数（BDI）近年来日益受到企业和行业的重视（卿倩、赵一飞，2012）。该指数是目前世界上衡量国际海运情况的权威指数，由若干条传统的干散货船航线的运价，按照各自在航运市场上的重要程度和所占比重构成的综合性指数，包括波罗的海海峡型指数（BCI）、巴拿马型指数（BPI）和波罗的海轻便型指数（BHMI）三个分类指数，由波罗的海航交所向全球发布。其预警功能表现为如果该指数出现显著的上扬，说明各国经济情况良好、国际贸易火热。

在中国经济进入新常态后,国际干散货运输市场的反弹力度、持续时间均受到抑制。整体经济稳增长政策下生产面延续疲软态势,发电量同比跌幅扩大,产能利用率延续下行态势,宽松政策未能有效推动生产面改善。虽然房地产销售面积大幅改观,但向投资传导的作用并不明显,固定资产投资增速仍然维持弱势,经济下行压力依然延续。即使基建投资明显回升,对下游的拉动作用受产能过剩及高库存影响,对航运的支撑作用有限。根据上海国际航运研究中心发布的《2015年国际干散货运输市场半年报》显示,2015年上半年油价、汇率变动加剧全球经济分化,大宗商品动荡显颓势。其中,发达经济体国家经贸发展整体出现下行趋势;以亚洲为主的新兴市场国家经济发展减速增长,需求疲软带来的商品价格下降不断施压航运市场;"印度制造"全面推进印度城市化进程,铁矿石需求大幅上升,煤炭产销差距拉大有望促使印度煤炭进口赶超中国;中国固定资产投资数据疲弱不堪,难以带动上游增量需求;海峡型市场后期大幅反弹,市场整体低谷震荡;煤炭谷物运输需求稳定,巴拿马型船市场活跃;新造船市场持续低迷,控制运力计划有序进行;市场低迷再现联盟,中巴全方位合作助力大船靠泊;在现有商品和航运市场供需格局翻转的情况下,厄尔尼诺对运价的影响更加呈短期化,影响力也逐步减弱。

第二节 国内景气指数研究动态

一 宏观经济景气循环研究

在中国,吉林大学董文泉(1987)的研究团队与国家经委合作首次开展了中国经济周期的波动测定、分析和预测工作,编制了中国宏观经济增长率周期波动的先行、一致和滞后扩散指数和合成指数。后来,国家统计局、国家信息中心等政府机构也开始了这方面的研究并于20世纪90年代初正式投入应用(朱军、王长胜,1993;李文溥等,2001)。陈磊等(1993,1997)通过多元统计分析中的主成分分析方法,构建了先行、一致两组指标组的主成分分析来判断中国当时的经济景气循环特征。高铁梅等(1994,1995)通过运用S—W型景气指数很好地反映了中国当时经济的运行状况。

毕大川和刘树成（1990）、董文泉等（1998）、张洋（2005）等全面系统地总结了国际上研究经济周期波动的各种实用的经济计量方法，并利用这些方法筛选的指标合成适合中国的景气指数和宏观经济预警机制。李晓芳等（2001）利用HP滤波方法和阶段平均法对中国的经济指标进行了趋势分解，利用剔除趋势因素的一致经济指标构造了中国增长循环的合成指数，并与增长率循环进行了比较。阮俊豪（2013）实证研究了BDI指数风险测度及其与宏观经济景气指数关系。陈乐一等（2014）运用合成指数法分析了当前中国经济景气走势。史亚楠（2014）基于扩散指数对中国宏观经济景气进行了预测分析。顾海兵、张帅（2016）通过建立国家经济安全指标体系来预测分析"十三五"时期中国经济的安全水平。近年来，不少研究者从投资、物价、消费、就业和外贸等宏观经济的主要领域，对转型期中国产业经济的周期波动进行了实证研究（高铁梅等，2009；许谏，2013；许洲，2013；王亚南，2013；冯明、刘淳，2013；谌新民等，2013；陆静丹等，2014；胡培兆等，2016；丁勇等，2016）。还有学者研究"新常态"下中国宏观经济的波动趋势及消费者景气指数（国家信息中心，2015；国家开发银行研究院等，2015；王桂虎，2015；吴君等，2015；李斯，2015；赵军利，2015；张彦等，2015；张同斌，2015；于德泉，2016；杨晓光，2016；刘元春等，2016）。

二 企业与行业景气研究

中国人民银行1991年正式建立5000户工业企业景气调查制度，但所选企业以国有大、中型工业生产企业为主。1994年8月起，国家统计局开始进行企业景气调查工作，调查主要是借助信息公司的技术力量，开展对工业和建筑业企业直接问卷调查。到1998年，国家统计局在全国开展企业景气调查，编制了企业家信心指数和企业景气指数，分别按月度和季度在国家统计局官网发布。

1997年，王恩德对企业景气调查方法进行了改进，设计了对问卷调查结果进行统计和分析的计算机软件，对得到的结果进行定性、定量分析，使问卷调查法更加严谨、更加科学。同年，国家统计局建立了一套专门针对中国房地产发展动态趋势和变化程度的"国房景气指数"。从2001年开始，国家统计局又根据对商品与服务价格进行抽样调查的结果，编制发布了全国居民消费价格指数（CPI）。王呈斌（2009）基于问卷调查分析民营企业景气状况及其特征,浙江省工商局 2010 年结合抽样调查、相关部门的代表性经济指标,运用国际通行的合成指数法编制发布了全国首个民营企业景气指数。黄晓波、曹春嫚、朱鹏(2013)基于 2007—2012 年中国上市公司的会计数据信息研究了企业景气指数。中国社会科学院金融研究所企业金融研究室尝试开发编制中国上市公司景气指数。浙江工商大学开发编制了"义乌中国小商品指数"。中国国际电子商务中心中国流通产业网开发编制了"中国大宗商品价格指数"。迄今国内学术界对中小企业景气指数的研究大都集中在工业企业领域。其他相关指数有中国中小企业国际合作协会与南开大学编制的中国中小企业经济发展指数、复旦大学编制的中小企业成长指数、中国中小企业协会编制的中小企业发展指数、中国企业评价协会编制的中小企业实力指数、浙江省浙商研究中心编制运营的浙商发展指数、阿里巴巴为中小微企业用户提供行业价格、供应及采购趋势的阿里指数以及百度指数等。

伴随景气指数分析的进一步深入,关于景气指数的评价对象也逐渐出现了分化,目前更多的研究则将景气指数评价应用于某一具体区域、具体行业、领域的企业及其他组织的分析。中国学术界迄今对行业和企业监测预警的研究大都集中在工矿业(中国化工经济技术发展中心行业景气指数课题组,2016;张艳芳等,2015;任旭东,2015;屈魁等,2015;庞淑娟;2015),房地产(张红、孙煦,2014;张宇青等,2014;崔霞等,2013;张斌,2012;朱雅菊,2011;陈峰,2008;隋新玉,2008;王鑫等,2007;李崇明等,2005),旅游(孙赫、王晨光,2015;何勇,2014;刘晓明,2011;倪晓宁、戴斌,2007;梁留科等,2006),金融证券及财富(肖欢明,2015;交通银行,2015;国家开发银行研究院等,2015;徐国祥、郑雯,2013;刘恩猛等,2011;薛磊,2010;周世友,2009;陈守东等,2006;吴军,2005),商业、互联网及其他服务业(曹继军等,2015;何翠婵,2015;黄隽,2015;邬关荣等,2015;中国出版传媒商报专题调查组,2015;张伟等,2009;李朝鲜,2004),海洋航运及进出口贸易(上海国际航运研究中心,2016;王伟民,2016;中国轻工业信息中心,2015;周德全,2013;殷克东等,2013;朱敏等,2008;苏春玲,2007),资源及能源(余韵,2015;彭元正,2015;肖欢明等,2015;支小军等,2013;刘元明等,2012;李灵英,2008)及其他特定行业与企业（许慧楠等，2016；赵陈诗卉等，2016；杨婷，2016；霍晨，2015；中国柯桥纺织指数编制办公室，2015；刘存信，2015；孙延芳等，2015；霍晨，2015；张炜等，2015；陈文博等，2015；李平，2015；北京通联国际展览公司，2015；唐福勇，2015）等。

三 景气监测预警研究

1988年以前，中国经济预警研究主要侧重于经济周期和宏观经济问题的研究（石良平，1991），最早由国家经委委托吉林大学系统工程研究所撰写中国经济循环的测定和预测报告，而首次宏观经济预警研讨会是由东北财经大学受国家统计局委托于1987年9月以全国青年统计科学讨论会为名召开的（龚盈盈，2005）。

1988年以后，中国学者更多地关注先行指标，在引入西方景气循环指数和经济波动周期理论研究成果的基础上，将预测重点从长期波动向短期变化转变。中国经济体制改革研究所（1989）在月度经济指标中选出先行、一致和滞后指标，并利用扩散指数法进行计算，找出三组指标分别对应的基准循环日期。同年，国家统计局也研制了六组综合监测预警指数，并利用五种不同颜色的灯区来代表指数不同的运行区间，从而更直观地表示经济循环波动的冷热状态。

相关早期研究方面，毕大川（1990）首次从理论到应用层面对中国宏观经济周期波动进行了全面分析，顾海兵、俞丽亚（1993）从农业经济、固定资产投资、通货膨胀、粮食生产和财政问题五个方面进行了预警讨论。吴明录、贺剑敏（1994）利用经济扩散指数和经济综合指数设计了适合中国经济短期波动的监测预警系统，并对近年来中国经济波动状况进行了简要评价。谢佳斌、王斌会（2007）就系统地介绍了中国宏观经济景气监测的预警体系的建立、统计数据的处理和经济景气度的确定以及描绘等，从总体上客观、灵敏、形象地反映中国经济运行态势。除此之外，还有学者构建了基于BP神经网络的经济周期波动监测预警模型系统，并进行了仿真预测和预警（张新红、刘文利，2008），在实证应用方面产生了较大影响。

新近的区域景气监测预警研究方面，池仁勇、刘道学等（2012，2013，2014，2015）连续五年基于浙江省中小企业景气监测数据对浙江11个地市中小企业的综合景气及主要行业景气指数进行了研究分析；王亚南（2013）对湖北 20 年文化消费需求景气状况进行了测评；何勇等（2014）探讨了海南省旅游景气指数的构建；肖欢明等（2014）基于产业链视角专门研究了浙江纺织业景气预警；吴凤菊（2016）专门研究了江苏省中小企业政策景气指数；庄幼绯、卢为民等（2016）基于景气循环理论及基本规律，结合上海实际，提出影响上海土地市场景气的指标因素，在此基础上构建上海土地市场当前景气指数、未来景气指数和综合景气指数，并通过主客观赋权法进行赋权；武鹏等（2016）在原来 FCI 指数的基础上构建了金融风险指数 FRI。

在应用大数据进行景气监测预测方面，百度在 2014 年推出了百度经济指数，包括中小企业景气指数和宏观经济指数。其中，中小企业景气指数（STBEI）采用 Stock – Watson 型景气指数模型，计算数据来自百度海量搜索数据，这些数据蕴含了大量企业需求和用户行为信息，对于研究分析中小企业景气状况提供了新的参照系。

第三节 中国中小企业景气指数研究的意义

一 中国中小企业的重要地位与发展困境

中小企业是中国数量最大、最具活力的企业群体，是吸纳社会就业的主渠道，是技术创新和商业模式创新的重要承担者。但转型期中国宏观经济运行的波动规律越发复杂和难以把握。近年来，企业，特别是中小微企业仍未摆脱"用工贵、用料贵、融资贵、费用贵"与"订单难、转型难、生存难"这"四贵三难"的发展困境，中小微企业所面临的经营风险和不确定性日趋增加。

在中小企业管理方面，中国长期以来实行"五龙治水"，即工信部负责中小企业政策制定与落实，商务部负责企业国际化，农业部乡镇企业局负责乡镇企业发展，工商管理部门负责企业工商登记，统计局主要负责统计规模以上企业，而占企业总数 97% 以上的小微企业总体被排除在政府统计跟踪范围之外。这样，各部门数据统计指标不统一，数据不共享，统计方法各异，经常存在数据不全及数据交叉的混乱状况，缺乏统一的数据口径。这使得现行数据既不能客观地反映中小微企业景气现状，也难以用来做科学预测预警，这影响到制定政策的前瞻性和针对性及政策实施效果评价，也会影响到小微企业的健康持续发展。

中国中小企业信息不对称、缺乏科学的监测预警和决策支持系统是当前政产学研共同关注和亟待解决的理论与现实课题。尤其是随着中国中小企业面临的区域性、系统性风险的增大，今后有关区域中小企业和行业景气监测预警的研究更具有重要的学术价值与现实意义。

二　中国中小企业景气指数研究的理论意义与应用价值

如前所述，在经济发达国家，客观地判断企业发展景气状况主要是通过企业景气监测预警分析来实现的。在企业景气指数编制方面，世界上自1949年德国先行实施以来已有60多年的研究与应用历史。在企业景气指数预警理论及应用研究上，目前国际通用的扩散指数（DI）和合成指数（CI）得到了广泛应用，各个国家和地区越来越重视先行指数和一致指数的指导作用，这也说明了这两种经典的指数分析方法的可靠性。随着景气指数研究的深入，世界上对中小企业景气指数的评价也日益成为经济景气研究领域的重要内容。

从预警方法来看，基于计量经济学的指标方法和模型方法以及基于景气指数监测的景气预警法是三种比较有效的方法。其中，计量经济学方法是政府部门使用一定的数学计量方法对统计数据进行测算，从而向公众发布对经济前景具有指导性作用的信息；而景气预警方法是利用结构性模型的构建，以及它们之间相关联的关系来推测出经济发展可能位于的区间。目前，在研究宏观经济和企业运行监测预警过程中，多是两种方法相结合。

中国自1998年起才正式将企业景气调查纳入国家统计调查制度，近几年来，中国政府部门、科研机构、金融机构等虽然在经济景气预警方面的研究比较多，但政府和学术界对企业景气指数研究和应用，受长期以来抓大放小的影响，迄今主要以特定行业为对象，而对企业，特别是中小微企业的景气波动过程少有系统研究，对于中小企业的监测预警研究更少，大多数研究还停留在理论探索阶段，还没有形成较成熟的理论与实证分析模型，特别是对小微企业发展景气预警进行全面系统的研究基本上还是空白。

本研究报告正是基于上述国内外研究现状，旨在建立和完善中国中小微企业景气指数与预警评价体系，并开展区域中小微企业发展的实证研究。课题研究既跟踪国内外企业景气监测预警理论前沿，又直接应用于中国区域中小微企业发展的实践，因此研究具有理论意义和现实应用价值。

三　中国中小企业景气指数评价的经济意义

相对于大型企业而言，中小企业一般是指规模较小，处于成长或创业阶段的企业。中小企业景气指数是对中小企业景气调查所得到的企业家关于本企业生产经营状况以及对本行业发展景气状况的定性判断和预期结果的定量描述，用以反映中小企业生产经营和行业发展的景气程度，并预测未来发展趋势。由于中国中小企业量大面广，为了尽可能全面地反映中国中小企业的景气状况，本研究报告以中国规模以上工业中小企业、中小板、创业板和新三板上市企业及重点监测调查的中小微企业为评价对象，先根据数据指标的特性基于扩散指数及合成指数的方法分别计算出分类指数，然后基于主成分分析法及专家咨询法等确定各分类指数的权重，最后进行加权计算，合成得到中国中小企业综合景气指数。

中国中小企业综合景气指数的取值范围为0—200，景气预警评价以100为临界值。100上方为景气区间，100下方为不景气区间，100上下方又根据指数值的高低分别细分为"微景气/微弱不景气"区间、"相对景气/不景气"区间、"较为景气/不景气"区间、"较强景气/较重不景气"区间及"非常景气/严重不景气"区间。

第四节　中小企业景气指数编制流程及评价方法

编制景气指数评价是一项系统工程。本研究报告的中小企业景气指数编制流程主要包括评价对象确定、指标体系构建、数据收集及预处理、景气指数计算与结果讨论等步骤。本报告构建的中国中小企业景气指数的评价体系如图4-1所示。

图4-1中，虚线框表示该步骤只存在于某些特定的景气指数评价分析中，例如合成指数评价中的先行指标、一致指标与滞后指标指标等。

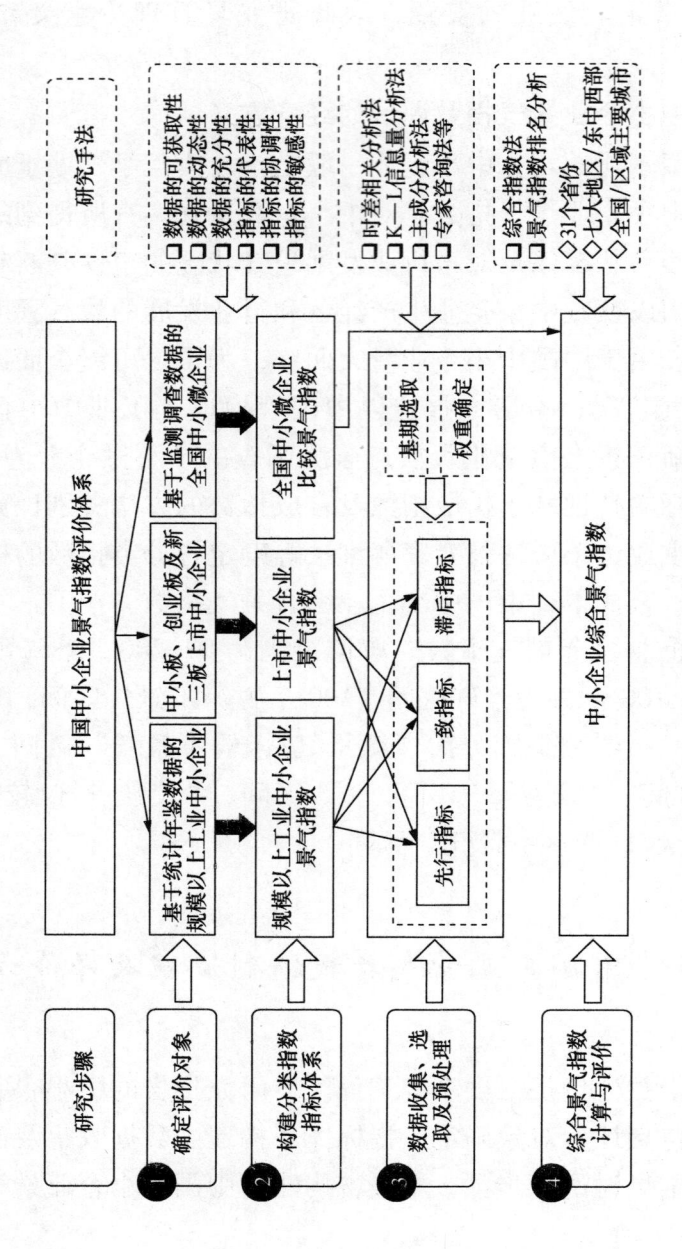

图 4-1 中国中小企业景气指数编制流程

需要特别指出的是，本研究报告在对中国中小企业景气状况进行分析时，是依据上一年度各省级行政区或地区的中小企业景气指数值作为当年度景气测评依据的。本课题组按以下五个步骤来计算中国中小企业景气指数。

一 确定评价对象

中小企业是指与所在行业的大企业相比人员规模、资产规模与经营规模都比较小的经济单位。中国中小企业量大面广，为了客观、全面地反映中小企业景气状况，本研究报告根据数据的可获取性、动态性及充分性等原则，确定三类中小企业作为评价分析的对象：（1）规模以上工业中小企业（2010年以前主营业务收入达到500万元及以上，2011年以后提高到2000万元及以上）；（2）中小板、创业板及新三板上市企业；（3）重点监测调查的中小微企业。

本研究报告根据这三类评价对象分别构建分类指数指标体系，再根据各类数据指标的特性，基于扩散指数及合成指数的方法分别计算出分类指数，然后用主成分分析法及专家咨询法等确定各分类指数的权重，最后进行加权计算得到中国中小企业综合景气指数（Composite Climate Index of Chinese SMEs，CCSMECI）。

二 构建景气指数评价指标体系

本研究报告基于数据的代表性、协调性及对于经济波动的敏感性原则，采用定量与定性相结合、宏观和微观相结合、官方统计和非官方调研相结合的方法，构建中国中小企业景气评价各分类指数指标体系（见表4-1）。

其中，规模以上工业中小企业景气指数（Climate Index of Manufacturing SMEs，ISMECI）基于统计年鉴数据，主要选取反映工业中小企业经营现状和未来发展潜力的13项指标；中小板、创业板及创业板上市企业景气指数（Climate Index of SMEs Board，ChiNext Board and the New Third Board，SCNBCI）基于深交所上市及NEEQ挂牌交易的中小企业数据，主要选取反映中小板、创业板及新三板上市企业发展景气状况及特征的11项指标；重点监测调查的中小企业比较景气指数（Comparison Climate Index，CCI）基于非官方和研究机构的中小微企业景气监测调查数据，本年度报告选取百度中小企业景气指数和中国中小企业研究院的景气调查问卷数据两项指标计算了该分类合成指数。

表 4-1　中国中小企业景气指数分类指数指标及样本数据

分类指数	主要指数指标项目	样本的选取与数据来源
规模以上工业中小企业景气指数	流动资产 流动负债 财务费用 总资产 主营业务收入 税金总额 利润总额 工业总产值 企业单位数 固定资产 负债合计 所有者权益合计 全部从业人员平均人数 企业综合生产经营指数 企业家信心指数等	样本企业：全国规模以上工业中小企业21000家 资料来源：国家统计局、各省市统计局、中小企业年鉴等
中小板、创业板及新三板上市企业景气指数	流动资产 流动负债 财务费用 总资产 主营业务收入 税金总额 利润总额 存货 固定资产合计 负债合计 股东权益合计等	样本企业：全国上市中小企业约1000家 资料来源：深圳证券交易所、全国中小企业股份转让系统（NEEQ）、上市中小企业动态信息资料等

续表

分类指数	主要指数指标项目	样本的选取与数据来源
中小企业比较景气指数	财务指标约30项（月/季度） 产品产销存指标3项（月/季度） 景气调查问卷15项（年度）	样本企业：全国中小微企业约4万家 资料来源：中国中小企业生产经营运行监测平台（工信部）、中国中小企业动态数据库景气监测平台（中国中小企业研究院）、其他非官方监测调查数据（百度、阿里研究院等）

三 数据收集与预处理

2016年版研究报告课题组收集了中国内地31个省份的2万余家工业中小企业数据，时间跨度为2001—2016年度；收集了全国1000余家中小板、创业板及新三板上市企业财务数据、全国近2万家重点监测调查的中小微企业运行及景气监测调查数据，时间跨度为2011—2016年第一季度。

由于数据庞大，有些年份和地区的数据存在缺失。另外，不同指标的数据在数量级上的级差有时也较大。为此课题组对收集到的年度数据分别进行了预处理，主要包括无量纲化、消除季节性因素以及剔除非常规数据等。

四 指标权重的确定

对于工业中小企业和三个板块上市企业景气指数，本研究报告根据前述指标权重的确定方法，选择使用主成分分析法，通过SPSS软件实现。首先，将原有指标标准化；其次，计算各指标之间的相关矩阵、矩阵特征根以及特征向量；最后，将特征根从大到小排列，并分别计算出其对应的主成分。本研究报告关于中小企业比较景气指数的权重采用专家咨询法确定。而对于中小企业综合景气指数，课题组运用AHP法来确定工业中小企业景气指数、上市中小企业景气指数和中小企业比较景气指数的权重。

五 景气指数的计算结果与分析

本研究报告的考察对象期间，中国经济处于低速增长的新常态阶段，经济周期性并不是很明显，因此，在后续运用合成指数计算时，课题组将经济周期对于工业中小企业景气指数的影响要因做了忽略处理。

课题组根据各类指数指标的特性，先基于扩散指数及合成指数的方法分别计算出各分类指数。具体计算过程中，使用时差相关分析法、K—L信息量法等并结合咨询专家意见，分别确定了各分类指数的先行指标（流动资产、资本、存货、企业数量等）、一致指标（总资产、产值、利税、费用等）和滞后指标（固定资产、负债、所有者权益、从业员人数等），根据主成分分析法求出先行指标组、一致指标组和滞后指标组各小类指标的权重，再确定各大类指标的权重，最后进行加权计算，合成得到中国中小企业综合景气指数（CCSMECI）。

中国中小企业综合景气指数采用纯正数形式表示，取值范围为0—200，景气预警评价以100为临界值。此外，为了基于可获得的最新数据进行不同区域的横向比较，以相应年份的地区GDP为权重分别计算得到了近五年来区域中小企业景气指数的加权平均指数，并与各地区历年平均指数进行纵向比较和科学分析。

第五章

2016年中国中小企业景气指数测评结果分析

第一节 2016年中国工业中小企业景气指数测评

工业中小企业景气指数计算以中国31个省级行政区统计年鉴数据为基础,在对中国各省、直辖市、自治区中小企业发展情况进行定量描述的基础上,计算各省份的合成指数。

一 评价指标的选取

工业中小企业景气指数的计算基于中小企业统计整理汇总数据。本报告根据经济的重要性和统计的可行性选取以下指标(见表5-1)。

表5-1　　　　　　　工业中小企业景气指数选取指标

指标类型	指标项目
反映工业中小企业自身内部资源的指标	总资产
	流动资产
	固定资产
反映工业中小企业股东状况的指标	所有者权益
	国家资本
反映工业中小企业财务状况的指标	税金
	负债
	利息支出
反映工业中小企业经营状况的指标	主营业务收入
	利润

续表

指标类型	指标项目
反映工业中小企业经营规模的指标	总资产
	企业数量
	从业人员数

（一）反映工业中小企业自身内部资源的指标

具体包括三项指标：（1）总资产。反映企业综合实力。（2）流动资产。体现企业短期变现能力，确保企业资金链。（3）固定资产。反映企业设备投资及其他固定资产的投资状况。

（二）反映工业中小企业股东状况的指标

具体包括两项指标：（1）所有者权益。反映资产扣除负债后由所有者应享的剩余利益，即股东所拥有或可控制的具有未来经济利益资源的净额。（2）国家资本。反映了工业中小企业得到国家投资的政府部门或机构以国有资产投入的资本，体现了国家对中小企业的扶持力。

（三）反映工业中小企业财务状况的指标

具体包括三项指标：（1）税金。包括主营业务税金及附加和应交增值税，主要体现企业支付的生产成本，影响企业收入和利润。（2）负债。影响企业的资金结构，反映企业运行的风险或发展的条件和机遇。（3）利息支出。作为财务费用的主要组成部分，反映企业负债成本。

（四）反映工业中小企业生产经营状况的指标

具体包括两项指标：（1）主营业务收入。企业经常性的、主要业务所产生的基本收入，直接反映一个企业生产经营状况。（2）利润。直接反映企业生产能力的发挥和市场实现情况，也显示了企业下期生产能力和投资能力。

（五）反映工业中小企业经营规模的指标

具体包括三项指标：（1）总资产。体现企业创造的社会财富，直接反映出区域中小企业的发展程度。（2）企业数量。直接反映了中小企业在一个区域的聚集程度。（3）从业人员数。反映企业吸纳社会劳动力的贡献率和企业繁荣程度。

二　数据收集及预处理

工业中小企业景气指数计算数据来自国家及各地的统计年鉴及工业经济统计年鉴。最新年鉴为 2015 年版，实际统计时间跨度为 2008—2014 年，在指标信息齐全和不含异常数据的基本原则下采集数据。课题组先收集了中国内地 31 个省份的工业中小企业数据，然后按七大行政区域，即东北、华北、华东、华中、华南、西南和西北地区分别进行了汇总整理（见表 5-2）。

表 5-2　　　　工业中小企业景气数据样本的地区分布

地　区	省份名称	省份数量
东　北	黑龙江、吉林、辽宁	3
华　北	北京、天津、河北、山西、内蒙古	5
华　东	山东、江苏、安徽、浙江、江西、福建、上海	7
华　中	河南、湖北、湖南	3
华　南	广东、海南、广西	3
西　南	四川、云南、贵州、重庆、西藏	5
西　北	陕西、甘肃、青海、宁夏、新疆	5
全　国		31

由于基于统计年鉴所获得的数据较为庞大，有些省份和年份的数据存在缺失值。另外，不同指标的数据在数量级上的级差较大，为了保证后续数据分析和数据挖掘的顺利进行，对收集到的年度数据分别进行了预处理，包括无量纲化、消除季节性因素以及剔除非常规数据等。一方面，尽量保证数据的完整性，避免缺失年份或省份的数据的存在；另一方面，考虑到中国各地区经济发展差异性较大，在数据处理过程中，本报告还关注到了数据样本中孤立数据与极端数值的影响。

三　指标体系及权重的确定

为了确定指标体系，首先对指标进行分类。在计算工业中小企业景气指数时主要采用时差相关系数法，应先确定一个能敏感地反映工业中小企业经济活动的重要指标作为基准指标。最能反映工业中小企业的经济状况的指标确定为工业增加值增长率。同时采用工业中小企业的总产值作为基准指标,并考察了全国工业中小企业总产值与 GDP、第二产业产值和工业总产值之间的相关性,具体实证结果如表 5-3 所示。

表 5-3　　　　　　　工业中小企业景气指数基准指标

相关性	GDP	第二产业总产值	工业总产值
工业中小企业总产值	0.998**	0.998**	0.997**

说明:①相关分析时间为 2001—2014 年。②**表示在 0.01 水平(双侧)上显著。
资料来源:根据《中国统计年鉴》和《中国工业经济统计年鉴》各年度数据整理计算。

实证结果表明,工业中小企业总产值基本和整个经济循环波动保持一致,这种相关性很好地反映了工业中小企业的发展状况。因此,综合考虑到重要性、适时性和景气波动的对应性,这里选取工业中小企业总产值作为基准指标。

根据时差相关系数分析法计算出了各指标与总产值的时差相关系数和先行、滞后、一致期的期数指标,结果如表 5-4 所示。

表 5-4　　　　　工业中小企业景气指标类型时差分析结果

指标	企业单位数	资产合计	流动资产	固定资产合计
期数	0	0	Lead 4	Lag 3
相关系数	0.987	0.996	0.992	0.999
指标	负债合计	所有者权益	国家资本	主营业务收入
期数	Lag 4	Lag 4	Lead 4	0
相关系数	0.995	0.995	0.920	0.999
指标	税金	利息支出	利润总额	全部从业人员
期数	0	0	0	Lag 4
相关系数	0.997	0.991	0.997	0.963

说明:表中期数栏中 Lag 表示滞后指标,Lead 表示先行指标,0 表示一致指标。

另外,课题组还使用 K—L 信息量法、文献综述法、马场法、聚类分析法、定性分析法等,并咨询了专家意见,综合考察了各类先行、一致和滞后指标的选取方法,确定了中国工业中小企业的先行、一致和滞后指标，并根据主成分分析法求出先行指标组、一致指标组和滞后指标组小类指标的权重；然后利用全国规模以上工业中小企业数据，具体计算出了各分类项目评价指标的权重；最后为了改善迄今基于单一的一致指标计算工业企业景气指数的方法，采用专家咨询法首次确定了先行指标组、一致指标组和滞后指标组大类指标的权重，结果如表5-5所示。

表5-5 工业中小企业景气评价指标的权重

指标类别	指标项目名称	小类指标权重	大类指标权重
先行指标组	流动资产合计	0.339	0.30
	国家资本	0.322	
	利息支出	0.339	
一致指标组	工业总产值	0.167	0.50
	企业单位数	0.166	
	资产总计	0.167	
	主营业务收入	0.167	
	利润总额	0.166	
	税金总额	0.167	
滞后指标组	固定资产合计	0.250	0.20
	负债合计	0.250	
	所有者权益合计	0.250	
	全部从业人员平均人数	0.250	
合 计			1.00

四 2016年中国省际工业中小企业景气指数计算结果及排名

为了使各省份的工业中小企业景气指数波动控制在0—200的取值范围，2016年工业中小企业景气指数计算以2007年的全国平均值作为基年数据。由于实际统计的2007—2014年没有明显多个经济周期循环，因而本研究报告在运用合成指数算法进行计算时省略了趋势调整。经过计算，分别获得了中国省际与地区工业中小企业先行、一致与滞后合成指数，并按三组大类指标的权重（见表5-5），最终合成计算省际和地区工业中小企业综合景气指数。

由于各省工业中小企业景气指数受各省企业数量影响较大,因此本研究报告在计算景气指数的过程中考虑到企业数量因素,通过无量纲化处理等进行了修正调整。具体步骤和方法是:首先采用 Min – max 标准化将企业数量进行无量纲化处理;其次是根据专家咨询法获得修正调整前的景气指数和企业数量的权重,并与其相对应的权重相乘;最后将获得的乘数相加最终得到各省工业中小企业景气指数值。

为了获得 2016 年工业中小企业景气指数,本研究报告基于历年数据,运用最小二乘法对 2015 年省际工业中小企业景气指数进行预测,并以 2015 年度的预测值作为 2016 年度工业中小企业景气指数评价数据。表 5 – 6 及图 5 – 1 显示了 2016 年中国省际工业中小企业景气指数评价结果及排名状况。

表 5 – 6　　　　　　　2016 年中国省际工业中小企业景气指数

省份	先行指数	一致指数	滞后指数	工业企业景气指数(ISMECI)	排名
江苏	141.27	123.39	128.07	129.69	1
广东	139.01	114.35	126.96	124.27	2
浙江	128.16	110.26	116.38	116.85	3
山东	116.88	94.47	99.24	102.15	4
河南	72.03	52.86	56.50	59.34	5
辽宁	64.00	37.89	45.31	47.21	6
河北	58.92	38.98	43.43	45.85	7
福建	49.77	40.46	43.06	43.77	8
湖北	48.83	37.45	39.74	41.32	9
安徽	43.92	36.22	38.23	38.93	10
四川	46.14	30.78	35.27	36.29	11
上海	39.58	32.94	35.42	35.43	12
湖南	40.48	31.64	33.65	34.69	13
江西	26.58	19.72	20.81	21.99	14
天津	24.45	17.94	19.04	20.11	15
北京	25.35	14.32	17.57	18.28	16
山西	26.43	12.86	18.17	17.99	17

续表

省份	先行指数	一致指数	滞后指数	工业企业景气指数（ISMECI）	排名
广西	25.79	13.75	16.33	17.88	18
陕西	25.91	13.00	16.98	17.67	19
吉林	22.49	13.59	16.83	16.91	20
重庆	20.89	13.91	15.88	16.40	21
云南	24.10	10.22	13.90	15.12	22
黑龙江	18.94	11.46	13.72	14.15	23
内蒙古	20.86	10.36	13.19	14.07	24
贵州	17.27	9.86	11.04	12.32	25
新疆	20.27	6.91	10.69	11.67	26
甘肃	14.06	7.96	8.53	9.91	27
宁夏	3.93	2.37	2.77	2.92	28
海南	4.95	1.63	2.55	2.81	29
青海	2.93	1.49	2.10	2.05	30
西藏	2.12	0.66	0.92	1.15	31

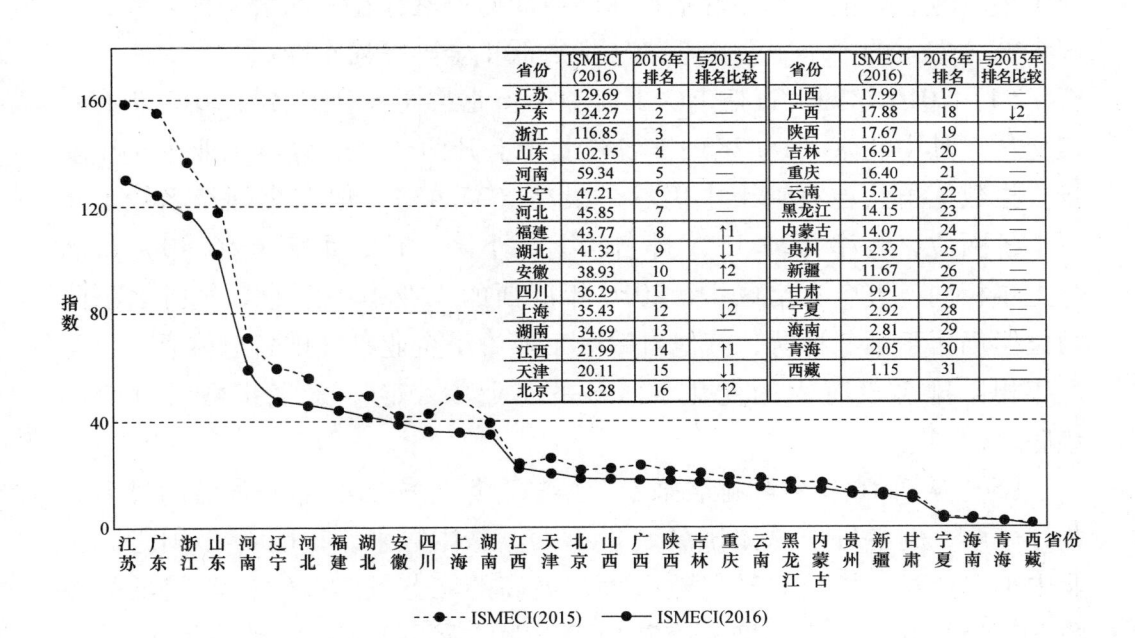

省份	ISMECI (2016)	2016年排名	与2015年排名比较	省份	ISMECI (2016)	2016年排名	与2015年排名比较
江苏	129.69	1	—	山西	17.99	17	—
广东	124.27	2	—	广西	17.88	18	↓2
浙江	116.85	3	—	陕西	17.67	19	—
山东	102.15	4	—	吉林	16.91	20	—
河南	59.34	5	—	重庆	16.40	21	—
辽宁	47.21	6	—	云南	15.12	22	—
河北	45.85	7	—	黑龙江	14.15	23	—
福建	43.77	8	↑1	内蒙古	14.07	24	—
湖北	41.32	9	↓1	贵州	12.32	25	—
安徽	38.93	10	↑2	新疆	11.67	26	—
四川	36.29	11	—	甘肃	9.91	27	—
上海	35.43	12	↓2	宁夏	2.92	28	—
湖南	34.69	13	—	海南	2.81	29	—
江西	21.99	14	↑1	青海	2.05	30	—
天津	20.11	15	↓1	西藏	1.15	31	—
北京	18.28	16	↑2				

图 5-1　2016 年中国省际工业中小企业景气指数

说明：与 2015 年排名比较栏："—"表示持平，"↑"、"↓"的数字分别表示与 2015 年相比升降的位数。

2016年中国省际工业中小企业景气指数波动趋势具有以下特点：

（1）反映2016年区域中小企业发展的最新现状，江苏省的工业中小企业景气指数继续保持上年领先优势，排名全国第一，广东和浙江分列第二和第三。

（2）2016年工业中小企业景气指数的地区分布梯次感明显。2016年的指数分布可划分四个梯队：前三位加第四位山东构成第一梯队，平均指数在100以上；河南、辽宁、河北、福建、湖北5个省份的指数为40—100，构成第二梯队；安徽、四川、上海、湖南、江西5个省份的指数为20—40，构成第三梯队；天津、北京等其余17省市为第四梯队，指数都低于20。与上年相比，四个梯队的指数都明显下滑（曲线总体下移），第二梯队、第三梯队省份明显减少，景气指数较低的第四梯队省份激增，反映出2016年中国工业经济形势严峻，工业景气提升任务艰巨（见图5-1）。

（3）2016年以工业总产值为权重的全国工业中小企业加权平均指数为70.45，较2015年下降了17%，经济下行趋势继续探底，表明全国工业中小企业总体上生产经营基本面困境局面仍然存在。除第一梯队外，全国大部分省市的中小工业企业景气指数低于全国平均水准。

（4）2016年四大直辖市的工业中小企业景气指数排名与2015年有一定变化。其中北京（18.28）排名较上年上升两位，上海市工业中小企业景气指数值虽然在直辖市中仍然是最高（35.43），但在全国排名较上年下滑了两位，天津（20.11）排名较上年下降一位，重庆（16.40）排名与上年相同。五个自治区中，2016年广西的工业中小企业景气排名下降两位但仍居于第三梯队，其他自治区工业中小企业景气排名总体靠后，与上年相比排名没有大的变化，西藏的工业中小企业景气指数继续全国垫底。

（5）从2016年省际排名来看，第二、第三梯队的部分省份的排名有些许微调，但各省份总体排名变化不大。总体看来，2016年中国省际工业中小企业景气指数差异仍然很大，最高的江苏（129.69）与最低的西藏（1.15）相差达112倍，较2015年省际差距（118倍）略有缩小。

五 2016年七大地区工业中小企业景气指数计算结果及排名

根据表5-6，按中国七大地理分布地区划分进行数据整理，得到2016年中国七大地区工业中小企业景气指数评价结果及排名状况（见表

5-7和图5-2)。

表5-7 2016年中国七大地区工业中小企业景气指数

地 区	先行指数	一致指数	滞后指数	工业企业景气指数（ISMECI）	排名	与2015年排名比较
华东	133.71	114.45	120.06	121.35	1	—
华中	41.44	32.51	34.28	35.54	2	↑1
华南	37.67	29.02	32.62	32.34	3	↓1
华北	33.37	19.62	23.52	24.52	4	—
西南	22.55	12.50	15.13	16.04	5	↑1
东北	21.18	11.71	14.60	15.12	6	↓1
西北	16.51	8.65	10.75	11.43	7	—

说明：与2015年排名比较栏："—"表示持平，"↑"、"↓"的数字分别表示与2015年相比升降的位数。

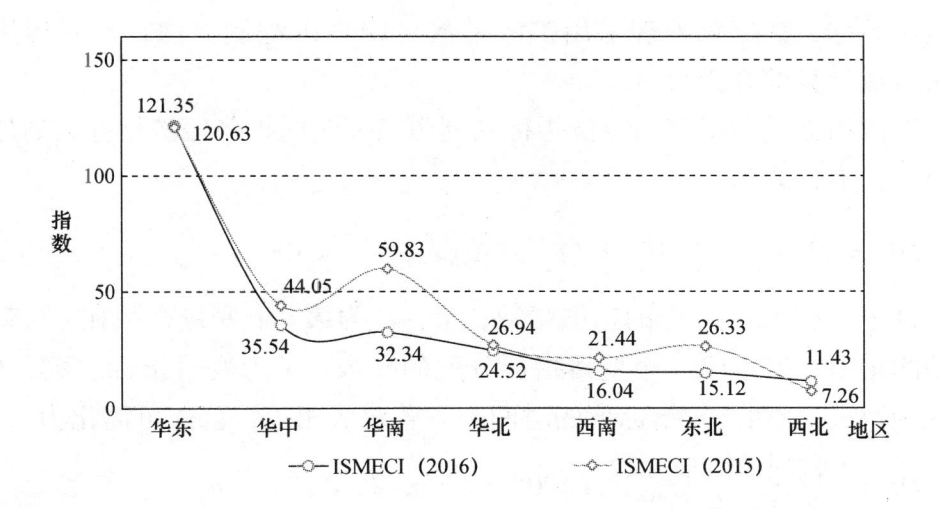

图5-2 2016年中国七大地区工业中小企业景气指数

从2016年七大地区的工业中小企业景气指数测评结果来看，华东地区一枝独秀，其他地区的指数值参差不齐，总体偏低。华东、华中与东北、西北地区的差距有加大趋势，反映了地区间工业中小企业发展很不平衡的现状。总体来看，华中和西南地区的工业中小企业景气指数有所上升，华南、东北地区受工业转型升级和供给侧结构性改革影响明显，景气指数同比有所下滑。

此外，与2015年相比，七大地区工业中小企业的景气曲线总体向左下方位移（见图5-2），表明受宏观经济下行影响，2016年中国大部分地区工业中小企业总体仍处于不景气区间低位运行。从地区协调发展的角度来看，目前华南、西北、东北的工业中小企业的发展景气状况有待进一步改善。

第二节 2016年中国上市中小企业景气指数测评

一 指标体系构建及评价方法

在上市中小企业景气指数测评方面，本年度报告的评价指标和评价方法沿用2015年度报告的指标体系及方法步骤，即继续加入新三板上市企业样本数据，数据预处理采用扩散指数（DI）的编制方法，最后运用权重法合成计算综合指数。

扩散指数是所研究的经济指标系列中某一时期扩张经济指标数的加权百分比，表达式为：

$$DI_t = \sum_{i=1}^{N} I_i = \sum W_i(X_i(t) \geqslant X_i(t-j)) \times 100\%$$

其中，DI_t 为 t 时刻的扩散指数；$X_i(t)$ 为第 i 个变量指数在 t 时刻的波动测定值；W_i 为第 i 个变量指标分配的权数；N 为变量指标总数；I 为示性函数；j 为两比较指标值的时间差。若权数相等，公式可简化为：

$$DI_t = \frac{t \text{时刻扩散指标数}}{\text{采用指标总数}} \times 100\% \, (t = 1, 2, 3, \cdots, n)$$

扩散指数是相对较为简单的景气评价指数，具体按以下三个步骤进行推导计算：（1）确定两个比较指标值的时间差 j，本报告中确定 $j=1$，将各变量在 t 时刻和 $t-1$ 时刻的波动测定值进行比较，若 t 时刻的波动测定值大，则是扩张期，$l=1$；若 $t-1$ 时刻的波动测定值大，则 $l=0$；若两者基本处于相等水平，则 $l=0.5$。（2）将这些指标值升降状态所得的数值相加，即得到扩张指数指标，即在某一时段内的扩张变量个数，并以扩张指数除以全部指标数，乘以100%，即得到扩散指数。（3）绘制扩散指数变化图，即将各阶段的景气指数运用图表来表达。

由于部分创业板、中小板及新三板上市企业财务数据存在缺失，同时，为了使抽样企业样本更具科学性和代表性，2016年度研究报告基于深交所500指数收集了228家中小板企业、101家创业板企业数据，又基于全国中小企业股份转让系统（NEEQ）收集了115家新三板上市企业的数据，共收集444家上市中小企业的有效样本。

与计算工业中小企业景气指数一样，由于上市中小企业景气指数受企业数量影响也较大，因此，本研究报告计算上市中小企业景气指数时也将企业数量调整考虑在内。首先采用Min-max标准化将企业数量进行无量纲化处理，其次将合成的景气指数和企业数量与其相对应的权重相乘，最后将获得的乘数相加作为反映上市中小企业景气指数的值。

二 2016年中国省际上市中小企业景气指数排名分析

测评结果显示，2016年上市中小企业景气指数同比总体有所下滑（见表5-8和图5-3）。具体分析其波动趋势具有以下特点：

（1）上市中小企业景气指数与各地区上市中小企业的数量相关性较大。广东（430家，截至2016年5月，下同）、浙江（305家）、北京（268家）、江苏（280家）、上海（222家）、山东（163家）等省份的上市企业数量多，显示出这些地区发展潜力大、市场前景看好的成长型中小企业强大的内在活力。内蒙古、黑龙江、青海和宁夏四个省份的中小板、创业板及新三板上市企业数据存在缺失，本研究报告未进行相关评价。

（2）2016年全国上市中小企业平均指数为71.18，比2015年下降了5.27。高于全国平均指数的省份为广东、浙江、北京、江苏、上海、山东、湖南、四川8省市，其他大部分省份在平均指数以下。

（3）上市中小企业景气分布有明显的层次感。其中，广东、浙江、北京处于第一层次，平均指数为122.49，整体排名没有变化，但广东突显上市中小企业优势，指数远远领先；江苏、上海、山东、湖南、四川、河南、安徽为第二层次，平均指数为75.87，其中排名变化不大，江苏、四川排名不变，上海、湖南、安徽排名上升，山东、湖南、河南下降；第三层次包括辽宁、福建、天津、陕西、吉林、湖北、重庆、新疆、贵州、河北，平均指数为63.97，其中河北排名不变，辽宁、福建、湖北、新疆、

表 5-8　　2016 年中国省际上市中小企业景气指数

省份	先行指数	一致指数	滞后指数	上市企业景气指数（SCNBCI）	排名
广东	153.13	132.48	136.22	139.42	1
浙江	124.63	109.97	111.99	114.77	2
北京	123.04	107.97	111.98	113.29	3
江苏	93.28	80.78	84.17	85.21	4
上海	87.23	76.68	79.96	80.50	5
山东	85.89	74.38	76.98	78.35	6
湖南	84.57	66.92	71.55	73.14	7
四川	85.24	67.08	69.33	72.98	8
河南	84.56	64.48	64.84	70.58	9
安徽	79.57	65.79	67.79	70.33	10
辽宁	81.41	63.49	64.69	69.10	11
福建	78.47	59.80	62.86	66.01	12
天津	74.98	60.29	62.07	65.05	13
陕西	70.05	60.00	65.03	64.02	14
吉林	79.72	55.09	61.90	63.84	15
湖北	75.93	57.67	56.23	62.86	16
重庆	78.37	55.48	57.74	62.80	17
新疆	67.74	58.15	64.39	62.27	18
贵州	70.99	56.61	61.72	61.94	19
河北	64.77	62.69	55.29	61.84	20
甘肃	68.83	53.74	59.32	59.38	21
云南	55.21	55.67	59.78	56.36	22
西藏	61.24	52.05	57.99	56.00	23
海南	62.70	54.30	43.95	54.75	24
江西	56.57	52.39	51.79	53.53	25
山西	65.37	50.77	37.13	52.42	26
广西	60.80	45.96	49.23	51.07	27

说明：因内蒙古、黑龙江、青海和宁夏四个省份的上市中小企业数据存在缺失，本年度报告未进行测评。

省份	ISMECI (2016)	2016年排名	与2015年排名比较	省份	ISMECI (2016)	2016年排名	与2015年排名比较
广东	139.42	1	—	吉林	63.84	15	↓1
浙江	114.77	2	—	湖北	62.86	16	↓1
北京	113.29	3	—	重庆	62.80	17	↑2
江苏	85.21	4	—	新疆	62.27	18	↑5
上海	80.50	5	—	贵州	61.94	19	↓1
山东	78.35	6	—	河北	61.84	20	—
湖南	73.14	7	↑3	甘肃	59.38	21	↑2
四川	72.98	8	—	云南	56.36	22	↑3
河南	70.58	9	↓3	西藏	56.00	23	↓6
安徽	70.33	10	↑2	海南	54.75	24	↑2
辽宁	69.10	11	↓2	江西	53.53	25	↓9
福建	66.01	12	↓1	山西	52.42	26	↑1
天津	65.05	13	↑9	广西	51.07	27	↓6
陕西	64.02	14	↑10				

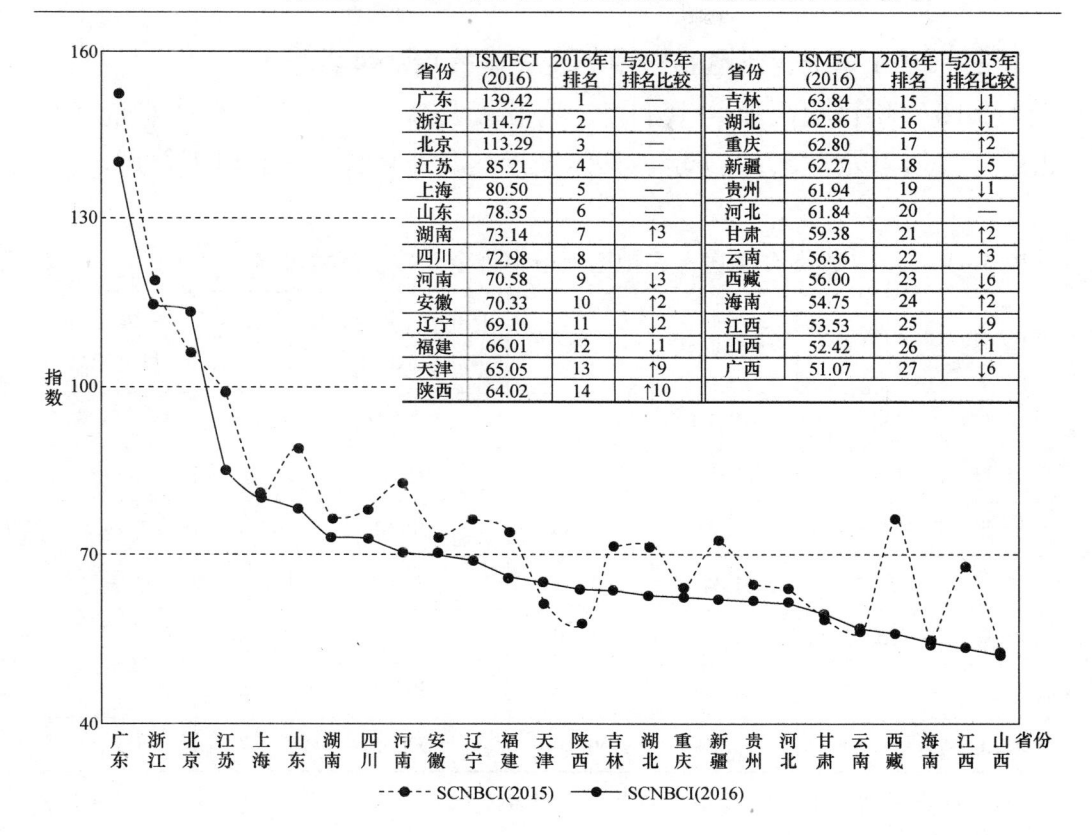

图 5-3 2016年中国省际上市中小企业景气指数

说明：与2015年排名比较栏："—"表示持平，"↑"、"↓"的数字分别表示与2015年相比升降位数。内蒙古、黑龙江、青海和宁夏四个省份上市中小企业数据缺失，本年度报告未进行测评。

贵州排名下降，天津、陕西、重庆排名上升，天津较去年上升9位，陕西较去年上升10位，变化幅度大；第四层次包括甘肃、云南、西藏、海南、江西、山西、广西，平均指数为54.79，其中山西上升1位，甘肃和海南上升2位，云南上升3位，西藏和广西下降6位，江西下降9位。

（4）四大直辖市中，北京的上市中小企业景气指数值最高（113.29），最低的是重庆（62.80）。五个自治区中，上市中小企业景气指数最高的是新疆（62.27），其次是西藏（56.00），从中国省级行政区域的整体排名来看，五个自治区的上市中小企业景气排名都较为靠后。

三 2016年七大地区上市中小企业景气指数排名分析

2016年中国七大地区中小板、创业板及新三板上市中小企业景气指数的计算结果如表5-9所示。具体分析其波动趋势，具有以下特点。

表5-9　2016年中国七大地区上市中小企业景气指数排名

地区	先行指数	一致指数	滞后指数	上市企业景气指数（SCNBCI）	排名	与2015年排名比较
华东	144.36	131.05	133.39	135.51	1	—
华南	102.04	87.15	86.43	91.47	2	—
华北	101.11	85.03	88.80	90.61	3	—
华中	81.16	61.95	63.75	68.07	4	—
西南	75.79	62.93	66.90	67.58	5	—
西北	69.17	52.38	61.43	59.23	6	↑1
东北	68.69	51.53	56.26	57.62	7	↓1

说明：排名比较一栏："—"表示与2015年排名持平，"↑"、"↓"分别表示与2015年排名相比升降的位数。

（1）东西部地区差异明显，最高的华东地区（135.51）与最低东北地区（57.62）相差大于1倍。华东、华南地区因中小板、创业板及新三板上市企业数量和发展质量较高，而在同类企业的区域景气指数排名中明显处于优势地位；华北地区较2015年（72.01）有所上升。东部省份中，广东省上市中小企业景气指数最高（139.42），中部省份中最高的是湖南省（73.14），而西部省份中指数最高的是四川省（72.98）。但总体上看，中部与西部地区上市中小企业景气指数比西部各省、直辖市和自治区上市中小企业景气指数高出不是很多。

（2）华中、西南、西北和东北4个地区依次递减，且这些地区之间的上市中小企业景气指数值的递减幅度差异不大。

（3）总体来看，2016年中国七大地区上市中小企业景气指数差异较大。各地区上市企业发展仍不平衡，华东、华南、华北地区的中小板、创业板及新三板企业景气明显好于华中、西南、西北及东北地区。

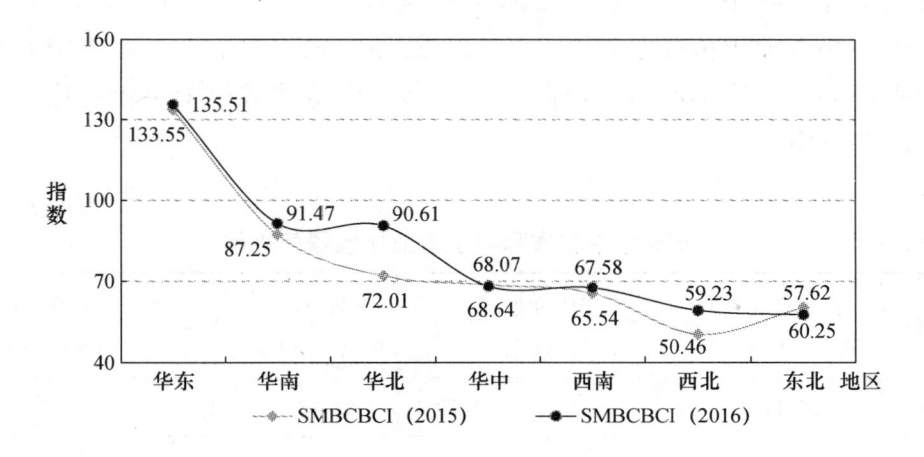

图 5-4　2016 年中国七大地区上市中小企业景气指数

第三节　2016 年中国中小企业比较景气指数测评

一　2016 年中国省际中小企业比较景气指数排名分析

中小企业比较景气指数反映中小企业家对当前微观经营状况判断结果和预期宏观经济环境的信心等进行量化加工整理得到的景气指数,是对基于统计年鉴的工业中小企业景气指数和基于上市公司数据的上市中小企业景气指数的补充。

为了获得 2016 年中小企业比较景气指数,本课题组根据最新的大数据资料获得了 31 个省份的中小企业发展指数;同时,面向中小企业家、创业者及中小企业研究专家等实施了中国中小企业景气问卷调查,然后根据专家权重法,合成计算得到 2016 年中国中小企业比较景气指数(见表 5-10 和图 5-5)。

测评结果显示,2016 年中国省际中小企业比较景气指数的波动幅度较 2015 年有所趋缓,但区域间仍存在着明显差异。浙江、重庆、江西、西藏的中小企业比较景气指数排名维持不变;内蒙古自治区的指数排名有大幅上升;江苏、上海、北京、湖北、河北、贵州等 14 个省份排名有小幅上升;广东、福建、山东、湖南、新疆等省、自治区的指数排名有不同程度的下降,其中广东、新疆下降幅度较大。与2015年相比,2016年中国上市中小企业市值缩水较大,广东、江苏、福建等上市企业集中的东南沿海省份的企业家信心有所下降,这也影响到这些省份中小企业比较景气指数出现下滑。

表5-10　　2016年中国省际中小企业比较景气指数

省份	比较景气指数（CCI）	排名	与2015年排名比较	省份	比较景气指数（CCI）	排名	与2015年排名比较
浙江	104.11	1	—	广西	83.88	17	↓3
江苏	103.72	2	↑1	贵州	83.21	18	↑1
上海	98.85	3	↑1	云南	82.24	19	↑2
北京	98.26	4	↑2	海南	81.01	20	↓3
天津	95.92	5	↑3	山西	79.77	21	↑2
广东	94.75	6	↓4	内蒙古	76.77	22	↑5
福建	93.87	7	↓2	陕西	76.75	23	↓3
山东	91.77	8	↓1	辽宁	74.66	24	↓2
重庆	90.75	9	—	甘肃	73.75	25	↑1
湖北	90.02	10	↑2	吉林	73.22	26	↓1
四川	89.64	11	↓1	黑龙江	72.61	27	↑3
安徽	88.73	12	↑1	青海	71.75	28	↑1
河南	88.39	13	↑2	宁夏	70.75	29	↓1
湖南	86.64	14	↓3	新疆	68.75	30	↓6
河北	85.12	15	↑3	西藏	68.21	31	—
江西	84.88	16	—				

说明：排名比较一栏："—"表示与2015年排名持平,"↑"、"↓"分别表示与2015年排名相比升降的位数。

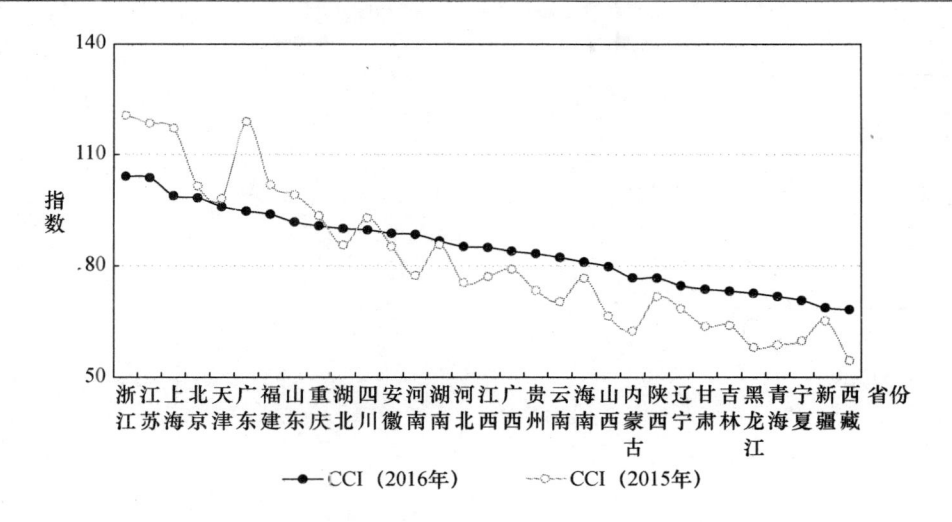

图 5-5 2016 年中国省际中小企业比较景气指数

二 2016 年中国七大地区中小企业比较景气指数排名分析

2016 年中国七大地区中小企业比较景气指数具有以下特点：

（1）2016 年，华南地区的中小企业比较景气指数从去年的第 2 位下滑到第 4 位，其他地区指数排名均在 1 位左右浮动，华东与西南地区指数排名不变。

（2）中小企业比较景气指数区域之间存在差异。各区域不同的基础设施、环境条件以及中小企业公共服务水平有差距，导致各地区企业家对本地区发展预期和判断不同。但与 2015 年相比，2016 年各地区比较景气指数的差距在缩小。

（3）2016 年华东、华南地区的企业家信心有所下降。受上市公司市值下降的影响，浙江、福建、上海、广东等上市中小企业集中的地区比较景气指数总体有所下降。

表 5-11　　2016 年中国七大地区中小企业比较景气指数排名

地区	比较景气指数（CCI）	排名	与 2015 年排名比较
华东	95.13	1	—
华中	88.35	2	↑1
华北	87.17	3	↑1

续表

地区	比较景气指数（CCI）	排名	与2015年排名比较
华南	86.55	4	↓2
西南	82.81	5	—
东北	73.5	6	↑1
西北	72.35	7	↓1

说明：排名比较一栏："—"表示与2015年排名持平，"↑"、"↓"分别表示与2015年排名相比升降的位数。

第四节 2016年中国中小企业综合景气指数测评

一 计算与评价方法

鉴于数据扩充和方法完善，2016年度报告在评价2007—2009年中小企业的景气指数时，采用工业中小企业景气指数作为中小企业景气指数，在此基础上，2010年以后加入了中小板及创业板企业景气指数和中小企业比较景气指数，2015年中小企业景气指数基于工业中小企业、中小板、创业板及新三板上市中小企业和比较景气指数三部分指数，根据专家咨询法确定权重，最终按合成指数的计算方法进行综合测评。2016年中小企业景气指数沿用2015年的测评方法。

二 2016年中国省际中小企业综合景气指数排名分析

2016年中国中小企业综合景气指数的计算结果及景气排名见表5-12。分析最新综合指数波动的趋势，具有以下特点：

（1）2016年，基于地区工业总产值加权计算的全国中小企业平均景气指数从2015年的87.65下降到77.20，降幅超过10%，为近五年最低景气水平。受工业生产增速和企业经营效益下降影响，中小板、创业板及新三板市值缩水，创业者、企业家信心下降等多重因素叠加影响，全国中小企业平均景气指数出现较大下滑。

（2）省际景气排名上下波动趋缓。2016年中小企业综合景气指数广东、浙江、江苏蝉联前三位，浙江超越江苏回到全国第2位；北京同比上升 5 位排名全国第六；湖北、广西分别下降 4 位、3 位排名全国第 13 位和第 21 位；其他近半数以上的省份波动起伏不大，总体上省际景气排名上下波动趋缓。

表 5-12　　2016 年中国省际中小企业综合景气指数排名

省 份	综合景气指数(CCSMECI)	排 名	与 2015 年排名比较	省 份	综合景气指数(CCSMECI)	排 名	与 2015 年排名比较
广 东	122.91	1	—	江 西	44.03	17	↓1
浙 江	113.68	2	↑1	陕 西	43.39	18	↑2
江 苏	111.15	3	↓1	吉 林	42.25	19	—
山 东	92.93	4	—	贵 州	41.38	20	↑2
河 南	68.52	5	—	广 西	41.04	21	↓3
北 京	62.78	6	↑5	云 南	40.92	22	↑1
上 海	61.63	7	↓1	山 西	40.68	23	↑1
福 建	60.46	8	↓1	新 疆	38.27	24	↓3
辽 宁	59.27	9	↓1	甘 肃	37.52	25	—
河 北	58.50	10	↑2	海 南	34.03	26	—
安 徽	58.31	11	↑2	西 藏	31.02	27	—
四 川	57.96	12	↓2	内蒙古	22.39	28	—
湖 北	57.52	13	↓4	黑龙江	21.60	29	—
湖 南	56.62	14	—	宁 夏	15.61	30	—
天 津	48.76	15	—	青 海	15.37	31	—
重 庆	45.19	16	↑1				

说明：排名比较一栏："—"表示与 2015 年排名持平，"↑"、"↓"分别表示与 2015 年排名相比升降的位数。

(3) 景气指数的地区分布由沿海发达地区向内陆欠发达地区分层递减。第一层次为排名全国前四位的广东、浙江、江苏和山东四省，综合指数在 80 以上；第二层次为河南、北京、上海、福建、辽宁、河北、安徽、四川、湖北、湖南 10 省市，综合指数为 50—80；第三层次为天津、重庆、江西、陕西、吉林、贵州、广西、云南、山西 9 省市，综合指数为 40—50；第四层次为新疆、甘肃、海南、西藏、内蒙古、黑龙江、宁夏、青海8省市自治区,综合指数在40以下。东部省份中广东最高(122.91),中部河南(68.52)最高,西部省份中综合指数最高的是四川(57.96)。最高的广东与最低的青海(15.37)相差近7倍,与上年相比省际综合指数区域差异有所缓和。

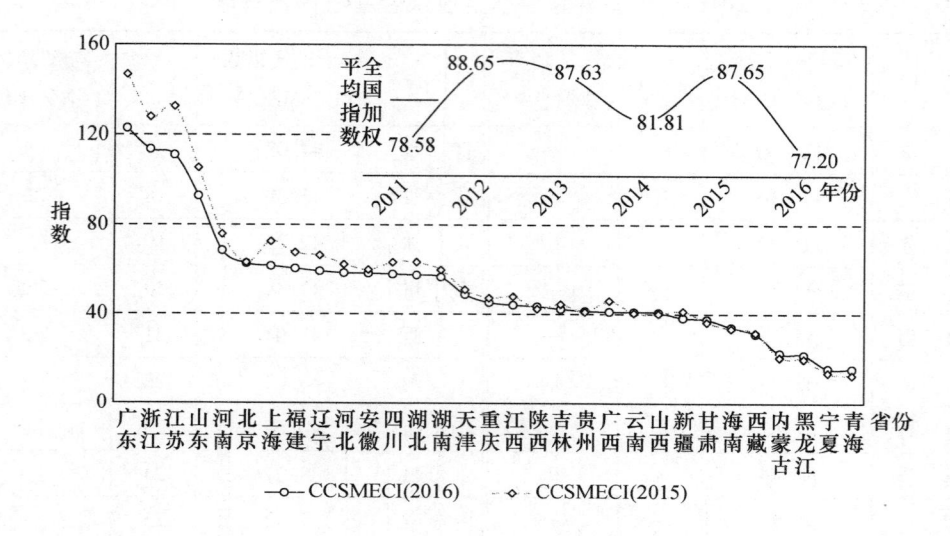

图5-6　2016年中国省际中小企业综合景气指数及平均指数

图5-7　2016年中国省际中小企业综合景气指数排名分布

（4）四大直辖市中，北京的中小企业综合景气指数最高（62.78），重庆最低（45.19）。五个自治区的景气指数差距不大，排名都较为靠后。其中广西相对较高（41.04），宁夏最低（15.61）。

三 2016年中国七大地区中小企业综合景气指数排名

根据表5-12整理计算出2016年中国七大地区中小企业综合景气指数并进行了排名，如表5-13、图5-8和图5-9所示。

表5-13　　　2016年中国七大地区中小企业综合景气指数排名

地 区	指 数	排 名	与2015年排名比较
华 东	120.35	1	—
华 南	60.92	2	—
华 北	56.88	3	↑1
华 中	55.86	4	↓1
西 南	44.86	5	—
东 北	39.54	6	↑1
西 北	37.95	7	↓1

说明：排名比较一栏："—"表示与2015年排名持平，"↑"、"↓"分别表示与2015年排名相比升降的位数。

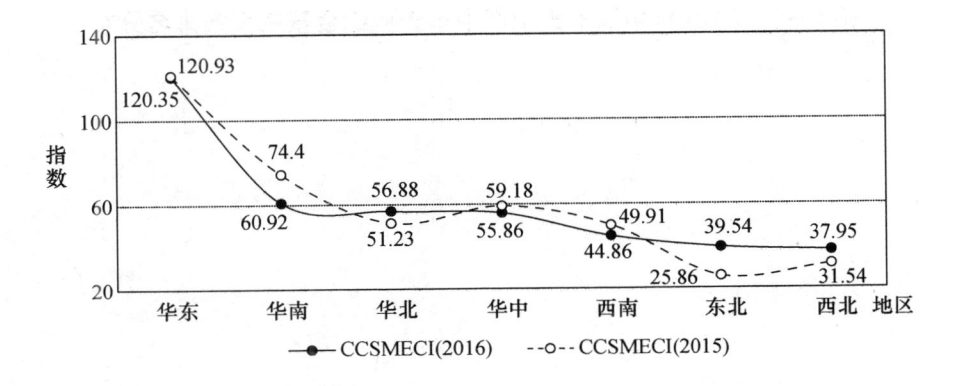

图5-8　2016年中国七大地区中小企业综合景气指数

测评结果显示，2016年，中国七大地区中小企业综合景气指数较2015年基本保持稳定。华东、华南、华北地区为中国中小企业发展最具活力的区域。华南地区的中小企业综合景气指数有明显下降,而东北地区则有明显的上升。华东地区中小企业综合景气指数值最高(120.35),与最低的西北地区(37.95)相差 2 倍以上,东西部区域有较大差距。此外,只有华东地区超过全国平均指数,多数地区在平均值以下,说明中国七大地区之间中小企业发展仍很不平衡。

图 5-9 2016 年中国七大地区中小企业综合景气指数排名分布

第六章

中国中小企业景气指数变动趋势分析（2012—2016）

本章根据2016年中国31个省份和七大地区中小企业综合景气指数排名的先后顺序，具体分析中国中小企业综合景气指数的发展趋势，考察近五年中国内地各省份和各地区中小企业的发展动态，总结中国中小企业景气指数波动的规律与特征。

第一节 中国省际中小企业景气指数变动趋势分析

一 广东省

2016年，广东省中小企业综合景气指数连续六年位居全国榜首，远超全国平均水平。从分类指数来看，2016年，其中小板、创业板及新三板上市企业景气指数仍保持强大优势，排名居中国首位。工业中小企业景气指数全国排名仅次于江苏，居全国第2位，但该指数同比有所下滑。特别是受经济下行、出口不振、劳动力成本攀升等因素影响，企业家信心指数下滑较大，由此使其中小企业综合景气指数跌至近五年来最低点（见图6-1）。

为了改善中小企业发展景气，近年来，广东省进一步激发"大众创业、万众创新"活力，积极培育市场主体，加强创业基地建设，促进中小微企业协调发展。同时，为切实减轻企业负担，广东省深入落实国家优惠政策，进一步清理压减涉企收费项目，完善服务体系，健全中小微企业公共服务机制等。这些措施的实施，有利于广东省中小企业发展景气继续保持全国领先地位。

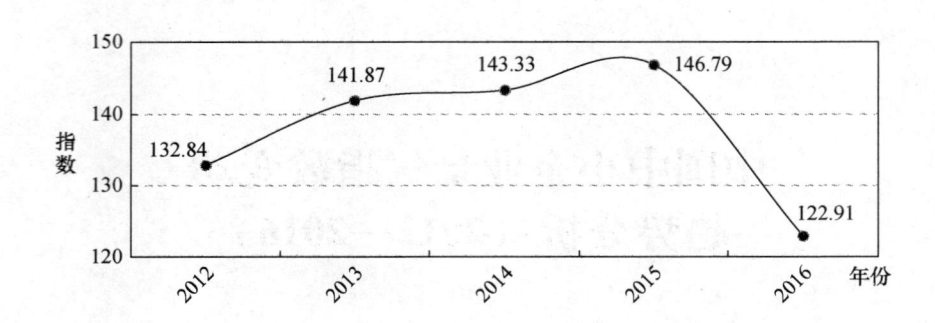

图 6-1 广东省中小企业综合景气指数趋势

二 浙江省

2016 年，浙江省中小企业综合景气指数赶超江苏省，全国排名第 2 位。从分类指数来看，其工业中小企业景气指数、上市中小企业景气指数全国排名均保持前 3 位，但同比都有所回落，总体使其中小企业综合景气指数同比也呈下滑趋势。但反映企业家信心的比较景气指数仍保持全国第 1 位，表明浙江省中小企业发展环境总体向好。

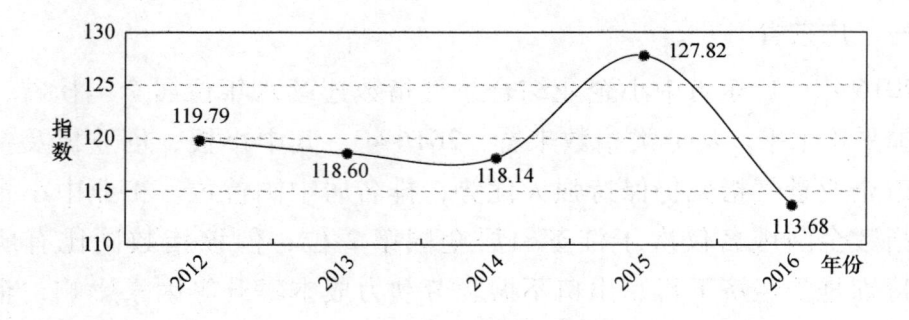

图 6-2 浙江省中小企业综合景气指数趋势

近几年来，浙江省推进"四张清单一张网"，致力于打造"众创空间"、建设特色小镇等，为中小微企业创业创新提供了良好环境。以中小微企业为主体，新产业、新技术、新商业模式、新业态在浙江不断涌现和发展。特别是科技型企业、电商企业已经成为新常态下浙江新经济增长点和转型升级的主要推动力。此外，2016 年成功召开的浙江杭州 G20 峰会将加速浙江"一带一路"战略的实施和跨境电子商务的发展,进一步拓展中小企业海外投资空间与合作领域。随着浙江省中小企业发展"十三五"规划、浙江省"小微企业三年成长计划"、"十三五"浙江工业强省建设及"中国制造 2025 浙江行动纲要"等一系列重大战略举措的落地实施,预计浙江中小微企业综合景气指数近期有望实现回升。

三 江苏省

2016 年,江苏省中小企业综合景气指数与上年相比,下降 1 位,排名在广东、浙江之后,居全国第 3 位。从分类指数来看,尽管其工业中小企业景气指数仍超过广东、浙江,居全国首位,近年来,企业家信心指数也有明显提升,但反映中小企业成长性指标的上市中小企业景气指数却居广东、浙江和北京之后,排全国第 4 位,从而相对拉低了其中小企业综合景气指数。此外,同全国多数省份类似,由于其主要分类指数同比有所下滑,所以,其综合景气指数与上年相比也呈现下滑探底趋势。总体来看,江苏省工业中小企业景气指数坚挺,综合景气指数在合理区间波动。

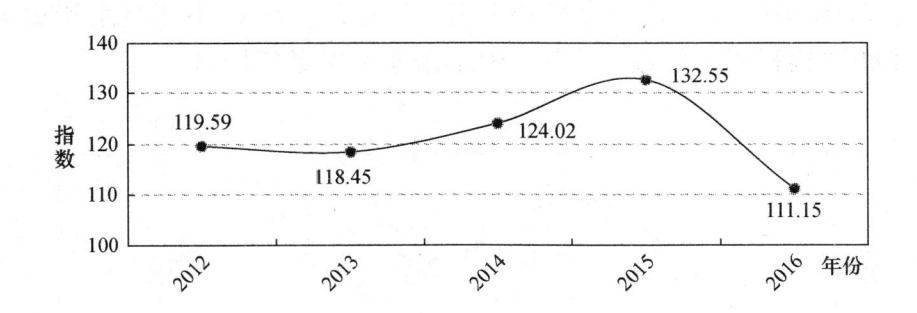

图 6-3 江苏省中小企业综合景气指数趋势

四 山东省

2016 年,山东省中小企业景气指数排名与 2015 年一致,排名全国第 4 位。近五年来,综合指数情况见图 6-4。其中,工业中小企业景气指数与上年持平(居全国第 4 位),上市中小企业景气指数比上年下降 1 位,居全国第 6 位,中小企业比较景气指数较上年下降 1 位,2016 年的综合景气指数比上年略有回落,但近几年来总体呈现平稳波动的趋势。

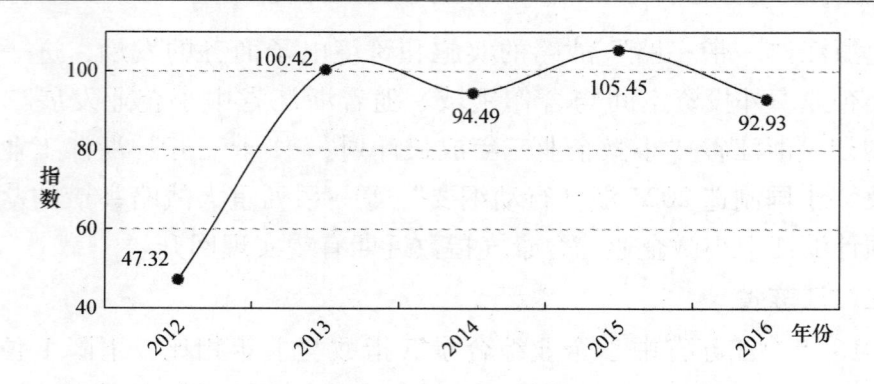

图6-4 山东省中小企业综合景气指数趋势

五 河南省

2016年，河南省中小企业综合景气指数同比有所下降，排名与上年相同，居全国第5位。三个分类指标中，工业中小企业景气指数排全国第5位，与上年持平；上市中小企业景气指数较上年下降3位，排名全国第9位；中小企业比较景气指数较上年排名上升2位，居全国第13位。河南省把2016年作为"企业金融服务年"，完善中小企业网络融资服务平台，开展"银税春风行动"，力助中小企业发展景气回升。

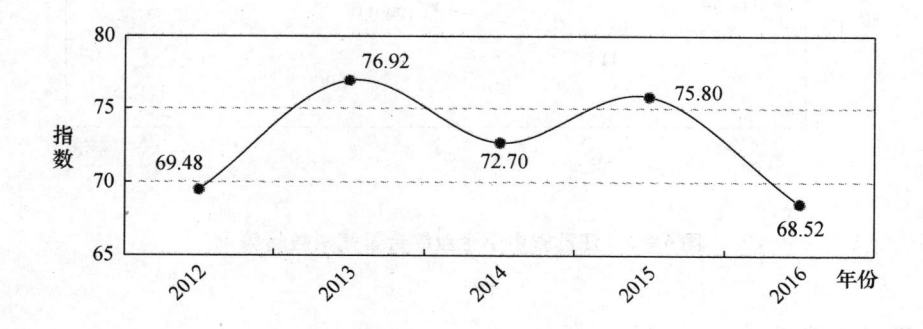

图6-5 河南省中小企业综合景气指数趋势

六 北京市

2016年，北京市中小企业综合景气指数排名上升5位，排名全国第6位。其中，工业中小企业景气指数排名上升2位，体现企业家信心与综合景气度的中小企业比较景气指数上升2位，上市中小企业景气指数也保持了全国第 3 位的高水准，显示出北京市中小企业发展总体具有良好的环境条件。近年来，北京市围绕建设全国科技创新中心，启动了科技型中小企业促进专项项目。2016 年第一季度，创业投资引导基金总规模为 61.07 亿元，财政资金放大倍数超过 4 倍，为促进中小企业平稳发展提供了有力支持。总体来看，近几年来，北京市中小企业综合景气指数保持稳健上升趋势。

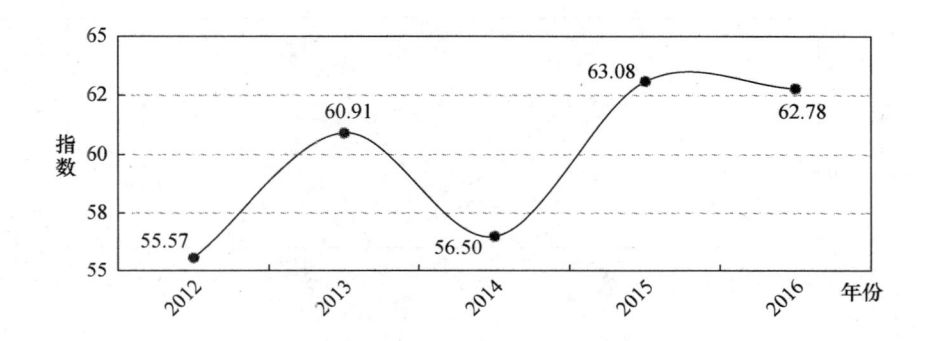

图 6-6 北京市中小企业综合景气指数趋势

七 上海市

2016 年，上海市中小企业综合景气指数排名居全国第 7 位，与上年相比下降 1 位。从分类指数来看，尽管上市中小企业景气指数与比较景气指数都有所提升，但受出口不振等影响，工业中小企业景气指数排名下降了两位，从而使 2016 年综合指数出现了较大下滑。

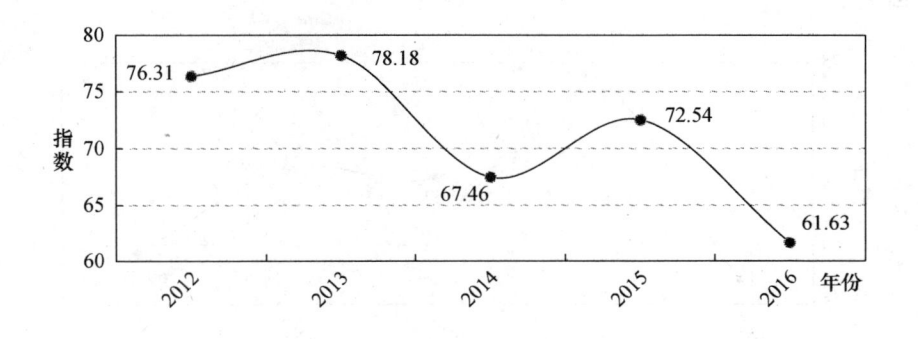

图 6-7 上海市中小企业综合景气指数趋势

八 福建省

2016年，福建省中小企业综合景气指数排名下降1位，居全国第8位。从分类指数来看，工业中小企业景气指数较排名上升1位，居全国第8位。但上市中小企业景气指数下降1位，居全国第12位，反映企业家信心与总体景气度的比较景气指数同比下降2位，居全国第7位，使其中小企业综合景气指数总体呈现下滑态势。

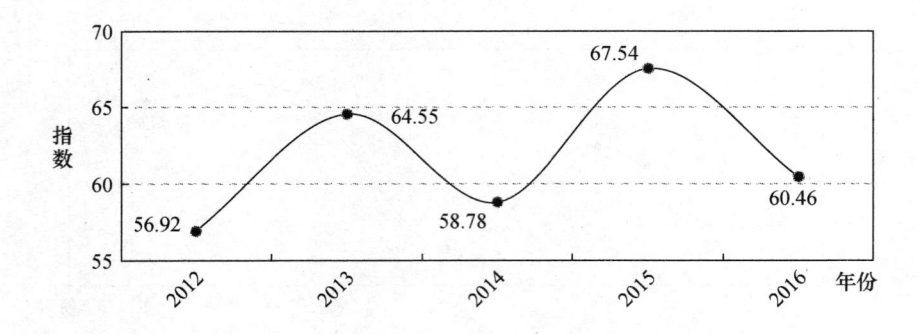

图6-8 福建省中小企业综合景气指数趋势

九 辽宁省

2016年，辽宁省中小企业综合景气指数较上年下降1位，排名全国第9位。从分类指数来看，工业中小企业景气指数与上年持平，居全国第6位。反映企业家信心的中小企业比较景气指数下降2位，排名全国第24位。上市企业指数较上年下降2位，排名全国11位。总体来看，受区域宏观经济下滑的影响，近几年来，辽宁省中小企业综合景气指数呈现连续下滑态势。

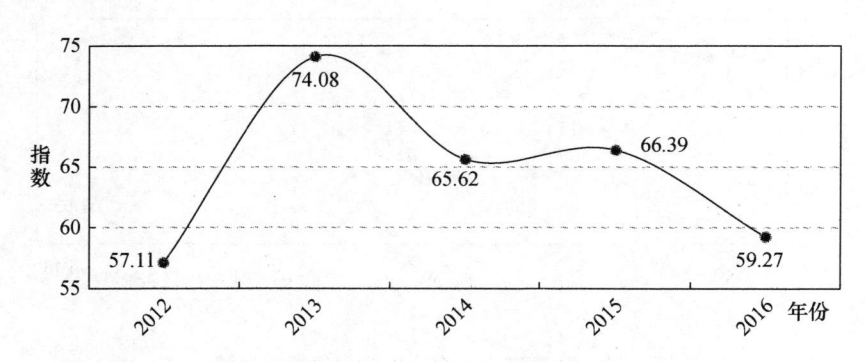

图6-9 辽宁省中小企业综合景气指数趋势

十 河北省

2016年,河北省中小企业综合景气指数排名全国第10位,比上年上升2位。从分类指数来看,中小企业比较景气指数排名上升3位,居全国15位,表明企业家信心有所提升,但其工业中小企业景气指数和上市中小企业景气指数没有明显提升。总体看来,近几年河北省中小企业综合景气指数呈现持续走低的趋势。

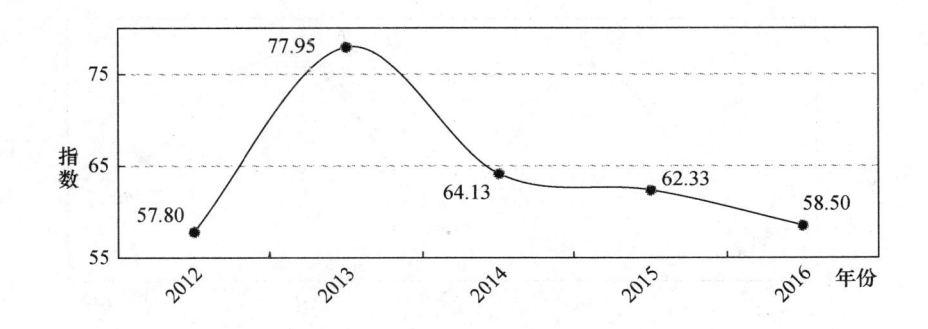

图 6-10 河北省中小企业综合景气指数趋势

十一 安徽省

2016年,安徽省中小企业综合景气指数居全国第11位,比上年上升2位。从分类指数来看,体现企业家信心的比较景气指数排名上升1位,居全国第12位。工业中小企业景气指数和上市中小企业景气指数排名均上升2位,均居全国第10位。虽然安徽省2016年中小企业综合景气指数同比稍有回落,但近几年来总体呈现稳定发展态势。

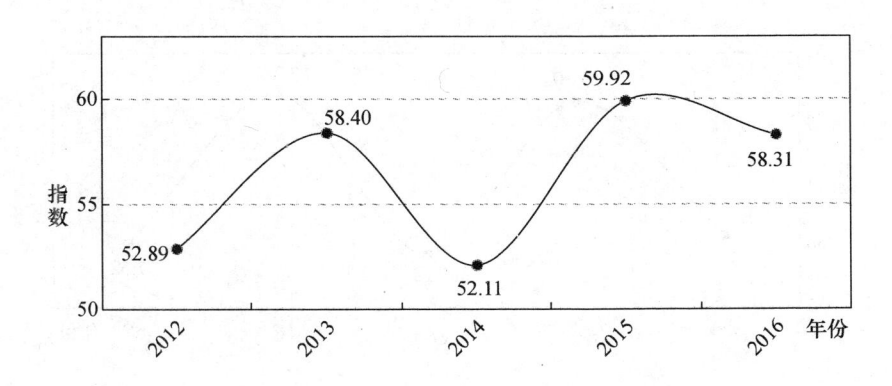

图 6-11 安徽省中小企业综合景气指数趋势

十二 四川省

2016年,四川省中小企业综合景气指数排名全国第12位,较上年下降2位。从分类指数来看,工业中小企业景气指数和上市企业综合景气指数排名与上年持平,分别居全国第10位和第8位。体现企业家信心与总体景气度的中小企业比较景气指数下降1位,居全国第11位。近五年来,四川省中小企业综合景气指数总体呈现M形的波动趋势。

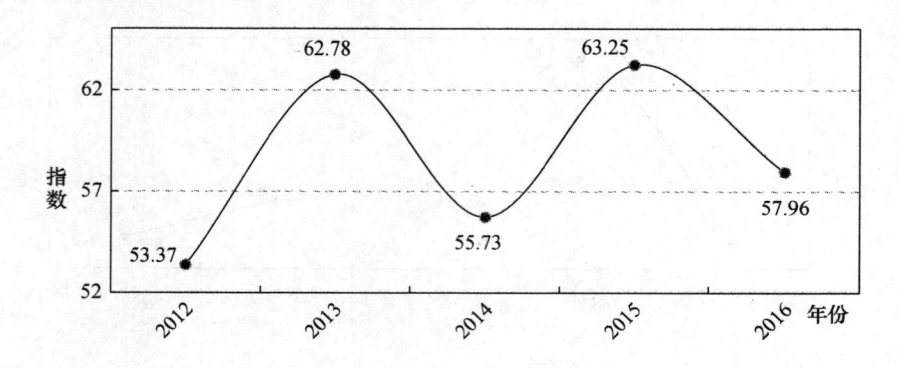

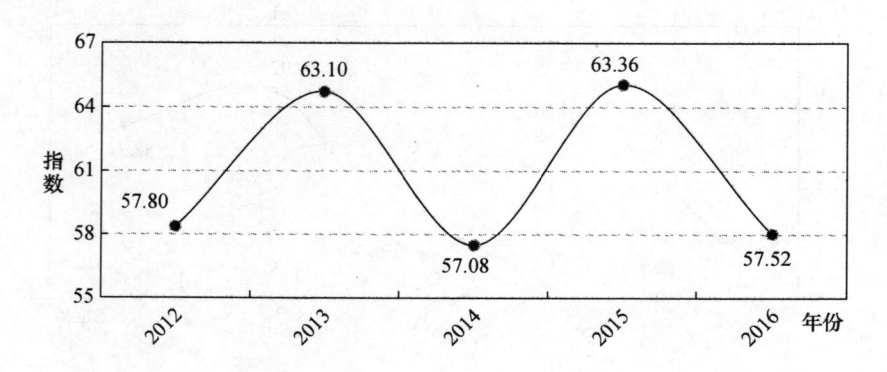

图6-12 四川省中小企业综合景气指数趋势

十三 湖北省

2016年,湖北省中小企业综合景气指数较上年下降4位,排名第13位。从分类指数来看,工业中小企业和上市中小企业景气指数排名都下降1位,分别居全国第9位和第16位。但比较景气指数排名上升2位,居全国第10位。总体来看,近五年来,湖北省中小企业综合景气指数也呈M形上下波动。

图6-13 湖北省中小企业综合景气指数趋势

十四 湖南省

2016年,湖南省中小企业综合景气指数排名全国第14位,与上年相同。反映企业家信心与综合景气度的中小企业比较景气指数在2016年有所下滑,由2015年的排名第11位降至第14位,工业中小企业景气指数与上年持平,居全国第13位。上市中小企业景气指数较上年上升3位,居全国第7位。总体来看,近五年来,湖南省中小企业景气指数在50—60之间平稳波动(见图6-14)。

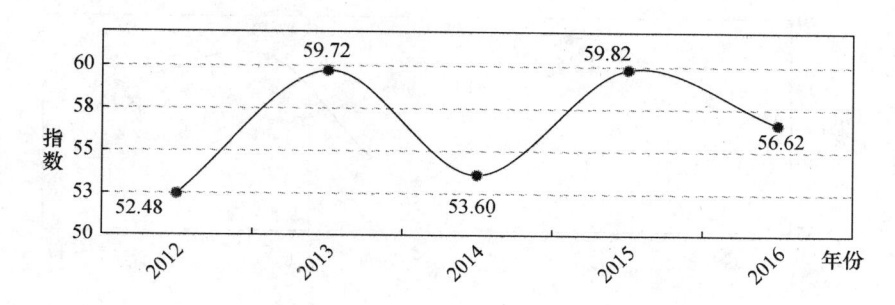

图6-14 湖南省中小企业综合景气指数趋势

十五 天津市

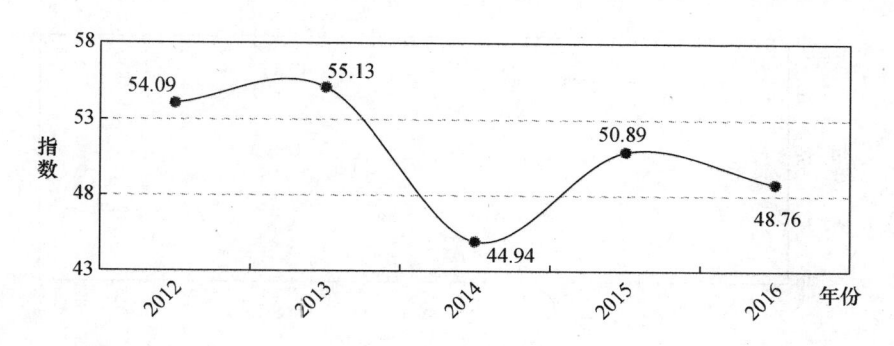

2016年,天津市中小企业综合景气指数排名全国第15位,与上年相同。从分类指数来看,上市中小企业景气指数上升9位,居全国第13位。体现中小企业综合经营状况和企业家信心的比较景气指数上升3位,居全国第5位。工业中小企业景气指数下降1位,居全国第15位。受工业企业景气回落影响,2016年,天津市中小企业综合景气指数稍有下滑,但总体来看,近几年来,天津市中小企业综合景气指数呈现稳健回升态势。

图6-15 天津市中小企业综合景气指数

十六　重庆市

2016年,重庆市中小企业综合景气指数排名全国第16位,较上年上升1位。其主要原因在于其上市中小企业景气指数排名有所提升,由2015年的全国第23位上升到第21位。工业中小企业景气指数与中小企业比较景气指数与上年持平,分别居全国第21位和第9位。总体来看,近两年来,天津市中小企业综合景气指数波动幅度不大。

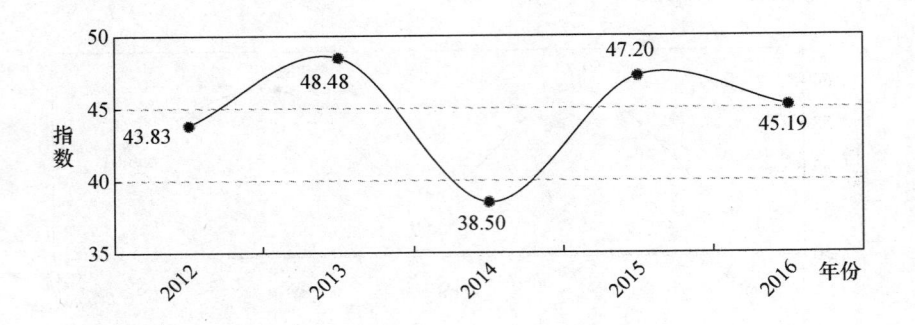

图6-16　重庆市中小企业综合景气指数

十七　江西省

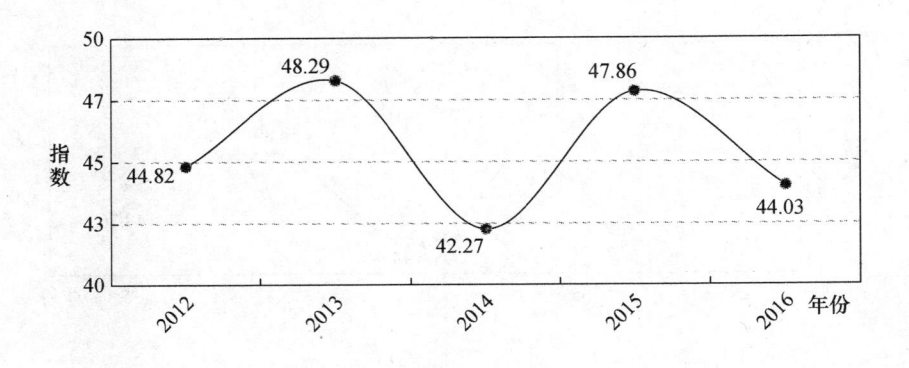

2016年,江西省中小企业综合景气指数有所下降,排名第17位,较上年下降1位。尽管工业中小企业景气指数上升1位,但上市中小企业指数排名下降了9位,从而使综合景气指数出现较大下滑。近年来,江西省重点孵化催生万家小微企业,鼓励小微企业创业园利用废旧厂房改造及建设标准厂房,力争扩大政策覆盖面,提升区域中小微企业发展景气。

图6-17　江西省中小企业综合景气指数

十八 陕西省

2016 年,陕西省中小企业综合景气指数排名全国第 18 位,较上年上升 2 位。虽然反映企业家信心和总体景气度的中小企业比较景气指数出现小幅下滑,但上市中小企业景气指数强力上升 10 位,居全国第 14 位,从而拉动了综合景气指数的提升。2016 年,陕西省通过推动中小企业成长梯队建设,对创新能力强、市场前景好的中小企业进行重点培育,形成"雁阵"式发展格局,进一步增强了区域中小企业持续发展的后劲。

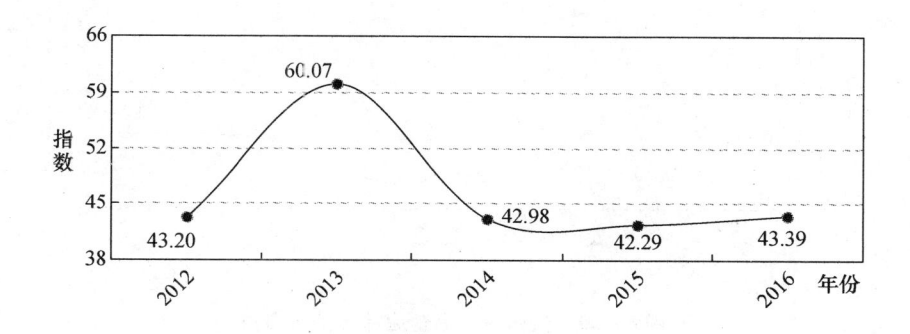

图 6-18 陕西省中小企业综合景气指数

十九 吉林省

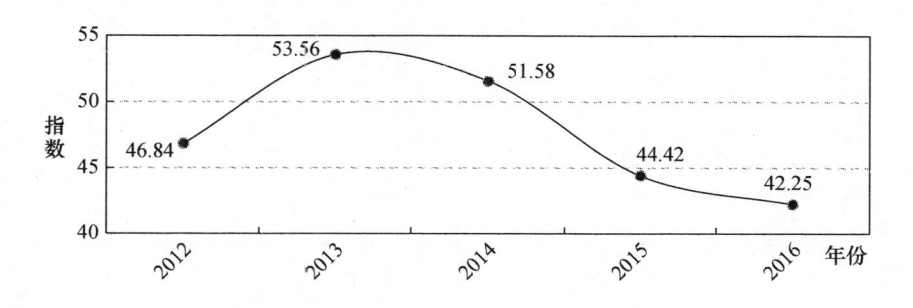

2016 年,吉林省中小企业综合景气指数全国排名第 19 位,与上年相同。受区域宏观经济下行影响,工业中小企业景气改善迹象不明显,反映中小企业家信心与总体景气度的比较景气指数、上市中小企业景气指数均下降 1 位,中小企业综合景气指数持续走低(见图 6-19)。

图 6-19 吉林省中小企业综合景气指数

二十 贵州省

2016年,贵州省中小企业综合景气指数全国排名第20位,与上年相比上升2位。从分类指数来看,工业中小企业景气指数与上年排名相同,上市中小企业景气指数排名下降1位,但体现企业家信心和综合景气度的比较景气指数较上年排名上升1位,特别是着力发展大数据产业、改善中小企业物流环境,使其综合景气指数呈现持续上升趋势(见图6-20)。

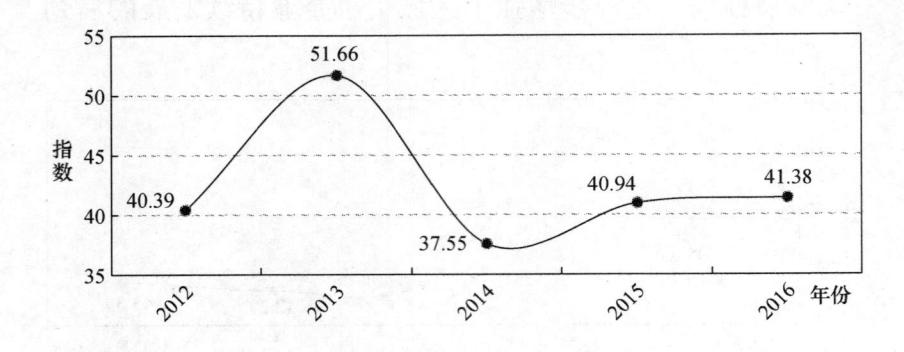

图6-20 贵州省中小企业综合景气指数

二十一 广西壮族自治区

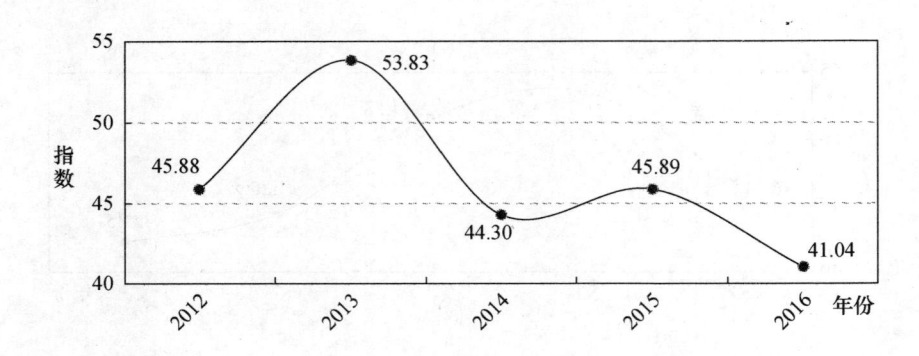

2016年,广西壮族自治区中小企业综合景气指数排名全国第21位,与上年相比下滑3位。从分类指数来看,工业中小企业气指数排名下滑2位,上市中小企业景气指数排名下滑6位,反映企业家信心和总体景气度的比较景气指数排名也下滑3位,从而使其中小企业综合景气指数继续下滑探底(见图6-21)。

图6-21 广西壮族自治区中小企业综合景气指数

二十二　云南省

2016年，云南省中小企业综合景气指数排名全国第22位，较上年上升1位。从分类指数来看，工业中小企业景气指数与上年持平，上市中小企业景气指数及比较景气指数排名均上升3位，使其综合景气指数呈现微弱上升趋势（见图6-22）。近年来，云南省贯彻"创新、协调、绿色、开放、共享"发展理念，努力为中小微企业创业创新提供"找得着、用得起、有保证"的公共服务，以进一步提升区域发展中小企业景气。

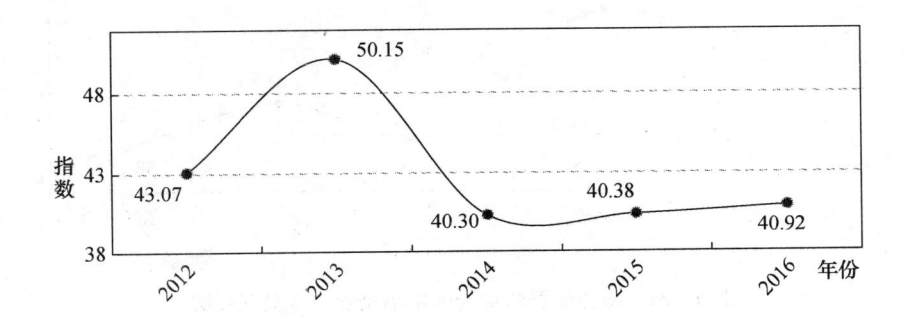

图6-22　云南省中小企业综合景气指数

二十三　山西省

2016年，山西省中小企业综合景气指数排名全国第23位，与上年相比上升1位。从分类指数来看，工业中小企业景气指数排名未变，但上市中小企业景气指数及比较景气指数排名均上升1位，从总体趋势看，其中综合景气指数同比略有提升，但尚未出现明显改善（见图6-23）。

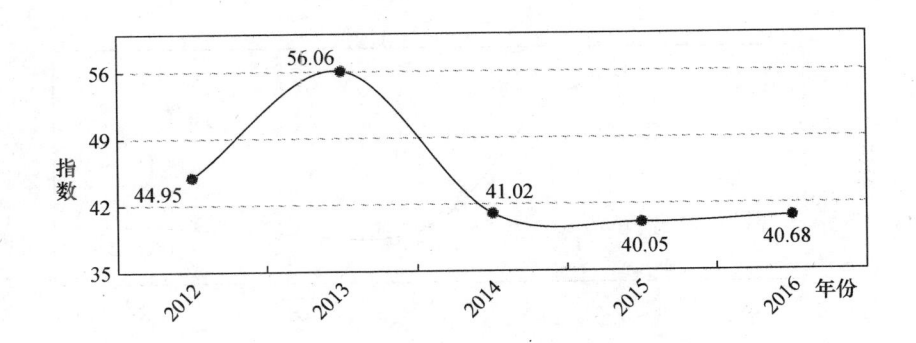

图6-23　山西省中小企业综合景气指数

二十四　新疆维吾尔自治区

2016年，新疆中小企业综合景气指数排名全国第24位，较上年下降3位。主要是因为工业中小企业景气低迷，特别是受上市中小企业景气指数和中小企业比较景气指数大幅下滑的影响，综合景气指数下跌至近五年来最低点（见图6-24）。为提升中小企业发展景气，近年来，新疆大力建设中小企业创业园，重点开展扶助小微企业专项行动。

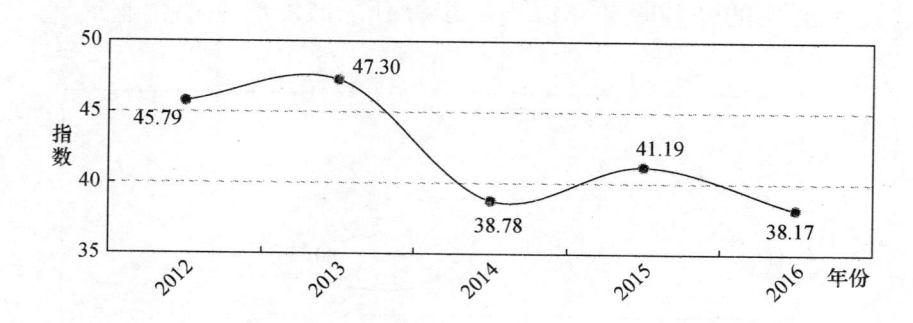

图6-24　新疆维吾尔自治区中小企业综合景气指数

二十五　甘肃省

2016年，甘肃省中小企业综合景气指数排名全国第25位，与上年排名相同。从分类指数来看，工业中小企业景气指数排名未有变化，上市中小企业景气指数及比较景气指数排名分别上升2位和1位。总体来看，甘肃省中小企业发展景气基本持续低位运行（见图6-25）。近年来，甘肃省积极开展招商引资，充分发挥中小企业创业就业孵化示范基地功能和作用，力助区域中小企业景气提升。

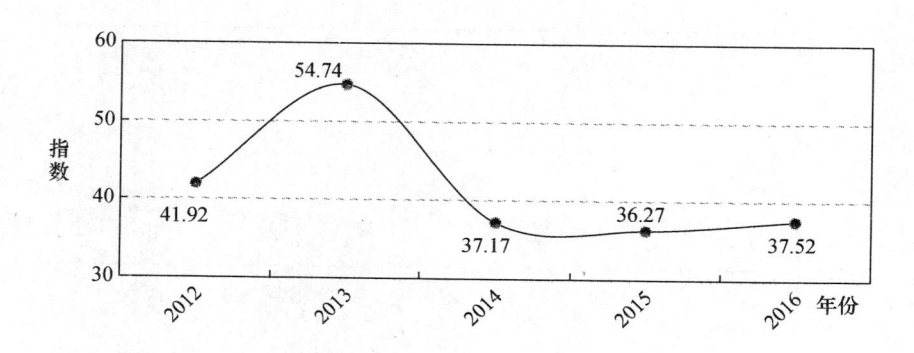

图6-25　甘肃省中小企业综合景气指数

二十六 海南省

2016年，海南省中小企业综合景气指数排名全国第26位，与上年排名相同。从分类指数来看，上市中小企业景气指数上升2位排名全国24位，但反映企业家信心和总体景气度的比较景气指数下滑3位。总体来看，海南省中小企业发展景气仍处于低位运行态势，未观察到明显上升趋势（见图6-26）。

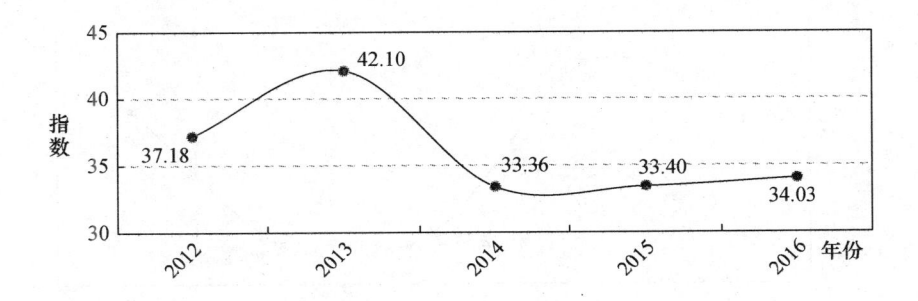

图6-26 海南省中小企业综合景气指数

二十七 西藏自治区

2016年，西藏中小企业综合景气指数排名全国27位，与上年相同。从分类指数来看，工业中小企业景气指数和比较景气指数排名仍居全国末位，上市中小企业景气指数全国排名下滑6位，中小企业综合景气呈现低位运行态势（见图6-27）。为改善高原地区中小微企业投融资发展环境，西藏自治区推出了《中小微企业小额贷款保证保险管理试点暂行办法》，设立了中小企业发展专项资金，以切实促进资源型、科技型中小企业的健康发展。

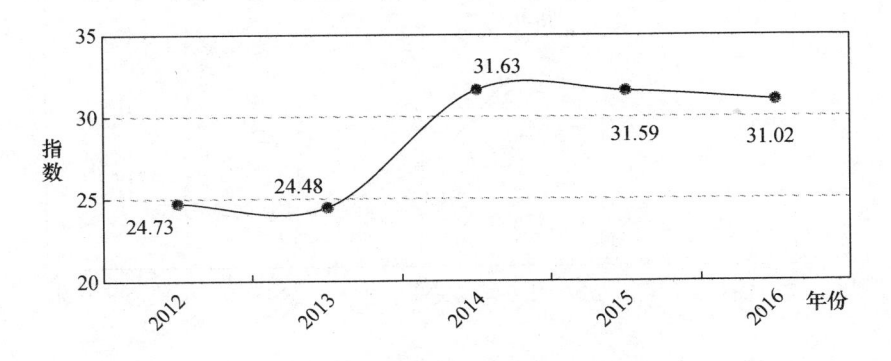

图6-27 西藏自治区中小企业综合景气指数

二十八　内蒙古自治区

2016年，内蒙古自治区中小企业综合景气指数排名全国第28位，与上年排名相同。从分类指数来看，工业中小企业景气指数排名没有变化，上市中小企业景气指数排全国后列，但反映企业家信心的比较景气指数排名上升5位，综合景气指数同比有所上升（见图6-28），但远远落后于东部中小企业发达省份。

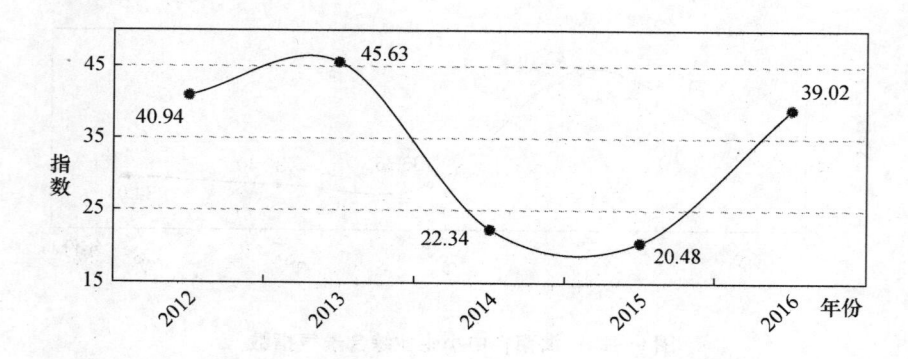

图6-28　内蒙古自治区中小企业综合景气指数

二十九　黑龙江省

2016年，黑龙江省中小企业综合景气指数排名全国第29位，与上年排名相同。由于区域经济下行、上市企业数量较少，上市中小企业景气指数排全国后列，工业中小企业景气指数排名与上年持平，但比较景气指数排名上升3位。从总体趋势看，综合景气指数略呈上升趋势，但处于低位运行状态（见图6-29）。

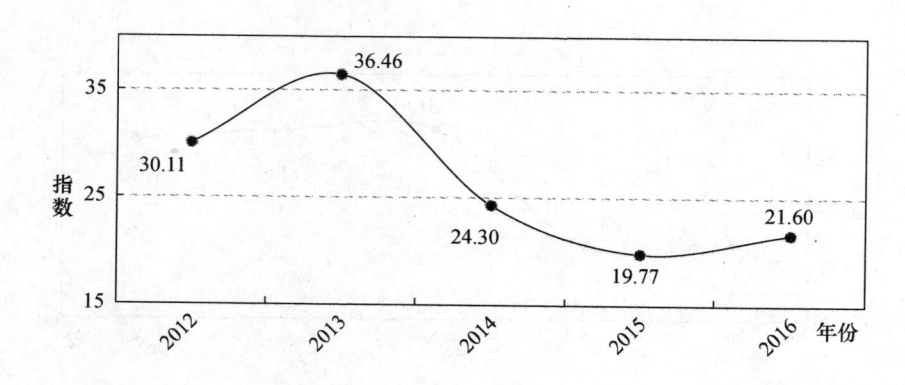

图6-29　黑龙江省中小企业综合景气指数

三十 宁夏回族自治区

2016年，宁夏回族自治区中小企业综合景气指数排名全国第30位，与上年排名相同。其中，反映企业家信心的比较景气指数下滑1位，上市中小企业景气指数位于全国后列，工业中小企业景气指数与上年持平。总体来看，其综合景气指数同比略有提升，但近几年平均指数在20以下的低位运行（见图6-30）。

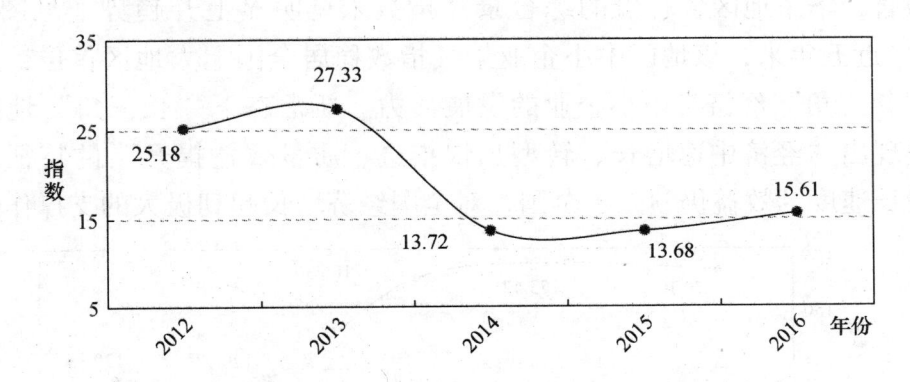

图6-30 宁夏回族自治区中小企业综合景气指数

三十一 青海省

2016年，青海省中小企业综合景气指数排名全国垫底。从分类指数来看，工业中小企业景气指数排名显示未变，上市中小企业景气指数位于全国后列，但比较景气指数排名上升1位，从总体趋势看，青海省综合景气指数同比略有提升，但近几年平均指数也在20以下，呈现低位运行状态（见图6-31）。

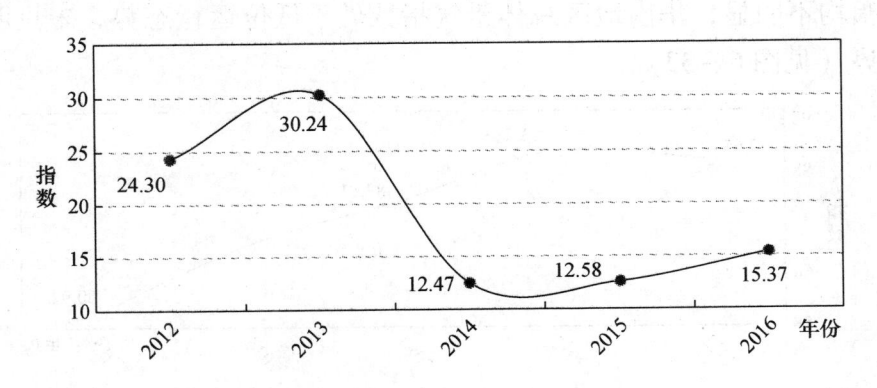

图6-31 青海省中小企业综合景气指数

第二节 七大地区中小企业景气变动趋势

一 华东地区

华东地区包括上海市、江苏省、浙江省、山东省、福建省、江西省和安徽省，华东地区各省份的综合景气指数未见明显上升趋势（见图6-32）。近五年来，该地区中小企业景气指数稳居全国七大地区首位，显示了"长三角"经济带中小企业的发展活力。新常态下"长三角"地区经济呈现出"经济中速增长、转型加快推进、质量效益提升"的特征，经济增长速度、效益仍领先于全国，对全国经济增长起到极大的支撑作用。

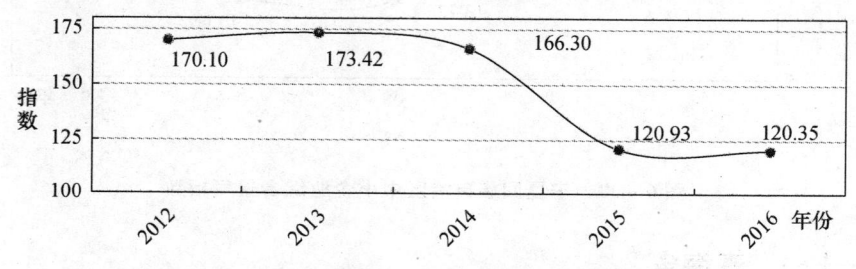

图6-32 华东地区中小企业综合景气指数趋势

二 华南地区

华南地区包括广东省、海南省和广西壮族自治区，其中小企业景气指数仅次于华东地区，仍排名全国第二。广东省仍是华南地区三个省份中小企业的支柱。受经济压力下行的影响，华南地区三个省份中小企业景气指数涨幅均不明显，华南地区总体景气指数处于低位运行态势，未见明显上升趋势（见图6-33）。

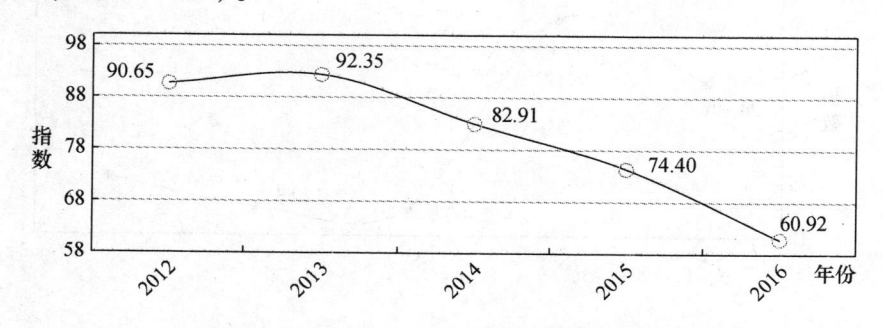

图6-33 华南地区中小企业综合景气指数趋势

三 华北地区

华北地区包括北京市、天津市、河北省和内蒙古自治区。2016年，华北地区中小企业景气综合景气指数在全国七大地区排名上升1位（见图6-34）。总体来看，除内蒙古自治区中小企业综合景气指数上升外，北京市、天津市和河北省综合景气指数均有不同幅度的下滑。受产业结构调整和转型升级的压力影响，该地区中小企业综合景气指数稍有回升，但仍处于低势运行状态。

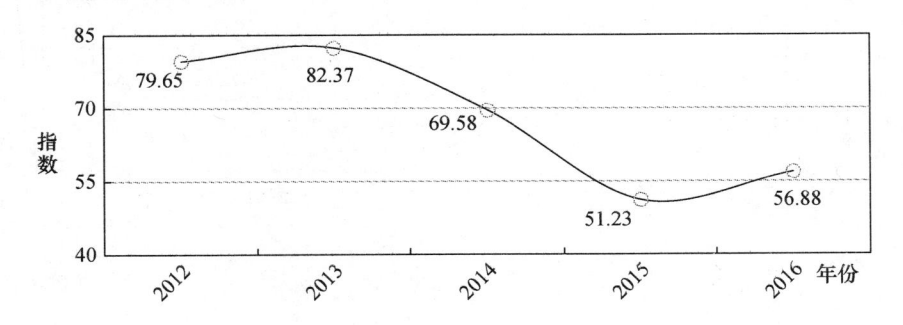

图6-34 华北地区中小企业综合景气指数趋势

四 华中地区

华中地区包括河南省、湖北省和湖南省。2016年，该地区在全国七大地区排名下降至第4位（见图6-35）。中部地区发展动力不断增强，承接产业转移力度持续加大。面对世界经济复苏放缓、国内经济下行压力加大的复杂形势，大量中小企业仍面临转型升级的挑战。华中地区三个省份中小企业景气指数均处于下滑趋势，总体景气指数处于低位运行态势，下滑趋势仍较明显。

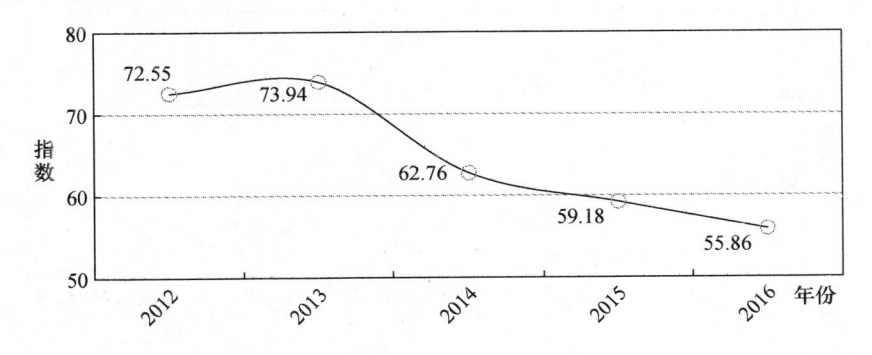

图6-35 华中地区中小企业综合景气指数趋势

五　西南地区

西南地区包括重庆市、四川省、贵州省、云南省和西藏自治区。2016年，该地区中小企业综合景气指数排名全国七大地区第五位，与上年持平（见图6-36）。西部地区经济发展稳中有进，西藏、重庆、贵州工业增速继续位居全国前三位，工业下行压力依然较大，该地区资源型和劳动密集型的中小企业面临转型升级，总体综合景气指数仍处于下滑趋势。

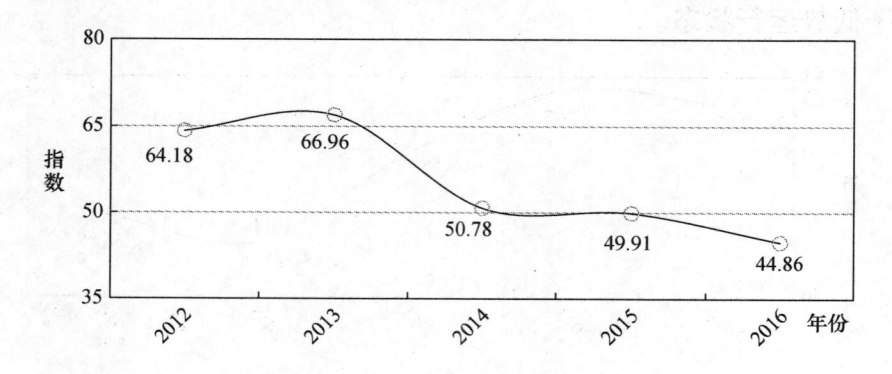

图6-36　西南地区中小企业综合景气指数趋势

六　东北地区

东北地区包括辽宁省、吉林省和黑龙江省三省。2016年，该地区中小企业综合景气指数排名全国七大地区第五，较上年上升1位（见图6-37）。东北地区经济指标低位徘徊，发展形势仍然严峻，但吉林、黑龙江出现回升苗头，主要经济指标较去年同期略有提高。总体来看，综合景气指数稍有回升。

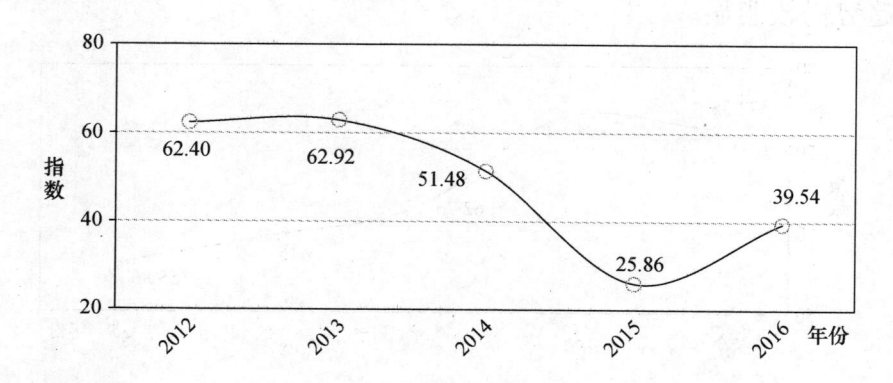

图6-37　东北地区中小企业综合景气指数趋势

七 西北地区

西北地区包括陕西省、甘肃省、青海省、宁夏回族自治区和新疆维吾尔自治区,是中国经济发展相对落后的地区。2016年,中小企业综合景气指数排名在全国七大地区末位,较上年下滑1位(见图6-38)。西北五省积极推进"一带一路",但经济下行压力持续加大,各省区景气指数未见明显上升趋势。

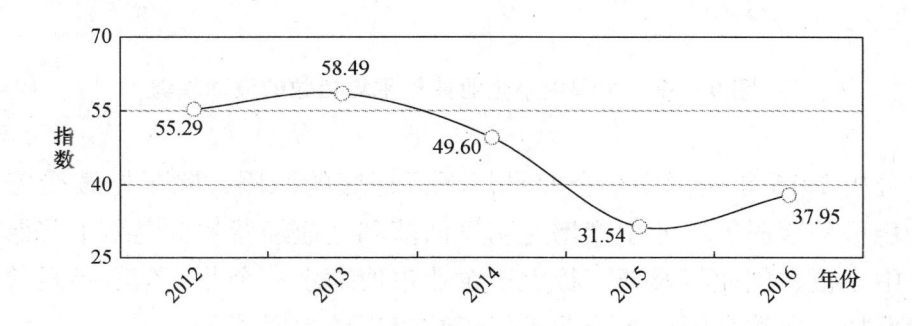

图6-38 西北地区中小企业综合景气指数趋势

第三节 2016年中国中小企业景气状况综合分析

综合分析2016年中国中小企业景气指数的波动走势与特征,研究发现中国中小企业在景气下行探底趋势下,创业创新激情高涨;智能制造和"互联网+"促进中小企业融入产业新生态;中小企业协同大企业参与"一带一路"建设,拓展了国际合作发展空间;供给侧结构性改革引领中小企业发展进入"新常态"。同时,研究表明,当前中国中小企业发展面临宏观经济形势严峻,存在综合要素成本高企、融资难融资贵、"工匠精神"不足、区域发展不平衡等突出问题。最大限度地释放政策红利,切实缓解这些现实问题,是促进中国中小企业稳健发展的关键所在。

一 五大研究发现

(一)中小企业景气下行探底

2016年,基于地区工业总产值加权计算的全国中小企业平均景气指数从2015年的87.65回落到77.20,降幅超过10%,跌至近五年来最低

(见图6-39)。

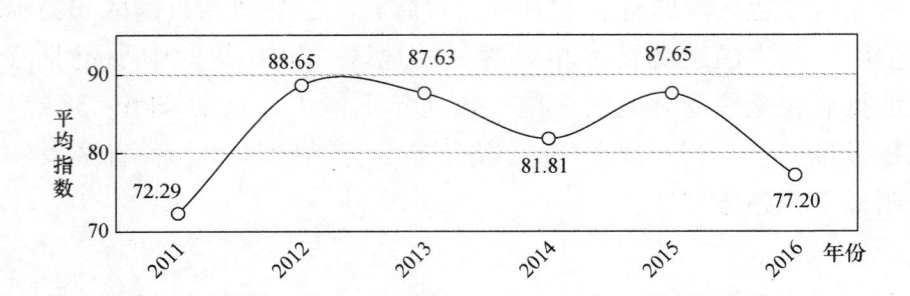

图6-39 中国中小企业景气平均指数的波动趋势

分析2016年全国中小企业景气下行探底的原因，除了持续受宏观经济企稳信号微弱、工业生产增速明显回落和企业经营效益显著下降影响之外，中小板、创业板及新三板上市企业市值缩水，企业家信心不足等多重因素叠加，导致全国中小企业景气指数出现较大回落。

(二) 大众创业万众创新政策红利频发，创业创新激情高涨

2015年以来，中国基于国家层面对于中小企业的重视程度之高、扶持力度之大都可谓前所未有，这在一定程度上避免了中小企业景气出现更大"断崖式"下跌，使中小企业景气总体维持在基本合理区间。最重要的政策红利体现在两大方面。

一是强力推动"双创"。为推动"大众创业、万众创新"，国家和地方都先后出台了一系列扶持中小企业创业的政策措施。2016年5月，国务院办公厅印发《关于建设大众创业万众创新示范基地的实施意见》，系统部署"双创"示范基地建设工作，同时设立国家新兴产业创业投资引导基金，助力创业创新和产业升级；各地从扶植创办小微企业，到打造众创空间等，也为改善中小企业创业创新环境等提出了具体有效的落实措施。"双创"还进一步推动了简政放权，推动以创业促进就业，激发了市场活力，为中小企业发展注入了新动能。

二是强力实施减税。国家自2015年1月1日至2017年12月31日，对年应纳税所得额低于20万元（含20万元）的小型微利企业，其所得按50%计入应纳税所得额，按20%税率缴纳企业所得税；同时，从2016年5月开始，全面推开营改增试点，将建筑业、房地产业、金融业、生活

服务业等全部营业税纳税人纳入试点范围，通过强化结构性减税，降低小微企业的所得税税率，提高所得税和营业税的起征点，减免个人在"新三板"所获得的股息红利所得。另外，结合600亿元规模的国家中小企业发展基金的运用，针对科技企业孵化器实施营业税优惠政策，推动财政资金流向优质中小企业群体，重点支持中小企业围绕电子信息、光机电一体化、资源与环境、新能源与高效节能、新材料、生物医药、现代农业及高技术服务等领域开展科技创新活动。同时，加大对薄弱环节的投入，突破制约中小企业发展的"短板"与"瓶颈"。这些力度更大的财税优惠政策的实施，进一步使中国中小企业减压松绑，专注成长与发展。

（三）"中国制造2025"、"互联网＋"促进中小企业融入产业生态

基于智能制造、互联网和大数据的"中国制造2025"为中小企业创造了新的创新机遇，加速制造企业成本再造倒逼中小企业优胜劣汰。通过整合先进技术同传统产业的有机结合，积极引导中小企业参与智能制造产业链，推动中小企业生产制造过程的智能化和网络化，明显降低能耗，引导中小企业以需定产、提高质量品牌。中小企业成为配套支撑大企业生产、加快创新成果工程化、产业化和推广应用的"黏合剂"。大企业"搭台"，中小企业协作创新与生产促使"大平台＋小前端＋富生态"的组织形态，一大批中小企业满足个性化需求成为小前端，融入"众包"、"云设计"、生产性服务业等新业态。

中小企业是互联网创业创新的主力军，也是新业态的大浪淘沙者。"互联网＋创新"大大降低了创业门槛，新创中小企业积极活跃在创新发展一线。一方面，新注册中小企业数量激增。2016年上半年，全国新登记企业261.9万户，同比增长28.6%，平均每天新产生企业1.4万户。同期，全国注、吊销企业总数约87.82万户，平均每天"死亡"企业4800多户。综合来看，上半年全国日均净增企业数9600多户。新增企业继续向服务业倾斜，信息传输、软件和信息技术服务业、文化、体育和娱乐业、教育行业的新注册企业数量同比增速高达四成或以上。另一方面，2015年以来，中小板、创业板上市和新三板挂牌企业数量同比都大幅增长。电子商务、"互联网＋"持续成为中小企业融入新业态的主要途径。

（四）人民币汇率下滑，有利于中小企业国际成长空间

中小企业出口主要是服装、玩具、五金工具等轻工产品，属于劳动密

集型技术含量低的产品。国内劳动力成本上升，降低了出口产品的竞争力。2016年以来，人民币汇率彻底打破了单边升值预期，双向波动趋势更为明显。人民币汇率震荡走软，但对于全球主要非美货币及主要货币篮子的汇率指数总体保持稳健，这为中小企业扩大出口贸易创造了便利条件。此外，借助"一带一路"建设和出口退（免）税优惠政策等，中小企业通过同大企业合作的方式一起"走出去"，拓展了国际合作空间。

（五）深化供给侧结构性改革，中小企业发展进入"新常态"

随着国家实施供给侧结构性改革政策落地，"去产能、去库存、去杠杆、降成本、补短板"促进中小企业加快进入"新常态"，中小企业从数量扩张向质量发展提前到来。企业利润正在被不断压缩，以往价格优势所带来的产品竞争力也将不复存在。人口红利的减少和工人数量的短缺对于中小企业特别是劳动密集型产业影响巨大。依赖低廉劳动力优势的高速成长不可持续，劳动力成本上升成为新常态。不断优化产业分布结构、规模结构、组织结构、产品结构成为中小企业内涵式发展的新常态。仅靠要素驱动难以实现中小企业的持续发展，技术创新、管理创新、商业模式创新成为中小企业发展的新常态。

二 五大突出问题

本报告研究表明，中国中小企业的景气现状当前存在以下五大突出问题。切实解决这些问题，成为当前促进中国中小企业稳健发展的关键。

（一）要素成本上升，利润空间不断压缩

土地、劳动力、环境、水电等要素成本仍持续上升，进一步挤压了中小企业利润空间。特别是劳动力对于工作环境、职业发展、薪酬待遇等的诉求更强，这从一个侧面拉高了劳动力成本，劳动力成本上升直接挤压了企业利润空间。

（二）融资难融资贵问题仍旧存在，中小企业连环倒闭依然频发

金融体系深化改革进一步推动中小企业融资环境趋好，但融资难融资贵问题仍旧存在。中小企业一般被要求通过联保互保方式申请贷款，融资成本一般比大企业高出50%—100%，并且银行对中小企业抽贷、停贷等情况经常发生，中小企业往往通过民间高利贷融资。近年来由于互联互保引发的资金链断裂，进而引起的中小企业连环倒闭现象呈回潮多发态势。

（三）区域发展不平衡现象仍然普遍存在

研究结果显示，东部沿海地区中小企业发展活跃，中西部地区发展相对滞后。尽管与上年相比省际综合指数区域差异有所缓和，但指数排名第一位的广东与排名最低的青海相比差距仍高达8倍。此外，从区域中小企业综合景气指数来看，只有华东地区超过全国平均指数，多数地区在平均值以下，最高的华东地区与最低的西北地区也相差3倍以上，说明中国地区之间中小企业发展仍很不平衡。

（四）"工匠精神"普遍不足，技术创新能力有待提升

中国中小企业"作坊式""短期经营行为""粗放式发展"等现象仍未得到根本转变，低技术、欠熟练、流动性大的外来务工者仍是中小企业技术工人的主力军，技术人才缺乏成为中小企业发展的一个重要"瓶颈"，"工匠精神"普遍不足，"专精特新"企业的行业分布较窄，而且多集中在产业链高端，这都阻碍了中小企业技术创新能力的内部传承与总体提升。

（五）阻碍中小企业技术创新的体制机制因素没有根本消除

近年来，尽管各级政府出台负面清单制度，放松一些行业的市场准入门槛，但由于中小企业资源配置能力有限，仍受到大企业的排挤。一些地方过于跟风强调理直气壮做大做强国有大企业，偏爱大项目投资拉动当地经济，而忽视民营中小企业的发展权益。中小企业仍难以进入垄断性行业，生存与成长空间受限。

第七章

2016年中国主要城市中小企业景气指数测评

编制中国主要城市中小企业景气指数是区域中小企业景气指数研究的重要课题。该研究对于分析把握中国主要城市中小企业发展的现状，探索中国区域中小企业发展的新规律和新课题，都具有重要意义。

第一节 评价方法与指标体系

一 评价对象与评价方法

评价中国主要城市的中小企业景气的思路和方法与研究省际中小企业综合景气基本相同，即根据主要城市工业中小企业景气指数、上市中小企业景气指数和比较景气指数三个分类指数进行加权来计算分析。

关于工业中小企业景气指数，主要采用合成景气指数进行计算，评价对象主要是城市规模以上（主营业务收入达到2000万元及以上）的工业中小企业。由于考察期间中国经济周期性并不是很明显，所以，在运用合成指数计算时忽略了经济周期对工业中小企业景气指数的影响，着重对一致指数进行计算与分析，以此来表示主要城市工业中小企业景气指数。

关于上市中小企业景气指数，则采用主成分分析法、扩散指数法和合成指数法的方法，其评价对象为截至2015年12月30日在深交所上市的中小板和创业板企业，以及在全国中小企业股份转让系统（NEEQ）挂牌交易的新三板企业。

关于比较景气指数，基于非官方和研究机构的中小微企业景气监测调查数据，本年度报告选取百度中小企业景气指数和中国中小企业研究院的景气调查问卷数据两项指标，据此计算出了主要城市中小企业比较景气指数。

二 样本的选取与指标体系

（一）样本选取

本章首先选取了中国四大直辖市以外的省会城市，如杭州、福州、成都等。其次，参考中小企业具体分布情况，本章针对部分省份选取了中小企业数量多的主要工业城市，如江苏选取苏州代替省会城市南京，山东选取青岛代替省会城市济南，辽宁选取大连代替沈阳。由此最终确定了苏州、杭州、合肥、福州、青岛、郑州、武汉、长沙、广州、成都、贵阳、西安、乌鲁木齐、石家庄、大连、昆明16个主要城市。鉴于直辖市为省级行政单位，在中小企业数量、规模及发展水平上与一般的省级市和地级市没有可比性，所以未纳入本章的计算排名。

工业中小企业景气指数和比较景气指数主要是基于城市统计年鉴数据，其中，由于统计年鉴中未报告武汉和贵阳的相关企业调查数据，因此，在计算中小企业综合景气指数时根据统计原则做了部分忽略处理。

对于上市中小企业景气指数，选取深交所上市的1098家上市中小企业中注册地址位于上述16个城市的261家企业（已去除部分数据严重缺乏的企业）；对于新列入的新三板景气指数，主要根据新三板成分指数及做市指数样本库，选取了79家注册地址位于上述16个城市的新三板企业。对三个板块的上市企业数据进行计算分析，最终系统总结了中国主要城市中小企业的最新发展现状。

（二）指标体系说明

1. 工业中小企业景气指数

主要城市工业中小企业景气指数的指标体系主要考虑一致指标的影响，即采用工业总产值、企业单位数、资产总计、主营业务收入、利润总额、税金总额来计算工业中小企业景气指数。而先行指标和滞后指标仅作为参考。

2. 上市中小企业景气指数指标

同样主要考虑一致指标的影响，选取总资产、主营业务收入、财务费用、利润总额和税金总额这五个指标作为计算依据。先行指标和滞后指标仅用作参考。

3. 比较景气指数指标

主要选取百度中小企业景气指数和中国中小企业研究院的景气调查问卷数据两项指标，反映企业家信心及企业所在城市的总体景气度。

三 分项指数与综合指数的计算结果

(一) 计算方法

关于中国主要城市工业中小企业景气指数，由于本研究报告采用合成指数法，最后需要进行基年调整，为了使各主要城市工业中小企业景气指数波动控制为0—200，本研究报告以2007年各城市的平均值作为基年数据。同时，由于本研究报告收集的数据是2005—2014年的年度数据，没有明显的多个经济周期循环，因此本研究报告在运用合成指数算法进行计算时省略了趋势调整的步骤。另外，由于本研究报告关注的是中国转型期工业中小企业景气指数状况，经过计算，获得了16个主要城市的2006—2015年工业中小企业一致合成指数。最后，对2016年主要城市工业中小企业景气指数运用最小二乘法进行了预测，计算结果见表7-1。

关于上市中小企业景气指数的计算，首先，将企业数量进行无量纲化处理；其次，将合成的景气指数和企业数量与其相对应的权重相乘；最后，将获得的乘数相加作为反映上市中小企业景气指数的值。

中小企业比较景气指数反映中小企业家的信心及样本企业所在城市的总体景气度。基于专家咨询法得到百度中小企业景气指数和中国中小企业研究院的中小微企业景气调查问卷数据两个分项指标的权重，最后合成为比较景气指数。

关于中小企业综合景气指数的计算，本报告将工业中小企业景气指数、上市中小企业景气指数和中小企业比较景气指数进行综合，最后获得中小企业综合景气指数。由于计算各分类指数的时间跨度不尽相同，本章在测评计算时分为两个阶段进行数据处理。第一阶段为2006—2009年的中小企业景气指数，采用工业中小企业景气指数作为中小企业景气指数；第二阶段2010—2016年的中小企业景气指数则综合了工业中小企业景气指数、上市中小企业景气指数和中小企业比较景气指数三个指数。

(二) 计算过程与结果

具体计算过程中，由于上述两阶段的计算均涉及两种以上景气指数的合成，本报告关于中小企业景气指数的具体算法分以下两步：

第一步，确定工业中小企业景气指数、上市中小企业景气指数以及中小企业比较景气指数在中国中小企业景气指数评价中的权重。首先，运用层次分析法，确定工业中小企业景气指数、上市中小企业景气指数和中小企业比较景气指数的权重；其次，在咨询了相关专家意见后，结合本报告研究团队成员所获得的相关资料进行内部讨论，最终确定中国工业中小企业景气指数、上市中小企业景气指数和中小企业比较景气指数之间的权重比为0.5∶0.4∶0.1。

第二步，计算不同阶段的中小企业景气指数。根据以上计算方法及计算过程，2016年中国主要城市中小企业景气指数分项数据及综合指数的计算结果如表7-1所示。

表7-1 2016年中国主要城市中小企业景气指数分项数据及综合指数

城市	工业中小企业景气指数	上市中小企业景气指数	中小企业比较景气指数	综合景气指数
苏州	152.29	126.94	103.72	137.29
杭州	126.03	121.71	104.11	122.11
广州	103.70	114.54	94.75	107.14
青岛	73.77	94.40	91.77	83.82
成都	39.60	97.70	89.64	67.85
郑州	39.75	93.51	88.39	66.12
福州	36.00	96.50	93.87	65.99
武汉	35.49	92.14	90.02	63.60
石家庄	38.78	88.80	85.12	63.42
大连	37.21	89.17	74.66	61.74
长沙	23.33	101.11	86.64	60.77
合肥	15.39	99.44	88.73	56.34
昆明	16.66	92.02	82.24	53.36
西安	14.40	95.65	76.75	53.13
贵阳	11.05	91.22	83.21	50.34
乌鲁木齐	6.87	97.24	68.75	49.21

(三) 主要城市中小企业景气指数综合评价

根据上述计算结果，2016年，中国除直辖市以外的16个主要城市中小企业综合景气指数的排名状况如图7-1所示。

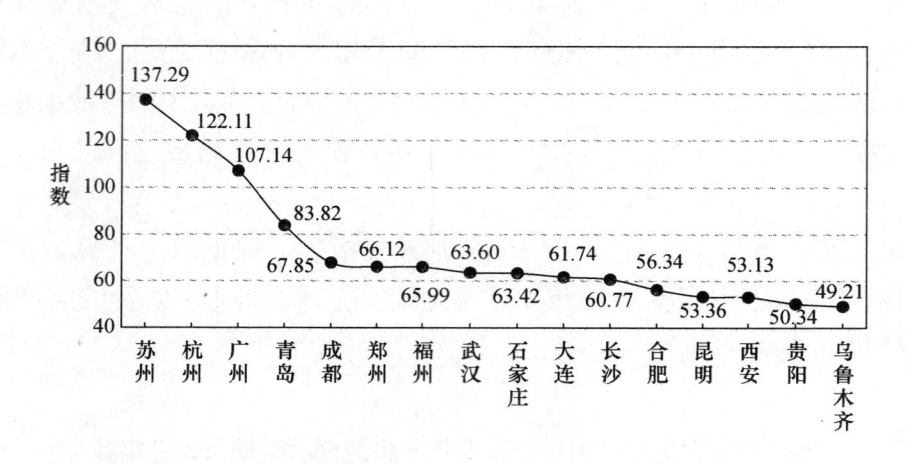

图7-1 2016年中国主要城市中小企业综合景气指数及排名

苏州 137.29、杭州 122.11、广州 107.14、青岛 83.82、成都 67.85、郑州 66.12、福州 65.99、武汉 63.60、石家庄 63.42、大连 61.74、长沙 60.77、合肥 56.34、昆明 53.36、西安 53.13、贵阳 50.34、乌鲁木齐 49.21

研究结果显示，2016年，苏州、杭州和广州3个城市蝉联中国主要16城市中小企业综合景气指数前三甲。总体变动趋势有以下三个主要特点。

（1）主要城市之间中小企业综合景气指数差异很大，但差距有缩小趋势。最高的苏州与最低的乌鲁木齐相差约1.8倍，差距相比上年有所减小。如图7-1所示，2016年中国主要城市中小企业综合景气指数大体可划分为三个层次。第一层次包括苏州、杭州和广州，与上年一致，其平均指数为122.18，较上年有所下降；第二层次为青岛、成都、郑州、福州、武汉、石家庄、大连、长沙，平均指数为66.66，较上年有所提升；第三层次包括合肥、昆明、西安、贵阳和乌鲁木齐，平均指数为52.48，其中合肥所处层次呈现下降趋势，第三层次的平均指数较上年增幅较大。

（2）东部城市中小企业综合景气指数仍明显高出中部和西部城市。排名前5位的城市中，东部占据4个，前三甲都来自东部城市。而中部与西部城市中小企业综合景气指数近年来都有不同程度提升，中西部地区内部的差异不大。

（3）主要城市中小企业综合景气指数排名与前述省际中小企业综合

景气指数的层次分布相对一致,但同年排名有错位之处。如第一层次都集中在华东、华南地区;与 2016 年省际排名比较,广东省排名第一,但广州在城市排名中仍居苏州和杭州之后居于第三位;苏州、成都、武汉、长沙和昆明等城市分别比江苏、四川、湖北、四川和云南等 2016 年省际排名略显靠前;杭州市、青岛市与浙江省及山东省在各自的排名榜中位次相同,分别都为第二位、第四位。

第二节　主要城市中小企业景气指数测评结果

以下通过 2012—2016 年的时序分析,来把握 16 个主要城市中小企业综合景气指数测评结果和发展趋势。

一　苏州市

2016 年,苏州市中小企业综合景气指数继续位居直辖市以外 16 个主要城市第 1 位。2012—2015 年,苏州中小企业景气指数在 136—140 之间波动,2016 年较上年略微回升(见图 7-2)。近年来,苏州中小企业发展迅速,正逐步由一般贸易转向加工贸易和电子商务,苏州 100 多家外贸中小企业计划通过 2016 年成立的苏州外贸中小企业促进会实现抱团发展,以顺应"互联网+"电商模式的加速发展。2016 年 4 月苏州成立股权交易中心,旨在促进中小企业与民资快速融通,进一步解决中小企业融资难、

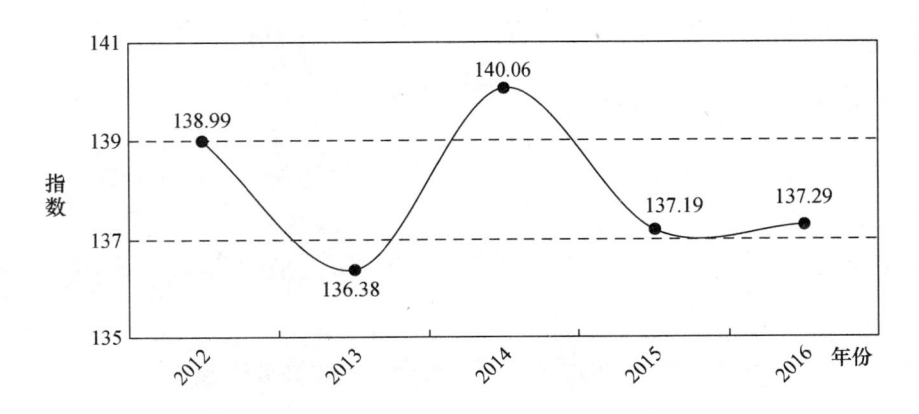

图 7-2　苏州市中小企业综合景气指数变化趋势

融资贵问题。此外，苏州市当前正着手建立"专精特新"中小企业库，并逐步推广分层管理，着力培养一批中小微企业"单打冠军"。目前，苏州市已经有13家企业获评省级科技小巨人，34类产品成为省中小企业"专精特新"产品，民营企业中的"单打冠军"不断涌现，创新活力持续迸发。

二 杭州市

2016年，杭州市中小企业综合景气指数排名维持在全国16个主要城市第2位的位置。2012—2013年，杭州中小企业综合景气指数有所下滑，2014—2015年指数稳步回升，2016年则又出现较大回落，且低于2013年景气水平（见图7-3）。当前，中小企业融资问题仍较为突出，围绕中小微企业"融资、转贷和信息不对称"等热点难点问题，杭州中小企业服务中心开设"金融超市"服务平台和"杭州市中小企业公共服务平台"，通过"二大服务平台和二项惠企服务"全面推进中小企业金融服务工作。此外，为更好地服务杭州市中小微企业，集聚中介服务的优势资源，2016年4月杭州市中小企业服务联盟正式成立，通过搭建"一站式"的平台服务，为量大面广的中小企业提供全面系统的服务。2016年杭州通过举办20国集团峰会，推动国际贸易和投资，将极大地促进杭州外贸中小企业发展。

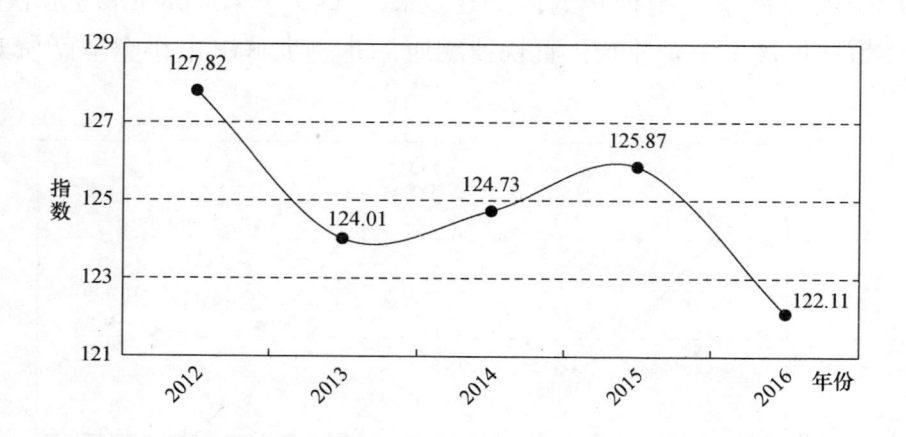

图7-3 杭州市中小企业综合景气指数变化趋势

三 广州市

2016年，广州市中小企业综合景气指数排名居全国16个主要城市第3位。总体来看，2012—2013年广州中小企业综合景气指数下滑趋势明显，2014—2015年有所回升，2016年，稍有回落（见图7-4）。2016年，广州工业中小企业景气指数较上年有所提高，但由于上市中小企业景气指数和比较景气指数有所下降，从而影响当年的综合景气指数出现下滑。为突破经济国际化背景下中小企业发展环境模式亟待改善、融资难依然突出的困境，在广州市工信委的积极推动下，广州市产业园区商会联动市内相关机构，正式签署成立"中国（广州）中小企业先进制造业中外合作区战略合作发展联盟"，加强与全球高科技创新源头国家的高校、科研机构、企业开展协同创新、协同制造、协同服务，力促国外最先进的研发、技术、产业与"广州制造"中小企业有效嫁接，促进中小企业的发展。

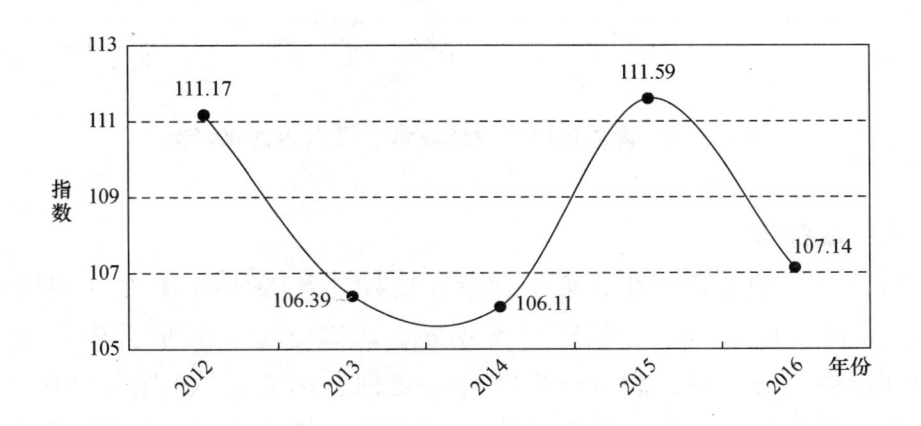

图7-4 广州市中小企业综合景气指数变化趋势

四 青岛市

2016年，青岛市中小企业综合景气指数排名与上年相同，居全国16个主要城市中第4位。2012—2013年青岛的中小企业综合景气指数比较平稳，2014—2015年小幅回升后回落，2016年同比有所上升（见图7-5）。在2016年青岛市扶助小微企业专项行动统一部署下，青岛市经信委于3月集中组织开展了"2016全市中小企业政策巡回宣讲月"活动，促进青岛市中小企业深入理解和把握供给侧结构性改革内涵，学透用好中小企业最新扶持政策，加快创新转型发展步伐。当前青岛市中小企业普遍面临订单不足、自身又无力"走出去"开拓市场的尴尬境地，为帮助青岛市中小企业应对经济增速下滑、市场需求低迷的严峻形势，创造更多贸易机会，青岛市经信委在上年成功举办首届中外采购洽谈会的基础上，2016年继续免费为企业搭建中外采购对接洽谈平台，致力于改善中小企业的经营环境。

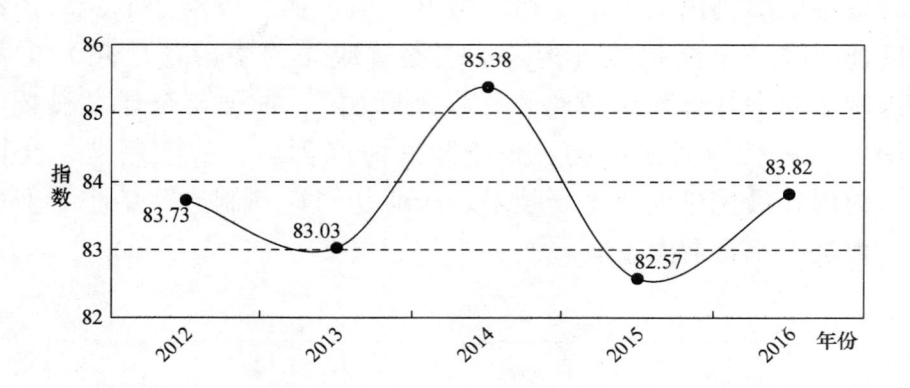

图 7-5 青岛市中小企业综合景气指数变化趋势

五 成都市

2016 年，成都市中小企业综合景气指数排名居全国 16 个主要城市第 5 位，排名与上年一致。如图 7-6 所示，2012—2013 年成都中小企业综合景气指数有所下降，2014—2015 年显著回升后有较大回落，2016 年指数仍呈下降态势。为支持和鼓励中小工业企业加快发展，2016 年成都市启动 2015 年新上规模企业和规模企业上台阶奖励申报，对列入成都市规模企业培育计划及年度中小企业成长工程培育计划且 2015 年主营业务收入首次突破 10 亿元的规模以上企业将分别给予企业经营者 10 万元和 20 万元奖励。此外，通过组织参加 2016 年德国汉诺威工业博览会等，加快中小微企业"走出去"步伐，通过全方位拓展市场，引导企业生产，实现"消费促进、产品竞争力提升"的发展目标。

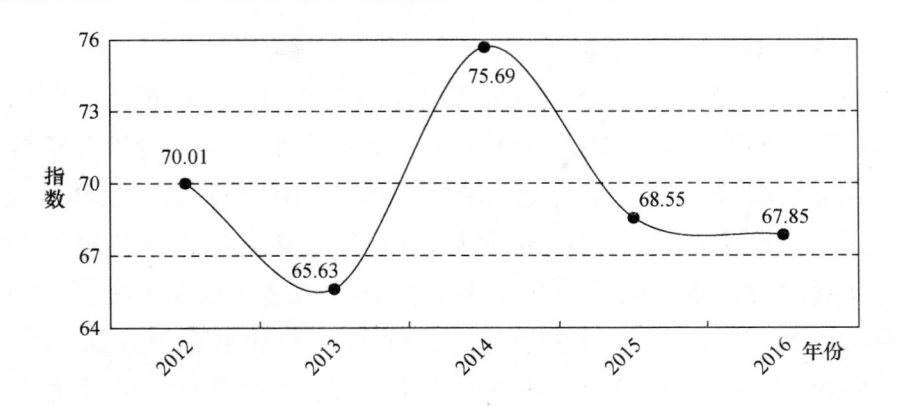

图 7-6　成都市中小企业综合景气指数变化趋势

六　郑州市

2016年，郑州市中小企业综合景气指数处于全国16个主要城市第6位，较上年上升1位。图7-7显示，2012—2014年，郑州中小企业综合景气指数保持平稳增长，2015年其中小企业景气度大幅上升，2016年继续保持增长趋势。从分类指数看，2016年郑州工业中小企业及上市中小企业景气指数较上年基本持平，但体现企业家信心与总体景气度的比较景气指数有显著提升。2015年，郑州市中小企业完成增加值4840亿元，全市中小企业公共服务平台和"双创"基地上年累计组织服务4000多场次，服务企业2.79万多家。同时，郑州市还通过降低企业制度性交易成本、税费、人工成本、水电气等要素价格、物流等经营成本，帮助中小企业减负增效，促进了郑州市中小企业景气水平的提升。

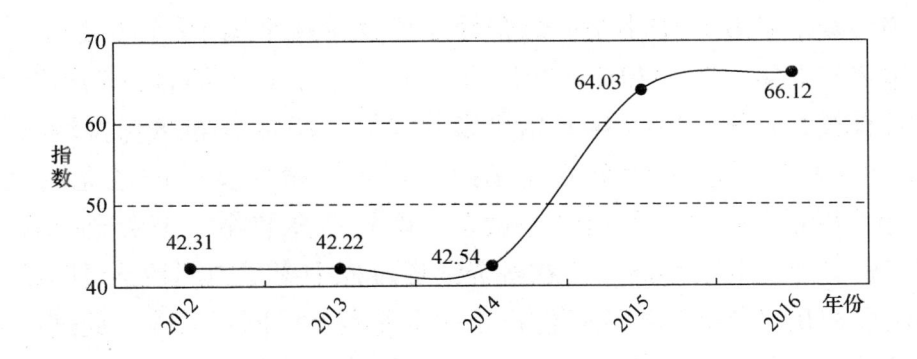

图 7-7　郑州市中小企业综合景气指数变化趋势

七 福州市

2016年，福州市中小企业综合景气指数排名居全国16个主要城市第7位，较上年下降1位。2012—2014年，福州中小企业综合景气指数一直保持稳定增长态势，近两年受企业家信心指数回落等影响，综合景气指数小幅下降（见图7-8）。2016年3月，福州市中小企业公共服务网络平台正式开通运行，福州的7万多家中小企业可通过网站和手机客户端享受到更为便捷的"一站式"综合服务，福州市中小企业公共服务网络平台按照"政府搭台、中介参与、市场化运作"的模式建立，可以为中小企业提供资金申报、公证服务、行政服务、知识产权服务、质检服务等多项便捷服务。

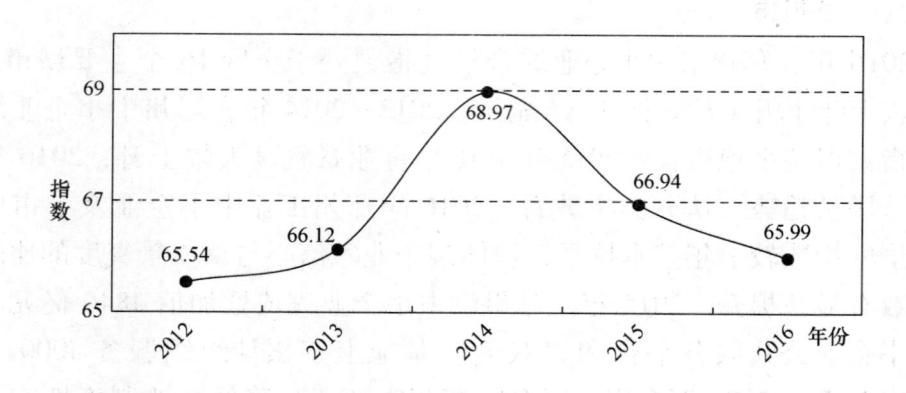

图7-8 福州市中小企业综合景气指数变化趋势

八 武汉市

2016年，武汉市中小企业综合景气指数排在全国16个主要城市第8位，排名与上年一致。2012—2014年，武汉中小企业综合景气指数小幅上升后有较大回落，2015年开始呈攀升趋势，2016年指数保持增长态势（见图7-9）。当前小微企业面临的融资难、融资贵的问题尤为突出，2016年武汉市正式设立并启动小微企业融资应急资金。该资金由武汉市政府出资引导，解决小微企业在融资续贷过程中出现的周转不灵问题，帮助小微企业化解贷款到期而可能产生的企业资金链断裂风险，促进小微企业持续健康发展，从而进一步改善和提升综合景气指数。

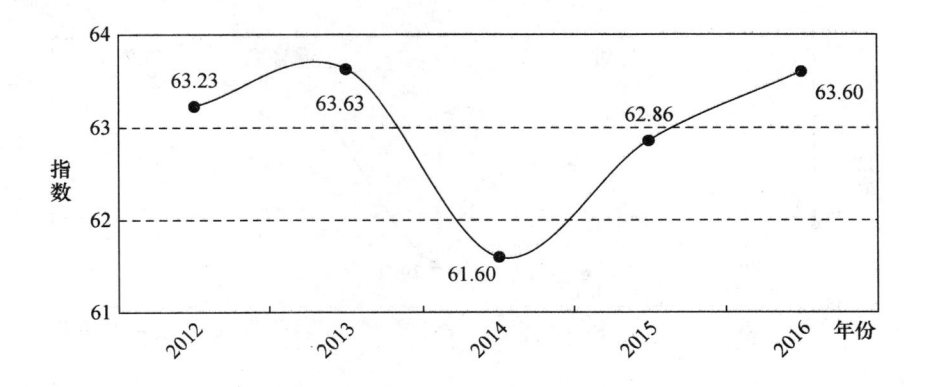

图 7-9　武汉市中小企业综合景气指数变化趋势

九　石家庄市

2016 年，石家庄市中小企业综合景气指数处于全国 16 个主要城市第 9 位，排名与上年一致。2012—2014 年，石家庄中小企业综合景气指数呈缓慢上升；2015 年出现较大增幅，2016 年继续呈现升势。石家庄市围绕"双创"和创新驱动战略，采取一系列实打实的措施，设立了科技型中小企业技术创新资金，仅在 2014 年和 2015 年，就连续两年投入资金 1500 多万元，支持科技型中小企业创新资金项目 85 个。此外，石家庄市各相关部门还积极帮助企业拓宽融资渠道，每年由市财政安排 1 亿元工业企业技改资金和 2000 万元的中小企业发展专项资金，用于企业贷款贴息或无偿资助，其中，大部分项目主体为科技型中小微企业。2016 年，石家庄市继续加强科技成果转化和技术转移平台建设，强化石家庄科技大市场能力建设，建成"首都科技条件平台石家庄合作站"，实现京津优质科技资源与该市技术需求的有效对接，推动石家庄市科技型中小企业提档升级。

十　大连市

2016 年，大连市中小企业综合景气指数排名与上年相同，居全国 16 个主要城市中第 10 位。如图 7-11 所示，2012—2014 年大连市中小企业综合景气指数小幅上升后有所回落，2015 年开始出现回升，2016 年呈稳定增长态势。为加快构建众创、众包、众扶、众筹等"大众创业、万众创新"支撑平台，培育"互联网+"新业态新模式，提高资源配置效率，促进创业创新，2016 年大连市主动适应采用"四众"模式扶持小微企业发展，不断扩大政府购买服务范围。鼓励有条件地区支持众创空间内创业

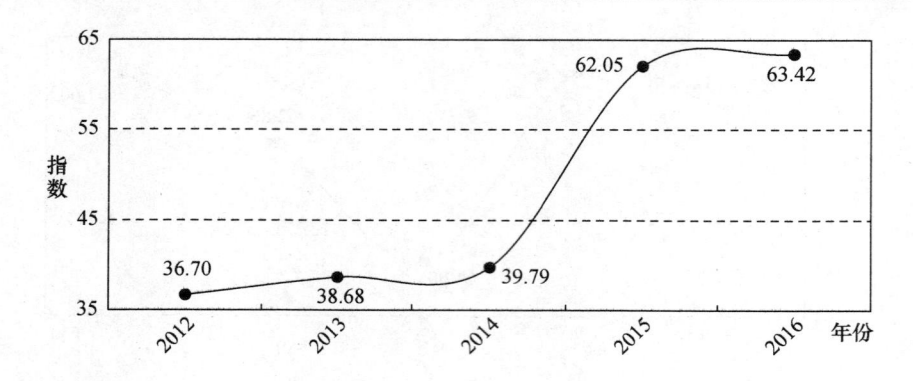

图 7-10　石家庄市中小企业综合景气指数变化趋势

企业及团队，对众创空间的房租、宽带接入费用、用于创业服务购置的公共软件、开发工具及举办各类创业活动等支出费用给予适当财政补贴。积极发展知识产权质押融资，设立风险补偿基金，缓解企业短期还贷压力。2016年，大连市将继续大力实施"育龙计划"，以建设公共服务平台为抓手，实施专项行动，加大对中小企业创业基地培育力度，为小微企业营造良好的发展环境。

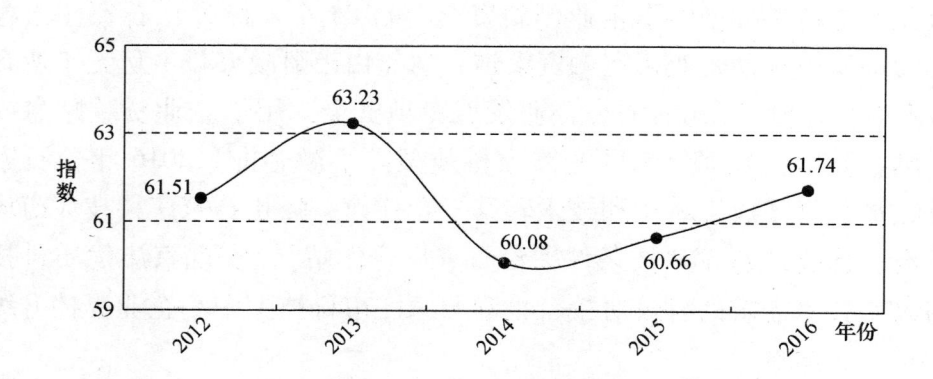

图 7-11　大连市中小企业综合景气指数变化趋势

十一　长沙市

2016年，长沙市中小企业综合景气指数处于全国16个主要城市第11位，排名与上年一致。如图7-12所示，2012—2014年，长沙中小企业综合景气指数保持稳定增长态势，2015年出现小幅下降，2016年有所回升。2015年,长沙市中小企业服务中心为帮助中小企业实现价值与市值的同步增长,推出了"产业明星培养计划":一方面分析当前经营现状,对企业商业模式或产品进行创新升级,提升企业业绩,通过业绩提升企业价值,从上游市场及下游市场入手,实现精准融资,进而获得资本市场的认可,市值与业绩相得益彰;另一方面通过资本市场充足的资本反哺产业,加强技术研发投资、品牌塑造投资,整合上下游,并购关联企业,形成规模效应,进一步提升企业价值,达到产业与资本良性互动,力图使企业通过"产业持续创新"与"市值管理"的双引擎,实现企业价值最大化和长期有序的发展。

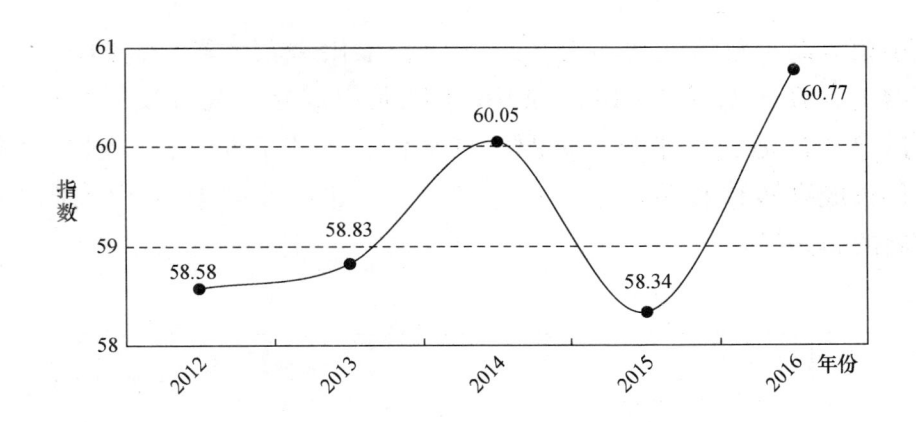

图7-12 长沙市中小企业综合景气指数变化趋势

十二 合肥市

2016年,合肥市中小企业综合景气指数继续位居全国16个主要城市第12位。从总体趋势看,近五年来,合肥市中小企业景气指数呈现稳中有升态势(见图7-13)。合肥市大力推进"专精特新"中小企业培育工程,推进合肥市国家小微企业创业创新基地城市示范的建设,抓住创新在推动小微企业转型升级中的要素作用,为小微企业发展提供了良好的环境和条件。

十三 昆明市

2016年,昆明市中小企业综合景气指数排名全国16个主要城市第13位,较上年上升1位。2012—2014年,昆明中小企业综合景气指数值在24

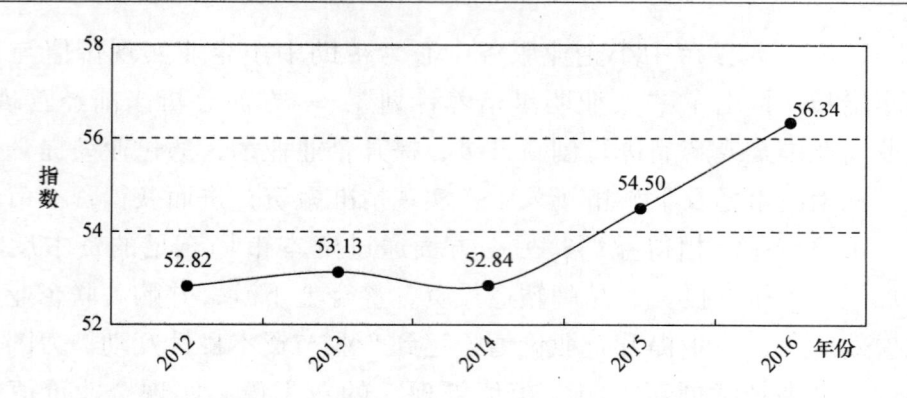

图 7-13 合肥市中小企业综合景气指数变化趋势

附近小幅波动，总体变化不大，2015 年指数出现较大攀升，2016 年保持稳定增长态势（见图 7-14）。2016 年昆明市成立了高校发展合作联盟，通过搭建"沟通交流平台、资源共享平台、人才培养平台、创业就业平台、科技成果转移和转化平台"五大平台，进一步拓展了产学研协同创新发展的新路径。

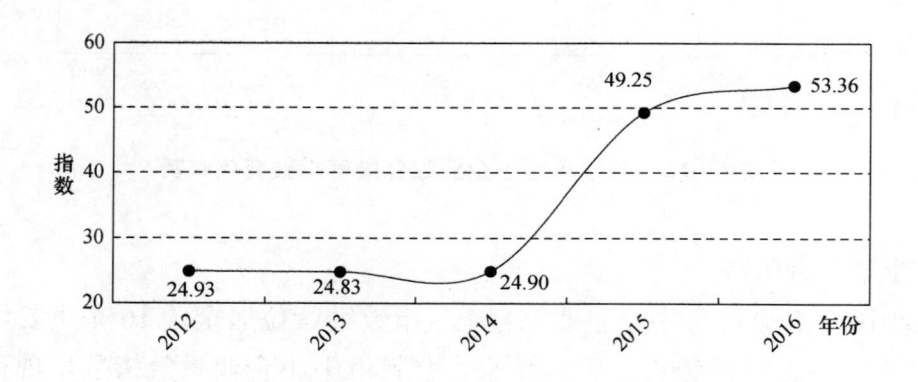

图 7-14 昆明市中小企业综合景气指数变化趋势

十四　西安市

2016 年，西安市中小企业综合景气指数排名全国 16 个主要城市第 14 位，较 2015 年下降 1 位。2012—2013 年西安市中小企业综合景气指数保持平稳。2014—2016 年三年指数波动较大。2016 年，西安市中小企业景气指数和反映企业家信心及总体景气度的比较景气指数较上年有所提高，使得综合景气指数较上年明显回升（见图7-15）。为缓解中小企业融资压力，西安市政府出台了《关于支持中小微型企业健康发展的实施意见》等相关政策，鼓励信贷资金投向小微企业，加强融资性担保体系建设，对于改善中小微企业发展环境起到了较大推进作用。

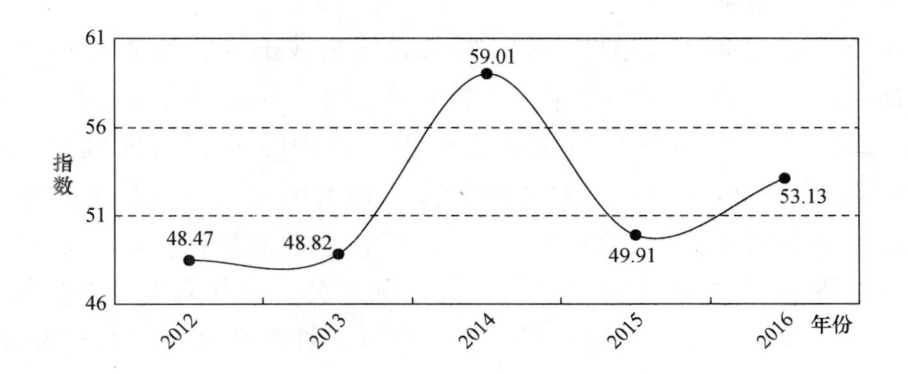

图7-15 西安市中小企业综合景气指数变化趋势

十五 贵阳市

2016年，贵阳市中小企业综合景气指数排名全国16个主要城市第15位，与上年持平。2012—2014年，贵阳中小企业综合景气指数在22—23低位徘徊，2015—2016年因企业家信心指数有较大提升，从而拉动综合指数持续增长（见图7-16）。2016年，贵阳大数据交易所推出十大战略，即"数据"星河战略、大数据交易高峰盛典、打造贵漂文化、大数据

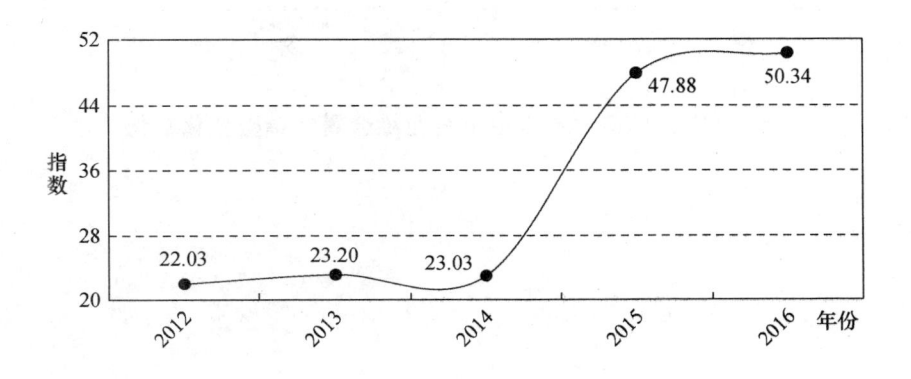

图7-16 贵阳市中小企业综合景气指数变化趋势

清洗基地、推行新规则、新标准、首创数据确权、中国大数据交易联合实验室、中国城市大数据发展联盟、黄果树指数以及大数据培训证书，一系列战略组合拳有望激活万亿数据资产价值，引导支持中小微企业参与大数据产业发展。

十六　乌鲁木齐市

2016 年，乌鲁木齐市中小企业综合景气指数排名仍为全国 16 个主要城市最后一位。2012—2014 年，乌鲁木齐市中小企业综合景气指数低位徘徊，2015 年综合景气指数出现大幅提升，2016 年保持继续增长态势（见图 7-17）。2016 年乌鲁木齐经济技术开发区（头屯河区）维泰甘泉堡中小微企业园项目正式启动，该项目将打造西北地区园区面积最大的"现代化花园式"中小微企业园区，集公共办公、公共研发、产业孵化培训等六大平台于一体，内设创客中心、小微企业孵化基地、新产品研发、产品展示中心和培训基地，运用低碳绿色环保技术打造新疆首个绿色低碳生态园区，并为乌鲁木齐中小微企业提供专业化产品研发服务，加快乌鲁木齐中小企业发展。

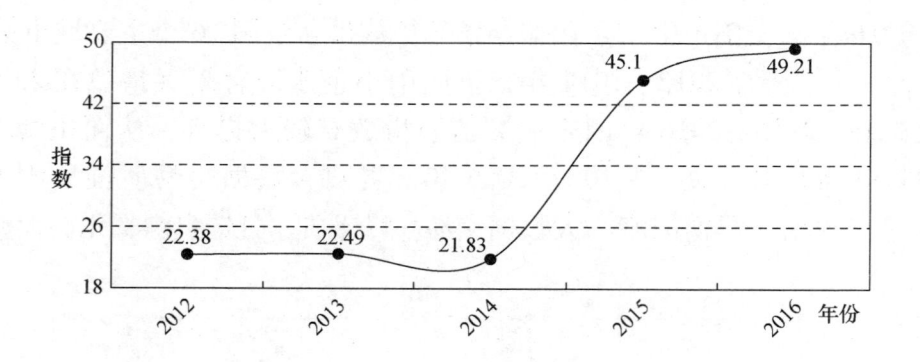

图 7-17　乌鲁木齐市中小企业综合景气指数变化趋势

第 三 篇

中国区域中小企业景气指数实证研究——浙江篇

第八章

浙江省中小微企业发展现状、问题与对策研究

第一节 浙江省中小微企业发展现状

"十二五"以来,浙江省全面实施"八八战略"和"创业富民、创新强省"总战略,实施"五水共治""四换三名"等工程,全面推进"大众创业、万众创新"和中小企业转型升级,浙江省中小微企业创新创业活力进一步上升、整体素质显著增强,"数量大省向素质强省转变"效果显现。

一 企业发展活力增强,主体地位进一步巩固

"十二五"时期,浙江省中小企业数量以年均 12.7% 的速度快速增长,至 2015 年年末,全省中小企业总数达到 103.81 万家。其中,工业中小企业 41.85 万家,比 2010 年的 28.38 万家增长了 47.5%。2015 年年末,浙江省规模以上工业中小企业 4.10 万家,工业总产值 5.10 亿元、主营业务收入 4.82 亿元、实现利税 4560 亿元,分别比"十一五"期末增长 28.1%、33.9%、28.9% 和 23.2%。

中小微企业成为吸纳社会就业的主渠道。2014 年,浙江省中小微企业和个体工业户从业人数总计达 1338.1 万人,占浙江省社会就业的 91.1%,比"十一五"期末约增加 0.2 个百分点。其中,信息服务、互联网等信息产业中小微企业成为吸纳社会就业的生力军。

中小微企业是浙江省财政收入的可靠源泉。2014 年,浙江省中小微企业上缴税费 2403.7 亿元,占全部企业的 79.7%,比"十一五"期末增加 48.8%。2011—2014 年期间平均增幅约 13%。

中小微企业是出口创汇的主力。2014 年，浙江省中小微企业产品出口额达 8619.18 亿元，占全部出口额的 72.3%，比"十一五"期末下降 10.8%。

中小微企业是技术创新的主体。2014 年，浙江省规模以上中小企业新产品产值 11961.67 亿元，新产品产值率近 30%，比 2010 年提高约 10 个百分点。尤其是互联网、机器人、新能源等新兴产业的中小企业不断成长，推动了浙江省中小微企业产业结构的优化调整。

中小微企业成长性逐渐提高。监测调研数据显示，"十二五"期间全省小微企业综合成长指数为 94.76，实施万家企业"小升规"。中小板及创业板上市公司数量从"十一五"期末的 184 家增加到 2014 年年底的 266 家，新三板挂牌企业数量迅速上升，2014 年年底达到近 200 家。

二 产业结构更加优化，"两化"融合进一步加快

2011—2014 年，浙江省第一、第二、第三产业增加值年均增长分别为 1.9%、7.6% 和 9.5%。与 2010 年相比，第三产业比重上升，第二产业比重下降，比例结构从 2010 年的 4.9∶51.1∶44 调整为 4.4∶47.7∶47.9。其中，生产性服务业中小微企业得到快速发展，电子商务成为小微企业发展的新亮点和主力，2014 年，浙江省网上商品交易额达 2.56 亿元，跨境电子商务交易额 63.5 亿元，专业市场 382 家，各类网店 150 多万个。

生物医药产业中小企业快速发展。"十二五"期间，制药、功能食品等行业中小微企业数量和规模都有较快发展，2014 年，生物医学制造行业中小企业的数量 405 家，比"十一五"期末增加 42 家，产值 7565 亿元，比"十一五"期末增长 11.6%。

高新技术产业中小企业健康发展。在七大战略性新兴产业中，中小微企业是主力军。2014 年，浙江省高新技术企业 6232 家，科技型中小企业 19141 家。高新技术产业增加值 4283 亿元，占规模以上工业的比重为 34.1%，2011—2014 年，年均增长 10.5%。2014 年，七大战略性新兴产业增加值 3075 亿元，占规模以上工业的比重为 24.5%，对规模以上工业增长的贡献率为 30.1%。2014 年，33 家高新园区集聚了浙江省 60% 的重点企业研究院、1/3 的高新技术企业、2/3 的科技型中小企业与近 60% 的高新技术产业产值、80% 的高技术服务收入，对全省规模以上工业增加值的贡献率达 43.4%。

淘汰落后产能、高污染高能耗企业措施初见成效。2014年，淘汰落后产能中小微企业3500多家，关停取缔高污染小作坊1.88万家。八大高耗能产业增加值占规模以上工业增加值的比重从"十一五"期末的39.8%下降到2014年的35.9%。

中小微企业信息化与工业化进一步融合。调查显示，2014年，浙江省"两化"融合指数达86.26%，仅次于江苏和上海，居全国第3位。2014年，全省信息化发展指数为0.883，比2010年提高0.056。全省科技型中小企业装备数控化率达到35%，机器设备联网率达到28%，企业ERP（企业资源计划）普及率达到57%，MES（制造执行系统）应用率达到25%以上。传统制造业融入高新技术后焕发出新活力，纺织、服装行业的亏损率分别从2012年的11.7%、17.3%下降到2014年的9.4%、15.6%。传统制造业的平均利润增长率由2012年的-13.7%提升到2014年的2.1%。全省工业中小微企业全员劳动生产率从"十一五"期末约13万元/人，增加到2014年的16万元/人。

三 企业研发投入加大，创新能力进一步增强

2011—2014年，全省规模以上工业科技活动经费支出年均增长13.7%。R&D支出940亿元，比2010年增长90.2%。研发人员数量从"十一五"期末的23.7万人上升到2014年的30多万人。2014年，全省规模以上工业中小企业实现新产品产值11961.7亿元，新产品产值率达24.3%，比"十一五"期末增加5.5个百分点。抽样调查统计显示，2011—2014年，浙江省960家科技型中小企业的研发投入占营业收入的比重平均为3.3%，远远高于同期全国500强企业的1.2%。每年浙江省中小微企业经国家知识产权部门认定专利超过2000项，专利拥有量居全国前列。

四 国际化与本土化并驾齐驱，绿色成长趋向常态

中小微企业跨国经营能力、国际资本运作能力、全球市场竞争能力进一步增强。"十二五"期间，浙江省中小微企业国际化程度进一步提高。2014年中小微企业出口交货值达86191.8亿元，比"十一五"期末增长11.7%。国际高端人才落户中小微企业数量逐渐增加。截至2015年10月底，全省累计吸引外商投资企业55437家，投资总额5045.7亿美元。全省经审批核准或备案的境外企业和机构共计7377家，累计对外直接投资

额 336.11 亿美元，覆盖 141 个国家和地区。其中，浙商回归的有效投资量质齐升。仅 2015 年前三季度新引进项目 1567 个，累计到位资金 2345 亿元，比 2012 年新增千亿元以上，并已形成"产业、总部、资本"三位一体新格局，浙商内外联动发展拓宽了中小微企业发展空间。

  中小微企业绿色成长、可持续发展能力进一步提升。"十二五"期间浙江省打出"三改一拆""四换三名""五水共治"等政策组合拳，力助中小微企业转型升级并取得初步成效。据统计，2011—2014 年，浙江省全社会能耗比上年分别增长 5.7%、1.4%、4.1% 和 1.0%，四年平均增长 3.0%，增速比"十一五"时期下降 4.0 个百分点；单位 GDP 能耗分别下降 3.1%、6.1%、3.7%、6.1%，四年累计下降 17.8%。从三次产业和工业行业内部看，节能的广度和深度均有所增加。2011—2014 年，第二产业拉动全行业万元增加值能耗分别下降 0.018 吨标准煤、0.031 吨标准煤、0.020 吨标准煤和 0.022 吨标准煤，拉动单位 GDP 能耗分别下降 2.9 个、5.2 个、3.6 个和 4.2 个百分点；八大高耗能行业能源利用效率提高对规模以上工业节能的贡献分别为 60.0%、71.0%、83.5% 和 58.4%。2015 年 1—5 月，全省规模以上工业单位增加值能耗同比下降 3.3%。38 个大类行业中，31 个行业的单耗同比下降，下降面超过八成，可见行业能效提升对全社会节能贡献明显。中小微企业在"绿色低碳发展之路"上找到了属于自己的蓝海。

五　集群化与城镇化互动发展，特色小镇粗具雏形

  "十二五"期间，浙江省在 500 多个传统块状经济区块上重点建设 42 个现代产业集群、14 个省级产业集聚区。根据统计监测数据，2014 年全省 14 个集聚区投产企业 3607 家，产业增加值 1760 亿元，同比增长 18.4%，增幅比全省高 10.8 个百分点；其中工业增长 15.9%，占全省工业总产值的 10.7%；战略性新兴产业增长 29.2%，服务业增长 33.5%，企业利税增长 18.6%，从业人员增长 3.3%。"集群+专业市场"模式为"两化"和"两业"融合提供了良好土壤。近年来，专业检测检验机构、工业设计基地、行业专用软件服务等生产性服务企业和机构开始在集群周边大量聚集，诞生了具有内生性、根植性、地方特色性的生产性服务业与制造业集群产业链耦合的发展模式。通过实施标准厂房建设"十百千万"工程等，大批中小微企业入驻聚集区，有利于企业提质增效。

同时，现代产业集群与新型城镇化建设互动发展，特别是特色小镇建设为浙江省中小微企业转型升级提供了新渠道。全省首批37个省级特色小镇中，目前有杭州云栖小镇等22个小镇已完成年度投资目标。据统计，2015年1—9月，37个小镇的固定资产投资额（不含商品住宅和商业综合体项目）为346.32亿元，平均每个特色小镇9.36亿元。特色小镇已成为当地政府招商的"金名片"。目前已有6个市、66个县出台了专项扶持政策，如杭州对特色小镇的众创空间、公共科技创新服务平台，给予20万—200万元补助，上虞为e游小镇专门设立了5亿元发展基金等。这些小镇事实上已成为浙江多经济元素聚合的经济新生态。通过对接"互联网+"承接创业创新、搭建制造业升级平台牵引转型、更新理念手段传承历史经典产业三个方面促进区域中小微企业的持续健康成长。

第二节 浙江省中小微企业存在的主要问题

"十二五"时期，是浙江省中小微企业快速发展的五年，也是中小微企业发展环境不断优化、企业素质持续提高、产业结构进一步优化、活力和竞争力明显增强的五年。全省中小微企业发展取得了显著成效，但也存在一些问题和矛盾。

一 融资难融资贵问题仍然突出，双链风险需要严防

专项调查资料显示，占企业总数99%以上的中小微企业贷款仅占一般银行贷款总额的8%左右。近4%的中小企业认为当前融资十分困难，17%的企业认为融资比较困难，15%的企业通过民间借贷、小额贷款公司和担保公司获取借款，支付利息要远高于正常的银行借款利息。近几年互保联保引发的中小企业连环倒闭风潮有回潮趋势，资金链、担保链"双链"风险依然严峻，需要采取切实对策予以严加防范。

二 用工成本居高不下，劳动力供需结构需要优化

（一）用工成本攀升

近几年虽然招工难有所缓解，但中小企业用工成本仍高居不下。据统计，2014年浙江省在岗职工（含劳务派遣）年平均工资为48372元，与2013年的44513元相比，增加了3859元，同比增长8.7%。用工成本攀

升使中小企业的低成本优势难以为继。

（二）劳动年龄人口总量由升转降

近年来浙江省人口老龄化进程明显加快。从 2012 年开始浙江省劳动年龄人口结构由正增长转为负增长。"40 后""50 后"劳动力逐渐退出生产经营第一线，劳动年龄人口的绝对数趋向减少，2014 年，全省 65 岁及以上老年人口比 2010 年第六次人口普查时多了 82.8 万人，占比上升 1.39 个百分点。

（三）外来劳动人口数量增加

农村剩余劳动力转移有限，大批被解放的农村劳动力转移至城镇，占据的多是一些低端、劳动密集型岗位。作为中小企业新生代的主力劳动力以"80 后""90 后"为主，他们对于工作环境、职业发展、薪酬待遇等的诉求更强，这从一个侧面拉高了劳动力成本。劳动年龄人口的绝对数下降意味着人口红利的逐步消失，劳动参与率的降低使得劳动力市场上的经济活动人口更趋减少。随着劳动力成本的不断攀升，长期以来，浙江过多地依赖低端产业、低成本劳动力的增长方式已难以为继。

三 精准服务提供不足，公共服务质量水平需要提高

调研发现，政府提供的简单基本服务企业不需要，而企业真正需要的服务政府又提供不了；有的已出台的扶持政策企业不知道，知道后申报及审批耗时长难以应对，这些都影响政策落地及实施效果。政府服务大企业可以一企一策、一事一议，基本可以做到量身定制、精准服务。而中小微企业量大面广，政府资源、调控手段、服务能力毕竟有限，难以为广大中小微企业满足日益增长的公共服务需求。近年来浙江省政府部门大力推进中小企业公共服务体系和社会化服务体系，但目前还处于初期起步阶段，服务内容针对性不强，服务项目和内容不丰富，服务质量水平还亟须提高，面临小微企业服务需求增长与政府公共服务提供不足的双重难题。

四 企业生态不合理，大中小微企业协同关系需要改善

（一）存在传统中小微企业数量多与现代大企业数量少的双重结构问题

根据最新的第三次经普数据，截至 2013 年 12 月末，浙江省全部法人企业约 86.66 万家，其中大型企业有 1747 家，仅占 0.2%；中型、小型、

微型企业分别为1.81万家、18.38万家、66.3万家，分别占21.1%、21.2%、76.5%，中小微企业合计86.49万家，占企业总数的99.8%。如果再加上个体经营户（不含无挂靠个体运输户）327.7万户，浙江传统中小微企业数量更多。另根据2012年规模以上企业的全国横向比较数据，浙江省大中小型企业比重为1.62%、12.74%、85.64%，广东省为3.66%、24%、72.27%，江苏省为2.61%、12.94%、84.46%，山东省为2.49%、11.72%、85.78%。从大中小型企业对工业产值的贡献率来看，浙江省大中小型企业贡献率为27.42%、31.97%、40.61%，广东省为45.4%、28.01%、26.59%，江苏省为39.56%、22.10%、36.69%，山东省为46.98%、26.13%、26.88%。可见浙江省中小微企业比重及贡献率偏高，而大企业比例与贡献率明显偏低。总体上看，浙江省大型企业数量偏少，中小微企业数量偏多，呈现类似于20世纪六七十年代日本的大量传统中小企业与少数现代化大企业并存的二元结构问题。

（二）存在抓大扶强企业政策与活小富民发展环境导向的双重矛盾

政策设计既能做到扶优扶强，又能扶小活小，是两难选择。浙江省扶持"小升规"鼓励企业做大做强，但鉴于目前规上企业税费等负担要比规模以下企业重，许多企业不愿上规模，甚至出现上了规模还要设法下规模的"逆淘汰"现象。这种现象从表面上看类似于日本中小企业偏向安于现状的想法，但在尚未真正做到"专精特新"之前，反映了中小企业在不公平的发展环境下的一种无奈选择，实际上当前不利于产业结构调整和企业转型升级。

（三）行业发展上存在无序竞争，大中小微企业协同创新机制尚未形成

虽然国家出台了"非公36条"和"新36条"，但由于遭遇"玻璃门"，不少地方政府仍存在GDP至上主义倾向，过分专注于大企业大项目。特别在金融、能源、航空、电信、电力等垄断性行业的市场资源分配与市场准入方面，中小企业仍受到大企业的排挤，只能在低端制造业的"红海"残酷竞争。大企业可以发挥旗舰作用，但目前大中小企业之间尚未形成协同创新、协同制造的机制体制，在生产及服务等各环节，缺乏像制造大国德国和日本那样高效灵活的中小企业配套和支撑体系。

五 企业家总体素质偏低，企业创新能力需要提升

目前，浙江省中小微企业面临企业家的总体素质偏低与倒逼推动转型升级加快的双重考验。中小微企业上规的多下规的也多，这不适应经济发展新常态。特别是高端创新人才、高端技术人才储备不足，不能很好地适应当前互联网技术和信息技术快速发展的变化需求，不能很好地参与智能制造产业链与"一带一路"的国际化经营。随着"四换三名""三改一拆""五水共治"等转型升级组合拳的深入实施，中小微企业能否加快提高自身素质，尽快改变"五个过多依赖"即过多依赖低端产业、过多依赖资源要素消耗、过多依赖低成本劳动力、过多依赖传统商业模式、过多依赖低小散企业，走出低端锁定的困境，是面临的严峻考验。现阶段仍缺乏针对中小企业需求的人才培养长效机制，大多数中小企业缺乏留住人才的条件和能力，这都阻碍了企业技术创新能力的内部传承与总体提升。

六 实体经济增长动力不足，企业家信心需要提振

当前中国经济正进入增长换挡期、结构调整阵痛期和前期刺激政策消化期"三期叠加"阶段。新常态背景下，产能过剩矛盾突出，要素成本不断上升，社会融资规模减小，实体经济获得的资金下降，各行各业都面临着前所未有的压力。调研了解到，当前浙江省各地中小微企业基本能维持生产和生存，但短期内仍然存在着"三个难以改变"，即企业订单不足难以明显改善，小微企业盈利能力微弱难以明显改善，企业家信心难以明显提升。当前中小企业面临的多重困境与多种矛盾并存，这些都深刻影响到实体经济的增长动力与发展前景。

第三节 现阶段浙江中小微企业发展环境分析

"十三五"时期正值"供给侧结构性改革""中国制造2025""一带一路""长江经济带建设"等战略与举措全面推进，"互联网+"行动计划发布实施，"大众创业，万众创新"方兴未艾，以及多项国家级改革试验在浙江省的落地实施，浙江中小企业面临重要的发展机遇。同时，宏观经济不确定性加大和生态环境压力持续增加，中小企业发展也面临着严峻挑战。

一 中小微企业发展面临的发展机遇

（一）新型业态不断涌现

"十三五"时期，传统产业加速转型，新兴产业快速发展。互联网、云计算、大数据、物联网等信息技术与传统制造业加速融合，智能制造、跨境电商、现代农业、生产性服务业等新业态、新模式、新产业不断涌现，将催生适合中小企业多品种、小批量的个性化定制和柔性化生产。

（二）政策环境更加普惠

党中央、国务院高度重视中小企业发展，出台了一系列促进中小企业发展的政策措施，形成比较完善的财税、金融、社保、公共服务、创业创新等政策体系，为中小企业发展营造更加宽松公平的政策环境。

（三）"两创"生态加速形成

随着"众创空间"、"小微企业创业创新园（基地）"、"特色小镇"等新型创业平台建设，与各类孵化器、创业园、经济开发区等构成完善的创业创新生态链，创业创新服务体系逐渐完善。

（四）国际合作加快推进

"一带一路"战略加速推进全球产业链的分工合作，加速了浙江中小企业走出去的步伐，进一步拓展了中小企业海外投资的空间与领域。随着跨境电子商务的蓬勃发展，进一步提高合作效率，降低交易成本，催生更深层次合作机遇。

二 中小微企业发展面临的系列挑战

（一）宏观经济不确定性加大

"十三五"时期，国际经济形势更趋复杂，国际贸易保护主义抬头，TPP等贸易协议的实施将对中小企业进入国际市场带来新挑战。国内正值经济发展的"三期叠加"阶段，经济下行压力增大，中小企业面临严峻挑战。国际环境看，"十三五"国际竞争加剧，美国、英国、德国、日本等发达国家纷纷推行"再工业化"战略，俄罗斯、印度、越南、马来西亚、印度尼西亚、菲律宾等新兴市场国家加快确立制造业比较优势，经济长周期下行与新科技革命的酝酿，贸易的技术、绿色和蓝色壁垒的频发，在多重挤压下浙江中小微企业的出口市场面临巨大挑战，经济增长面临巨大压力。从国内环境看，当前中国经济正逐步进入增长速度换挡期、结构调整阵痛期、前期刺激政策消化期这"三期叠加"的经济发展新常态。而"十三五"期间是经济新老常态交替的过渡期，是经济结构调整优化的关键时期，目前浙江省小微企业总体素质偏低，生生死死，起起落落，经济发展新常态是众多中小微企业面临的重要挑战。

（二）转型升级进入攻坚阶段

"十三五"时期，浙江省体制机制的先发优势逐渐弱化，中小企业发展的素质性和结构性矛盾依然突出，创新能力不足、高端人才缺乏、工匠精神缺失等问题逐渐凸显，"去产能、去库存、去杠杆、降成本、补短板"等供给侧结构性改革的难度加大。随着各种要素和资源价格的进一步上涨，浙江依靠低成本的要素规模扩张、全要素生产率提高来推动经济增长的模式已难以为继，让位于更多依靠人力资本和技术进步的质量效率型集约增长方式，资源要素密集型、劳动密集型工业向知识密集型、技术密集型和资本密集型工业经济转变。"十三五"时期是浙江省经济转型升级的关键期，也是要素结构从初级要素向高级要素过渡的关键时期，中小微企业要转型升级，就要摆脱传统廉价要素的依赖，摆脱低端锁定和路径依赖，实施技术、高级人才、知识、信息、设计、品牌、商业模式等高级要素基础上的质量和效益发展。目前小微企业最集中的问题是"低、小、散"问题，生态环境建设和行业治理给一批小微企业带来能否生存和怎么转型问题的挑战；最突出的问题仍然是融资难融资贵问题，最大的风险是资金链和担保链问题；面临最困难的问题是近几年用工等要素成本上升过快，一时难以消化和化解，其生产经营困难加大。

（三）生态环境压力持续增大

随着"两美浙江"战略的实施，"十三五"期间环境保护、节能减排等政策措施将更趋严格，"五水共治""三改一拆""低小散整治"力度加大，进一步考验浙江省中小企业生存与发展能力。"十三五"时期，随着生态建设、环境保护、节能减排等政策措施更趋严格，淘汰高污染、高耗能、高排放的传统工业中小微企业进度加快。"低、小、散"的中小微企业生存空间将会进一步受到挤压，浙江省传统产业中小微企业的市场竞争力将会进一步下降，企业外迁趋势进一步显现。

第四节 对策与建议

一 切实加强组织领导

发挥好省促进中小企业发展工作领导小组及其办公室的作用，进一步加强对中小微企业工作的统筹规划、组织领导和政策协调。全省各地中小企业主管部门要切实加强职能建设，发挥牵头和综合管理作用。各地各级相关部门单位要按照职责分工，各司其职、各负其责，积极开展小微企业相关工作，创新工作方法，形成工作合力，共同推进小微企业健康发展。建立健全考核监督机制，加强督促检查和实施绩效评估，确保各项重点工程和工作任务落到实处。

二 加大政策扶持力度

根据有关法规和政策要求，进一步完善促进浙江省中小企业发展的政策和法规体系，加大政策宣传力度，贯彻落实好已经出台的各项政策。鼓励扩大服务券、创新券的使用范围，提高资金使用绩效。构建完善中小企业发展基金制度体系。加大力度支持中小企业公共服务平台、信息化示范项目、新业态新模式试点项目、创业创新示范项目等建设。

三 完善法制信用建设

贯彻落实《中小企业促进法》，修订完善《浙江省促进中小企业发展条例》，进一步完善促进浙江省中小企业发展的法律法规。优化中小企业诚信经营的法制环境，加强诚信经营理念宣传，形成良性的创业创新氛围，建立由政府、企业、行业主管部门、金融机构等共同参与的中小企业信用管理体系，加强对中小企业诚信经营的管理。加强知识产权宣传，强化知识产权保护与管理，严厉打击各种侵权行为。

四 加强资源要素保障

大胆探索和创新针对中小企业的金融产品和金融服务，建立和完善区域性金融服务体系。积极探索和创新中小企业用地评价和供给制度，各地应依据土地利用总体规划和城乡建设规划，坚持节约集约用地原则，优先保障中小企业尤其是创新型、科技型和成长型中小企业发展的用地需求。

积极营造良好的引人、育人、留人、用人的环境和制度，大力引进和培养创业人才、技术人才、经营管理人才、中介服务人才等。发挥中小企业公共服务平台功能，形成服务的长效工作机制。

五 加强运行监测分析

建立和完善中小企业的分类统计、监测、分析和信息发布制度，逐步建立中小企业运行监测、风险防范和预警机制，加强中小企业的统计分析和重点监测工作。完善中小企业运行监测指标体系，加强中小企业运行情况的研究和分析，提高运行监测工作的科学性、系统性和及时性。为制定和完善促进中小企业发展的政策措施提供支撑。

第九章

2016年浙江省区域中小企业景气指数测评——基于企业监测数据

本章关于2016年浙江省区域中小企业景气指数测评研究，基于浙江省统计年鉴数据（2009—2015）和浙江省2015年11个地市重点监测的2万余家中小微企业财务数据及景气监测调查数据，主要参考本书第四章提出的景气指数评价体系和方法，分别计算出浙江省11个地级市工业中小企业景气指数、中小板、创业板及新三板三个板块上市中小企业景气指数、比较景气指数及重点监测企业景气指数四部分分类指数，然后根据专家咨询权重法进行加权计算，分别得到2016年浙江11个地市中小企业综合景气指数。

第一节 浙江省11个地市工业中小企业景气指数测评

一 评价指标选取及数据收集与预处理

根据本书第四章确定的工业中小企业景气指数评价体系，选取流动资产合计、国家资本、利息支出、工业总产值、企业单位数、资产总计、主营业务收入、利润总额、税金总额、固定资产合计、负债合计、所有者权益合计、全部从业人员平均数13个评价指标。

工业中小企业景气指数的计算数据全部来自浙江11个地市的历年统计年鉴。数据收集遵循两个原则：指标信息齐全和不含异常数据。在数据的处理方面，一方面尽量保证数据的完整性，避免缺失年份或地区数据；另一方面考虑到各市经济发展差异性，在数据处理过程中还关注了孤立数据和极端数据的影响。

中国中小企业景气指数研究报告（2016）

在计算工业中小企业景气指数时，主要采用时差相关分析法，采用工业中小企业的总产值作为基准指标。先行指标、一致指标和滞后指标的确定及权重分配沿用本书第四章实证的结果。

二 计算结果与排名

据此经过计算，分别获得了浙江11个地市2009—2014年工业中小企业的先行、一致与滞后指数及基于权重法的工业中小企业合成指数。在此基础上通过最小二乘法预测得到了2015年11个地市工业中小企业景气指数（见图9-1和表9-1）。

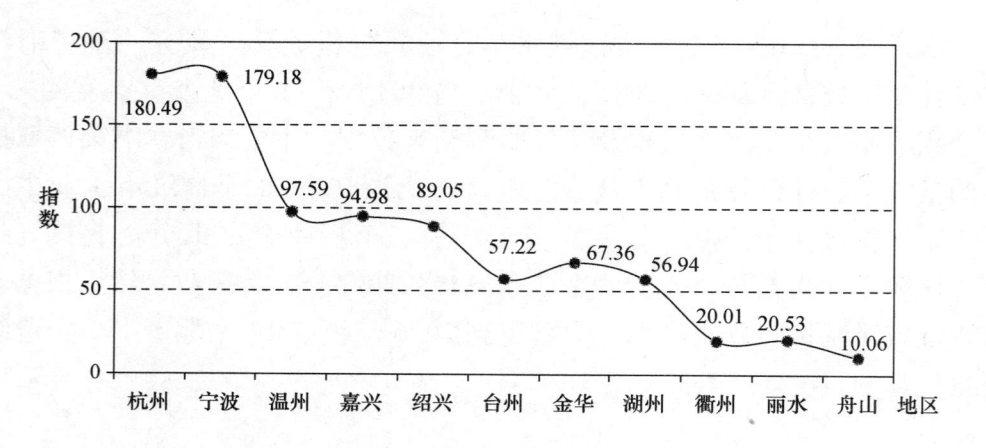

图9-1 2015年浙江省11个地市工业中小企业景气指数及排名

（杭州180.49、宁波179.18、温州97.59、嘉兴94.98、绍兴89.05、台州57.22、金华67.36、湖州56.94、衢州20.01、丽水20.53、舟山10.06）

表9-1 浙江省11个地市工业中小企业景气指数

先行指数	宁波市	杭州市	温州市	嘉兴市	绍兴市	台州市	金华市	湖州市	丽水市	衢州市	舟山市
2010年	197.69	181.10	103.77	98.24	99.72	64.89	72.75	52.23	17.94	18.06	11.55
2011年	194.39	179.13	101.72	96.98	98.46	63.68	71.92	51.69	17.75	17.94	11.47
2012年	196.84	181.24	102.83	98.36	99.52	64.53	72.17	52.37	17.92	18.12	11.63
2013年	197.56	183.59	102.83	98.99	100.28	64.85	72.92	52.48	17.98	18.15	11.63
2014年	205.76	191.09	105.49	101.74	103.37	0.00	75.06	54.00	18.24	18.47	11.91
一致指数	宁波市	杭州市	温州市	嘉兴市	绍兴市	台州市	金华市	湖州市	丽水市	衢州市	舟山市
2010年	160.98	169.13	91.44	87.65	80.26	69.75	62.09	55.92	20.48	20.20	9.08
2011年	159.24	167.75	89.85	87.07	80.04	68.59	61.81	55.80	20.42	20.32	8.98
2012年	159.76	169.87	90.41	87.98	80.57	69.24	62.18	56.39	20.59	20.33	9.04

続表

一致指数	宁波市	杭州市	温州市	嘉兴市	绍兴市	台州市	金华市	湖州市	丽水市	衢州市	舟山市
2013年	160.79	171.54	91.01	88.70	81.52	69.68	62.80	56.99	20.74	20.36	9.05
2014年	167.60	178.39	93.50	90.97	84.15	70.89	63.99	58.10	20.89	20.65	9.40
滞后指数	宁波市	杭州市	温州市	嘉兴市	绍兴市	台州市	金华市	湖州市	丽水市	衢州市	舟山市
2010年	202.57	166.96	105.25	105.96	88.98	73.64	73.36	51.39	22.13	17.79	10.59
2011年	199.39	164.87	103.32	104.84	88.24	72.42	72.54	51.05	21.94	17.79	10.51
2012年	201.43	166.72	104.55	106.83	89.00	73.35	73.13	51.66	22.11	17.87	10.64
2013年	202.12	168.53	104.58	107.27	90.16	73.73	73.84	51.97	22.22	17.97	10.69
2014年	207.09	174.04	110.49	109.50	94.70	76.01	75.51	54.65	22.65	18.55	10.95
工业中小企业景气综合指数	宁波市	杭州市	温州市	嘉兴市	绍兴市	台州市	金华市	湖州市	丽水市	衢州市	舟山市
2010年	180.31	172.29	97.90	94.49	87.84	69.07	67.54	53.90	20.05	19.08	10.13
2011年	177.82	170.59	96.11	93.60	87.21	67.88	66.99	53.62	19.92	19.10	10.03
2012年	179.22	172.65	96.96	94.86	87.94	68.65	67.37	54.24	20.09	19.18	10.14
2013年	172.28	173.65	94.73	92.62	86.14	69.12	65.93	55.59	20.34	19.68	9.73
2014年	179.18	180.49	97.59	94.98	89.05	57.22	67.36	56.94	20.53	20.01	10.06

资料来源：根据浙江省及各地市统计年鉴（2009—2015）数据测评。

三 趋势特点分析

如图8-1所示，2015年浙江省11个地市工业中小企业景气指数有如下特点。

第一，全省11个地市之间发展情况各不相同，其整体情况可分成三个发展梯队。第一梯队为杭州和宁波2市；第二梯队包括温州、嘉兴、绍兴、台州、金华和湖州6市；第三梯队包括衢州、丽水和舟山3市。总体来看，浙江省各地市工业中小企业景气指数分布如同橄榄形结构，表现为中间大两头小的特征，表明浙江多数地市工业中小企业的发展指数接近平均水平。

第二，梯队之间差异较大。第一梯队平均指数170以上，远远高于第二梯队（平均77）和第三梯队（平均16）的指数水平，其中，工业景气指数最高的杭州市是最低的舟山市的 18 倍，表明浙江省内各市的工业中小企业发展很不平衡，差距较大。一方面，杭州和宁波两市拥有传统工业经济发达的优势。杭州市由于其在浙江省的政治、经济以及文化等方面的作用，人才和技术资源大量集聚，促进其工业经济的良好发展。而宁波吸收外部资源的能力较强，经济包容性较好。另一方面，衢州的支柱产业主要为钢材、水泥等传统行业，易受市场波动的影响；丽水虽大力发展生态经济和农村电子商务，舟山大力发展海洋经济，但受制于宏观经济下行的压力，其作用目前尚未充分显现。

第三，总体来看，虽然浙江工业中小企业发展景气指数区间分布不平衡，特别是欠发达地区的工业中小企业发展相对滞后，反映出在这些地区实体经济发展还有巨大潜力，也为这些地区的工业中小企业的进一步发展提示了方向。

第二节 浙江省 11 个地市上市中小企业景气指数测评

一 评价指标选取及数据收集与预处理

参考本书第四章确定的上市中小企业景气指数评价体系，本章选取了总资产、流动资产、固定资产、股东权益、税金、流动负债、财务费用、主营业务收入、利润、存货及总负债 11 个指标。在指标信息齐全和不含异常数据两个原则的基本指导思想下进行数据收集。截至 2016 年第一季度，共收集了深交所中小板上市企业 109 家，创业板上市企业 45 家及新三板上市企业 41 家，共 195 家。选取的时间区间为 2011 年第一季度到 2016 年第一季度。

在基础数据收集完成以后，根据上市公司注册地所在的地级市，归总相关指标数据。对于不同上市中小企业数据的预处理，主要计算各个指标的扩散指标。根据扩散指数的编制方法，首先计算各个指标各季度的环比发展速度，然后采用国际上通行的 X-11 方法消除季节变动和不规则变动的影响，再将环比发展速度与 2014 年第一季度的发展速度相比，求算每个指标的扩散指数 DI。指标分类和权重确定方面，采用时差相关系数法确定利润作为基准指标，并考察了利润的扩散指标指数与总资产的扩散指数，净资产收益率和主营业务同比增长率之间的相关性，由此最终确定了先行、一致和滞后指标。

二 计算结果与排名

各分类指标的权重沿用本书第四章确定的方法，最终计算得到2016年浙江省10个地市上市中小企业的合成景气指数（见表9-2和图9-2）。

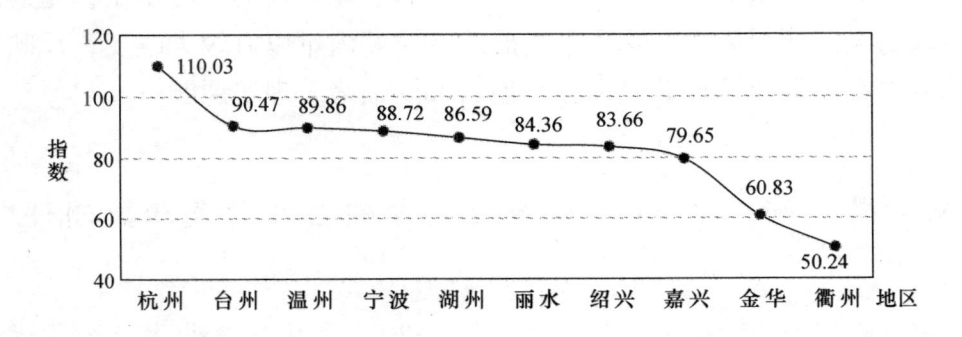

表9-2　2016年浙江省10个地市上市中小企业景气指数排名

城市	指数	排名	城市	指数	排名
杭州	110.03	1	绍兴	83.66	7
台州	90.47	2	嘉兴	79.65	8
温州	89.86	3	金华	60.83	9
宁波	88.72	4	衢州	50.24	10
湖州	86.59	5	舟山		11
丽水	84.36	6	全省平均指数	85.76	

说明：（1）浙江全省平均指数根据加权平均法以2015年各市规模以上企业工业总产值为权重算出（后同）；（2）舟山市上市中小企业数据存在缺失，在此未作测评。

三 趋势特点分析

如表9-2和图9-2所示，浙江省10个地市的上市中小企业景气指数加权平均为85.76，高于平均值的是杭州、台州、温州、宁波和湖州，丽水、绍兴和嘉兴接近平均值，金华和衢州与平均指数相差较大，反映出各市场主体结构的不同，特别是与各市中小板、创业板及新三板上市企业的数量与质量有很大关系。

图9-2　2016年浙江省10个地市上市中小企业景气指数

第三节　浙江省 11 个地市中小企业比较景气指数测评

中小企业比较景气指数是反映中小企业家对当前企业经营状况判断结果和预期未来宏观经济环境的信心，并将其进行量化加工整理得到的景气指数。本章使用浙江省 11 个地市约 2 万家监测企业景气问卷调查的第一手数据。图 9-3 显示的是基于 2015 年监测数据的浙江省 11 个地市中小企业比较景气指数计算结果。

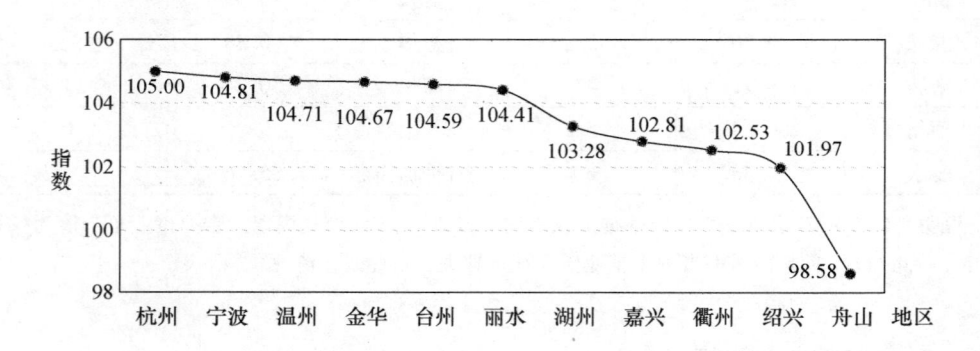

图 9-3　2016 年浙江省 11 个地市中小企业比较景气指数

研究结果显示，浙江省 11 个地市 2016 年反映中小企业家信心的比较景气指数差异并不大，总体处于景气区间。但从变动趋势看，相较于 2015 年浙江省 11 个地市中小企业景气指数（平均为 104.62）有小幅回落，表明浙江省企业家对于当前经济形势和企业经营的信心不足，主要原因是国内经济下行压力及国际市场低迷在短期内难以有较大改变，反映出浙江省中小微企业转型升级和创业创新都面临诸多现实课题。

第四节　浙江省 11 个地市重点监测企业景气指数测评

重点监测企业数据来自浙江省 2010—2015 年中小企业生产经营运行监测数据。指标选取在考虑经济重要性、统计的可行性和数据的可取性的同时，也考虑到规模以上中小企业指标的选取，参考第四章相关评价指标体系，从近20项监测项目中，最终选取了工业总产值、产成品、财务费用、资产总计、主营业务收入、利润总额、应收账款、负债合计和从业人员平均数9个监测指标为评价指标，同时确定以工业总产值为基准指标，然后根据主成分分析法，确定了先行、一致和滞后指标及其权重。由此计算出的浙江省11个地市重点监测中小企业景气指数如表9-3和图9-4所示。

表9-3　　浙江省11个地市重点监测中小企业景气指数

地区	2010年	2011年	2012年	2013年	2014年	2015年
杭州	104.42	107.17	107.26	107.96	106.95	106.56
嘉兴	98.57	100.51	99.9	101.03	100.03	101.95
台州	95.33	97.56	97.69	96.82	97.05	96.95
绍兴	93.68	93.35	93.97	95.56	90.85	91.39
金华	73.15	74.6	75.1	75.91	87.98	87.81
丽水	68.66	70.5	70.81	71.14	73.94	72.92
温州	66.89	66.59	68.43	68.61	65.79	64.79
宁波	53.93	53.84	53.81	53.65	58.19	58.76
舟山	38.99	40.09	39.91	39.93	46.67	47.50
湖州	27.16	27.81	28.05	28.15	31.22	30.90
衢州	21.71	22.12	21.93	22.13	30.04	29.78
全省平均	77.98	78.89	79.21	79.59	79.98	79.86

资料来源：基于浙江省中小企业培育监测平台数据。

研究显示，2015年，浙江省11个地地市重点监测中小企业景气指数的加权平均指数为79.86，与2014年相比稍有回落。其中，杭州、嘉兴、台州、绍兴以及金华五市指数水平高于平均指数，舟山、湖州、衢州市的重点监测中小企业指数远远低于平均指数，反映出浙江省内中小企业仍存在区域发展不均的情况。

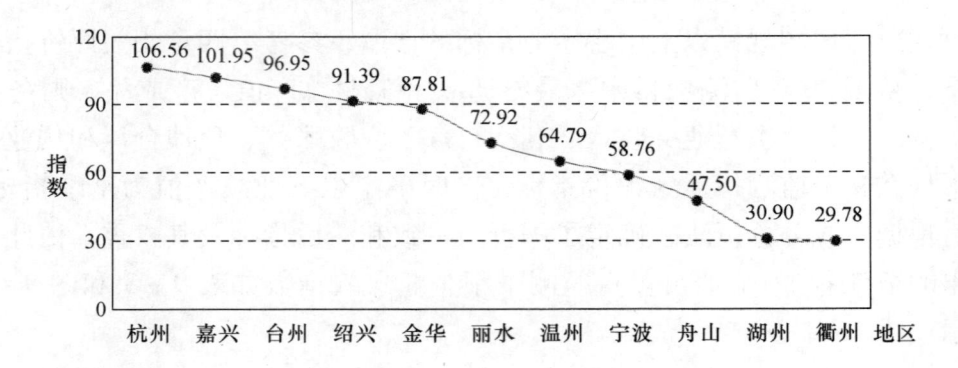

图 9-4　2015 年浙江省 11 个地市重点监测中小企业景气指数排名

第五节　浙江省 11 个地市中小企业综合景气指数测评

本节对上述浙江省工业中小企业景气指数、上市中小企业景气指数、中小企业比较景气指数和重点监测中小企业景气指数这 4 种分类指数运用专家权重法再进行合成计算，最终得到 2016 年浙江省 11 个地市中小企业综合景气指数（见表 9-4）。加权合成计算公式为：

浙江省区域中小企业综合景气指数 = 工业中小企业景气指数 ×40% + 中小板和创业板景气指数 ×20% + 中小企业比较景气指数 ×20% + 重点监测中小企业景气指数 ×20%。

表 9-4　2016 年浙江省 11 个地市中小企业综合景气指数排名

地区	综合指数	排名	地区	综合指数	排名
杭州	136.02	1	金华	77.60	7
宁波	122.17	2	湖州	67.19	8
台州	97.20	3	丽水	60.63	9
嘉兴	94.03	4	衢州	44.89	10
绍兴	91.19	5	舟山	33.92	11
温州	90.62	6	全省平均	100.82	

研究显示，2016 年，浙江中小企业综合景气指数的波动趋势和主要特征主要体现在以下三个方面。

（1）2016年全省平均综合景气指数为100.82，与2015年（100.76）相比略有提升。表明浙江省在大众创新、万众创业空前高涨的背景下，努力释放政策红利与民营企业市场活力，全省中小企业生产经营景气状况总体有所好转。

（2）各市之间差异较大。如表9-5所示，2016年浙江省中小企业综合景气指数总体差异较大，省内各地区之间发展不平衡。综合指数最高的杭州（136.02）与最低的舟山（33.92）相差近3倍，凸显出各地区中小企业发展的行业、区位优势及弱势。

表9-5　　　2016年浙江省11个地市中小企业综合景气指数

地区	工业中小企业景气指数	上市中小企业景气指数	中小企业比较景气指数	重点监测企业景气指数	综合景气指数
杭州	180.49	110.03	102.53	106.56	136.02
宁波	179.18	88.72	105.00	58.76	122.17
台州	96.95	90.47	104.71	96.95	97.20
嘉兴	94.98	79.65	98.58	101.95	94.03
绍兴	89.05	83.66	102.81	91.39	91.19
温州	97.59	89.86	103.28	64.79	90.62
金华	67.36	60.83	104.67	87.81	77.60
湖州	56.94	86.59	104.59	30.9	67.19
丽水	20.53	84.36	104.81	72.92	60.63
衢州	20.01	50.24	104.41	29.78	44.89
舟山	10.06	0	101.97	47.5	33.92
全省平均	83.01	74.95	103.40	71.76	83.22

（3）各市发展层次分明。总体而言，杭州和宁波两市的中小企业发展处于较强景气区间；台州、嘉兴、绍兴和温州处于微景气区间；金华、湖州、丽水、衢州及舟山处于不景气区间。面对严峻复杂的外部环境和经济下行压力，各地区中小企业推动智能制造，大力发展电子商务，加大创新改革力度，强化实施积极的地方财税优惠政策，努力提振企业家信心，进一步改善区域中小企业发展环境。

第十章

2016年浙江省主要行业景气指数测评——基于行业监测数据

第一节 评价指标体系

本章数据主要来源于浙江省中小微企业分行业监测数据。浙江省中小微企业分行业监测指标主要包括工业总产值、出口交货值、用电量、营业收入、营业成本等16个项目。为了使监测数据能够得到充分的利用，运用峰谷对应法对16个项目进行时差分析，在确定各指标的时间性质后，再从同一类型指标中剔除相关性较强的指标，从而最终确定了10个监测指标，并根据指标特性，参考企业景气指数的评价方法确定了先行指标、一致指标和滞后指标及其权重，具体如表10-1所示。

表10-1　　浙江省中小微企业行业景气评价指标

指标类别	行业景气监测指标	小类指标权重	大类指标权重
先行指标	固定资产投资额	0.484	0.30
	财务费用	0.516	
一致指标	工业总产值	0.203	0.50
	用电量	0.191	
	营业收入	0.203	
	利润总额	0.203	
	应交税费	0.200	

续表

指标类别	行业景气监测指标	小类指标权重	大类指标权重
滞后指标	负债总计	0.339	0.20
	应收账款	0.339	
	从业人员	0.322	
合计			1.00

第二节 数据收集与预处理

一 数据收集及样本选取

鉴于浙江省中小企业行业种类较多，各行业企业数量不一，在收集和处理监测数据时，首先，按国家统计局有关行业分类标准，确认监测数据中的行业类别及企业数量，将各细分行业整理归纳为六大类行业。其次，按大类将各月报表中的行业企业明细进行整理，并统计了各细分行业的月度监测企业样本数量，根据12个月中监测企业数量最多的四大行业作为本章的测评对象，如表10-2所示。

二 数据预处理

本研究选择浙江省小微企业培育与监测平台监测企业数量最多的纺织业（1033家）、通用设备制造业（1015家）、金属制品业（742家）以及橡胶和塑料制品业（680家）四大行业作为研究行业景气指数的测评对象。

在统计四大主要行业的数据时，先将四个行业每月的数据筛选出来，再按行业归并，得到每个行业连续24个月的源数据。然后将源数据按照每月上报企业占最大企业数的比例进行放大，得到一致化的数据，并且将四个行业每月的16个指标数据汇总成季度数据，进行景气指数的计算。

在数据处理过程中，存在个别异常指标，如指标值异常大，运算得到的季度数据出现负值等情况，对此，按统计学方法进行了数据预处理。确认企业是否误报，若确认误报，且该企业的各项数据对行业总体情况在数量级上没有较大的影响，则剔除该企业的各项指标数据；若企业的指标数

表 10-2　浙江省中小微企业分行业监测企业数量情况

行业大类	行业细分	企业数量	行业大类	行业细分	企业数量
纺织产业	纺织业*	1033	轻工业	农副食品加工业	179
	纺织服装、服饰业	436		食品制造业	82
	化学纤维制造业	471		酒、饮料和精制茶制造业	35
原材料工业	石油加工、炼焦和核燃料加工业	4		皮革、毛皮、羽毛及其制品和制鞋业	480
	化学原料和化学制品制造业	314		家具制造业	178
	非金属矿物制品业	211		造纸和纸制品业	255
	黑色金属冶炼和压延加工业	238		文教、工美、体育和娱乐用品制造业	226
	有色金属冶炼和压延加工业	151			
装备制造业	通用设备制造业*	1015		橡胶和塑料制品业*	680
	专用设备制造业	346		金属制品业*	742
	汽车制造业	260	其他	木材加工和木竹藤棕草制品业	264
	铁路、船舶、航空航天和其他运输设备制造业	179		印刷和记录媒介复制业	124
	电气机械和器材制造业	464		医药制造业	121
	计算机、通信和其他电子设备制造业	213		其他制造业	915
				废弃资源综合利用业	36
	仪器仪表制造业	79		金属制品、机械和设备修理业	37

说明：*表示监测企业数量较多的几大主要行业。

据对行业总体数据影响较大（占 10% 以上），则对比该企业历月数据，对该月的异常指标进行估算，用估计值替代差异常值，得到修正后的行业总体的指标值。

三　行业景气指数的计算方法

本章采用合成指数法计算浙江省中小微企业景气指数。

首先，运用峰谷对应法确定备选的 16 个指标与参与指标的峰谷对应情况，选用工业总产值作为参照指标，运用 Excel 软件绘出折线图，观察各指标上升和下降的变化趋势，与参照指标的变化趋势做比较，将指标进行归类，最终筛选了 10 个指标，具体如表 10-1 所示。然后，运用层次分析法计算得到每个指标的权重，用于合成指数的计算。

其次，运用合成指数方法计算每个行业的先行指数、一致指数、滞后指数，对2014年和2015年的8个季度的数据进行回归分析，得到2016年的预测值。同时，将浙江省四大行业的企业家信心指数进行回归预测。

再次，将先行指数、一致指数和滞后指数三个分类指数按照2:5:3的权重合成计算出中小微企业行业景气指数。

最后，将中小微企业的行业景气指数与企业家信心指数按照4:6的权重进行合成计算，得到中小微企业行业景气指数。

四 行业景气指数的计算结果

根据以上方法，计算得到浙江省2016年主要行业的景气指数（见表10-3）。

表10-3　　　　浙江省中小微企业四大主要行业景气指数

主要行业	2012年	2013年	2014年	2015年	2016年
橡胶和塑料制品业	128.96	128.71	141.73	137.04	143.42
金属制品业	134.56	130.86	121.37	124.16	117.57
通用设备制造业	137.55	127.55	114.54	120.06	108.55
纺织业	114.62	114.25	108.91	109.62	106.76

根据表10-3可以看出，2016年浙江省主要行业之间的景气指数差异较大。橡胶和塑料制品业2016年景气指数同比上升了4.7%，但通用设备制造业、金属制品业和纺织业景气指数均有所下降，其中，通用设备制造业的景气指数降幅最大达到9.6%，金属制造业景气指数下降5.3%，纺织业景气指数下滑了2.6%。

第三节　浙江省主要行业景气指数波动趋势分析

一 橡胶和塑料制品业

天然橡胶产业的上中下游分别是天然橡胶生产、贸易以及天然橡胶消费品的制造，其中，橡胶制品主要有轮胎、胶带、胶鞋、医疗器械等。浙江省橡胶制造主要为轮胎等。塑料制造的原料是石化产业的产品，即苯、乙烯、丙烯、丁烯、苯乙烯等化学产品，经过化工合成不同化学组成的材料，塑料产品制造企业则直接采购这种粉末颗粒状的材料进行产品的制造。不同成分的材料有不同的用途，如世界上产量最大的 PVC 材料，可以用于制造管道、插座等工业品，也可以制造玩具、人造革等日用品，可以说塑料制品是我们生产生活不可缺少的组成部分。塑料制造新材料的研发，将带动整个塑料制品业的发展和各种高层次消费品、功能性产品的加工生产。塑料工业蕴含了高技术，是一个新兴制造行业。图 10-1 显示，浙江省橡胶和塑料制品业的发展景气在 2012—2014 年平稳上升，2015 年出现小幅下滑后，2016 年景气又有所回升。

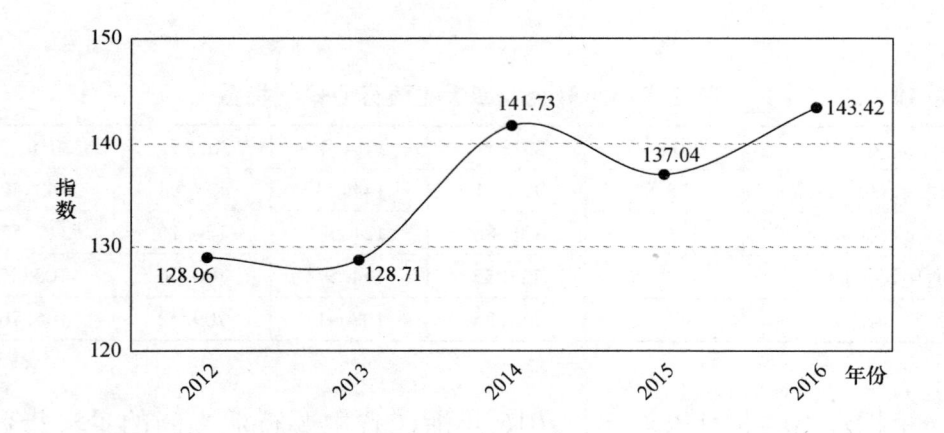

图 10-1 浙江省橡胶和塑料制品业景气指数趋势

二 纺织业

2015 年，浙江省纺织行业规上企业实现利润总额 3860 亿元，同比增长 5.4%，其中步森股份、希努尔、美欣达、奥特佳等实现翻倍乃至多倍增长，拉动行业景气总体实现探底回升。但 2016 年浙江的纺织行业发展景气再次滑落探底，跌至五年来最低点。纺织业的劳动密集程度高，对外依存度较大。纺织品的原料主要有棉花、羊绒、羊毛、蚕茧丝、化学纤维、羽毛羽绒等。纺织业的下游产业主要有服装业、家用纺织品、产业用纺织品等。纺织业景气滑落的原因与国内外市场持续低迷，要素成本居高不下等，都有较大关联。

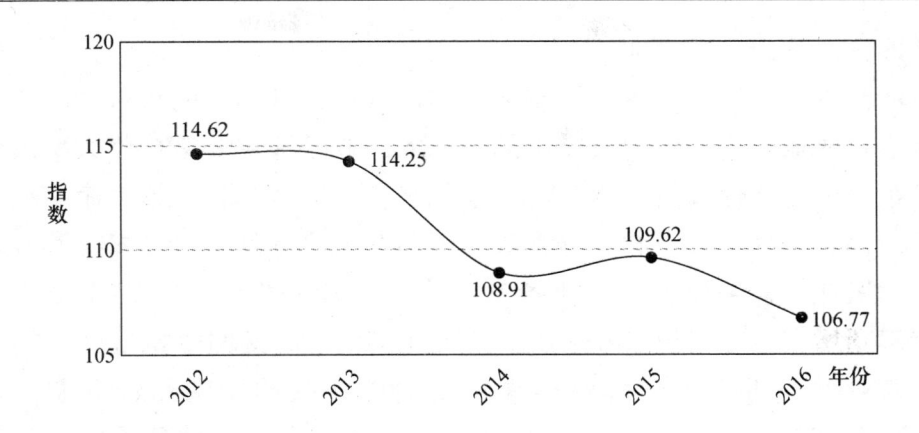

图 10-2　浙江省纺织业景气指数趋势

三　金属制品业

金属制品业包括结构性金属制品制造、金属工具制造、集装箱及金属包装容器制造、不锈钢及类似日用金属制品制造等。浙江省为中国金属制品生产大省，其中以五金为主，是国内最大五金产品制造基地和产品集散中心。浙江拥有23个"国字号"五金产业基地，其中金华永康市是"中国科技五金城"，温州永嘉县是"中国五金饰扣之都"，金华浦江县是"中国挂锁产业基地"，杭州临安市是"中国五金工具生产基地"。目前，浙江有24个国家工商总局认定的"驰名商标"；拥有"伟星实业""苏泊尔""爱仕达"等行业龙头企业，金属制品行业总体发展潜力巨大，2015年行业景气略有回升。但2016年，浙江金属制品业遭遇要素成本上涨，利润空间越来越小，行业总体凸显产能过剩问题，行业景气再度下滑探底。浙江省由金属制品大省到金属制品强省还任重道远。

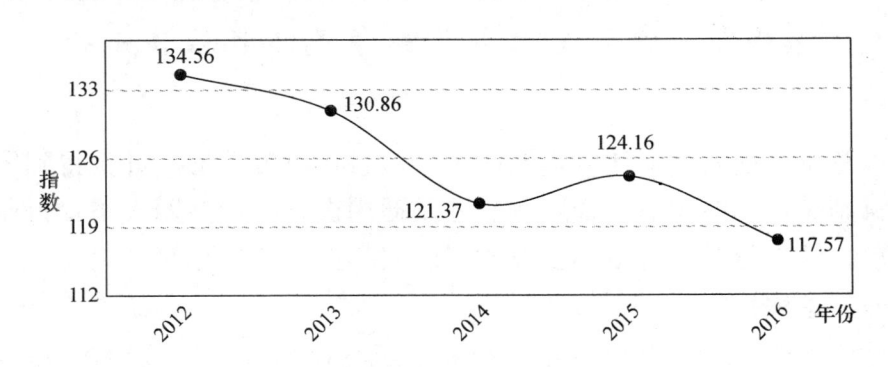

图 10-3　浙江省金属制品业景气指数趋势

四 通用设备制造业

浙江省是中国重要的装备制造和出口基地，其出产的机械产品在全国具有很强的竞争力。省内较突出的特色的产业基地主要有杭州大型成套设备、绍兴节能环保设备、温州电工电气装备、宁波塑料机械、衢州动力机械等，优势产品有泵、阀、轴承等。但与其他很多制造业一样，图10-4显示，浙江省通用设备制造业景气指数在2012—2014年一路下滑，下降幅度不断增大，2015年指数有所上升，但2016年又回落探底。当前，浙江装备制造业进入由低成本要素驱动向创新驱动发展的转变期，但以"互联网+"为特征的新业态还尚未成为大多数企业的路径选择，品牌建设相对滞后，同质竞争和新产品容易遇到仿冒也困扰企业转型升级。需要进一步完善市场竞争机制，突出企业创新主体地位。

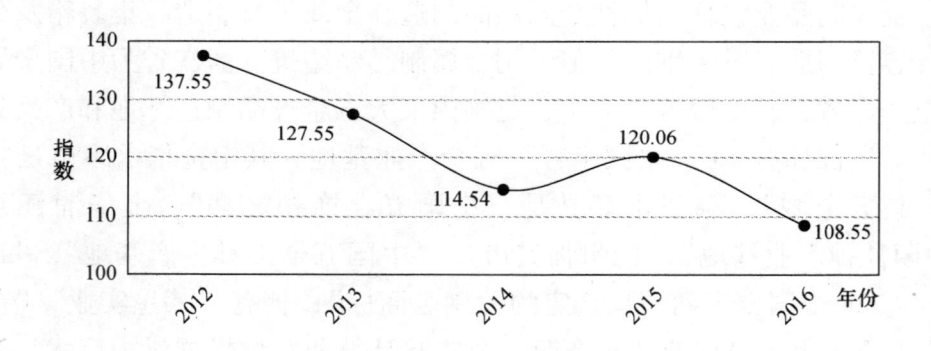

图10-4 浙江省通用设备制造业景气指数趋势

第四节 浙江省主要行业景气指数综合分析

本章系统地利用浙江省最新的中小微企业监测数据，计算得到了橡胶和塑料制品业、纺织业、金属制品业及通用设备制造业四大主要行业的景气指数，结果与浙江省中小企业发展的实际情况基本相符。

一 总体特征

总体来看，2016年浙江中小企业主要行业的景气指数均在100以上，生产经营基本面与上年相比趋于比较不乐观，四大行业中除了纺织业行业外，其他三大行业显示出景气略微下降趋势。从平均指数来看，2016年四大行业平均指数为116.96，与2015年相比下降了0.95，呈现下降态势（见图10-5）。

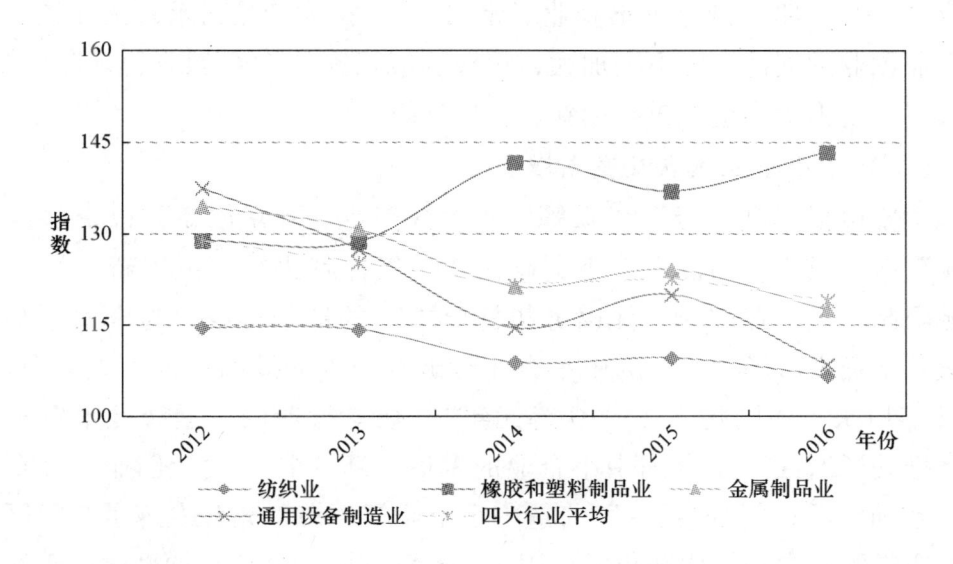

图10-5 浙江省中小微企业四大行业景气指数比较

总体来说，浙江省金属制品、通用设备及橡胶和塑料制品业中小企业景气指数在有所上升后还下滑的原因在于金属制品业在国际经济增速放慢大背景下，浙江五金同样遭遇了成本上涨、招工难、人民币升值、原材料价格大幅波动等问题。通用设备制造业，一是中小微企业的产成品以阀门、轴承、泵、机床、磨具这类零配件为主，其同质性较高，容易在竞争中被淘汰；二是面临着越来越大的成本上升压力，主要是由于钢材、石油、电力、交通、人力资源等价格的不断上涨，由于收入增速放慢，而成本上升，行业利润出现明显下降。橡胶和塑料制品业环保整顿政策的影响减弱，到2016年橡胶促进剂价格优势逐渐消退，企业收入减少，从而景气指数较上一年出现小幅回落。

二 指数波动原因分析

分析近几年浙江省主要行业景气指数波动较大的原因，主要有以下三个方面。

（一）国内外宏观环境回暖，政策红利持续加码

2016年，世界经济已经大体复苏并趋好，国内经济向"新常态"平稳过渡，呈现出增长平稳、结构优化、质量提升、民生改善的良好态势。国家"一带一路"战略助推企业"走出去"，扩大产品需求；浙江省对中小企业创业的支持力度不断加大，积极响应国家"大众创业、万众创新"的号召，助推中小企业科技创新、转型升级。

（二）中小企业热点及亮点增多

主要包括"新三板""众筹""大众创业、万众创新"以及"互联网＋"等。其中，浙江省中小企业在新三板挂牌火爆，由于新三板"无地域限制、无行业限制、无财务指标要求"的挂牌标准，为广大中小企业敞开了资本市场大门，为中小企业打破融资难的局面注入了关键力量；2014年以来，中国跨入了"众筹元年"，众筹行业的发展降低了融资门槛，推动了浙江乃至全国中小企业的发展；浙江省"大众创业、万众创新"空前活跃；"互联网＋"打造中小企业新生态，充分发挥了互联网在生产要素配置中的优化和集成作用，将互联网的创新成果深度融合于经济社会各领域之中，提升实体经济的创新力和生产力，形成更广泛的以互联网为基础设施和实现工具的中小企业各行各业发展的新形态。

（三）中小企业经营成本高昂问题仍然存在

包括劳动力成本及融资成本，且具体表现为用工难、融资难两方面。经营成本的居高不下导致了浙江省中小企业转型企业利润进一步下滑，市场竞争力受到削弱，原本通过成本竞争生存下来的中小企业面临更加窘迫的局面；其次经营成本的提升也使浙江省中从事加工贸易的企业承受了巨大的压力，在尚未实现转型升级成功之前，不得不接受经营成本上涨带来的价格上涨压力，从而在国际市场竞争中缺少价格优势，易于被国际市场竞争者赶超和淘汰。

总体而言，浙江省主要行业中小企业发展虽然存在一系列政策利好和新的热点及亮点，但依然面临种种挑战。2016年，浙江省应着力于加大各项政策落实力度，进一步改善主要行业中小企业发展环境，放开中小企业投资领域，激发中小企业创新潜力，强化中小企业服务体系建设，加快中小微企业转型升级进程。

三 相关政策建议

基于上述原因分析，以下从企业、政府和行业三个层面提出相关政策建议。

（一）企业层面

首先，浙江省主要行业中小企业应牢牢把握中国经济步入"新常态"的契机，实现企业利润平稳增长、产品结构优化、质量提升的良好态势。

其次，要积极结合和尝试浙江乃至全国中小企业发展的新亮点及热点。通过在新三板挂牌及众筹平台，缓解中小企业融资难、融资贵的压力；积极响应国家及政府"大众创业、万众创新"的号召，投入到技术创新行列，提升产品竞争力；通过"互联网+"、跨境电商，展开企业运营的新模式，致力于更好更快地实现企业转型升级。

（二）政府层面

政府在继续加码各项优惠政策的力度的同时，应重点关注中小企业发展的热点及亮点，建立健全相关的政策和制度，确保政策措施具有系统性、可操作性和落地性。统筹做好已出台与新出台政策措施的衔接协同，推进高端人才创业与"草根"创业，推动"大众创业、万众创新"政策的落地生根；大力推进"互联网+中小企业"，抓好中小企业信息化推进工程和中小企业"两化"融合能力提升行动实施；加大对在新三板挂牌的中小企业的优惠政策，鼓励和维护众筹融资平台，同时还应推动和建立更为切实可行的中小企业融资担保制度，建立稳健的中小企业发展机制和氛围。

（三）行业层面

行业作为沟通企业和政府的桥梁，应努力使政府了解企业的真实情况和需求，并把握行业中"新三板""众筹""两创""互联网+"等热点和亮点，协助政府制定更为行之有效的优惠和扶持中小企业发展的政策和制度，激发中小企业的创新活力，减轻其融资压力，加快中小企业实现由产业链低端向高端、核心竞争力由低价格向高技术转变的转型升级进程，使浙江主要行业的中小企业迈上又好又快发展的新台阶。

第四篇

2016 年中国中小企业发展热点问题专题研究

第十一章

"互联网+"中小企业创新专题

第一节 战略意义及建设发展

一 "互联网+"中小企业创业创新战略的重要意义

中小企业是"互联网+创新"的核心承载,通过创新模式多元化和创新过程变革成为提升创新链效率的核心驱动器。

中小企业是"互联网+"战略下最为活跃的创业创新主体。"互联网+"战略主要表现在大数据、云计算为代表的信息技术的升级与迭代,并遵循"技术创新—商业创新—产业创新"以及三者之间的全面重构,通过没有时空限制的互联网与电子商务,让更多的中小企业在创意获取、精细化生产、平台运营和商业模式创新等创新链模块中发挥积极的作用。

借助互联网和移动互联网技术,中小企业在创新链前端通过快速迭代试错的方法和工具,创意数量和质量同步提升,以创造更好的用户体验为目标形成企业生存发展的核心竞争力。互联网思维为突破"信息不对称",通过黏合供需双方提供更直接、快速、有效的平台,以极速商业模式创新形成新业态。在明确"黏合点"的前提下,中小企业往往成为进一步转化"精益创新"的主要力量。

从统计数据层面来看,"互联网+创新"大大降低了创业门槛,新创中小企业积极活跃在创新发展一线。一方面,新注册中小企业数量激增。2015年,全国新登记企业443.9万户,比上年增长21.6%,平均每天新登记企业1.2万户;2015年第四季度,全国新设小微企业周年开业率达70.1%,新设小微企业中已开展经营的有78.7%实现创收,所占比重比第二季度和第三季度分别高 0.5% 和 4.1%。另一方面，三大资本市场的中小企业数量大幅度增长。2015 年，中小板、创业板、新三板的企业数量同比分别增长 7.9%、21.2% 和 226.3%（见表 11-1）。有主板"孵化器"之称的"新三板"企业数量以近四倍的增速独占鳌头，表明具备一定业务和商业模式，急需转型升级、发展壮大的成长性小微企业展现活力。据统计：2015 年，新三板挂牌主要集中在新兴行业，13 个行业的挂牌数量超过 100 家，其中排名第一的软件和信息技术服务业，挂牌数量为 773 家，专用设备制造业与计算机、通信和其他电子设备制造业分别以 430 家、349 家列第二、第三名，说明新兴行业中小企业已经成为"互联网+创新"的生力军。

表 11-1　　　　　2013—2015 年资本市场中小企业数量

资本市场类别	2013 年	2014 年	2015 年
中小板（家）	701	719	776
创业板（家）	377	406	492
"新三板"（家）	356	1572	5129
合计（家）	1434	2697	6397

资料来源：根据锐思数据库、全球经济数据网、百度百家及相关网页新闻综合整理。

（一）中小企业是"互联网+"战略下提升创业创新效率的推动者

管理大师克莱顿·克里斯坦森在其《创新者的窘境》中提出创新的两种模式，即延续性创新（sustaining innovation）和破坏性创新（disruptive innovation）；我们常见的是渐进式延续性创新，或者突破式延续性创新（radical innovation），它基本上是着眼于技术变迁本身，或流程、标准变革自身；而破坏性创新，又称颠覆式或摧毁式技术创新，带来的往往是旧有行业全面进化。而"互联网+"正是这样一种产业革命式的破坏性创新。对于中小企业而言，"互联网+"是一个商机，因为从破坏性创新的角度看，绝大多数破坏性创新都不是行业里的主流企业发起的，往往都是行业里不起眼的小微企业先试先行。"互联网+"时代以"快鱼吃慢鱼"著称，只有快速适应市场变化、反响技术变化，才能领跑创新。中小企业以决策迅速、反应快为特点，在互联网创业创新具有很大优势。在阿里巴巴、腾讯、京东等互联网平台上活跃着大量中小企业从事创业创新。

"互联网+"创造了诸如阿里巴巴、淘宝、eBay等巨型平台，以平台方式提供信息、支付、信用、云计算、物流等一系列基础设施服务，支持数百万中小企业和个人创业者开创了"巨型平台+中小企业"的先河。中小企业以船小好掉头、灵敏的市场嗅觉能积极时时响应市场用户需求，不断以"碎片化"优势嵌入创新链的各个环节。碎片化创新是在现有生产者存在的基础上，对"创意"和"新技术"进行整合，并通过平台模式进行商业化运作的一种模式，小微企业利用互联网和云端技术，可以有效删除传统经济中阻碍循环、影响流通、低附加值、低效率、低效益的结构，促进市场扁平化发展，加快资源流转速度，大大提高了中小企业创业创新的效率。

（二）中小企业是"互联网+"战略下推动创业创新的积极开拓者

2015年9月，国务院办公厅印发的《关于推进线上线下互动加快商贸流通创新发展转型升级的意见》指出，移动互联网等新一代信息技术加速发展，技术驱动下的商业模式创新层出不穷，线上线下互动成为最具活力的经济形态之一。商务部电子商务司数据显示，2015年上半年，全国O2O市场规模达3049.4亿元，同比增长高达80%。据不完全统计，电子商务领域的企业从业人数20人以下的占总企业数的近90%，100人以上的占不到1%。随着O2O模式的不断发展，行业细分加强，一方面真正的垂直细分领域开始凸显，如专注于快递物流的速递易、专注于高端餐厅排位的美味不用等、专注于白领快速取餐的速位等；另一方面垂直细分领域向平台化模式发展，即由原来的细分领域的解决某个痛点的模式开始横向扩张，覆盖到整个行业。"互联网+"为中小企业创新服务模式带来新的机遇。

小微企业利用互联网和云端技术，可以有效删除传统经济中阻碍循环、影响流通、低附加值、低效率、低效益的结构，促进市场扁平化发展，加快资源流转速度。科技型小微企业通过集中开发高效的O2O业务工具和决策工具，让农业、制造业、金融业、服务业都可以低门槛、便捷地享受到互联网新经济的巨大红利。服务型小微企业通过互联网支持组织创新，协助数字化制造、产品生命周期管理、创新包括互联网金融和智能中介服务在内的生产性服务业发展方式。小微企业的专注与创新能力极大地推动了互联网时代创新链主体的生态化竞争，以社会化营销、去中心化、组织生态化、认知盈余生产力等方式提升价值范式，发挥技术和经济的扭曲力场效应。

二 "互联网+"中小企业创业创新的现状

（一）"互联网+"中小企业创新政策体系和机制体制进一步巩固

国家和各省市高度重视"互联网+"中小企业创新政策体系的不断完善，制定和实施了一系列"互联网+"中小企业创新的扶持政策，这些政策既有优化中小企业创新环境、引进和培育创新人才、加强创新研发、提升创新能力、建设科技企业孵化基地及服务平台的政策，也有加强信息化建设、品牌建设、知识产权保护、成果转化、资质认定、节能环保、并购重组、改制上市、市场拓展、产业创新与转型升级的政策，还有为中小企业创新发展提供保障的投融资政策、财税优惠政策等，这些共同构成了"互联网+"中小企业创新政策体系。

一是引导型政策，主要包括优化创新环境、制定创新路线图等基于国家层面的相关大政方针政策，如1999年《政府工作报告》提出的"支持科技型中小企业的发展"、2013年国务院印发的《强化企业技术创新主体地位全面提升企业创新能力的意见》、2015年国务院印发的《关于发展众创空间推进大众创新创业的指导意见》及《关于大力推进大众创业万众创新若干政策措施的意见》等。

二是服务型政策，包括中小企业创业创新基地、中小企业公共服务示范平台、电子商务示范基地建设及科技企业孵化器培育等政策，主要有《"十二五"国家重大创新基地建设规划》（国科发计〔2013〕381号）《国家中小企业公共服务示范平台认定的管理办法》（工信部企业〔2012〕197号）《国家中小企业公共服务示范平台（技术类）进口科技开发用品免征进口税收的暂行规定》（财关税〔2011〕71号）《国家小型微型企业创业示范基地建设管理办法》（工信部企业〔2015〕110号）《商务部关于开展国家电子商务示范基地创建工作的指导意见》（商电发〔2011〕490号）《孵化器及基地科技企业孵化器认定和管理办法》（国科发高〔2010〕680号）等。

三是专项型政策，如"互联网+小微企业行动计划"等中央财政专项扶持政策等。

(二) 中小企业创业创新资源承载主体作用进一步提升

近几年来，在"大众创业、万众创新""互联网+"的背景下，中国中小企业承载创业创新资源的主体作用进一步得到提高。

1. 财政资源

当前，中国中小企业提供了 50% 以上的税收，创造了 60% 以上的国内生产总值，国家设立了基于市场规律运作的政府引导基金和激励机制，中小企业在创业创新资源承载财力资源的主体作用进一步提高。为了缓解中小企业融资贵融资难问题，2015 年新设了总规模为 600 亿元的国家中小企业发展基金，各省市结合各自区域现状着手制定地方中小企业发展基金和引导基金，突出支持实体经济，聚焦于初创期、早中期企业，进一步激发了中小企业创业创新活力。同时，近两年来国务院部门共取消或下放行政审批 630 多项，通过出台税费优惠政策清理涉企不合理收费和普遍性降费，每年减轻中小企业负担近 1000 亿元，为中小企业创业创新优化财力资源配置创造了有利条件。

2. 技术与信息资源

当前，中国 65% 的国内发明专利由中小企业获得，80% 的新产品由中小企业创造。特别是科技型中小企业、互联网企业及中小电商企业的快速成长，促使中国中小企业承载技术和信息资源的主体作用快速提升。目前我国已建立 145 家国家高新区和诸多产业基地、生产力促进中心、创新试验城市、技术市场，科技企业孵化器规模和数量居世界前列。近年来，工信部实施"中小企业'两化'融合能力提升行动"及"互联网+小微企业行动计划"，推动信息化服务商运用互联网、移动互联网、云计算、大数据等信息技术，搭建支持中小企业研发设计、经营管理、市场营销等核心业务发展的信息化服务平台。目前已在全国建立了 5900 多个分支服务机构，配备了近 10 万名专业服务人员，通过信息化服务平台，凝聚了超过 60 万家软件开发商和专业合作伙伴。

3. 人才和组织资源

当前，中国中央和地方政府、各类中小企业机构等深化机制体制改革，优化中小企业创新环境，特别是基于国家顶层设计的"大众创业、万众创新"为中国中小企业发展提供了前所未有的利好环境。工信部等通过支持30个省份和5个计划单列市搭建互联互通、资源共享的平台网络，正在打造一批高质量工业云服务平台，积极推动云计算、大数据、物联网与现代制造业结合，促进电子商务、文化创意、互联网金融等产业融合发展，加速发展智能装备和智能产品，支持"草根"创新和小微企业发展。目前中国中小企业创新创业的积极性被极大调动起来，创客中国大赛活动等营造了浓厚的创新创业文化氛围，一批熟悉市场、竞争意识和创新能力强的经营管理人才脱颖而出，大量留学生携带科技成果回国创业。中小企业"互联网+"战略下创业创新中承载组织资源的主体作用快速提升。

（三）"互联网+"战略下新兴产业中小企业商业模式进一步加快

"互联网+"背景下，新兴产业中小企业的商业模式创新及组织创新进一步加快。

1. 商业模式创新

"互联网+"推动互联网在新兴产业中小制造业深化应用。随着"两化"深度融合，即信息化与工业化在更大范围、更细行业、更广领域、更高层次、更深应用、更多智能方面实现彼此交融，将催生出工业电子产业、工业软件产业、工业信息化服务业等新业态。其中，先进制造业与生产服务业"两业"融合会成为大趋势。新兴产业中小企业需要重新配置产品或推出新的定价模型，这是一种利用客户体验、选择和喜好进行创新的商业模式。"智能工厂"使客户的个性化定制需求得以满足，同时发掘出创造价值的新方法和商业模式，给初创公司和小型微型企业带来发展机会，并带动提升下游服务收益。中小企业从重资产向轻资产转型（轻资产产业包含着新一代信息技术、互联网技术、高端生产服务业等），实现向高端化、高效率、高附加值的转变，通过在高端环节获得更高产业附加值，推动更高生产效率，进一步深耕"个性化"。

2. 组织创新

通过专业化分工和价值链分析，重新定义企业在价值链中的角色和组织边界。新兴产业的智能生产更注重工人的设计管理能力和数字化专业技能，通过采取优化组织流程、以终身学习延长技能工人职业生命、最佳实践示范项目等措施，增强企业的创新能力。近年来，部分加工类企业向价值链的前端如研发、设计，以及价值链后端如渠道、服务等延伸，也是组织创新的主要形式。物联网为新兴产业中小企业产业能力提升提供了新思路。具体表现为数据获取简单化、促进生产过程和管理的自动化，这可以弥补中小企业自身缺点。受限于资金和技术限制的中小企业，依托物联网发展提升自身的管理水平和技术层次，促进管理过程透明化、降低沟通交易成本。采用协作模式创新将成为商业模式和组织创新的主要类型。

第二节 主要发展模式

"互联网+"创造了诸如阿里巴巴、淘宝、eBay等巨型平台，以平台方式提供信息、支付、信用、云计算、物流等一系列基础设施服务，支持数百万中小企业和个人创业者开创了"巨型平台+中小企业"的先河。中小企业以船小好掉头、灵敏的市场嗅觉能积极时时响应市场用户需求，不断以"碎片化"优势嵌入创新链的各个环节。碎片化创新是在现有生产者存在的基础上，对"创意"和"新技术"进行整合，并通过平台模式进行商业化运作的一种模式（见图11-1）。聚合的过程可以是制造企业发起的，可以是研发者们、设计师群、实验室发起的，可以是销售平台发起的，也可以是国家乃至地方政府发起的。创新的可能性是基于各类脑力群体最大限度将"创意聚合"，并致力于创新。产业转型升级的可能性是基于制造企业的聚合对落后产能淘汰和现代化生产工艺的采用。在这个过程中，伴随"众包""众创""众筹"的兴起，中小企业在基于极速创意的创新聚合、基于分包的产能聚集以及产、销、融生产性服务业发挥灵活的核心竞争力。

一 非正式组织"众包"强劲崛起

部分组织不在政府部门进行登记，一般我们称为非正式组织。这些非正式组织有头脑、有创意，并且具备把这些创意付诸实践的能力。他们创造的产品和服务不次于正规企业，甚至可能比正规企业的更好，更受欢迎。

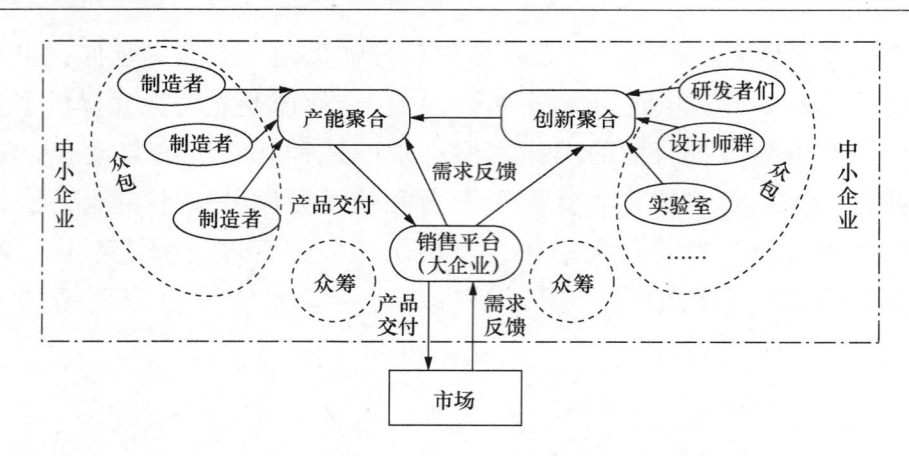

图 11-1　碎片化创新和生产模式

（一）众包的内涵

众包又称为网络化社会生产，是指把过去由员工执行的工作任务，以自由自愿的形式外包给非特定的大众网络的做法，这种非正式组织具有低成本生产、联动潜在生产资源、提高生产效率，以及满足用户个性化需求等优势。

众包在欧美等发达国家已经逐渐兴起，许多知名企业如全球 500 强的 Proctor、Gamble 和波音等都通过众包提高自身的整体竞争实力。社会生产模式早已出现在军事、媒体以及创新等领域，BUSH 将其描述为智力放大，也被 LEVY 称为集体智慧，HIPPEL 将这些分布式的智慧群体命名为创新团体。

（二）众包与中小企业的创业创新

在"众包"模式中，传统由企业或组织内部完成的某项任务，通过外包和自由参与的形式，转交给非特定的网络大众完成，中小企业和个人凭借"智力"，充分利用"云制造"吸取敏捷制造、网络化制造和面向服务制造等先进制造模式的优势，主动、积极、快速地对接创新链前端，成为社会化生产的一部分。在"众筹"模式中，中小企业和个人通过互联网介绍自身项目和筹资需求，大众根据情况选择企业或个人项目进行小额的投资，创新产、销、融便捷一体化的方式，促进创新链与资金链的黏合。

（三）以"猪八戒网"为例的众包模式案例分析

以猪八戒公司为代表的碎片化创新主要通过服务平台，为服务提供方省去了大量营销成本,为需求方提供更多选择,货比三家择优采纳;将非标准化服务变得尽量标准化,让供需双方都能有一个正向的预期,衍生系列"众包""众筹""众创"并在竞争中脱颖而出。

猪八戒网是全国最大的服务类电子商务交易平台,服务交易类涵盖创意设计、网站建设、网络营销、文案策划、生活服务等多种行业。猪八戒网有百万服务商正在出售服务,为企业、公共机构和个人提供定制化的解决方案,将创意、智慧、技能转化为商业价值和社会价值。2015年6月,猪八戒宣布获得总计26亿元人民币C轮融资,最新估值超110亿元人民币,成为名副其实的"独角兽"企业。

猪八戒网作为全球最大的创意交易服务平台,汇聚了300万威客,是来自各行业的专业人才,其创意板能够为企业和机构提供360度的创意需求解决方案。人才铺提供了基于威客的搜索引擎,会员在猪八戒网内设个人空间,卖家可以在空间内展示自己的才艺创意,宣传推广自己的产品,以获得买家的青睐,提升自己的中标概率。而买家通过基于威客地图的搜索引擎,可以方便快捷地找到能为自己提供服务的威客,最大限度地节省了买卖双方的时间。诚付宝是猪八戒网推出的一个支付平台,连接服务交易双方的纽带。诚付宝与支付宝、易宝、快钱三方中介平台合作,严守中立,使交易更加诚信、安全、方便(田爱国《威客猪八戒网案例分析》)。

二 众创空间高度活跃

互联网无限延展了众创空间,使得中小企业创新创业成为一种社区生活方式。众创空间(创客空间)作为一种新型的创新创业平台,自出现以来展现出了强大的生命力,在促进创新创业发展方面成绩显著。

(一)众创空间的内涵

众创空间是顺应创新2.0时代用户创新、开放创新、协同创新、大众创新趋势,把握全球创客浪潮兴起的机遇,根据互联网及其应用深入发展、知识社会创新2.0环境下的创新创业特点和需求,通过市场化机制、专业化服务和资本化途径构建的低成本、便利化、全要素、开放式的新型创业服务平台的统称。

众创空间是由国外的创客空间发展而来,而创客空间的发展脱胎于硬件领域的DIY(Do It Yourself)运动。到21世纪,在新工具、社区、开源软硬件、众筹机制、创客文化的共同合力下,创客空间运动成为一股全

（二）众创空间与中小企业的创业创新

"互联网+"背景下，众创空间（创客空间）迅速成为各发达国家推动中小企业创业创新的新型平台，展现出了强大的生命力，在促进各国创新创业发展方面具有显著的效果。

韩国的众创空间是政府设立的"创造经济革新中心"。从2014年开始，韩国政府投入4万亿韩元（约合37.23亿美元）在17个城市设立创造经济革新中心、扩大现有青年创业基金，为创业者提供良好的风险投资环境。每一家"创造经济革新中心"都由中央（韩国未来创造科学部）和地方两级政府与至少一家韩国大型企业合作设立，采取大企业集团和地方政府共同运营的模式，政府出政策、企业出资金和技术，共同扶持创新和初创企业的发展，为创业者提供创业平台和成果转化平台；每个创新中心都结合当地优势产业，突出自身的特点，着重推动相关领域的发展。"创造经济革新中心"为入驻企业提供网络通信、办公场地、办公设备、展示空间、会议场所以及休息场所等，工作环境宽敞，职能分区明确。入驻企业可免费享用工作区域和办公设备。除硬件服务之外，来自政府和大型企业的金融、咨询、法律支援，都会帮助"创客们"解决在创业初期的各种困难。金融监督院、专利局等政府负责人常驻于此，"创客们"的构思在转化成商品的过程中出现问题的话，都可以第一时间得到解决。

美国知名的创客空间有TechShop、Noisebridge、FabLab等。TechShop是美国规模最大的创客空间，在7个城市开设连锁分店，通过会员费和收费课程盈利。与TechShop不同，Noisebridge是一个崇尚开放、自由、互助、无为而治的场所，无须缴纳会员费就可以进入其中，保留着原汁原味的创客文化。而近年来发展迅速的共享办公型创客空间Wework，则凭借自己独特的商业模式，取得了巨大的成功。

三 浙江省"特色小镇"案例分析

浙江省计划用三年时间投资5000亿元打造100个特色小镇。首批37个特色小镇创建对象已经获得通过。按照计划，37个特色小镇三年投资2400亿元左右，预计2017年可实现税收收入190亿元左右，这也是浙江版的众创空间。

特色小镇既不是传统意义上的小镇，包括制造业小镇、商贸小镇、旅游小镇、人居小镇，也不是一级行政单元，它更多是依托于大中城市而存在的一个相对独立空间，以便于新兴产业或经典产业汇集及相关人才、创新、创业等要素汇聚。同时，特色小镇既不是传统意义的开发区、工业园区、服务业集聚区，它更强调的是产、城（镇）、人的融合发展、可持续承载与包容。简言之，特色小镇是城镇化发展高级阶段的产物，是产业、人居和文化三者的有机融合。未来的特色小镇集产业、文化、旅游以及社区功能于一体完全颠覆以前以产业为主的园区或者传统的块状经济模式。通过转型升级，提升产业层次，其目的是建立一种新型的创业创新生态系统，提升浙江经济发展的空间。

特色小镇的"特"表现在产业之"特"，人群之"特"，位置之"特"，功能之"特"。首先，特色小镇最重要的是要有特色产业，该产业可以是高新服务业（如云栖小镇、梦想小镇等），也可以是传统经典产业（如海宁皮革时尚小镇等）。它不需要有完整的产业链，而只要是产业中的某一行或其中的某一环节即可。其次，特色小镇需要高智力者、高技能者，这些从业者有着高学历和高收入，能为小镇带来独特思想和才华而不是传统小镇以草根就业者为主。再次，特色小镇要位于中心城市内部或周边合适的区域，不能分布在远离中心城市的乡镇。最后，特色小镇主要功能是为企业提供创业创新所需办公场所及必要的公共重大装备实验室、图书馆，以及为从业人员提供舒适、惬意的休闲和人居环境，其他功能，如交通、商业、商务等，多依赖周边大城市。

特色小镇的"色"，即魅力所在，应主要包括：一是生态环境优美。特色小镇选址多为风景秀丽之地，以助于增强对相关企业和镇民的吸引力，可让镇民舒心地创业、休憩或居住，而现专业小镇、工业园区的宜居环境多较差。二是文化底蕴丰厚。特色小镇需十分注重文化建设，以助于增强对企业与镇民的文化认同感或心灵归属感，也将积累、形成新的文化特质或亮色，而现专业小镇、产业园区多仅偏重经济效益的追求。三是管理自治水平高。特色小镇的日常管理与服务事务应由镇民选举的自治性组织负责，镇政府或管委会则主要负责行政管理和外围环境配套，而现专业小镇、产业园区、中心镇的管理基本为政府主导型，居民特别是外来创业者、从业者参与镇区管理的机制与渠道多不健全。四是身份认同度高。特色小镇有着区别于所依托大城市的标示性风格、流行等，企业和镇民多因此而自豪和珍惜，而现有小镇、产业园区基本仅为企业管理者、创业者的赚钱处、暂居地。

第三节 展望与对策建议

"互联网+"时代，为符合多品种、小批量、个性化定制需求、柔性化生产方式的中小企业创业创新带来重大发展机遇。破除发挥中小企业在创新链中作用的体制机制障碍，营造推动"大众创业、万众创新"的良好环境，搭建促进大中小企业协同开展"双创"的平台与载体，通过创新驱动充分发挥中小企业在创新链中的重要作用。

一 未来展望

"互联网+"背景下，推进"大众创业、万众创新"，就是支持各类市场主体通过互联网不断开办新企业、开发新产品、开拓新市场、培育新兴产业，促进大中小企业协同创新，形成中小企业"铺天盖地"、大企业"顶天立地"的发展格局，实现创新驱动发展。

（一）优化中小企业创业创新环境

1. 从特惠制尽量向普惠制转变

在税费扶持政策方面，所有中小企业享受了国家相应的减税政策，但只有部分中小企业能享受了地方性税收减免优惠政策。如部分企业享受到了房产税、城镇土地使用税和地方水利建设基金征收等优惠，有部分中小企业经高新技术企业认定后享受优惠税率征收企业所得税，部分中小企业基本养老保险、基本医疗保险单位缴纳部分可享受一定的政策优惠期。在财政资金支持政策方面，只有部分中小企业能享受地方财政资金支持。如对部分中小企业给予一定的财政资金奖励和补助，给予稳定就业社会保险补贴，对部分地区加大专项资金扶持力度等。在社会融资支持政策方面，对部分中小企业开展了信用评级服务，建立适用于部分中小企业的专项信用贷款基金。推动部分中小企业债务融资项目，如发行中小企业集合票据、短期融资券等债务融资工具，只对部分中小企业提供了融资担保服务等。在申请国家科技基金方面，因为科技基金申请已经程序化，中小型科技型企业申请科技基金没有优势。近年来，企业申请科技基金很多依赖中介机构，其原因是企业没有太多精力去应付烦琐的申报材料填报和申报程序。建议对中小企业，尤其是科技型中小企业的扶持，应该采取普惠制。国家创新战略提出创新以企业为主体，但现实中，还是把大量的经费给大学、科研院所，这跟我们现在的科技创新还是以论文、成果为主有很大关系。在社保扶持政策方面，只有部分中小企业的养老保险、医疗保险、失业保险单位缴纳部分可实行一定年限的缓进期。在其他扶持政策方面，只有部分成长性好的中小企业得到了创业场地支持。建议调整中小企业的服务形式，改变过去点对点、一对一的"保姆式"服务，面向所有中小企业建立门类齐全的普惠制服务体系，以大平台环境和稳定的政策制度保障，扶持中小企业良性发展。

2. 从直接干预创新尽量向打造良好创新环境转变

当前各级政府需要减少和纠正用行政手段包揽、直接介入或干预科技创新活动的做法，把主要精力放在完善创新激励政策、营造公平公正的竞争环境上来，发挥好"推手"作用，为科技创新之树"施肥增养"。除基础性、战略性、前瞻性研究和重大关键共性技术攻关，政府要重点加大支持外，其他科技创新活动在研发方向、资源配置和经费使用、项目评审以及成果评价和应用等各个环节，都要放手让市场"说话"，充分激发各类主体参与创新活动的积极性，建立以企业为主体、产学研用协同创新机制，带动全社会增加研发投入，让科技创新在市场的"沃土"中不断结出累累硕果。

3. 从注重政策制定向同时注重制定和落实转变

当前，在优化中小企业创业创新环境，推动"大众创业、万众创新"的政策方面，重制定，轻落实。表现在对相关政策内涵的理解不深入。有些单位对相关政策的重要性和必要性认识不足，没有认识到相关政策深层次的意义。对具体事项的界定不清晰，对于哪些具体事项属于重要范畴还不能准确区分到位，对需要集体决策的内容、范围、权限、项目安排、资金的性质和数量以及重要岗位的界定等不够明确和清楚。因此，落实相关政策会议的成效也将大打折扣。一些可以不上会研究由个人决定的事情却上了会，挤占决策层的时间精力，降低了决策效率，也为推卸责任提供了借口。出台政策内容的可操作性不高。一是部分政策内容只做了原则性、概括性、粗线条界定，细化、量化不够，具体事项范围不明确。二是部分单位对决策形式、程序、规则以及决议的方式执行不严，议事规程的设计缺乏规范性文件作为指导，导致操作过程中随意性、盲目性较大。议题事项的透明度不够。有些上会研究的政策议题仅局限于决策环节，决策是否执行、如何执行、执行效果等情况，很少在事后对决策执行的情况在会上进行反馈和通报。此外，一些具体事项在决策执行过程中会发生调整变更现象，而调整变更的集体决策过程往往容易被忽视或漠视，从而导致集体决策的要求未能贯穿具体事项的始终。对相关政策执行的力度有待提升，对政策落实的监督有待加强，部分单位在决策实施过程中没有委派有关部门进行监督，导致实施过程的监督不到位。

（二）全面降低企业创业创新成本

1. 强化先进技术驱动

充分依托"互联网+"、大数据、智能制造等先进技术和发展模式，深挖行业急速变革中蕴藏的创业创新机会，推动各行业中小企业创新商业模式发展。加快发展"互联网+"创业网络体系，建设一批小微企业创业创新基地，促进创业与创新、创业与就业的无缝对接，建立和完善线上与线下、境内与境外、政府与市场开放合作等中小企业创业创新协同机制，降低全社会中小企业创业门槛和成本。引导和鼓励集办公服务、投融资支持、创业辅导、渠道开拓于一体的市场化网商创业平台发展，鼓励电子商务第三方交易平台渠道下沉，带动城乡基层创业人员依托其平台和经营网络开展创业，降低创业创新成本。加强政府、行业及其他公共数据的开放共享，推动大型互联网企业和基础电信企业向中小企业创业者开放计算、存储和数据资源，完善国家重点实验室等国家级科研平台（基地）向社会开放机制，为"大众创业、万众创新"提供有力支撑，降低中小企业创业资源获取成本，提高中小企业获得稀缺性市场资源的可能性。积极推广众包、用户参与设计、云设计等新型研发组织模式和创业创新模式。

2. 降低创新创业门槛

深化商事制度改革，加快实施工商营业执照、组织机构代码证、税务登记证"三证合一""一照一码"，落实"先照后证"改革，推进全程电子化登记和电子营业执照应用。支持各地结合实际放宽新注册企业场所登记条件限制，推动"一址多照"、集群注册等住所登记改革，为创业创新提供便利的工商登记服务。针对众创空间等新型孵化机构集中办公等特点，鼓励各地结合实际，简化住所登记手续，采取一站式窗口、网上申报、多证联办等措施为创业企业工商注册提供便利。有条件的地方政府可对众创空间等新型孵化机构的房租、宽带接入费用和用于创业服务的公共软件、开发工具给予适当财政补贴，鼓励众创空间为创业者提供免费、高速宽带的互联网接入服务。建立市场准入等负面清单，破除不合理的行业准入限制。开展企业简易注销试点，建立便捷的市场退出机制。依托企业信用信息公示系统建立小微企业名录，增强创业企业信息透明度。

3. 加强财政资金引导

各级财政要根据当地创业创新实际需要，统筹安排各类支持小微企业和创业创新的专项资金，加大对创业创新的支持力度，强化资金预算执行和监管，加强资金使用绩效评价。支持有条件的地方政府设立创业基金，通过中小企业发展专项资金，运用阶段参股、风险补助和投资保障等方式，引导创业投资机构投资于潜力巨大、成长性较好的中小企业，扶持创业创新发展。在确保公平竞争前提下，鼓励对众创空间等孵化机构的办公用房、用水、用能、网络等软硬件设施给予适当优惠，减轻创业者负担。强化国家及地方政府创业创新专项引导基金对创新创业行业选择的引导作用，以及对于社会资本的带动作用，重点支持战略性新兴产业和高技术产业早中期、初创期创新型企业发展。发挥国家科技成果转化引导基金作用，综合运用设立创业投资基金、贷款风险补偿、绩效奖励等方式，促进科技成果转移转化。发挥财政资金杠杆作用，通过市场机制引导社会资金和金融资本支持创业活动。发挥财税政策作用支持天使投资、创业投资发展，培育发展天使投资群体，推动大众创新创业。

4. 健全创业创新教育

加强创业创新知识普及教育，使"大众创业、万众创新"深入人心，将创业精神培育和创业素质教育纳入国民教育体系，实现全社会创业教育和培训制度化、体系化。推进实施大学生创业引领计划，加快完善创业课程设置，鼓励高校开发开设创新创业教育课程，建立健全大学生创业指导服务专门机构，加强创业导师队伍建设，提高创业服务水平，加快创业实训体系建设，加强大学生创业创新培训。整合发展国家和省级高校毕业生就业创业基金，为大学生创业提供场所、公共服务和资金支持，以创业带动就业。加快推进社会保障制度改革，持续推进中央级事业单位科技成果使用、处置和收益管理改革试点，完善科技人员创业股权激励机制。破除人才自由流动制度障碍，实现党政机关、企事业单位、社会各方面人才顺畅流动。加快建立创业创新绩效评价机制，让一批富有创业精神、勇于承担风险的人才脱颖而出。

5. 完善税收优惠措施

落实扶持小微企业创新创业发展的各项税收优惠政策。落实创业创新企业孵化器、大学科技园等税收优惠政策，对符合条件的创业小镇、众创空间等新型孵化机构适用科技企业孵化器税收优惠政策。按照税制改革方向和要求，对包括天使投资在内的投向种子期、初创期等创业创新活动的投资，统筹研究相关税收支持政策。修订完善高新技术企业认定办法，完善创业投资企业享受70%应纳税所得额税收抵免政策。落实促进高校毕业生、登记失业人员、残疾人等特殊人员创新创业的税收优惠政策。积极总结特色创业创新示范区、创业创新平台等创业创新体系的税收试点改革经验。论证并尝试企业转增股本分期缴纳个人所得税试点政策、股权奖励分期缴纳个人所得税试点政策的适用性。

（三）形成创业创新友好型市场环境

1. 加快构建众创空间

不断总结推广卓有成效的创客空间、创业咖啡、创新工场、创业小镇等新型创业创新孵化模式，充分利用国家自主创新示范区、国家高新技术产业开发区、科技企业孵化器、小企业创业基地、大学科技园和高校、科研院所在场地、资源、人才以及政策等要素上聚集的有利条件，充分发挥行业领军企业、创业投资机构、社会组织等社会力量的主力军作用，集中各方面力量构建一批低成本、便利化、全要素、开放式的众创空间。充分发挥创业创新政策集成和要素协同效应，实现中小企业创新与创业相结合、线上与线下相结合、孵化与投资相结合，为广大中小企业创新创业者提供良好的工作空间、网络空间、社交空间和资源共享空间。

2. 支持创新创业公共服务

完善促进中小企业发展的政府采购政策，综合运用政府购买服务、无偿资助、业务奖励等方式，加大创新产品和服务的采购力度，增强政策对小微企业发展的支持效果。支持中小企业公共服务平台和服务机构建设，为中小企业提供全方位专业化优质服务，支持服务机构为初创企业提供法律、知识产权、财务、咨询、检验检测认证和技术转移等服务，促进创业创新科技基础条件平台开放共享。加强互联网、物联网以及电子商务等基础设施建设，完善金融、信息平台，为创新创业搭建高效便利的服务平台，提高小微企业市场竞争力。加快建立创业企业、天使投资、创业投资统计指标体系，规范统计口径和调查方法，加强监测和分析。支持鼓励学会、协会、研究会等科技社团为科技人员和创业企业提供咨询服务，鼓励利用财政性资金设立的科研机构、普通高校、职业院校，通过合作实施、转让、许可和投资等方式，向高校毕业生创设的小微企业优先转移科技成果。加强知识产权咨询服务，完善专利审查快速通道，对小微企业创业创新过程中亟须获得授权的核心专利申请予以优先审查。

3. 丰富创新创业活动

鼓励社会力量围绕"大众创业、万众创新"组织开展各类公益活动，倡导全社会阶层"大众创业、万众创新"的良好社会风气。在继续办好中国创新创业大赛、中国农业科技创新创业大赛等赛事活动的同时，支持举办创业训练营、创业创新大赛、创新成果和创业项目展示推介等活动，搭建创业者交流平台，培育创业文化。积极支持社会成员参与国际创新创业大赛，不断搭建对所有有关创新创业组织机构、自然人开放的创业创新资源交易渠道，为投资机构与创新创业者提供对接平台。鼓励有条件的地区率先开展社会创业创新考核机制政策探索，强化社会创业创新的政策导向，切实解决创业者面临的资金需求、市场信息、政策扶持、技术支撑、公共服务等瓶颈问题，最大限度地释放各类市场主体创业创新活力，开辟就业新空间，拓展经济发展新的增长极。鼓励大企业建立服务大众创业的开放创新平台，支持社会力量举办创业大讲堂、训练营等创业培训活动。

4. 营造创新创业文化氛围

建立健全社会创业辅导制度，培育一批专业创业辅导师，鼓励拥有丰富经验和创业资源的企业家、天使投资人和专家学者担任创业导师或组成辅导团队，定期开展创业创新辅导讲座、论坛，推动创业创新精神文化的普及，调动社会创业创新的积极性，同时降低创业创新的风险成本。积极倡导敢为人先、宽容失败的创新文化，树立崇尚创新、创业致富的价值导向,在有条件的地方要大力培育企业家精神和创客文化,将奇思妙想、创新创意转化为实实在在的创业活动,提高创业创新活动的成功率。推进创业型城市创建,对政策落实好、创业环境优、工作成效显著的,按规定予以表彰。在社会舆论方面,加强各类媒体对大众创业创新的正面新闻宣传和积极舆论引导,报道一批创新创业先进事迹,树立一批创业创新典型人物,让"大众创业、万众创新"在全社会蔚然成风。

(四)形成公平竞争的市场环境

1. 完善创业投融资机制

加强国家、省与地方三层级创业投资政策的统筹和协调,部门与地方投融资政策联动,确保创业创新资金扶持政策的可操作性、能落地。发挥多层次资本市场作用,为创新型企业提供综合金融服务,加强创业投融资的政策监管,维护创业投融资市场秩序的稳定性和可持续性。支持互联网金融发展,引导和鼓励众筹融资平台规范发展,开展公开、小额股权众筹融资试点。开展互联网股权众筹融资试点,增强众筹对大众创业创新的服务能力,推进创业创新投融资的市场化水平,加强风险控制和规范管理。规范和发展服务小微企业的区域性股权市场,促进科技初创企业融资,完善创业投资、天使投资退出和流转机制,强化中小企业的融资激励机制。鼓励银行业金融机构增设专门部门,提供科技融资担保、知识产权质押、股权质押等多种方式的金融服务,拓宽中小企业的创业创新融资渠道。

2. 完善创业创新监管模式

进一步转变政府职能,增加创业创新相关公共产品和服务供给,为创业者获取创业创新资源提供便利。逐步清理并废除妨碍创业发展的制度和规定,加快出台公平竞争审查制度,建立统一透明、有序规范的市场环境,不断破除创业创新的地方保护主义。依法反垄断和反不正当竞争,消除不利于创业创新发展的垄断协议和滥用市场支配地位以及其他不正当竞争行为。清理规范涉企收费项目,完善收费目录管理制度,制定事中事后监管办法,加强问责制度。规范企业信息发布制度,制定严重违法企业名单管理办法,把创业主体信用与市场准入、享受优惠政策挂钩,完善以信用管理为基础的创业创新监管模式。

3. 加强创业知识产权保护

不断加强创业创新知识产权的保护制度,研究互联网、大数据等背景下出现的新商业模式、形态的创新成果的知识产权保护办法。积极推进知识产权交易，重视保护创业者的知识产权权益，加快建立全国知识产权运营公共服务平台。完善知识产权快速维权与维权援助机制，缩短确权审查、侵权处理周期，建立鼓励创业者创业创新的知识产权保护制度。考虑到创业者的弱势地位，加大对创业者知识产权维权的法律支持，提高对创业者创业创新成果反复被侵权、恶意侵权等行为的处罚力度，探索实施惩罚性赔偿制度。完善权利人维权机制，合理划分权利人举证责任，完善行政调解等非诉讼纠纷解决机制。强化创业创新知识产权成果的市场价值，完善知识产权估值、质押和流转体系，依法合规推动知识产权质押融资、专利许可费收益权证券化、专利保险等服务常态化、规模化发展，支持创业创新知识产权的金融发展。

4. 促进创业资源要素流动

一方面，加快对中国本土市场资源要素的结构性改革和创新，进一步在行业进入、市场经营权审批等方面简政放权、放管结合、优化服务，增强市场创业创新的制度供给，完善相关法律法规、扶持政策和激励措施，营造均等普惠的创业创新市场环境，推动社会创业创新资源的市场化流动，不断优化中国本土的创业创新投资市场要素管理。

另一方面，抓紧修订外商投资创业投资企业相关管理规定的出台，按照内外资一致的管理原则，逐步放宽外商投资准入门槛，完善外资创业投资机构管理制度，不断简化管理流程，鼓励外资在中国境内开展创业创新投资业务。放宽对外资创业投资基金投资限制，鼓励中外合资创业投资机构发展。引导和鼓励创业投资机构加大对境外高端研发项目在国内的投资，积极分享境外高端技术成果。按投资领域、用途、募集资金规模，完善境外投资创业管理。继续推进人力资源市场对外开放，发挥留学回国人才特别是领军人才、高端人才的创业引领带动作用，建立和完善境外高端创业创新人才引进机制。

二 对策建议

在"互联网+"背景下，推进"大众创业、万众创新"，有利于激发创新活力，营造公平竞争的创业环境，使有梦想、有意愿、有能力的科技人员、高校毕业生、农民工、退役军人、失业人员等各类市场创业主体"如鱼得水"，通过创业增加收入，促进收入分配结构调整，实现创新支持创业、创业带动就业的良性互动发展。优化中小企业创新环境，推动"大众创业、万众创新"的政策建议如下：

（一）进一步落实简政放权，优化调整各类扶持政策

1. 放宽现有行业准入政策对创业和创新的限制

放宽行业准入限制，减少前置审批环节。一是放宽行业准入限制，加快推进垄断性行业改革，放开自然垄断行业竞争性业务，为中小企业创新发展拓宽空间。在不涉及公共安全、不存在重大安全隐患和破坏环境资源的情况下，鼓励、支持和引导中小企业参与国有企业改革，矿产资源开采领域。二是改革产业准入制度，制定和实施产业准入负面清单，对未纳入负面清单管理的行业、领域、业务等，各类市场主体皆可依法平等进入。三是减少前置审批环节，对于法律法规规定须经有关部门前置审批许可的，可先行确认，待取得有关前置审批许可后，再依法核准经营范围。四是依法反垄断和反不正当竞争，消除不利于中小企业创业创新发展的垄断协议和滥用市场支配地位以及其他不正当竞争行为，建立鼓励创新的统一透明、有序规范的市场环境。

2. 破除限制新技术新产品新商业发展的不合理准入障碍

破除限制新技术新产品新模式发展的不合理准入障碍。对药品、医疗器械等创新产品建立便捷高效的监管模式，深化审评审批制度改革，多种渠道增加审评资源，优化流程，缩短周期，支持委托生产等新的组织模式发展。对新能源汽车、风电、光伏等领域实行有针对性的准入政策。改进互联网、金融、环保、医疗卫生、文化、教育等领域的监管，支持和鼓励新业态、新商业模式发展。

3. 完善促进"互联网+"中小企业创新的相关法律法规和政策

一是启动各地方促进中小企业发展条例的修改工作。对已经出台的各项政策继续抓好落实，指导中小企业用足用好各项扶持政策。同时，重点围绕中小企业创业创新这一主线，进一步研制出台创业创新、融资担保、财政支持、税费优惠、市场开拓、公共服务体系建设等方面的专项扶持政策，切实加大对中小企业创业创新的引导扶持力度。

二是加大各级财政对中小企业发展的资金支持，突出支持重点，完善支持方式，向公共服务体系建设倾斜，加大对小型微型企业的支持力度，

不断改善对小型微型企业的服务。加快设立国家小微企业发展基金，引导社会资本支持小微企业发展。认真执行现行中小企业税收优惠政策，进一步加大财税政策对小型微型企业的支持力度。

三是进一步优化税收征管流程，提高纳税服务质量。继续清理涉及中小企业的各项收费，规范行政事业性收费和经营服务性收费行为，减轻中小企业负担。尽快出台政府采购促进中小企业发展的具体办法，建立统一的政府采购信息发布平台，提高政府采购信息透明度，降低中小企业获取信息的成本。

（二）完善"互联网+"背景下中小企业创新创业服务体系

1. 发展"互联网+"背景下中小企业创新创业服务平台

一是用好创业创新技术平台。建立科技基础设施、大型科研仪器和专利信息资源向全社会开放的长效机制。完善国家重点实验室等国家级科研平台（基地）向社会开放机制，为"大众创业、万众创新"提供有力支撑。鼓励企业建立一批专业化、市场化的技术转移平台。鼓励依托三维（3D）打印、网络制造等先进技术和发展模式，开展面向创业者的社会化服务。引导和支持有条件的领军企业创建特色服务平台，面向企业内部和外部创业者提供资金、技术和服务支撑。加快建立军民两用技术项目实施、信息交互和标准化协调机制，促进军民创新资源融合。

二是发展创业创新区域平台。支持开展创新创业改革试验的省（区、市）、国家综合配套改革试验区等，依托改革试验平台在创业创新体制机制改革方面积极探索，发挥示范和带动作用，为创业创新制度体系建设提供可复制、可推广的经验。依托自由贸易试验区、国家自主创新示范区、战略性新兴产业集聚区等创业创新资源密集区域，打造若干具有全球影响力的创业创新中心。引导和鼓励创业创新型城市完善环境，推动区域集聚发展。推动实施小微企业创业基地建设，鼓励有条件的地方出台各具特色的支持政策，积极盘活闲置的商业用房、工业厂房、企业库房、物流设施和家庭住所、租赁房等资源，为创业者提供低成本办公场所和居住条件。

2. 健全"互联网+"背景下中小企业创业创新服务体系

一是加快建设以"互联网+"、智能制造技术为引领的新型的共性技术服务平台。通过深化众创空间建设，将网上技术市场延伸到众创空间，为创业者提供相关行业技术成果信息及交易服务。建立健全科研设施、仪器设备和科技文献等资源向众创空间企业开放的运行机制，科技创新服务平台、重点实验室和工程中心、科研院所、重点企业研究院和等各类创新载体要向创业者开放共享科技资源。鼓励有条件的企业和其他创新载体向创客开放设备和研发工具，为创客群体提供工业设计、3D打印、检测仪器等电子和数字加工设备，构建移动互联网、大数据、物联网支撑的共性技术平台，为创新型、科技型、高端型中小企业带来广阔发展空间。

二是完善公共服务平台的创新支撑能力，充分利用"互联网+"加快中小企业公共服务平台网络建设，形成虚拟服务系统与实体服务资源的协同服务。增强公共服务平台的创业服务功能、创新服务功能、融资服务功能、管理咨询服务功能、信息服务功能、人才培养功能、市场开拓服务功能。以中小企业公共服务为主导，引导带动信息、融资、担保、技术、人才培训、市场开拓、管理咨询、对外合作等专业服务，促进服务领域和对中小企业服务的覆盖面不断扩大，服务质量不断提升。

三是大力培育新型的服务主体，围绕国家新型智库建设，大力发展生产性服务业的契机，充分调动行业协会（商会）、高等院校、科研机构等组织的积极性，鼓励建设各类面向中小企业的服务机构。同时进一步综合运用政府购买服务、无偿资助、业务奖励等方式，支持中小企业公共服务平台和服务机构建设，并发挥政务服务网及各级政务服务平台的作用，为初创企业提供法律、知识产权、财务、管理咨询、检验检测认证和技术转移等服务。

3. 加快建设中小企业产学研合作基地

一是强化"官、产、学、研、用"的协同创新机制，以关键技术支撑平台、技术预见分析平台、专利挖掘预警平台、知识产权服务运营平台、创新人才培养平台、科技成果转化平台、信息资源共享平台、投融资平台建设为支撑。以多样化的中小企业的创新服务需求满足为落脚点，加强中小企业产学研合作基地中的技术、知识、资金、信息等投入与产出，完善企业博士后建立和运行机制，提升中小企业产学研合作基地的创新服务体系运转的规范性与高效性，形成创新要素活跃、创新能力突出、成果转化迅速、产业特色鲜明的良好格局。

二是鼓励构建以企业为主导，产学研用合作的"互联网+"产业创新网络或产业技术创新联盟。鼓励各级创新平台向企业特别是中小企业在线开放。鼓励企业参与新兴技术标准研制与推广。按照共性先立、急用先行的原则，引导企业参与工业互联网、智能电网、智慧城市等领域基础共性标准、关键技术标准的研制及推广。不断完善"互联网+"融合标准体系，同步推进国际国内标准化工作，增强在国际标准化组织（ISO）、国际电工委员会（IEC）和国际电信联盟（ITU）等国际组织中的话语权。

三是加强融合领域关键环节的专利导航作用，引导企业加强知识产权战略储备与布局。加快推进专利基础信息资源开放共享，支持在线知识产权服务平台建设，鼓励服务模式创新，提升知识产权服务附加值，支持中小企业知识产权创造和运用。加强网络知识产权和专利执法维权工作，严厉打击各种网络侵权假冒行为。增强全社会对网络知识产权的保护意识，推动建立"互联网+"知识产权保护联盟，加大对新业态、新模式等创新成果的保护力度。大力发展开源社区。鼓励企业自主研发的软件成果通过互联网向社会开源。引导教育机构、社会团体、企业或个人发起开源项目，积极参加国际开源项目，支持组建开源社区和开源基金会。鼓励企业依托互联网开源模式构建新型生态，促进互联网开源社区与标准规范、知识产权等机构的对接与合作。

（三）强化"互联网+"背景下中小企业创业创新人才技术支撑体系

1. 强化中小企业创新人才培育

一是采用稳定、引进、培养三管齐下的中小企业创新人才培育机制。稳定现有创新人才队伍，从工资报酬、住房、福利、职称等多方面给予支持，鼓励他们投入创业与创新活动；在国际上有计划、有重点地广揽人才，吸引一批复合型人才充实到创新活动中，为创新注入新的活力；建立产学研合作培育人才的新机制；积极营造良好的引人、育人、留人、用人的环境和制度，大力引进和培养创业人才、技术人才、经营管理人才、中介服务人才等。积极吸取国外先进经验，完善推广工匠人才、技术工程师等专门人才的培养体系。开展中小企业诊断师的培养，为中小企业经营管理提供帮助和辅导。

二是引进海内外高层次创业人才，大力实施"千人计划"、领军型创业创新团队引进培育计划，带动引进海内外高层次人才和团队，整合各类重大人才工程，实施国内高层次人才特殊支持计划，激发人才创业创新活力。对入选的领军型创业创新团队进行资助，团队所在地政府按照不低于省级财政投入额度进行配套资助，团队所在企业按照不低于各级财政资助资金总额对团队进行配套投入。

三是鼓励大学生创业。实施大学生创业引领计划，鼓励高校开设创业课程，建立健全大学生创业指导服务专门机构，推进高校创业教育学院和大学生创业园建设，加强大学生创业培训，为大学生创业提供场所、公共服务和资金支持。在校大学生利用弹性学制休学创业的，可视为参加实践教育，并计入实践学分。对众创空间内小微企业招用高校毕业生，按规定给予社保补贴。对自主创业的高校毕业生，按规定落实创业担保贷款及贴息、创业补助和带动就业补助等扶持政策。众创空间等新型孵化机构可根据需要申请设立集体户。

四是调动科研人员创业积极性。支持省内高校、科研院所科研人员在完成本职工作和不损害本单位利益的前提下，征得单位同意后在职创业，其收入在照章纳税后归个人所有。高校、科研院所科研人员离岗创业的，经原单位同意，可在三年内保留人事关系，与原单位其他在岗人员同等享有参加职称评聘、岗位等级晋升和社会保险等方面的权利。赋予省属高校、科研院所等事业单位职务科技成果使用和处置自主权，应用职务发明成果转化所得收益，除合同另有约定外，可按60%—95%的比率，划归参与研发的科技人员及其团队拥有。高校、科研院所转化职务科技成果以股份或出资比例等股权形式给予个人奖励的，暂不征收个人所得税，待其转让该股权时按照有关规定计征。

2. 运用"互联网+"、"智能制造"等新技术新模式支撑中小企业创新

一是鼓励中小企业"特色化"成长。支持中小企业发展大规模个性化定制服务与制造，利用互联网采集并对接用户个性化需求，推进设计研发、生产制造和供应链管理等关键环节的柔性化改造，开展基于个性化产品的服务模式和商业模式创新。鼓励中小企业制造业向服务业转型。鼓励制造企业利用物联网、云计算、大数据等技术，整合产品全生命周期数据，形成面向生产组织全过程的决策服务信息，为产品优化升级提供数据支撑。鼓励企业基于互联网开展故障预警、远程维护、质量诊断、远程过程优化等在线增值服务，拓展产品价值空间，实现从制造向"制造+服务"的转型升级。鼓励农村中小企业充分利用电商平台开展线上线下一体化服务。

二是引导中小企业"高端化"成长。重点推动智能制造技术在中小企业中的运用与推广，加快推动云计算、物联网、智能工业机器人、增材制造等技术在中小企业生产过程中的应用，推进生产装备智能化升级、工艺流程改造和基础数据共享。加强工业大数据的开发与利用，有效支撑中小企业制造业智能化转型，构建开放、共享、协作的智能制造产业生态。坚持产业结构调整、转型升级的方向，促进中小企业把传统产业做强、把战略性新兴产业（高新技术产业）做大、把服务业做新（做成现代的）、把科技型服务业做优。坚持协作配套、完善产业链的要求，加快发展产业集群的衍生配套产业，培育发展一批专业化水平高、配套能力强、产品特色明显的中小企业。

3. 加速中小企业科技成果的转化

加速中小企业科技成果的转化，大力培育和发展技术市场及信息市场，繁荣技术贸易和技术咨询。重点支持科技成果信息服务、分析测试、技术转移、工程化应用、创新孵化、区域服务、融资服务等科技成果转化平台建设。围绕科技成果转化、科技企业培育、创新创业、环境营造，建立区域中小企业科技成果转化服务体系。依托国家和省级科技创业服务中心、大学科技园区等，建设一批综合实力强、服务条件完善、设施齐全的综合性中小企业科技企业孵化器；建设一批专业特色鲜明、配套条件好、专业人才集聚的高水准的专业性科技企业孵化器。

第十二章

"中国制造2025"与中小企业转型升级专题研究

中小企业转型升级是全球各国实施经济复苏计划的重要路径和基石。"中国制造2025"的颁布和实施为中小企业转型升级带来新的契机。本章立足"中国制造2025"文件精神，阐明中国中小企业借力"智能制造"实现转型升级的挑战和措施，介绍中国中小企业大省浙江省实施"机器换人"助力中小企业转型升级的新鲜经验，以及中小企业科技成果转化情况和政策建议。

第一节 中国中小企业智能制造

2015年5月8日，国务院发布"中国制造2025"，被誉为"中国版工业4.0"规划。智能制造是"中国制造2025"的主攻方向。未来，智能制造将极大改变人类的生产方式和生活方式。中小企业只有充分把握时代的机遇和挑战，并不断快速提升应对能力，以"专精特新"立足市场，才能"胜者为王"。

一 中小企业在"中国制造2025"战略中的重要作用

（一）"中国制造2025"需要中小企业与大企业协同创新

当前，新科技革命和产业变革正在兴起，全球工业技术体系、发展模式和竞争格局迎来重大变革。发达国家纷纷出台以先进制造业为核心的"再工业化"国家战略，把"智能制造"定为先进制造业的制高点。中小企业成为实现关键基础材料、核心基础零部件（元器件）、先进基础工艺和产业技术基础（"四基"）工程化、产业化突破的源泉，成为配套支撑大企业生产、联合研究机构和高等院校开展协同攻关，加快创新成果工程化、产业化和推广应用的黏合剂。

大企业"搭台"，中小企业协作创新与生产促使"大平台＋小前端＋富生态"的组织形态开始大量出现。新的分工体系被建立起来，它不再是孤立的、仅限于企业内部的协同体系，而是大规模社会化的协同。大企业成为"大平台"型组织框架，个性化需求成为小前端，一大批中小企业致力于"众包""云设计"、生产性服务业等新业态，企业间生态圈逐渐呈现生产小型化、智能化、专业化的产业组织新特征。

（二）"中国制造2025"需要中小企业发挥积极和重要作用

"中国制造2025"推动公共制造和社会化创新。生产和创新正逐渐由企业的实验室和车间走向桌面和家庭，自我雇佣形态下个人或者社群使用数字桌面工具设计新产品，制作模型样品，并在开源社区中分享设计成果或者直接将知识产权出售给愿意进行产业化的个人或企业，从而大大缩短了从创意到发明再到商业化的创新过程，改变了建立在工业化生产基础上的传统管理方式。较之大企业层级化的研发机制，中小企业能够依靠扁平简单的组织优势，对市场需求做出及时反应并在极速试错与创新中发挥优势。

同时，基于互联网、大数据、智能制造装备的"中国制造2025"具有更快和更准确地感知、反馈和分析决策能力，更加能够满足个性化的市场需求，适合进行柔性化的产品生产，并能把生产制造切割成细小单元。中小企业由于其机动灵活的特点，更能适应个人化、定制化的"新制造"特征，通过多元化和差异化突破传统上围绕大企业的配套角色定位和边缘市场补充者身份，成为社会中最具活力的创新力量。

（三）"中国制造2025"需要中小企业加快转型升级

1. "中国制造2025"通过全球供应链管理创新催生虚拟产业集群

企业可以利用人机互动、智能物流管理、3D打印等先进技术在全球范围配置和优化资源，促使全球供应链管理向网络化和虚拟化转变。3D打印（堆积制造）的广泛应用可以使消费者通过互联网将其所需要的产品就地"打印"出来。因此，数以万计的小型社区生产者和虚拟产业集群迎来蓬勃发展的新机遇。中小企业是互联网创业创新的主力军，也是新业态的大浪淘沙者。

2. "中国制造2025"引领制造业服务化转型促进生产性服务业的大发展

"智能制造"贯穿产品制造的全过程,消费者不仅能够获得个性化的定制产品,还可以从产品设计阶段就参与其中,监督和指挥加工制造、销售物流环节,实现随时参与和决策自由配置各个功能组件。由此产生在线生产所需要的各种制造服务,比如个性化定制、在线检测、远程诊断和维护、数据分析、节能服务等,而且大多数服务类产品的成本低、盈利空间大,为服务型中小企业提供发展机遇。

3. "中国制造2025"加速制造企业成本再造倒逼中小企业优胜劣汰

"中国制造2025"使生产工艺和供应链管理更具有效率,能源消耗程度明显降低,通过系统的自我纠正降低产品的不合格率,产品从设计到投入市场的周期明显缩短,快捷化、服务化的产品为企业创造更多的市场价值,并严重影响成本投入结构。据统计,中国制造业成本不仅高于东南亚、东欧等地区,而且还达到了美国制造业成本的90%,珠三角、长三角更是达到美国制造业成本的95%。可以说谁能找到精益化、低成本的自动化最优方法,谁就能在竞争中脱颖而出。

二 中国中小企业在"智能制造"时代面临的挑战

"智能制造"时代,中国中小企业面临"先天不足"和"后天乏力"的挑战,在观念、技术、成本、人才、模式等方面亟待变革。

(一)现代化工业生产要素的先天制约

智能制造是在机械自动化和装备自动化得到充分实现之后,与信息化和智能化高度融合的产物。但是,中国制造业基础材料、基础零部件和基础工业的水平不高,产业层次不高,大部分企业处于价值链的中低端。中国中小企业在依赖人口红利与长期的低价、同质、盲目跟风的竞争环境下,存在质量意识薄弱、质量管理制度不健全、企业整体的生产管理精益化、信息化基础较差的问题。虽然不少中小企业主凭借天生的"政治敏锐性",对于智能设备有强烈的兴趣和需求,但是囿于创新能力和资金规模等自身条件,中小企业难以找到与"智能设备"和"智能工艺"真正匹配的结合点。

同时,"智能工厂"的显著特征是运用物联网技术链接工业生产的装备、零部件、原材料、产品等各个环节,其中围绕数据采集、交互式分析及智能决策是实现制造系统的智能优化的关键。遗憾的是，大部分中小企业往往更重视看得见的"硬件"智能化，而忽视看不清的"软件"智能化，归根结底是缺乏"智能制造"的战略性眼光与思想。

（二）推进"智能制造"的可能"陷阱"

新经济形势下，随着产业形态、结构布局、生产方式和竞争模式的更迭变化速度加快，绝大部分传统产业已趋饱和，产能过剩问题十分突出。面对劳动力成本、土地成本、资金成本等要素成本的日益激增，利用"智能设备"解放劳动力和空间约束成为越来越多中小企业的必然选择。

对于创新型中小企业而言，高额的研发投入和缓慢的产业化过程，让其面临巨大的风险。尤其在互联网与制造业融合发展的大背景下，新技术新产品更新换代的速度明显加快，市场模仿和跟随的周期越来越短，创新型企业面临的挑战和风险日益增大，遭遇"创新陷阱"的概率增多。

对于生产型中小企业而言，"智能制造"能否成功，本质上取决于经济上的合理性。而经济合理性要以生产线、设备稳定可靠、产品质量稳定为前提。要满足这些条件，又必须以生产"高、精、特"产品为前提。离开这些具体的条件，盲目推动智能制造的风险也很大。

对于服务型中小企业而言，随着信息越来越透明，企业间的竞争变得更加公开、公平，蓝海越来越难找，这就意味着企业必须获得更多的竞争优势，才有可能在万千竞争者中脱颖而出，占有一席之地。

（三）高技能人才需求不断提升

过去依靠廉价劳动力成为世界制造大国的中国，一个初中生足以在沿海地区承担起发达国家相关的低端制造业转移到中国来后形成的用工需求，但是"智能制造"要求迅速掌握日新月异的通信信息技术并不断与制造业充分融合，显然不是一个初中生或大专生能胜任的，因此，高学历、高素养的技能人才需求大大提升。麦肯锡调查报告显示，到 2020 年，中国将需要 1.42 亿高技能人才，若劳动者的技能得不到有效提升，中国将面临约 2400 万的人才缺口。与相对规模大、制度完善的大企业相比，中小企业在争取高技能人才方面往往具备劣势。如何选择、培养"高性价比""高忠诚度"的高技能人才成为当务之急。

进一步来说，中小企业高技能人才的成长性是否适应"智能制造"的发展进程也是必须考量的问题。在新环境下，第一、第二、第三产业边界越来越交叉，农业是不是成为制造业的下一个行业？农业产品是制造出来的，而不是种出来的，当然也是种出来的，但这个种是工厂的种，而不是大田的种。我们看到从这样的第一产业一直到第三产业，完全打通的路径已经产生，所以业态，经济域的划分，都将产生动态变化，平衡点已经由技术交到市场，不仅变成经济层面判断决策问题，又成为高技能人才学科交叉、能力不断演进的需求。

三　中国中小企业借力"智能制造"实现转型升级的具体措施

（一）政策引领中小企业"智能制造"转型升级大方向

"中国制造2025"顺应"互联网+"的发展趋势，以信息化与工业化深度融合为主线，重点发展新一代信息技术、高档数控机床和机器人、航空航天装备、海洋工程装备及高技术船舶、先进轨道交通装备、节能与新能源汽车、电力装备、农机装备、新材料和生物医药及高性能医疗器械十大领域。并强调"促进大中小企业协调发展"：激发中小企业创业创新活力，发展一批主营业务突出、竞争力强、成长性好、专注于细分市场的专业化"小巨人"企业；发挥中外中小企业合作园区示范作用，利用双边、多边中小企业合作机制，支持中小企业走出去和引进来；引导大企业与中小企业通过专业分工、服务外包、订单生产等多种方式，建立协同创新、合作共赢的协作关系；推动建设一批高水平的中小企业集群。随着国家与"智能制造"相关的政策频频出台，给中小企业转型升级指明方向（见表12-1）。

表12-1　　2015—2016年与"智能制造"密切相关的政策解读

时间	政策来源	主要内容	中小企业相关解读
2015年3月	政府工作报告	推动移动互联网、云计算、大数据、物联网等与现代制造业结合	"互联网+"配套技术服务领域方兴未艾
2015年5月	国务院文件	发布"中国制造2025"	战略性新兴领域方向与大中小企业协同创新政策支持
2015年7月	工信部文件	确立2015年智能制造示范项目试点	借鉴成功经验与模式
2015年7月	工信部文件	发布《机器人产业"十三五"发展规划》	家庭辅助类机器人市场前景巨大

续表

时间	政策来源	主要内容	中小企业相关解读
2015年10月	中共中央文件	"十三五"规划建议智能制造成实施重点(100项重大项目大多数)	下一个五年计划,"智能制造"是大东风
2015年11月	工信部报告	18个行业基本完成淘汰落后和过剩产能年度任务	能耗要求更加严苛,饱和行业必须转型
2015年12月	工信部文件	"互联网+"三年行动规划中"互联网+"制造业和"互联网+"小微企业为重点,以高速宽带网络基础设施和信息技术产业为支撑,从技术路线、产业模式、政策保证等全方位细化生态体系建设	O2O进入细分市场3.0阶段,加快中小企业生产模式和商业模式转变速度
2015年12月	2016年全国工业和信息化工作会议	2016年将实施智能制造工程,支持高档数控机床与工业机器人、增材制造、智能传感与控制、智能检测与装配、智能物流与仓储五大关键装备创新应用;申请专项建设基金;建立产融对接新模式	扶持产业基金引领转型升级方向
2015年12月	工信部、国标委文件	《国家智能制造标准体系建设指南》,框架包括"基础""安全""管理""检测评价""可靠性"五类基础共性标准及"智能装备""智能工厂""智能服务""工业软件和大数据"和"工业互联网"五类关键技术标准以及在不同行业的应用标准	标准先行,与国际接轨的前提
2016年1月	国务院常务会议	确定金融支持工业增效升级的措施;决定推动"中国制造2025"与"互联网+"融合发展;决定清理规范一批政府性基金收费项目,持续为企业减负	促进大中小企业、初创企业、高校、科研院所等多方协同,加快建设制造业创新中心、"双创"平台,带动更多创新型中小企业成长
2016年4月	工信部文件	发布《智能制造试点示范2016专项行动实施方案》	同步推进数字化制造普及、智能化制造示范工作

资料来源:课题组根据网站新闻资料整理。

（二）打造大中小企业"智能生态圈"

智慧互联型的产业生态系统，要实现系统层面的智慧互联，不仅需要少数大企业掌握智能制造技术，更需要大量中小企业实现智能化，以互联网为媒介实现大中小企业、上下游企业等的集成、协同和动态演进。

"中国制造2025"背景下，"大平台""大企业"通过流程优化，做好供需双方的预测、分配和撮合，形成"一星多卫"的产业链集群和创新链集聚。创新型中小企业的比较优势在于拥有较高的技术水平、高精尖设备和高素质的人才队伍，可以让其在技术和产品方面较快取得领先优势，从而占据市场的主导地位。但是高额的研发投入和缓慢的产业化过程，也让其面临着巨大的风险，通过与大企业的联盟与合作，可以有效化解风险，达到共享共生。围绕"智能生产"衍生的诸如个性化定制、在线检测、远程诊断和维护、数据分析、节能服务等服务型中小企业，促使"智能工厂"外包服务集约核心生产能力。许多中小型制造企业已开始利用云计算来驱动其业务发展。通过工业云平台，企业能够以较低的成本快速进行业务创新或者"试错"，这样的模式优化了企业IT架构，也加速推动了企业的发展。服务型中小企业通过发掘出创造价值的新方法和商业模式，带动提升下游服务收益。如利用"免费"模式，不以产品本身盈利，而主要依靠后续服务来获利，通过低廉的网络建立关系营销进行社群定制服务。越来越多的中小企业利用互联网"关系、平台、市场"的属性，将散而小的中小企业"抱团"发展，促进智能生产工具和流程优化的开发，打造协同创新平台与成果产业化应用推广联合体。如国内"无人机"制造的领先者北京红鹏天绘科技有限责任公司不断优化同业合作生态，一方面通过数据共享联盟，使应用者的成本大大降低，让更多的人来应用；另一方面通过合作持续研发无人机新技术，使数据更新的手段更加简便、更新的成本更加低廉、更新的速度更快，让数据保持鲜活的状态。

（三）推动中小企业"智能升级"

近年来，中国制造业正在经历着重要的转变，如企业的大批量生产向按市场或客户要求柔性生产转变，设计和控制系统各自独立向设计和控制系统集于一体转变，在某地生产向全球化采购、生产转变，制造工厂对质量、成本、效率以及安全的要求也在不断提高，这些转变将推动自动化技术的发展及应用进入新的发展阶段。

中国中小型企业生产过程的薄弱环节比较集中在前道工序和/或后道工序。所以发展实用的、自动化程度较高的、有一定智能的仓储装备是十分必要的。既可以解决原材料的储备和分发，也可以解决成品仓储的合理管理和发货。此外，大批量简单产品的组装和装配的自动化装备和流水线的开发，以及产品的自动包装的装备或生产线，也是当下的实践所需。

智能制造是在机械自动化和装备自动化得到充分实现之后，与信息化和智能化高度融合的产物。当前，中国中小企业首先应彻底解决质量保证和控制以及机械装备自动化的问题。机械装备自动化绝不是简单地在现有陈旧的机械装备之上加上自动化的测量、控制和执行的手段就可以完成的。但是，培养一批有经验的机械装备的设计和开发人员任重道远，因此，需要国家大力支持并集中一定的机械工程设计力量，通过引进合适的机械设计、仿真和开发基础平台，然后针对某个特定领域（如自动仓储装备、零件不多于二十来个的机械产品的装配装备等）进行二次开发，积累一定的零件库、部件库，通过对复杂部件的3D设计和仿真，就有可能在较短的时间内设计开发出有针对性的机械自动化装备。借助于机械产品的CAD、CAM、CAE和仿真的先进手段，不但可以大大缩短培养高水平机械工程师的时间，更可以大大提高机械设备的设计水平和大大缩短设计开发时间。

第二节 浙江省"机器换人"助力中小企业转型升级

全球人口老龄化发展趋势下，富余人口减少，要素规模驱动力减弱，经济增长将更多依靠人力资本质量和技术进步。作为中国"先富裕起来"的劳动力输入大省，面临结构性"用工荒"的巨大压力，以中小企业为主体的制造业急需通过解放人力要素制约实现转型升级。在此背景下，浙江省开始快速推进"机器换人"战略，其新鲜经验值得借鉴。

一 浙江省"机器换人"助力中小企业转型升级的实施进程

2012年年底，浙江省约有1400万外来务工人员，面临社会稳定、就业和保障等问题，越来越多的年轻人不愿意从事单调重复的车间工作。浙江省经济工作会议提出，浙江省将加快推进产业转型升级，全面推进

"机器换人"。

2013年,浙江省正式提出"555机器换人"推进计划,即未来五年每年实施5000个项目,投入5000亿元投资,推进机器换人。浙江转型升级的方向就是工业物联网,"机器换人"的形式主要包括部分环节的机器换人、整条生产线的自动化改造、自动化生产线、工业机器人、"机联网""厂联网"等。

2014年6月,浙江省海宁、海盐、苍南和永康4个县开展中小企业融资租赁试点工作,要求试点地区切实把推动中小企业开展融资租赁业务作为机器换人的有效手段,对相关企业施以事后奖励、拨贷联动、设备租赁补助和贷款贴息等援助,为在全省推广此项业务提供经验。同年,浙江省建立了省、市、县三级联动的"机器换人"重点项目库,项目库实行动态管理,每月通报市、县。

为了加速落实"机器换人",浙江省还出台了"半强制"的政策手段,规定全省3.6万家规模以上工业企业争取在2017年内全面完成"机器换人"的现代化技术改造,每年投入不少于3000亿元。

2014年12月,浙江省机器人产业技术联盟成立,联盟成员包括骨干机器人企业、浙江大学机器人研究中心、杭州自动化技术研究院等,致力于不断熟悉中小企业需求,加强产业链上下游的匹配与协同,研究并制定相关标准。

2015年2月,浙江省发布了《浙江省高端装备制造业发展规划(2014—2020)》,这是浙江首个高端装备制造业发展规划。规划明确全省将以"绿色化、智能化、超常化、融合化、服务化"为主攻方向,以工业化和信息化深度融合为手段,着力打造良好发展环境,扩大产业规模,提升创新水平,加快推进从"装备制造大省"向"装备制造强省"转变。机器人产业作为当下极具价值的智能装备,成为规划的重点内容。目前浙江省政府正通过引导企业应用工业机器人,培育"机器换人"样板企业,总结经验形成行业规范,制定行业标准。

2015年12月,《中国制造2025浙江行动纲要》提出,加快新技术、新工艺、新装备、新材料在传统产业领域的应用,依托块状经济开展"机器换人"试点示范,大力推进以智能制造为主攻方向的"机器换人"。

2016年3月,浙江省政府办公厅出台《关于加快推进农业领域"机器换人"的意见》，提出以提高农业全产业链机械化、设施化水平和劳动生产率为目标，加快先进适用农业设施装备的研发和推广应用，提高农业设施装备的应用覆盖率、渗透力和适用性、通用性、共用性，加快推进农业领域"机器换人"。通过五年时间新增农机装备50万台（套），设施农业面积达400万亩，农业设施装备结构进一步优化，农业主导产业、产业链各环节农业设施装备应用水平明显提升，农业设施装备信息化、智能化水平不断提高，主要粮食作物耕种收综合机械化水平达75%以上，茶叶生产（名优茶采摘除外）基本实现机械化。

2016年4月，浙江省出台《关于进一步降低企业成本优化发展环境的若干意见》，鼓励企业加大以智能制造为主攻方向的"机器换人"投资，明确要求全省每年减少生产一线简单用工50万人以上，规模以上企业提高劳动生产率8%以上。截至2016年4月1日，浙江省已经举办"机器换人"行业专题现场会10余场，省、市、县三级累计举办行业或区域现场会200余场。

二 浙江省"机器换人"助力中小企业转型升级的成效

（一）政策成效

浙江省持续推进"机器换人"政策主要通过"最大限度地发挥企业家的作用、最大限度地发挥市场机制的作用、最大限度地发挥政府引导作用的'机器换人'推进思路和'分类指导、典型示范、项目扶持、机制保障'的工作方法"（凌云，2015），尤其在技改投入补贴和示范产业引导方面成效显著。2016年第一季度，全省实施以"机器换人"为重点的技术改造投资1210.1亿元，增长20.5%，比工业投资增幅高出12.1个百分点（见表12-2）。在推进百项"机器换人"示范项目、百项产品升级与工业强基工程示范项目、百项新兴产业示范项目"三个百项"示范项目的基础上，2015年起浙江省每年确定10个"机器换人"分行业推进名单（见表12-3）。

表12-2 2013—2016年浙江省以"机器换人"为主的技术改造投资增长情况

时间	技术改造投资增长率（%）	设备工器具购置费用增长率（%）
2013年	25.8	17
2014年	16.2	22.2

续表

时间	技术改造投资增长率（%）	设备工器具购置费用增长率(%)
2015年1—11月	22.8	—
2016年1—3月	20.5	—

资料来源：课题组根据政府新闻网站综合整理。

表12-3　2015—2016年浙江省"机器换人"分行业推进名单

行业	地区	时间
轴承行业	新昌县	2015年
制冷家电行业	嘉兴市南湖区	2015年
电气行业	乐清市	2015年
汽摩配行业	金华市	2015年
袜业	诸暨市	2015年
泵阀行业	永嘉县	2015年
木门家具行业	江山市	2015年
磁性材料行业	东阳市	2015年
汽车零部件及配件行业	杭州市萧山区	2015年
合成革行业	丽水市	2015年
电梯行业	湖州市南浔区	2016年
船舶行业	舟山市	2016年
防盗门行业	永康市	2016年
皮鞋行业	温州市鹿城区	2016年
木业	嘉善县	2016年
印染行业	绍兴市袍江开发区	2016年
汽摩配行业	瑞安市	2016年
汽车空调行业	龙泉市	2016年
塑料制品行业	台州市黄岩区	2016年
光通信行业	杭州市富阳区	2016年

资料来源：课题组根据政府新闻网站综合整理。

(二) 经济成效

总的来说，企业开展"机器换人"主要通过机器换人工、自动换机械、成套换单台、智能换数字实现，并根据自身条件选择具体方式（见表12-4），以达到解放人力、集约空间、促进创业创新的目的。

表12-4 企业"机器换人"途径

方式	特征	适用企业
直接购买	直接购买新的智能化、自动化设备取代老的手工操作设备，其特点是更换主机设备	新办企业和设备陈旧的老企业
购买附加设备	保留主机设备，用机器人、机械手代替原有部分手工操作或者是用自动传输设备代替人工搬运	中小企业
委托研发	委托科研院校研发新设备或改进新技术	中小企业
自主改造	在购买的设备基础进行技术创新，改造成新设备	自主研发实力强的企业
自主研发	企业自主研发新设备	自主研发实力强的企业

资料来源：课题组综合整理。

1. 新常态下中小企业效率提升

2015年，浙江经济增速达到8%，在全国31个省份中位列第一梯队。在全国工业利润负增长的形势下，浙江省规模以上工业增加值同比增长4.4%，利润增长5.02%，人均劳动生产率达到19.3万/人年，中小企业做出了主要贡献。"机器换人"带来的直接影响就是用工数的减少和劳动生产率的提升。三年来全省已累计减少低端劳动用工近200万人，提高劳动生产率近30%。如果按照2015年全省规模以上企业职工人均薪酬5.63万元计算，三年合计减少企业用工成本1100多亿元。同时，工人劳动条件有效改善，工业安全生产事故数、伤亡数和直接经济损失近年来逐年下降。

2. 中小企业创业创新活力增强

截至2015年年末，浙江省在册各类市场主体471万户，其中个体工商户和中小微企业占绝大多数，市场主体总量居全国第4位，人均市场主体拥有量居全国第1位。2015年，浙江省新培育科技型中小企业8536家，全省科技型中小企业数累计达到23930家，全省信息化指数达0.90，

"两化"融合发展指数为88，ERP应用比率达73%，装备数控化率达40.4%，数字化设计率达83.8%。"智能制造"强化了网络营销创新，网络零售领跑全国，2016年1—3月，全省实现了网络零售额1610亿元，同比增长31.3%。

3. 智能设备制造业发展迅速

目前，浙江已有4个国家新型工业化产业示范基地和8个省级现代装备产业高新园区，涌现出一批龙头企业和"专精特"装备小巨人企业。2016年第一季度，浙江省智能制造装备产量同比增长20.5%，工业自动化仪表与控制系统、轴承数字化、无菌包装数字化、焊接机器人生产线等智能成套装备不仅畅销国内，还远销美国、意大利、法国、日本等国家。2015年，浙江省在役工业机器人总量达到3.2万台，工业机器人的使用量已占全国的15%，成为全国机器人销量第一的省份。工业机器人主要应用于码垛、搬运、装卸、投料、装配、分拣、焊接、喷釉、研磨、抛光等岗位，在汽车业、电子、锂电池、LED、食品、金属加工等行业广泛使用。

三 浙江省"机器换人"助力中小企业转型升级的问题

（一）企业层面

部分企业对"机器换人"的认识不够深入，对工作的推进积极性不高，资金和人才成为制约企业"机器换人"的主要因素。

1. 资本因素

一是设备投入成本较高。浙江省70%的中小企业主要依靠民间借贷融资，其平均综合融资成本超过20%。高昂的设备投入费用将占据较大的现金流，给中小企业造成巨大压力。

二是设立专门运营维护机构开支大。上马的新技术装备，需要培养专门的操作运营和日常维护人员，这笔成本对很多企业来说难以承受。

三是资金投入回收周期长。调查显示，已经完成"机器换人"改造企业中回收期在4年以上的企业比重高达36.8%。

2. 人才因素

一方面，中小企业内部高技能员工配比缺乏，尤其是掌握国际先进"智能制造"设备研发发展趋势的人才较少，盲目跟风引进部分装备性价比不高。由于部分机器装备只是对某些环节人力的简单替代，用工仍比用机器便宜。

另一方面，基础技术与装备支撑能力还不够强，自主研发实力较弱；而企业引进设备的使用率又有待提高，推进"机器换人"工程缺乏专业化服务机构，某些关键共性技术亟待攻克。低端制造企业需要机器人，但现有的机器人无法满足这种需要和未来的制造模式，大规模投产的机器人很可能是无效的产能。

（二）行业层面

从行业层面看，目前浙江省制造业自动化改造主要集中于汽车零配件、五金、小家电、化工、印染纺织等行业，在3C产业（电脑、通信、消费性电子）的应用相对比较低。"机器换人"存在应用范围有限、区域、行业间发展还不平衡的问题。究其原因：一是"工业机器人"产业尚不发达。中国机器人产业起步于20世纪70年代后期，但发展步伐缓慢，供不应求。二是通用技术装备供给不足。中国工业机器人多被用于搬运、装卸领域，虽在汽车、工程机械、石油化工等少数行业的应用正在深化，但其作为通用装备的作用远未发挥，智能化、数字化的价值还未充分挖掘出来。三是"机器换人"后的服务体系尚不完善。在需要开展"机器换人"的企业中，部分已拥有国际先进的单机设备，但设备维护及各种设备系统化的服务尚难以满足需求。

（三）政府层面

目前各级政府鼓励企业技术改造的政策已经不少。但据浙江省经信委的调查显示，大部分企业对"机器换人"具体政策缺乏足够了解，其中了解进口设备免税政策、设备购置增值税抵扣政策、研发费用加计扣除政策等相关政策的企业占40%左右；了解加速折旧税收优惠政策、专用设备投资抵免优惠税收政策的企业比例更低，分别只占被调查企业总数的26.4%和31.1%。在具体政策运用上，企业对相关条件和规则不熟悉，政策运用能力较弱。另外，缺乏具有直接针对性的政策，以及相关政策之间的协调配合能力不够，这也是影响企业综合运用各种优惠政策的重要因素。此外，企业还提出了新设备培训和维修服务方面存在的需求和困难，在引进国外先进设备面临的烦琐审批等问题提出了意见。同时，地方政府还应吸取前些年因各地纷纷上马风能、太阳能产业，最终造成产能严重过剩的教训，避免机器人产业成为第二个太阳能产业。

四 浙江省"机器换人"再推进的政策建议

（一）因地制宜，分类分层引导提升"机器换人"实效

一方面，引导地方政府根据区域内产业特色与布局，做好情况摸底。对于工业基础好的地区或企业应着力推进智能制造流程再造，包括"智能工厂"等基础布局建设以及嵌入工业物联网的智能制造方式。对于基础薄弱的地区则应优先落实企业信息化改造工程，推进智能装备引进与工艺改造有机融合，尽快以"装备＋机器人"的制造方式替代传统以流水线工人为中心的制造方式。

另一方面，建立完善的"机器换人"绩效评估体系。从提高附加值、改善工作环境、节省人力、节约土地、节约能源、推动技术进步、提高劳动生产率、提高产品品质等方面出发，以明确评估重点、合理调整权重、注重科学实效等方式，建立和完善制造业"机器换人"的绩效评估体系，为促进"机器换人"的全面提升，促进工作的有序开展提供评价和考核的依据。

（二）凝聚合力，构建"机器换人"公共服务体系

各级政府要加强对"通用技术"研发投入，突破一批关键和共性技术，有效降低企业的改造成本。还应关注企业采用智能制造生产过程中技术和管理的双向脱节问题，为企业提供人工智能、数字制造、工业机器人等关键技术领域技术服务渠道，同时协同社会智库、技术中介等多方社会资源，积极探索新型"产学研"合作机制，加强"智能制造"的宣传推介、技术咨询、系统管理等技术服务。探索构建浙江省"机器换人"公共服务平台，将设备开发商、系统集成商、用户、金融机构、高校和研究机构、关联学会有效匹配，尤其做好中小企业"机器换人"融资租赁、项目众筹等新型融资对接以及技术设备的"易用性"辅导。

鼓励大、中、小企业开展协同创新，鼓励建立由大企业主导的、中小企业自愿参与的产业创新联盟，最大限度发挥产业集群效应，建立分工协作的企业创新机制，推动装备智能化由龙头企业改造逐渐转向整个产业链的配套改造。

（三）集中攻坚，解决"机器换人"关键难题

加快网络信息基础设施的建设，重点加强嵌入式技术产品、传感器技术产品和相关软件技术产品的研发与推广应用。伴随机器人技术的演进、人机协同工作方式的发展，应预先组织研究开发下一代机器人中所要实现的数据终端化、网络化、云计算等技术，实现向数据驱动的跨越。

整个机器人产业链主要分为上游关键零部件、中游设备制造和下游行业应用三大块，目前主要集中为下游系统集成商，由于产业链上游缺乏核心零部件制造商支撑，核心技术主要来自进口。为推动"机器换人"工程的持续推进，应把机器人应用和发展机器人产业结合起来，从长远来说应努力缩小国内外市场差距，提高浙江省装备制造业的技术水平。但在短期内，应结合浙江实际，大力扶持系统集成商，继而通过核心零部件的技术攻关实现进口替代。发展战略上，坚持有行业经验的应用公司和有较强技术能力的集成公司的并重，推动产业链的补全、完善和提升工作。

（四）以人为本，培育"机器换人"专业人才

培育机器人与信息技术相结合的跨学科人才，解决人才短板问题。负责操作维修的技术工人的大量存在，是推动"机器换人"不可或缺的条件，"机器换人"尽管促进"人口红利"转化为"人才红利"，但短期内制造业失业工人无法胜任机器人工程师等新增岗位。因此，政府应设法主动防范应对，优化劳动力市场格局，提高劳动力的职业技能，同时加快人力资源开发利用，培育精通信息等关联技术的机器人工程师，实现产业与劳动力之间的合理配置。

"机器换人"并不意味着产业工人的消失，而是从"一线操作"向"二线操控"的技能升级。要研究建立完善"外引内育"的人力资源供给机制，引进一批智能制造领域高端研发人才，提升未来智能制造核心技术研发能力，同时协同省内高校及社会性职业培训机构提供面向中低端产业工人的技能提升教育与培训计划，为智能制造基础性操控提供更多的合格劳动力资源。

第三节 中国中小企业科技成果转化

科技成果转化是科技到产业再到市场进而产生经济效益的重要途径。创新驱动和"中国智造"战略下，通过培育科技成果、促进科技成果转化，实现中小企业创新式发展成为中国政府、企业和社会共同关注的热点。

一 中国中小企业科技成果转化模式

中国中小企业科技成果转化以科技型中小企业为主体,按照自身科技研发能力与掌握资源程度来看,可以分为自行转化模式、合作转化模式和孵化器模式。

(一)模式分类

1. 自行转化模式

如果中小企业自身具备较强研发能力,希望主导研发成果市场化,根据自身资源拥有情况可以采取自行直接转化和二次开发转化。直接转化是指企业直接利用自身的资本、人力、市场等资源基础,采取商业化推广手段向市场推出科技成果产品。二次开发转化是指企业利用外购或者引进的产品和技术自行进行二次开发,形成适合市场需求的新产品进行推广。这两种模式都是企业具备打通研、产、销渠道联通能力的前提下的选择。

2. 合作转化模式

合作转换模式既有研发端的合作,又有市场化的合作。从研发端来看,主要包括委托高校或科研院所开发指定项目和双方联合共建实验室等类型。前者直接委托科研所进行高科技研制和转化,后续的中试,商品化等一切风险和程序都由企业承担和负责。后者涉及高校或科研院所技术入股企业或者企业买断专利的问题,高校或科研院所和企业共同承担风险。从转化端来看,主要包括融资转化和外包转化两种方式。融资转化是指企业对于科技成果市场化存在疑虑,包括资金不足、商业化经验和实力欠缺、市场前景不明确等方面,通过引进风险投资提升市场拓展能力。外包转化直接将科技成果市场化交给专业运营公司进行运作,双发采取项目委托或者股权分配的形式进行合作。

3. 孵化器模式

孵化器模式主要包括两种类型:一是由政府组建的孵化器,通过为中小企业提供优良的创业创新环境来促进科技成果的转化;二是环节经营,即孵化器充当科研所与企业之间的中间环节,由孵化器选择科研成果,提供给有需求的企业。前者孵化器通过优惠政策和完善的服务来吸引入驻企业。后者孵化器以孵化企业为中心,提供中小企业最需要的创新技术资源、人才资源和资金资源,它并不是被动地提供服务,而是主动地帮助企业，寻找并整合各种资源。

（二）模式比较

中小企业科技成果转化三模式各具优劣势，不同类型的企业使用范围不同（见表12-5）。

表12-5　　　　　中小企业科技成果转化模式比较一览

模式类型		优势和劣势	对企业相关能力的要求				
			技术人才	资金运作	风险抵御	市场开拓	管理水平
自行转化	直接转化	优：具备技术优势与核心竞争力 劣：研发周期长、资金需求大、市场开拓有风险	高	高	高	高	高
	二次开发	优：投资较少、风险较小 劣：企业自主研发要求高、市场机会可能较小	高	中	高	高	高
合作转化	委托项目	优：缩短转化时间、科技含量高 劣：转化速度慢、中试风险高、信度风险较大	中	高	高	高	高
	共建实验室	优：缩短转化时间、成果更接近实践、科技含量高 劣：成本可能提高、信度风险较大	中	高	高	高	高
	融资转化	优：资本保障、战略导向 劣：信度风险、合适的投资人难寻	高	低	中	中	高
	外包转化	优：市场化专业程度高、速度快 劣：可能成本较高、利润降低	中	高	低	低	中
孵化器转化	政府牵头	优：政策优惠、信息流通 劣：科技含量不高、程序多、进入难	高	高	中	中	高
	环节经营	优：政策优惠、资源增多 劣：符合企业现状的孵化器难寻、进入难、科研条件不保证	中	高	中	高	高

资料来源：课题组综合整理。

二 中国中小企业科技成果转化现状

根据统计,中国技术创新成果的75%、发明专利的65%、新产品开发的80%来自中小企业。科技成果转化发展离不开政策支持与创新环境优化,在过去的十年间中国中小企业科技成果在取得一定成效的同时也面临亟待解决的困难。

(一)政策环境

近年来,中国已经逐步建立起技术市场和技术转移体系,并不断完善相关法律制度和框架。通过科技企业孵化器、生产力促进中心、科技型中小企业创新基金、高技术产业化专项等多种促进科技成果转化的政策手段和措施,形成了促进中国科技成果转化比较完整的政策体系。尤其是2015年10月修订后的《促进科技成果转化法》发布实施、2016年2月国务院印发的《实施〈促进科技成果转化法〉若干规定》以及5月发布的《促进科技成果转移转化行动方案》,成为中国促进科技成果转化"三部曲"之一。

同时,不断加大财政性科技投入大力支持企业研发和应用推广。政府强调发挥财政资金对激励自主创新的引导作用,通过一系列的科技计划或基金实现对科技研发的投入,促进产学研用结合。利用基金、贴息、担保等方式,引导商业金融机构支持自主创新与产业化,改善对中小企业科技创新的金融服务,加快发展创业风险投资事业,建立支持自主创新的多层次资本市场。

国家高新区成为聚集创新资源、促进科技成果转化的重要基地。国家高新区聚集了全国30%以上的企业研发投入和55%以上的企业研发人员,实现了全国50%以上的企业发明专利。2014年,国家高新区研发投入达4000亿元,占全国研发企业投入的30%;高新区内的高新技术企业总数超过2.5万家,占全国的40%。2015年,依托国家级高新区先后设立了天津、成都、西安、杭州、珠三角五个国家自主创新示范区。具体来说,国家高新区为科技创新上中下游的对接与耦合、促进产学研合作搭建了较为完善的创新创业服务平台,系统实现了科技成果转化。

(二)促进成效

1. 科技投入经费与高新技术企业效益稳定增长

2015年11月,三部委发布的《2014年全国科技经费投入统计公报》

表明，中国共投入研究与试验发展（R&D）经费 13015.6 亿元，比上年增加 1169.0 亿元，增长 9.9%；研究与试验发展（R&D）经费投入强度（与国内生产总值 GDCP 之比）为 2.05%，比上年提高 0.04 个百分点。按研究与试验发展人员（全时工作量）计算的人均经费支出为 35.1 万元，比上年增加 1.6 万元。从活动类型看，中国用于基础研究的经费支出为 613.5 亿元，比上年增长 10.6%；应用研究经费支出为 1398.5 亿元，增长 10.2%；试验发展经费支出为 11003.6 亿元，增长 9.8%。基础研究、应用研究和试验发展占研究与试验发展（R&D）经费总支出的比重分别为 4.7%、10.8% 和 84.5%。从活动主体看，各类企业经费支出为 10060.6 亿元，比上年增长 10.9%；政府属研究机构经费支出 1926.2 亿元，增长 8.1%；高等学校经费支出 898.1 亿元，增长 4.8%。企业成为科技研发投入的绝对主体，有 R&D 活动的中小科技型企业占全部高新企业的 89%，R&D 相关人员约占全部 R&D 人员的 44%（见表 12-6）。

表 12-6　　高新技术产业中小企业 R&D 相关人员情况一览

企业规模	有 R&D 活动的企业数（个）	R&D 人员（人）	其中 全时人员	其中 研究人员	R&D 人员折合全时当量（人/年）
全国	9519	840824	638209	288405	670222
大型企业	1053	466834	372928	183162	394242
中小企业	8466	373990	265281	105243	275980
中小企业/全国	89%	44%	42%	36%	41%

资料来源：根据《中国高新技术产业年鉴（2014）》数据整理计算。

代表中国科技应用前沿的高新技术企业数、从业人员数、工业总产值、营业总收入、净利润、上缴税费和出口创汇额也呈现年年攀升的态势（见表 12-7）。

表 12-7　　中国高新技术企业主要经济指标（2007—2013 年）

类别	2007 年	2008 年	2009 年	2010 年	2011 年	2012 年	2013 年
企业数（个）	56047	51476	25386	31858	39343	45313	54683
从业人员数（万人）	1452	1275	1003	1314	1509	1621	1810

续表

类别	2007年	2008年	2009年	2010年	2011年	2012年	2013年
工业总产值（亿元）	95912	96546	93319	119022	140339	152235	175106
营业总收入（亿元）	104771	105115	86193	129505	156223	167744	193837
净利润（亿元）	6684	5854	6329	9807	10998	10892	12825
上缴税费（亿元）	4851	5805	4282	6262	7379	8378	9277
出口创汇额（亿美元）	3684	3564	2493	3595	4521	4608	4916

资料来源：《中国高新技术产业年鉴（2014）》。

2. 技术交易市场快速发展

据《全国技术统计市场年度报告》（2015）显示，近十余年来，中国技术交易市场发展迅猛，其交易总额在 GDP 占比呈上升趋势（见图 12-1 和图 12-2）。截至 2014 年年底，中国技术合同成交额首次突破 8000 亿元，达到 8577 亿元，增长 14.84%；技术合同认定登记首次实现全国覆盖。

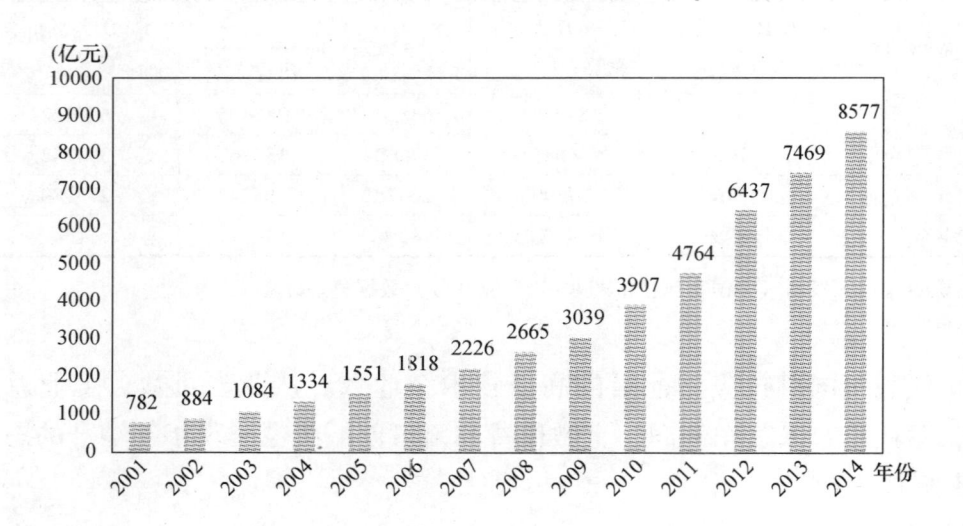

图 12-1　2001—2014 年中国技术合同交易额

技术开发、技术转让、技术咨询和技术服务四类技术合成交项数略有波动，成交金额均有不同程度的增长，技术服务合同与技术开发合同仍然是技术交易的主要类型。技术服务合同、技术开发合同成交额分别居

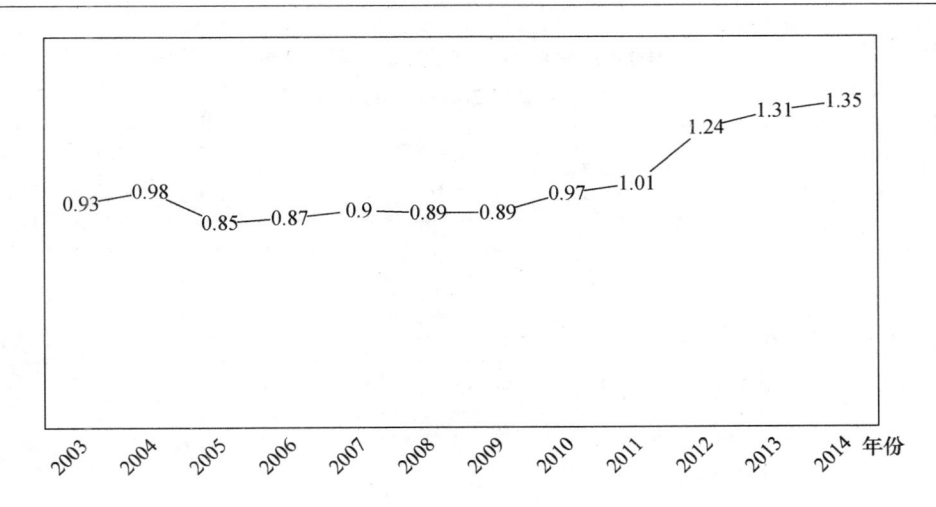

图 12-2　2003—2014 年中国技术合同交易额占 GDP 的比重

第 1 位、第 2 位，占全国技术合同成交额的比重分别为 49.51% 和 34.38%。其中，电子信息技术、先进制造技术、新能源与高效节能占据技术合同涉及领域的前三名。表明，"互联网+"战略、智能制造战略和集约式发展战略与科技创新紧密结合起来，引导广大中小企业通过科技成果转化实现转型升级。

3. 创业风险投资增长理性

2016 年 3 月，科技部网站发布《2014 年中国创业风险投资统计分析》，指出中国创业风险投资行业呈现增长趋势（见表 12-8）。截至 2014 年年底，创业风险投资累计投资项目数达到 14118 项，其中投资高新技术企业项目数 7330 项，占 51.9%，累计投资金额 2933.6 亿元，其中投资高新技术企业金额 1401.9 亿元，占 47.8%。自 2011 年起，投资行为更加理性：一是投资更趋于小规模、早前期企业，以及网络型等轻资产行业，表明中小企业的科技创新和模式创新受到青睐；二是投资重点由过去的传统制造业逐步转向互联网、生物科技、新能源等新兴产业，2014 年网络、IT 等信息服务业的投资项目数占 25.53%，位居首位；通信和其他电子设备制造业、新能源和环保业，以及医药生物业分别占 14.6%、13.2%、9.4%；按投资金额划分，通信和其他电子设备制造业投资占比 21.2%，排在首位。

表 12-8　　中国创业风险投资企业（基金）总量及增量（2006—2014 年）

项目	2006年	2007年	2008年	2009年	2010年	2011年	2012年	2013年	2014年
创业风险投资基金数	312	331	410	495	720	860	942	1095	1167
比上年增长（%）	12.6	6.09	23.9	20.7	45.5	19.4	9.5	19.0	10.2
创业风投管理机构数	33	52	54	81	147	236	241	313	384
当年新募集基金数	35	76	88	99	189	177	152	185	216

资料来源：《2014 年中国创业风险投资统计分析》。

4. 科研人才队伍不断壮大

通过产学结合、校企合作、开放实验室、共建技术转移中心、技术交易平台、大学科技园和科技成果转化示范区等多种方式，越来越多的高校及科研人员参与到经济社会建设中。大学科技经费中来自企业委托的部分已占 50% 以上，一些理工院校接近甚至超过 70%。一些大学科技园（如清华科技园、环同济知识经济圈、深圳虚拟大学等）已形成了逾百亿元的新兴产业集群。

科技企业孵化器吸引了大批海内外技术人才的聚集，改变了科技从业者的观念，培育出一批高科技企业的创业者和企业家。据统计，40% 多的留学人员回国后自己创业或作为团队核心成员参与创新。留学回国人员在国家级高新技术区内创办的企业，70% 分布在电子信息、生物医药、新材料、新能源等高新技术领域。显然，留学回国人员创业创新，是中国中小企业加快技术创新步伐，缩小或赶上甚至在部分重要领域超越世界先进技术水平的一支重要生力军。

（三）存在问题

目前，中国科技成果转化率始终在 10% 的低水平徘徊，远低于发达国家 40% 的平均水平。中小企业科技成果转化主要存在以下问题：

1. 中小企业科技成果转化资金不足

中小企业本身规模小，资金少，投入科技成果转化的资金就更少，无力独自承担巨额转化资金和资金投入风险。科技成果转化是一项高风险、高投入、高收益、周期长的投资行为，银行普遍对中小企业偿债能力持保留态度，信贷支持成本高。虽然，政府对中小企业以专利、商标等为代表的有效质押物融资进行探索创新，但是对于处于初创期和成长期科技型中小企业来说，因有效质押物不足或者其特殊性难以具体量化，使得银行行动并不积极，不少企业的质押要求甚至遭到拒绝。同时，中小企业信用担保体系还不够完善，为中小企业提供贷款担保的机构少，担保基金的种类和数量远远不能满足需求，且融资成本高。此外，中国风险投资体系尚待健全和规范，对于中小企业的风险投资可能更多地停留在热点概念炒作层面，存在"快进快出"的投机性弊端，对科技成果转化可能缺乏耐心。

2. 中小企业创新链不完整

一方面，中国的科技成果数量年年攀升，但大部分集中于大企业和高校、科研院所。另一方面，中小企业要么掌握科技成果无法了解市场需求或者找不到合适的商业化模式，要么干脆将科技成果转化直接委托给高校和科研院所，而高校和科研院所囿于体制机制的僵化问题，容易脱离实践，成果有效转化率很低。虽然，中国技术市场日益繁荣，但是增长最快的仍然是技术转让，说明更多的企业难以形成从自主创新到成果形成再到商业化的完整创新链（见图 12-3）。

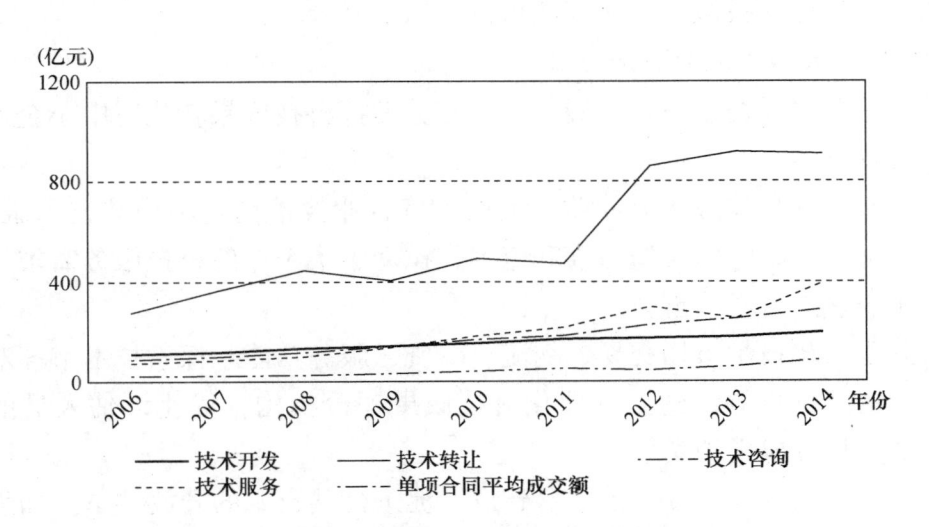

图 12-3 2006—2014 年中国各类技术单项合同交易额

3. 科技成果转化服务体系发展滞后

中小企业自主创新能力和科研能力有限，企业所需的科技成果须从其他渠道获得，这就需要成熟的科技中介服务机构提供全面服务，而中国科技中介服务机构起步晚，结构不合理，服务功能比较单一，缺乏高素质的技术经纪人才。另外，科技中介机构信息资源分散，没有形成统一信息资源，这就造成科技成果提供者和大多数中小企业需求者之间难以实现信息的互通，双方不易对接成功。同时，随着市场经济的发展和科技成果市场交易的频繁，诸如专利制度不够完善、专利申请费用较高、仿冒侵权等问题的存在，不仅造成了科技成果交易市场的混乱无序，而且降低了研发人员和转化主体的积极性。

三 促进中国中小企业科技成果转化的政策建议

（一）进一步完善法律政策

关于《促进科技成果转化法》《科技进步法》等相关法律的配套法律及实施细则还存在空白，如《科技成果定价法》《风险投资法》等专项立法还没有出台。现行科技成果转化法律原则性规定多，可操作性较差，导致科技成果转化法律体系的功能弱化，如《促进科技成果转化法》《合同法》《专利法》明确规定了成果权的依据，但是无科技成果价值评估的规定，导致科技成果转化主体间利益分配缺乏法律依据。所以应尽快完善相关法律，确保科技成果转化有法可依。

（二）大力发展科技服务业

一是制定科技服务业发展规划，充分发挥科技成果转化对中小企业发展的支撑作用。

二是设立科技服务业专项，重点支持企业技术创新和公共技术服务，进一步加大创新券的实施力度和范围，拉动中小企业的科技服务需求，引导中小企业进行科技创新。

三是强化技术市场交易、交流、融资、服务功能，探索技术市场对科技成果的定价机制，建立专业化科技成果评价机构，优化评估人员的结构，试点科技成果拍卖。

四是加强科技服务示范平台建设，促进公共资源的开放共享。加强政府基础性产业发展现状与战略信息、技术预测分析及相关政策信息、统计数据、公益基础研究报告的开放共享，降低科技服务机构开放利用公共资源的门槛。引导建立服务机构社会评级和诚信评价机制，开展科技服务机构的资质认定和市场准入，建立科技服务机构的信用评价和档案管理制度。

(三) 建立开放性产业研究院

随着中国市场经济的发展，以中小企业为主体的产业集群已经在广东、福建、浙江、江苏、山东等沿海、沿江地区初具规模，集群内关联企业之间形成了对公共技术的需求，不仅为科研机构提供了很好的科研项目，而且也为科技成果转化提供了有效的"温床"。同时，集群内企业之间的密切联系也加快了科技成果转化中的扩散效应。因此应围绕战略性新兴产业发展，结合区域经济与科技发展特点，统筹全国科技成果，依托本地产业研究院力量，实现科技项目资源与产业集群有效对接，发挥产业公共技术平台的有效力量，实现科技成果的转化和落地。

(四) 完善科技成果转化链条

专业型企业孵化器在集聚大量科技型中小企业的同时，能够为科技成果转化培育有效载体，进而为部分沉淀在科研院所和高校的科技成果提供理想的中试基地，是促进中小企业科技成果转化的有力平台。因此，应进一步加强专业型企业孵化器建设，针对不同行业、不同领域，建设与之相适应的不同类型的科技创新创业孵化载体；拓宽孵化器服务内容，进一步聚集优势资源，实现技术转移、成果推广、国际合作、人才引进和融资服务等各种创新要素集聚，建立公共技术服务平台和专业服务体系，不断提升服务质量和水平；加强与大学和科研院所等创新源头的合作，对接生产力促进中心、技术转移中心等其他科技服务机构，形成与技术转移、创业服务、市场拓展和投融资等服务机构合作的互利共赢模式，共同促进科技成果的顺利转化。

(五) 推进中小企业科技成果转化融资保障体系建设

一是建立科技部门、经济部门、财政部门、金融主管部门、专业银行、担保公司、风险投资公司共同组成的中小企业投融资平台，每年不定期举办各类中小企业科技成果转化投融资联谊会或洽谈会，由科技部门与经济部门共同向银行或担保公司推介有关项目，实现金融与企业的直接对接。

二是大力推进金融产品创新，积极开办商标权、专利权、著作权质押贷款，仓单质押贷款，企业联保贷款，有价证券质押贷款等，科技部门联合担保机构建立专门服务于无形资产的信用担保机构，努力解决科技型中小企业贷款难问题。

三是继续完善风险投资科技成果转化引导基金贷款风险补偿管理体系，引导风险资本向产业可持续创新倾斜，降低极端投机行为对科技成果转化的伤害。

此外，广大中小企业要苦练内功，通过深化人才培养、提升科技自主创新、加强商业模式创新和建立企业技术联盟等手段实现创新链的自我建设和发展。

第十三章

"工匠精神"与中小企业成长专题研究

第一节 呼唤"工匠精神"回归

一 呼唤"工匠精神"回归的背景、内涵及其历史使命

(一)呼唤"工匠精神"回归的背景

中国历史上手工制造业素有"匠人"崇拜,以及"师傅带徒弟"的育人机制的传统与承袭。历史的洪流伴随着国际分工合作的深化,一方面造就了"中国制造"的新局面,另一方面也带走了中国制造业的精神内核——"工匠精神"。

2016年,"工匠精神"首次写入《政府工作报告》。李克强总理在强调"努力改善产品和服务供给"应抓好三个方面的工作重点时,提出"鼓励企业开展个性化定制、柔性化生产,培育精益求精的'工匠精神',增品种、提品质、创品牌"。在移动互联网创新、创业成为中国年青一代人口中热词的今天,呼唤"工匠精神"的回归,既是中国制造业反思的产物,同时反映出了"中国制造"向"中国智造""中国精造"转变的愿景和决心,也是"中国制造2025"倒逼制造业转型和供给侧结构性改革的突围路径。

"十三五"时期,"中国制造2025""大众创业、万众创新""互联网+"行动计划"一带一路"和长江经济带建设等战略与举措全面推进,以及创新驱动发展战略的深化实施,给中国中小企业发展带来良好的机遇。同时,随着国家供给侧结构性改革的深入推进,结合经济新常态的大

背景，中小企业发展进入到转型升级的攻坚阶段，面临着严峻挑战。中小企业"低、小、散、弱"和创新能力不足、高端人才缺乏、"工匠精神"缺失等深层次问题与矛盾逐渐凸显，去产能、去库存、去杠杆、降成本、补短板等供给侧结构性改革的难度加大。

所谓"工匠精神"，简言之即工匠们对设计独具匠心、对质量精益求精、对技艺不断改进、为制作不竭余力的理想精神追求。"中国制造2025"背景下，实现"互联网+制造业"的融合与重构，不仅需要大批科学技术专家，也需要千千万万能工巧匠。呼唤、弘扬和传承"工匠精神"，具有重要的理论与现实意义。

（二）"工匠精神"的内涵及其在德国、日本、美国的体现

2016年"两会"期间，科技部部长万钢在答中外记者问时指出："工匠精神"是一种敬业精神，是对所从事的工作锲而不舍，对质量的要求不断提升。创新也是"工匠精神"的一种延伸。小到对每一个工作环节的高质高效的创造，大到一个新的产品，一种新技术的开发，也是"工匠精神"。"工匠精神"和创新精神两者是相互联系的，它最大的目的就是要提高产品的质量和效益。"工匠精神"是指工匠对自己的产品精雕细琢，精益求精的精神理念。

2016年5月12日，中国工程院发布的《2015年度中国制造强国发展指数报告》显示：21世纪以来，中国与制造强国的差距缩小了一半，从不及美国指数的30%提高到接近美国指数的58%。目前，中国制造强国综合指数位列全球第四位，处于第三方阵前列。美国处于第一方阵，德国、日本处于第二方阵。作为全球工业的引领者，美国、德国、日本三大制造强国的制造业特点和文化特性值得关注。

1. "德国制造"的工匠精神：追求技术、工艺、质量的完美结合

从经济发展的视角来看，德国的工业化道路可以被视为一条技术立国、制造兴国的道路，而从内部支撑德国工业化道路的则是"工匠精神"——对技术近乎宗教般的狂热与虔诚。

"德国制造"的"工匠精神"，是一种深深地根植于"德国制造"，信奉标准主义、专注主义和实用主义，并百年传承的灵魂根基。然而，回溯德国工业史，却惊奇地发现130余年前的"德国制造"是"价廉质低"的代名词。面对来自老牌工业强国英国的蔑视和抵制，德国开始深刻反省

并展开了一场质量战役。借力第二次工业革命的东风，用了近20年的时间擦掉了额头上的耻辱印记，将"德国制造"重塑为德国品质的金字招牌。

在德国，没有哪家企业是一夜暴富，迅速成为全球焦点的。它们往往是专注于某个领域、某项产品的"小公司""慢公司"。它们大多是拥有百年以上经营、高度注重产品质量和价值的世界著名公司，也被称为"隐形冠军"。在世界500强中，虽然大的德国企业不多，但是全球至少有1000多个细分市场的"隐形冠军"是德国企业。"德国制造"追求的是技术、质量和工艺的完美结合，而非规模的膨胀。

2."日本制造"的"工匠精神"：一生专注做一事

截至2013年，全球寿命超过200年的企业，日本有3146家，德国有837家，荷兰有222家，法国有196家。为什么长寿企业扎堆日本？日本企业长寿的秘诀：首先在于"工匠精神"；其次在于只专注一事，将"工匠精神"传承并体现得淋漓尽致。

无论是56年间只做且还在做寿司的饮食匠人小野二郎，还是经营65年只有45人规模、只做永不松动螺母的哈德·洛克（Hard Lock）工业株式会社，都在诠释着"日本制造"的内核：追求完美的极致精神，即专注一个领域，做到极致。

"日本制造"的"工匠精神"核心是：不仅仅是把工作当作赚钱的工具，也是树立一种对工作执着、对所做的事情和生产的产品精益求精、精雕细琢的精神。在众多的日本企业中，"工匠精神"在企业上下之间形成了一种文化与思想上的共同价值观，并由此培育出企业的内生动力。

3."美国制造"的"工匠精神"：创新者崇拜

美国文化中的"工匠精神"与其他国家的理解有较大不同。在亚力克·福奇（2014）眼里，"工匠"是"自由思想的炼金术士"；"工匠"的本质，在于收集改造可利用的技术来解决问题或创造解决问题的方法，从而创造财富；"工匠精神"是一种信仰，是美国通过对创新的投入和对"工匠精神"的实践，是美国创新生生不息的源泉。

美国人将"工匠"定义为：不拘一格，依靠意志和拼搏的劲头，做出改变世界的发明创新的人。在美国，本杰明·富兰克林、托马斯·爱迪生、怀特兄弟、迪恩·卡门都是杰出的工匠代表。富兰克林被认为是美国历史上第一位工匠，他的发明事例写入美国的教科书。乔治·华盛顿也是一位卓越的工匠，是一位博学多思，凭借自己的兴趣和努力重建世界的创新者。

美国"工匠精神"的基本内涵在于：在无法预知结果的"破坏性行为"中探索、创造新事物。更注重创造，执着于新生事物，在意想不到的地方发现价值。遵循的往往是基本原则，而非秘籍。

西方宗教认为，上帝创造万物、创造人是神圣的，因而那些能够创造新鲜事物的人，也像上帝一样神圣。也因此产生了一群创客，直到现在所倡导的工匠文化。美国的工匠文化表现出创造的一面，是因为他们的文化土壤里已经有了对创新者的崇拜。

4. "中国制造"："新工匠精神"

进入2016年，"工匠精神"回归的号角早已吹响。然而，在惊羡德国、日本、美国等制造强国匠心的产品和精湛的技艺，崇尚它们"执着、专注、追求极致"的工匠文化之余，更多的是需要定义出符合时代背景和本国个性的"工匠精神"。

由此，更符合时代特征、更易为年青一代所拥抱与实践的"新工匠精神"的概念应运而生，并被高度概括为创造、匠品、修行、潜精研思，其具体含义包括（蒋小华，2016）：

第一，"新工匠精神"创造者的标识应更加显著，创新的气息应更加浓厚，需要有美国工匠文化中的创客思想。

第二，"新工匠精神"不仅是劳动者需要，也是制造业需要，它是每一个社会人、每一个行业的需要。

第三，"新工匠精神"提倡工作是一种美好修行，一种追求极致的信仰。

第四，"新工匠精神"涵盖传统的"专注、耐心，一丝不苟"等，笔者的理解就是"潜精研思"。在人生的道路上，有鲜花、有荆棘、有美景，只有不贪恋路边的风景，才能抵达成功的终点，三心二意要不得。心无旁骛，方能致远；潜精研思，终有所成。

（三）"工匠精神"的历史使命：开启"中国精造"新时代

以著名财经作家吴晓波发表的一篇名为《去日本买只马桶盖》为导火索，2015年春节前夕爆发的"马桶盖风波"，将"中国制造"推至风口浪尖，同时也引发了"工匠精神"回归的热烈讨论。"马桶盖风波"一方面反映了国人对产品质量的更高要求,另一方面也揭示除了当前中国经济的主要矛盾之所在:供给侧。

对此,李晓佳(2015)指出:中国制造正面临着经济循环的二元分裂。即当经济发展到一定阶段,由于一国收入差距不断扩大、民族工业又提升迟缓而造成的消费与生产均发生分裂,形成两个彼此分割的经济循环现象。消费的分裂,表现为对外国商品的哄抢式高消费和对本国商品的压价式低消费并存;生产的分裂,则表现为高质量的国际依附性生产和低质量的国内自主品牌制造并存。这种二元分裂,分裂了消费和生产各自组合成高端国际经济和低端国内经济两个循环。前一个循环中,本国向国际高端制造提供配套生产和消费市场,为国际资本贡献高额利润;后一个循环中,本国低质量生产和低水平消费互相满足、互拖后腿,制约着民族工业的进步。当前中国经济正日益显著地表现出这些特点。二元经济循环已经严重阻碍中国经济的良性发展和中国制造的提升进步,带来资本失血、市场失守、利润失控、政策失效和判断失准五大风险,很有可能将中国拖入中等收入陷阱。世界一流工业强国如美国、德国、日本等,在历史上都曾面临与今天中国类似的困境,但它们都通过举国努力在数十年间实现了工业升级。这些国家的发展经验都值得中国认真研究和借鉴。

开启一个充满活力、创新驱动的"中国精造"新时代,既需要天马行空的"创造力",也需要脚踏实地的"匠心"。之所以重提"工匠精神",不仅是回归传统,更要把"工匠精神"注入"中国制造"的血液中。"工匠精神"的核心是精益求精。无论是科技发展,还是技术进步,追求极致的"工匠精神",追求完美的手艺信仰,是驱动"中国制造"转型升级的原动力与支撑点。把这种精神融入生产、设计、服务、管理的每一个环节,才能真正实现由"量"到"质"的突围。

如果一家企业的当家人具备"工匠精神",相信这家企业的员工也会有这样的工匠气质,这家企业的产品自然会因其独具匠心的特性而立于市场竞争不败之地。

二 "工匠精神"的中小企业实践——方太案例

创建于1996年的宁波方太厨具有限公司(以下简称"方太"),经过二十年的发展,由一家名不见经传的中小型企业发展成为今天高端厨电领导者。二十年来,方太始终专注于高端厨电领域,坚持"专业、高端"

的市场定位，为用户提供高品质的产品和服务。该公司秉承"人品、企品、产品，三品合一"的企业核心价值观，致力于打造一家能与德国西门子相抗衡的受人尊敬的伟大企业。在产品差异化定位的基础上，方太的行业领先地位是建立在：对制造工艺的精益态度、对终端渠道的规范管理、对售后维护的专业服务上。

（一）技术标准化引领厨电行业发展方向

方太高度关注核心技术和工艺设计，追求人性化的设计、实用的功能、卓越的品质。持续地研发投入为企业积累了数十项厨电产品的核心技术。截至 2015 年年底，该公司申请国家专利 1364 项，其中发明专利申请 337 项。获得授权专利 776 项，其中授权发明专利达 144 项，行业内遥遥领先。其核心技术是"高效静吸"技术，在实现最佳吸油烟效果的同时，还能把噪声降至行业最低水平 48 分贝，达到图书馆级静音标准。荣膺中国轻工业联合会科技进步一等奖。

针对中国家庭特有的饮食习惯，方太领导了一场厨房革命，并通过技术标准化实现引领行业发展方向。方太是吸油烟机、灶具、消毒柜国家标准的起草单位，也是全国吸油烟机标准化工作组组长单位，先后组织起草或参与修订国家行业标准 24 项。并作为中国吸油烟机行业的唯一代表参加国际电工委员会（IEC）会议。其关于吸油烟机标准的提案获得 DC 认可。方太建立起行业内唯一的国家认定企业技术中心。

（二）以制造飞机的技术工艺来打造油烟机

到 21 世纪初，中国家电业已形成三个重要产业集群：以格力、美的、科龙、格兰仕等品牌为代表的广东顺德家电集群；以海尔、海信、澳柯玛为代表的青岛家电集群，以及拥有家电整机企业 2000 多家，配套企业 8000 多家，产品涉及空调、洗衣机等十几个系列，年产值过 300 亿元的慈溪家电集群。但与知名品牌辈出的顺德和青岛所不同的是，创造了 300 亿元产值的慈溪家电集群，在当时却找不出一家规模过 10 亿元的"领跑企业"。慈溪家电所面对的是品牌集群各自为政，规模资源形不成合力的尴尬。在"规模制胜"的普遍生存法则下，方太却始终坚信规模是把"双刃剑"，维持合适的规模，才能使企业始终保持创新状态和经营理念的坚守。

为了信守公司创立之初立志做"500 年企业"的承诺和信念，方太坚持不贴牌、不代工、不打价格战，珍惜自己的每一片羽毛。凭着"技术派"的执念，沉淀下一颗"工匠的心"，以制造飞机的技术工艺来打造高标准油烟机，并始终对具有"工匠精神"的工程师表现出极大的尊敬与重视。

方太的当家人"偏执"地认定：创新设计和精良制造才是产品和品牌的核心竞争力。该公司坚守的产品标准和理念是：第一，技术和功能是根本；第二，工业设计与实用功能有机结合；第三，可靠的品质；第四，精湛的加工工艺。通过二十年的努力，方太不仅成长为中国高端厨电市场领导者，还成为厨电行业首家，也是目前唯一一家获得具有中国质量管理"诺贝尔"之称的全国质量奖的企业。

三 新经济常态下"工匠精神"回归的重点与难点

(一)"工匠精神"回归的重点：工匠人才的培养

"工匠精神"的养成、"中国精造"目标的实现都离不开工匠人才的培养。改革人才培养体系，成为"工匠精神"回归的重点。环顾世界，德国和日本在工匠人才培养上的制度设计和企业实践具有重要的启发意义。

1. 德国：双轨制职业教育

德国的人才培养途径主要有两条：一条是沿着"小学—文理中学—大学"的路径，培养从事科学和基础理论研究的学术研究型人才；另一条是沿着"小学—普通中学或实科中学—职业学校"的路径，培养直接就业的技能型人才。其中，两个阶段分流，让学生反复评估自己，明确自己的兴趣和能力。

备受各国关注的则是其第二条人才培养途径。其独具特色的双轨制职业教育成了德国教育的中流砥柱，为德国各个行业源源不断地提供大量专业人才，成为"德国制造"的重要人力资源保障。据统计，约60%的德国青少年在中学毕业之后便会接受双轨制职业教育，每周有三四天在企业中接受实践教育，一两天在职业学校进行专业理论学习，培训时间一般为两年到三年半。

该双轨制职业教育的特点：（1）企业实践与学校理论教育有机结合，有利于学生毕业后投入工作；（2）企业和社会力量广泛参与；（3）职业教育有法可依，学校课程科学设置；（4）教育形式之间灵活转换；（5）宽进严出，培养方案严格。其中，值得关注的是，双轨制职业学校设置是政府行为，各职业学校专业设置与区域经济发展状况协调。各校合理设置专业，错位发展，避免同质化，既使得学校专业特色鲜明，又提高了办学效益。各州或市根据当地经济和社会发展的实际需要，由政府合理划分并赋予学校不同的专业和类型。

2. 日本：秋山木工的八年匠人研修制度

日本对工匠传统的承袭与执着的精神，是根植于社会各个层面的普遍价值，这是一种由文化自信转换而成的坚持与执着。

"秋山木工"是一家专业订制家具的日本公司，其产品遍布日本宫内厅、国会议事堂、高级大饭店、美术馆以及平常家庭。企业规模从1977年创立之初的3名员工，发展至今也一共只有34人。"秋山木工"为客户提供的是可以使用一百年、两百年的家具。

在这样一个普遍追求速度、效率的现代社会，"秋山木工"的72岁创始人秋山利辉却穷其一生于企业经营管理实践中创立了一套独有的八年匠人研修制度。

"秋山木工"的匠人研修制度从培训"通人"入手，以培育"达人"为目标。一年预科，四年学徒，三年学带徒。后面三年里，经历五年匠人基本训练的学徒开始扮演着传承者的角色，并在学带徒的传承过程中进一步体会、总结"工匠精神"。八年的时间里，年轻学徒要成为一名工匠的心理建设，培养正确的生活态度、基本训练、工作规划、知识和技术等成为一名合格工匠所需具备的素养。八年后能独立的学徒，可自由选择去留。

"秋山木工"将精心培养出的贴着"日本一流匠人"标签的人才源源不断地输送到全日本，以及世界各地。从"秋山木工"的工匠人才培养认为，技术假以时日总是可以练就的，但心性却需要基本认同和足够长时间的磨砺。

当然，值得关注的是，日本的"家文化""终身雇佣制""有序竞争"等为其技艺传承、专精小众产品的工匠文化提供了很好的"养分"。

3. 构建全方位、多层次的中小企业专业技能培养体系

工匠人才的培养应以"工匠精神"为指导，积极构建中小企业人才的技能学习、训练平台，以技能竞赛、行业标兵等为抓手营造工匠氛围，

鼓励中小企业人才不断提升专业技能水平，提高业务素质，打造一流技术人才。不断强化中小企业专业技能的工艺传承，推出精益求精、标准化设定等工艺品牌。加大对专业技能型人才的激励力度，培育专业技能型人才的"培养+考核"机制，构建全方位、多层次的中小企业专业技能培养体系。

（二）"工匠精神"回归的难点："工匠精神"的培育和根植

"工匠精神"需要厚植的土壤，需要形成崇尚"工匠精神"的社会氛围，从职业精神的培养，到职业教育的改革，再到荣誉体系的激励以及文化土壤的培育，如此持之以恒，才能让"中国制造"的筋骨更强健、品牌更响亮。在这样的大背景下，倡导"工匠精神"，倡导每个人从最务实处起步，强调精益求精的职业精神，具有特殊的重要意义。

工匠精神可分为两种：一种是小匠人精神，把技艺作为自己安身立命之本；另一种是大工匠精神，把对技能的钻研作为自我价值实现的追求。因此，企业对工匠的培养，应当将"工匠精神"融入企业文化建设过程中，将有形的物质激励和无形的精神引领有机地结合在一起。

"工匠精神"的培育应遵循文化建设的规律，有序推进。社会需要适应一种慢一些的节奏，企业则要培养细一点的耐心。这是"工匠精神"现实语境，它不仅意味着内心笃定而精于细节的执着，更需要几十年如一日的坚持与韧性。更多的时候，"工匠精神"表现为一种气质和追求，这就是对工作一丝不苟，对产品质量精心打磨，对品牌像对待生命一样精心呵护。

第二节 "专精特新"中小企业发展现状

一 "专精特新"中小企业发展的政策体系

2011年，工业和信息化部发布的《"十二五"中小企业成长规划》明确将"专精特新"发展方向作为中小企业转型升级、转变发展方式的重要途径，引导中小企业优化生产要素配置，促进中小企业集聚发展，形成一批"小而优"、"小而强"的企业，推动中小企业和大企业协调发展。

2013年，为贯彻《国务院关于进一步支持小型微型企业健康发展的意见》（国发〔2012〕14 号），落实《"十二五"中小企业成长规划》提出的任务和要求，工业和信息化部进一步发布了《关于促进中小企业"专精特新"发展的指导意见》（工信部企业〔2013〕264 号）。

《"十二五"中小企业成长规划》提出，"进一步提高'专精特新'和产业集群发展水平，坚持把走'专精特新'之路作为促进中小企业成长的重要途径，把集聚发展作为促进中小企业成长的着力点，建立起企业间紧密的分工协作关系，努力形成中小企业'专精特新'竞相发展的新格局。支持中小企业精细化发展，建立精细高效的管理制度和流程，开展精细管理，生产精良的产品，提供精致服务。用高、精、尖产品和服务赢得市场。鼓励中小企业走差异化成长道路，赢得市场竞争优势。支持中小企业特色化发展，大力发展地方特色产业，从满足不同层次、不同消费群体的需求出发，在'特'字上做文章，做到人无我有、人有我特，形成自己的特色产品、特色服务等。支持中小企业新颖化发展，通过技术创新、工艺创新、功能创新，实现产品和服务创新，以'新'取胜，提高核心竞争力。"

《关于促进中小企业"专精特新"发展的指导意见》（以下简称《指导意见》）明确了加强对"专精特新"中小企业的培育和支持，促进中小企业走专业化、精细化、特色化、新颖化发展之路，不断提高发展质量和水平，增强核心竞争力的指导思想；确立了通过培育和扶持，不断提高"专精特新"中小企业的数量和比重，提高中小企业的整体素质的工作目标；提出了加大财税金融扶持、建立和完善服务体系、组织市场开拓活动、加强培育和推进工作、建立协同工作机制等一系列推进政策措施。具体的推进政策措施包括：

（一）加大财税金融扶持

发挥各级各类支持中小企业发展专项资金和基金的引导与扶持作用，加大对中小企业技术进步和技术改造的支持力度，重点支持"专精特新"技术和产品，培育"专精特新"中小企业。落实企业研发费用税前加计扣除、符合条件的固定资产加速折旧等支持中小企业创新发展的激励政策。拓宽支持中小企业技术创新的融资渠道，搭建融资服务平台，促进银行与"专精特新"企业的项目对接。鼓励银行业金融机构创新金融产品和服务，支持"专精特新"中小企业采取信用贷款、知识产权质押、仓单质押等多种方式融资。鼓励符合条件的"专精特新"中小企业上市融资、发行债券。

（二）建立和完善服务体系

创新工作思路，充分发挥市场配置资源的作用，促进服务资源与企业需求对接。鼓励中介机构、行业协会、大学和科研机构等各类社会服务资源，为中小企业"专精特新"发展提供多层次和多角度的服务，开展宣传和培训活动。推动服务于区域特色优势产业的技术创新服务平台和产业共性技术研发基地建设，促进"专精特新"技术和产品的产业化。建立和完善中小企业公共服务平台网络，发挥中小企业公共服务示范平台的作用，提高专业服务水平和服务质量，加强对"专精特新"中小企业的培育和支持。

（三）组织市场开拓活动

支持"专精特新"中小企业参加各种技术交流暨展览会等国际性展会，重点展示中小企业"专精特新"产品和技术，帮助中小企业扩大影响力，开拓国内外市场。支持开展区域性"专精特新"中小企业展览展销活动，推进企业之间的交流与合作，提高中小企业的协作配套能力。加强政策信息、市场信息的咨询服务。鼓励"专精特新"中小企业积极利用互联网，开展电子商务和网上展示交易活动。

（四）加强培育和推进工作

各地中小企业主管部门要结合本地区经济发展、产业布局和中小企业发展的实际，积极开展促进中小企业"专精特新"发展工作，规范认定标准，完善推进措施，探索培育方式，细化工作目标，支持"专精特新"产品、技术的研发和产业化，培育和认定一批"专精特新"中小企业。通过引导更多中小企业走"专精特新"发展之路，进一步完善产业链，增强产业竞争力，促进区域经济社会协调发展。

（五）建立协同工作机制

各地中小企业主管部门要发挥牵头和组织协调作用，会同有关部门，集聚各方资源，落实扶持政策，建立协同配合、共同推动中小企业"专精特新"发展的工作机制。要在贯彻落实《指导意见》的基础上，制定符合本地区中小企业"专精特新"发展实际的推进措施。

根据工业和信息化部《指导意见》，结合本地实际，各省份纷纷出台了本地的《促进中小企业"专精特新"发展的实施意见》及配套的《"专精特新"中小企业的认定/管理办法（暂行/试行）》，明确了"专精特新"中小企业的认定标准及培育期。部分省份，如上海市、湖南省等还专门出台了《促进中小企业"专精特新"发展三年行动计划》。不仅如此，在"专精特新"企业和产品培育的基础上，部分省份，如上海、江苏、浙江等省份还积极探索实施国际"隐形冠军"培育和"专精特新白名单"等举措。

经过近五年的努力，中国已初步建立起"专精特新"中小企业发展的政策网，一方面大力引导培育"专精特新"的产品和企业，另一方面努力打造区域"专精特新"产业集群，形成"专精特新"中小企业创新链。

二 "专精特新"中小企业发展现状、问题及建议

（一）"专精特新"中小企业发展现状及问题

当前，中国中小企业已经到了转型发展的"突破点"，如何度过艰难的转型期，实现由低端价值链向中高端的跨越，成为中小企业面临的难题。为了转变发展方式，实现要素驱动向创新驱动的转变及提升核心竞争力，"专精特新"发展道路成为中小企业的新定位。近年来，有些地方中小企业主管部门坚持促进中小企业专业化、精细化、特色化和新颖化发展的工作方向，把促进中小企业"专精特新"发展作为引导和支持中小企业转方式、调结构、促升级，提高创新能力和核心竞争力的有效途径，充分发挥市场配置资源的基础性作用，政府主要在政策引导、资金扶持、制定标准、规范服务等方面加强工作，取得了积极而显著的成效。

根据机械工业信息研究院（2014）的面向全国中小企业"专精特新"发展调查，可总结出中国"专精特新"中小企业发展呈现出的五大问题：

（1）研发投入逐年增加，但产学研合作有待加强。"专精特新"企业的研发投入较高，2010—2012年研发强度逐年提高，近50%的企业研发费用占销售收入高于5%。从技术来源上看，43.1%的企业从事独立研发，仅有22.2%的企业选择与高等院校，18.1%的企业选择与科研院所合作。且对于高等院校及科研院所的合作研发意愿分别仅为26%和24.9%。

(2) 行业分布较窄，但所处产业链层级较高。"专精特新"中小企业的76.6%属于制造业，10.8%属于农林牧渔业，3.8%属于信息传输、软件和信息技术服务业。"专精特新"中小企业的主导产品主要集中于制造业领域，且多数企业处于产业链较高端，具有经营优势，成本利润率较一般中小企业高。

(3) 与大企业的协作配套与交流合作有待加强。根据调查，53.2%的"专精特新"企业为大企业提供产品配套服务。其中，63.9%的企业为10家以下的大型企业提供配套，表明多数"专精特新"企业产品服务领域较窄；71%的企业接受过大企业的技术指导，73%的企业与大企业进行过技术合作。

(4) 国际化步伐加快，但深度不够。67.1%的企业产品处于国内先进，而25.3%的企业产品已处于国际先进水平。27.1%的企业"专精特新"产品销往国外，而72.9%的企业尚未踏入国际市场。其中，14.5%的企业在国外设立了办事机构，但主要从事销售工作，与世界先进企业重在跨国研发还有比较大的差距。

(5) 人才流动过大，研发人才急需。人才是企业发展之本。调查显示，近三年企业的技术人才和管理人才流动都较为频繁。按急需程度排序，企业的人才需求排序为：研发人员（53.7%），技术人员（17.2%），熟练工人（11.4%），销售人员（10.3%），管理人员（7.4%）。

(二) 促进"专精特新"中小企业发展的政策建议

进一步促进中小企业"专精特新"发展，培育一批适应细分市场需求、与产业链协作配套、具有创新优势的企业。

1. 重点推动中小制造企业发展

围绕"中国制造2025"，培育一批主营业务突出、拥有自主知识产权和"专精特新"技术和产品，成长性好、知名度高、竞争力强、专注于某一领域或细分市场的"小巨人"企业。支持中小企业向服务型制造和价值链高端转变和发展。

2. 促进大、中、小企业协同发展

引导和培育"专精特新"中小企业提高专业化生产和协作配套能力，在技术创新、产业升级、技术改造、协作配套、节能减排等方面形成自身特色，为大企业、大项目和产业链提供优质零部件、元器件、配套产品和配套服务。鼓励制造业骨干企业通过互联网与产业链各环节紧密协同，为中小企业提供开放平台和共享资源，促进中小企业专业化、精细化、特色化、新颖化发展。

三 "专精特新"中小企业培育及典型发展实践

"十二五"以来，各级政府大力推进实施"专精特新"中小企业的培育，引导社会资源向"专精特新"中小企业集聚，推动中小企业转型升级发展。通过五年的努力，初步打造成一个包含"专精特新"企业、"专精特新"企业集群，以及"专精特新"产业联盟三个层次的"专精特新"企业发展生态圈。多个省份通过网络和实体平台建立本省中小企业"专精特新"展示平台，如江苏、宁夏等。

（一）"专精特新"中小企业发展实践经验

1. 上海市

过去很长时期内，上海是中国工业的桥头堡，"上海制造"代表着"中国制造"，中国工业化路上的许多个"第一"都诞生于上海。"十二五"期间，上海在全国建成率先转变工业发展方式的先行先试区、战略性新兴产业的创新引领区、高端生产性服务业的集聚辐射区，一系列代表未来实体经济战略制高点的重大产业相继在上海落地生根。上海拥有逾30万家中小微企业，占全市企业总数的90%以上，是上海转型发展的重要力量。从"制造"到"智造"，再到全球高端"智造"的中心，上海正在抢占全球战略性产业制高点。

（1）制定并逐步深化政策。上海市经济信息委员会会同上海市商务委员会、上海市科技委员会等12个部门联合印发了《关于加快促进"专精特新"中小企业创新驱动、转型发展的意见》，以及《关于明确"专精特新"中小企业试行标准的通知》，推动实施"专精特新"中小企业培育工程，大力培育战略专一化、研发精深化、产品特色化、业态新型化的中小企业，提高中小企业核心竞争力和创新创业能力。2015年，上海市经济信息化委、市商务委、市科委、市国资委、市人力资源社会保障局、市质量技监局、市金融办联合发布了《上海市发展"专精特新"中小企业三年行动计划（2015—2017年）》。根据该《行动计划》，上海市将以"研发一流技术、制造一流产品、培育一流企业家、实施一流管理"为目标，打造一支在技术、市场、产品、管理等方面具有国际先进水平、具有持续竞争力的中小企业群体。到 2017 年年底，滚动培育"专精特新"中小企业达到 1500 家，其中在国内细分市场占有率第一的国内"隐形冠军"达到 150 家，在国际细分市场占有率前三、亚洲第一的国际"隐形冠军"达到 15 家。

2016 年，上海市计划为"专精特新"企业建起"白名单"和数据库，以实现精准支持在国际、国内细分市场上具有行业领导力、代表"上海制造"水平的中小企业。2016 年，上海市的"专精特新"企业培育将重点围绕"互联网+"和"中国制造 2025"，实施"隐形冠军"提升培育计划。

（2）开展认定和培育。自 2010 年开始实施"专精特新"中小企业培育工程以来，围绕"战略专一化、研发精深化、产品特色化、业态新型化"的培育宗旨，上海市累积认定培育了 3790 家"专精特新"中小企业。形成了一批在行业中领先，市场前景好，在产品、技术、业态和经营方式上代表产业发展方向的成长型中小企业。其中，2015 年培育的 1323 家"专精特新"企业中，产品细分市场占有率位于国际和国内前三名的有 560 家，处于第一名的有 345 家。

根据上海市首个《行动计划》，与此同时，在"专精特新"中小企业培育的基础上，进一步开展"上海智造"企业培育工作，每年从"专精特新"中小企业中遴选出 100 家企业进入"上海智造"名录，推动上海中小企业从传统的"上海制造"提升为"上海智造"，用更多的资源和政策鼓励中小企业走"专精特新"之路，引导中小企业向新业态、新模式、新经济方面发展。

（3）提供专项资金支持。自 2007 年以来，在上海市专项资金支持的技术创新、产业升级、信息化建设等项目中，近一半是"专精特新"中小企业。与交通银行、浦发银行、招商银行、民生银行等银行合作，为"专精特新"中小企业安排贷款，满足"专精特新"中小企业的资金需求。

（4）鼓励自主创新。鼓励"专精特新"中小企业建立和实施标准体系，积极开展各类标准化示范试点，采用国际标准和国外先进标准。支持企业积极申请专利，掌握自主知识产权。"专精特新"中小企业可优先列入上海市专利试点企业，对列入上海市专利试点企业并符合条件的，按

《上海市专利资助办法》的规定享受资助政策。对"专精特新"中小企业利用公共示范服务平台开发先进实用技术、工艺和设备的，给予一定的支持。

（5）优化经营环境。简化"专精特新"中小企业年检手续，免检财务审计报告。对"专精特新"中小企业工商登记及变更登记提供便利，鼓励其发展新型业态，支持企业改制上市。将"专精特新"中小企业培育成海关 A 类以上企业，给予通关便利。参照服务外包重点企业和服务贸易重点企业的办法，在外汇收支方面为"专精特新"中小企业提供便利。在"专精特新"中小企业中建立企业减负维权联络点，严格禁止对企业进行各种名目的违规收费，严肃查办和处罚对企业的"三乱"行为。

（6）推出产品名录。自 2013 年开始，发布和出版《上海智造》产品名录，做好品牌和"专精特新"产品的宣传推广。每年举办上海（国际）中小企业精品展，展会突出"专精特新"促进企业成长的主题，通过搭建平台，推动"专精特新"企业之间加强合作，引导中小企业坚定走"专精特新"发展之路。

（7）加强人才培养。实施中小企业百名领军人物和百强中小企业培训计划，研究落实相关人才政策。截至 2015 年，已实施了 10 期企业家和领军人才培训班，培训"专精特新"企业家千余名。

2. 江苏省

（1）发布文件。江苏省经济信息委员会和中小企业局印发了《江苏省万家"专精特新"中小企业培育工作指导意见》，将"专精特新"定义为战略发展专一化、研发制造精品化、产品服务特色化、经营业态新型化，以培育壮大一批"小而优"、"小而强"和行业"隐形冠军"企业为目标，到"十二五"期末，培育一定量的"专精特新"产品和"专精特新"中小企业。

（2）开展认定。编制了《江苏省中小企业"专精特新"产品认定暂行办法》，鼓励中小企业采用自主知识产权的发明专利技术和工艺，研究开发和精确制造专用性强、功能独特的新产品，促进战略性新兴产业发展和传统产业升级。2012 年以来，该省先后认定公布了 250 个"专精特新"产品。

（3）专项资金支持。江苏省中小工业企业的 60% 以上属于配套型企业，在汽车零部件、船舶、风电、新材料、工业机器人等高端制造领域，集聚了一批"专精特新"企业和配套产业集聚区。明确省中小企业发展专项资金重点支持"专精特新"产品，优先推荐"专精特新"企业申报国家专项资金扶持。如泰州市、昆山市对获得省"专精特新"产品的企业，每个产品奖励10万元。

（4）注重宣传推广、开展企业家培训。开发江苏中小企业专精产品可直接在网上展示。在省内主流媒体、网络媒体开设专栏，宣传推介"专精特新"产品。

组织"专精特新"企业负责人赴美国斯坦福大学进行高端培训，帮助企业家转变思维，拓展国际视野。

3. 辽宁省

（1）发布文件。印发了《辽宁省中小企业专精特新产品（技术）认定暂行办法》（辽中小企发〔2008〕15号），鼓励和引导中小企业通过自主创新、产学研联合创新和引进消化吸收再创新，开发"专精特新"产品，应用"专精特新"技术，提高市场竞争力和企业整体素质。

（2）开展认定并重点支持。自2009年以来，全省共认定了中小企业"专精特新"产品（技术）2007项，其中产品技术填补国内空白、达到国际先进水平项目占65%，并编入《辽宁省中小企业"专精特新"产品（技术）项目指导计划》，对部分重点产品项目给予重点扶持项目，据统计，有80%的项目得到了资金支持，在科技创新资金扶持下，一批"专精特新"型中小企业成长迅速壮大。

（3）搭建技术服务平台。依托高等院校、科研院所，以技术攻关和破解企业技术难题为纽带，创建并培育了一批社会化、开放式的中小企业共性技术服务平台。先后认定了131家行业共性技术支持服务平台，以及为中小企业提供技术咨询、产品设计、产品研制、产品试验和检测、技术难题攻关等技术服务的平台。累计投入650多万元，用以扩大技术中心的服务项目承载能力。通过网上征集企业技术难题，聘请专家答疑，每年平均解决难题1500多项。已支持40所大专院校创办中小企业技术服务中心，每年为中小企业开展技术诊断6300多项。

2012年10月，由辽宁省中小企业厅和大连市人民政府共同主办，东北及环渤海地区10个省（区）市协办的"2012中国东北及环渤海地区创新型中小企业'专精特新'产品展洽会"在大连隆重开幕。来自东北及环渤海地区的 10 个省（区）市的 400 余家中小企业展示了"专精特新"产品和技术成果。期间，举办了辽宁省高校、科研院所科技成果项目推介会、中小企业股权融资推介会暨投融资展洽会、辽宁省大小企业协作配套项目对接推介会和"展洽会"交易成果签约仪式等活动，中小企业达成合作意向 24 项，签订中小企业为大企业配套项目和科技合作项目 15 项，签约合同金额 20 亿元。

（二）创新服务体系，培育"专精特新"企业集群

丰台区是北京城市功能拓展区，在促进首都创新驱动、京津冀协同发展等方面发挥着重要作用。丰台区紧紧围绕科技创新、金融服务、文化创意和生态旅游等重点产业发展目标，结合全面深化改革和疏解非首都核心功能产业的总体要求，落实各级促进中小企业发展的文件精神，在充分考虑其区位特点、资源禀赋、功能定位和产业规划的基础上，出台了一系列促进"专精特新"中小企业发展的政策措施，支持培育了一批特色鲜明，并具有一定集聚效应的"专精特新"企业集群。经过两年的努力，"专精特新"已成为丰台区中小企业的新名片。

据第三次经济普查报告数据显示，截至 2014 年年底，丰台区中小微企业总量已超过 6 万家。而在其 2014 年认定培育的 121 家"专精特新"中小企业中，不乏世界级的"隐形冠军"，但更多的则是专注于一个行业，主导产品在细分市场领域内达到全国前 50 名，或主导产品收入占销售收入 60% 以上；企业发展战略和产品定位精细，掌握自主知识产权，拥有专利、软件著作权或者专有技术，研发投入占销售收入的比例超过 3%；企业采用独特的工艺、技术、配方或特殊原料进行研制生产，提供特色化、差异化的产品或服务，品牌优势明显；企业在管理创新、技术创新或商业模式创新方面优势突出，或在行业的跨界融合中创新产品和服务，填补市场空白。

截至 2015 年年底，全区已认定、培育的"专精特新"企业涉及轨道交通、节能环保、文化创意和生物医药等八个战略产业领域。2015 年，区内 12 家节能环保领域的"专精特新"企业组团参加第三届中国国际循环经济成果交易博览会，集中展示了丰台区循环经济领域最新技术、装备、产品和工艺，并会同青岛市政府共同举办循环环保产业推进会，进一

步推动政企合作，积极探索地区间多层次、多样化的产业配套、产业转移合作平台，建立了研发、人才培养、市场开拓、投融资服务等领域的战略合作关系。

丰台区创新服务体系，培育"专精特新"企业集群主要做法与经验包括以下五个方面：

其一，培育"专精特新"企业，推动区域经济发展。自2014年启动"专精特新"中小企业培育工程以来，丰台区经济信息化委有针对性地鼓励企业走"专精特新"之路。处于培育期的"专精特新"企业可优先获得国家、北京市和丰台区的中小企业专项资金补助，以优惠条件获得相关银行、担保机构的融资服务，并在政府采购、产品推介、工商年检、税务服务、产业空间等方面获得政府的优先支持。

其二，优化产业发展空间，促进企业创新创业。丰台区各级部门大力支持中小企业创业基地、中小企业公共服务平台和孵化器建设，推动中小企业在丰台区创新创业。2015年，为鼓励丰台区乡镇产业空间吸引更多"专精特新"企业入驻，加快广大农村地区产业升级，区经济信息化委制定了《丰台区关于鼓励乡镇楼宇建设"专精特新"企业创新创业示范基地的实施意见》，以规范"专精特新"企业创新创业示范基地建设和管理，促进示范基地健康发展，形成"专精特新"产业集聚的良好态势。

其三，积极搭建桥梁，组织中小企业市场推介。市场开拓一直是中小企业发展中的一大难题。为此，丰台区积极组织中小企业参加各类国际、国内博览会、技术交流会、产品技术洽谈会，为中小企业提供对接新产品、新技术、项目合作、国际国内采购的机会，帮助企业推介特色产品与技术，协助企业开拓京外市场。2014年，丰台区经济信息化委协助工业与信息化部、人民解放军总装备部在丰台举办的军民结合成果展，并推荐区内5家"专精特新"企业展示其技术创新产品。

其四，建立培训品牌，拓展企业信息渠道。丰台区经济信息化委联合各相关单位积极开展政策宣讲会、培训会、企业走访、主题宣传等活动，针对企业最关注的融资、人才、财税、进出口等政策进行培训、宣传解读，创建了融资规划师等多个具有一定品牌影响力的培训、研修班，有效地提升了中小企业对政策的了解程度，并搭建了融资、人才等需求对接的平台。同时，区经济信息化委开通了"丰台中小微"企业服务微信公众号，并积极发展驻区企业与政府间的联络专员，增强了信息直通、政企互动，为企业提供个性化服务。

其五，加强宣传推广，提升"专精特新"企业美誉度。为了全面展现丰台区产业发展的成效，围绕"丰台企业行"主题，组织新华社参考消息、北京商报、中国产经新闻、人民网、国际在线等中央、市属媒体，对丰台区"专精特新"企业进行了联合采访，通过政企双方座谈和实地参观，加强了政府与企业间的沟通，极大地提升了"专精特新"企业的社会影响力。

第三节 转变发展方式提质增效

一 改革供给侧结构提质增效

（一）适应经济新常态，改革供给侧结构

近年来，随着中国经济步入新常态，经济增长从高速转为中高速，从规模速度型粗放增长转向质量效率型集约增长，从要素投资驱动转向创新驱动。为适应这种变化，在正视传统的需求管理还有一定优化提升空间的同时，迫切需要改善供给侧环境、优化供给侧机制，通过改革制度供给，大力激发微观经济主体活力，增强经济长期稳定发展的新动力。

2015年，以去产能、去库存、去杠杆、降成本、补短板为重点的供给侧结构性改革，经中央经济工作会议定调后正式拉开大幕。随着中央有条不紊地推进，地方供给侧结构性改革的部署也加快了步伐。2016年5月10日，上海市发布了《关于推进供给侧结构性改革促进工业稳增长调结构促转型的实施意见》，提出了优化供给结构、补齐创新短板、推进供需协同、降低企业成本、优化要素配置和深化制度改革"六个着力"。江苏、浙江、湖北、四川、重庆、广东、贵州等地区出台供给侧结构性改革的整体实施方案，部分地区出台了相关的专项实施方案。从政策框架来看，各地方的实施方案基本都包含中央供给侧结构性改革"三去、一降、一补"的侧重点，但各自又有所侧重。除共性之外，地方的供给侧结构性改革方案也有着鲜明的"个性"。例如，基础较好的省份都将目光不约而同地聚焦在了创新领域。无论是中央还是地方，都多次强调供给侧结构性改革的层次性和差异化。

（二）提质增效，中小企业供给侧结构性改革的着力点

企业是市场的主体、生产的主体、供给的主体，自然也是供给侧结构性改革的主体。在全国经济格局中占据举足轻重作用的中小企业，自然也应成为推进并实践供给侧结构性改革的主体，担负起改革的主体责任，努力将供给侧结构性改革作为发展的重大机遇。中小企业推进供给侧结构性改革的关键点在于自身生产、经营、管理机制体制的改革。

经济新常态下，中小企业提质增效升级，供给侧结构性改革的着力点有：

1. 致力于"两化"深度融合

"两化"融合是信息化和工业化的高层次深度结合，是中国走新型工业化道路，实现可持续发展的战略选择。"两化"融合包括技术融合、产品融合、业务融合和产业衍生四个方面。中小企业发展提质增效，应高度关注"两化"融合，深入了解融合的领域，掌握融合的方向，从战略上将本企业自身的发展纳入"两化"深度融合的体系中，从供给侧寻求着力点。

2. 践行创新驱动，提升创新能力

十八大报告提出实施创新驱动发展战略。科技创新是提高社会生产力和综合国力的战略支撑，已经置于国家发展全局的核心位置。创新驱动发展模式下，经济增长主要依靠科学技术的创新带来的效益来实现集约的增长方式，用技术变革提高生产要素的产出率。

随着国家创新驱动战略的实施，各省市相继推出了本地的面向中小企业的"创新工程"配套措施，推出了创新型企业培育、"专精特新"提升、创新成果转化、信息化促进等一系列的创新能力提升的行动和计划。随着创新要素和资源的持续集聚，一系列深化改革的关键举措落地扎根。面广量大的中小企业作为国民经济中最灵活、最具发展潜力的实体，作为供给侧的主体，应积极践行创新驱动，努力提升创新能力，加大创新投入，累积发展优势。

3. 提升产品附加值和产品质量

经济新常态下，企业发展面临"三期叠加"矛盾，资源环境约束加

大，劳动力等要素成本上升，高投入、高消耗、偏重数量扩张的发展方式已经难以为继。对此，作为供给侧主体的中小企业，应努力提升产品附加值和产品质量。

附加值是在产品加工过程中通过工艺、技术、服务乃至品牌等手段使产品得到较大的增值，而不是单纯的要素投入所形成的物化价值。高附加值产品的基本特征是技术密集度高、市场需求度高、品牌知名度高、产品质量优异、经济效益好。而提升产品附加值是打破产品同质化竞争的有效机制。

就供给侧而言，提升产品附加值可从增加科技含量、挖掘产品特色、完善服务体系、优化产品装潢、打造品牌和文化等方面着手。

二 借助"互联网+"提质增效

2014年11月，李克强总理在首届世界互联网大会发言中指出，互联网是大众创业、万众创新的新工具。其中"大众创业、万众创新"正是2016年政府工作报告中的重要主题，被称作中国经济提质增效升级的"新引擎"。2015年3月5日，李克强总理在《政府工作报告》中首次提出"互联网+"行动计划。2015年7月4日，国务院印发《关于积极推进"互联网+"行动的指导意见》，推动互联网由消费领域向生产领域拓展，加速提升产业发展水平，增强各行业创新能力，构筑经济社会发展新优势和新动能。

2016年5月20日，国务院发布《关于深化制造业与互联网融合发展的指导意见》（国发〔2016〕28号）（以下简称《指导意见》）。《指导意见》指出，制造业是国民经济的主体，是实施"互联网+"行动的主战场。要以激发制造企业创新活力、发展潜力和转型动力为主线，以建设制造业与互联网融合"双创"平台为抓手，围绕制造业与互联网融合关键环节，加快推动"中国制造"提质增效升级。

（一）中国中小企业的互联网应用现状

近年来，中国互联网发展迅猛，网民数量居世界第一位，移动互联网发展成为亮点。虽然是网络大国，但还不是网络强国，互联网自主创新能力不强，宽带普及率与发达国家相比有较大差距，互联网发展"瓶颈"仍然突出。与此同时，2015年已基本建成的宽带、融合、泛在、安全的下一代国家信息基础设施，提升了对"互联网+"的支撑能力，促进了

"中国制造 2025"的实施和网络强国的建设。

2015 年上半年，中国互联网普及率已达 48.8%，2016 年有望突破 50%。企业层面的互联网普及与应用率则相对较高。中国互联网络信息中心的调查数据显示，2011—2015 年，中国企业的互联网应用增长平稳，略有起伏，具体见图 13-1。与全国企业的互联网应用整体趋势相比，图 13-2 的中小企业互联网应用比例显示起伏较大，并在 2012 年下半年达到最低点。2013 年之后，中小企业的互联网应用比例则始终保持在 90% 以上。

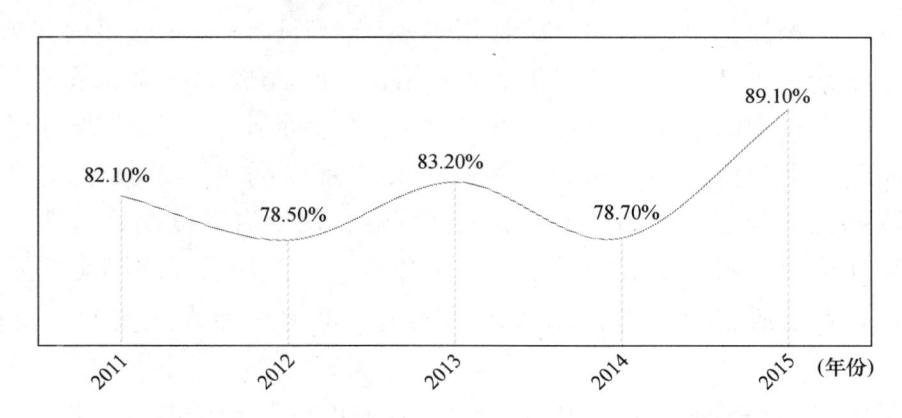

图 13-1　2011—2015 年中国企业互联网应用比例

资料来源：中国互联网络信息中心 2014 年下半年中国企业互联网应用状况调查报告。

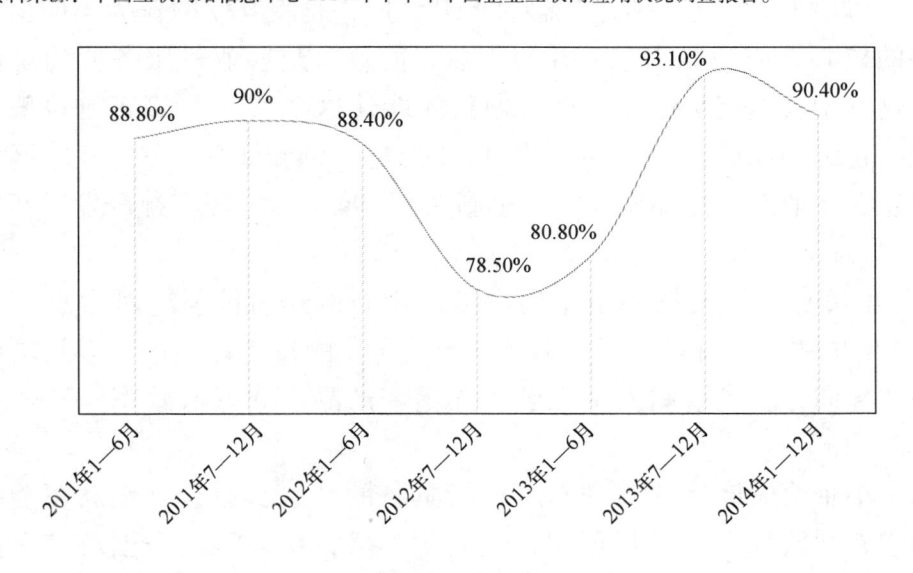

图 13-2　2011—2014 年中国中小企业互联网应用比例

资料来源：根据中国互联网络信息中心中国中小企业互联网应用状况调查报告（2012—2014）数据整理。

(二) 实施中小企业"互联网+"全国普及工程

2015年8月8日,中国中小企业"互联网+"全国普及工程在京启动。该工程旨在扶持互联网程度低的中小企业,尤其是传统行业的中小企业,为其免费接入互联网,并帮助其建设自己的互联网生态圈,拓宽企业发展渠道,实现转型升级。

该工程计划在三年内投入100亿元人民币专项资金,用于技术开发、市场推广、合作联盟等基础设施建设,覆盖企业的经营管理、生产制造、品牌推广、物流信息、人力资源管理等领域。工程计划在三年内完成100万家中小企业"互联网+"的普及应用,五年完成500万家企业普及。普及工程在技术研发阶段已经为5000多个中小企业开展了实践对接,其中,60%以上为传统制造企业。制造企业"互联网+"的技术应用在产品互联网化上居多,产品纳入互联网元素后,消费者黏度明显增强。该普及工程还推出互联网实战商学院,永久免费为企业提供互联网实战人员培训,让企业摆脱没有专业网络人才的困境,助力企业真正实现"互联网+"。

2016年,各地积极推进中小企业"互联网+"全国普及工程。

(三) 积极融入"互联网+",创造新的企业发展生态圈

"互联网+"是"两化"融合的升级版,是将互联网作为当前信息化发展的核心特征提取出来,并与工业、商业、金融业等服务业的全面融合。这其中关键就是创新,只有创新才能让这个"+"真正有价值、有意义。正因为如此,"互联网+"被认为是"创新2.0"下的互联网发展新形态、新业态,是知识社会"创新2.0"推动下的经济社会发展新形态演进。

"互联网+"的核心是重构供需产生新的经济能量。对中小企业来说,"互联网+"就是把互联网融入传统企业的每个环节中,以需求侧为核心和导向,从供给侧入手,设计并生产产品,砍掉低效率、不合理的部分。

中小企业应该从"互联网+"所具备的"跨界融合、创新驱动、重塑结构、开放生态"等特征中得到启示,努力从以下三个创新发展方向中寻求突围,营造新的发展生态圈:其一,是通过互联网与其他行业融合,创造新的产业模式;其二,是通过"互联网+"在互联网平台上扩

展企业技术，产生集合效应；其三，是通过"互联网+"给企业带来的商业空间。

2016年，在信息化、全球化和高新技术潮流之下，如何利用好"互联网+"这一工具，提质增效是广大中小企业生存发展必须面对的事情。在此背景下，相关模式的探索势在必行。发展的潜力和空间很大，为中国各类企业，特别是中小企业充分利用市场，整合资源，带动国内产业转型升级和提高自主创新能力提供了重大的机遇。未来五年互联网将改变很多传统制造业的生产方式，直接成为产业生态链的重要组成部分，特别是传统产业的智能化。

三 全面推行"精益管理"提质增效

日本制造业能从第二次世界大战后的百废待兴，成功突围跻身世界制造强国之林，除具有专注的民族性之外，绝离不开一系列的管理创新和制度变革。其一，大力推行质量管理改革，将美国的精英主义质量管理，改造成全员主义质量管理。推广零缺陷运动，推行精英生产方式。其二，积极推动组织变革，努力营造"在一个稳定的生产条件下兢兢业业地生产品质优良的产品"的组织氛围。最终，一系列的制度变革塑造了日本制造业的独特性格。

精益管理以细化管理为中心，要求对企业每一项经济业务建立起一套细致入微的科学方法，并运用有效的手段进行合理管控，将管理的触角延伸到公司的方方面面和各个业务领域，助力企业挖掘各方面的潜能，从而实现利益最大化。随着社会分工越来越细和专业化程度越来越高，面对新经济常态，中小企业全面推行精益管理，苦练"内功"成为企业谋求生存和发展的根本途径。实施精益管理，企业需要在"精"下苦功夫，把对技术、质量、资源的控制纳入企业革新的重点。

在"转型升级、提质增效"继续是"十三五"规划的经济发展主线的大背景下，精益管理正在成为企业和其他各类组织推动可持续发展的新抓手。可以说，精益管理既是企业强基础、稳增长、促转型、创一流的重要抓手，也是实现企业健康协调可持续发展的必由之路。

中小企业实施精益管理，不仅要关注消除浪费，同时还应以创造价值为目标。经过精益改造的企业发现，精益生产是没有办法一步到位的，精益的改善是永无止境的。而这恰恰又与当前各界呼唤回归的"工匠精神"

异曲同工。因此，当精益管理真正落到企业经营的实处之时，也必将是"工匠精神"回归之刻。

企业推行精益管理中值得注意的问题：精益管理应遵守科学管理规律，循序渐进；发挥每一个员工的积极性；培养精益的企业文化。

中小企业应积极推行"精益化"管理，促进中小企业加强产品质量管理，培养一批制造工匠。坚持把管理出效益作为企业管理的立脚点，深入开展创业辅导，进一步加强企业管理能力建设，不断推进管理创新。

第十四章

中国中小企业减负专题研究

第一节 减轻中小企业负担的相关政策措施

当前,中国经济正逐步进入经济发展新常态。习近平总书记指出,"创新是引领发展的第一动力"、"各类企业都要把创新牢牢抓住,不断增加创新研发投入、加强创新平台建设、培养创新人才队伍,促进创新链、产业链、市场需求有机衔接,争当创新驱动发展先行军"。中小企业不仅是保障民生、扩大就业的主力军,也是创新驱动的生力军,是中国数量最大、最具创新活力的企业群体,在促进经济增长、推动创新、增加税收、吸纳就业、改善民生等方面具有不可替代的作用。"中国制造2025",信息化与工业化深度融合,"互联网+"为中小企业带来重大发展机遇,亟须探索推动中小企业发展环境不断优化的新举措,从而更好地推进"大众创业、万众创新",使中小企业成长为中国经济发展的长足动力。

但是,在目前国内外复杂的经济形势下,不少中小企业面临着严峻的生存考验。在信贷政策紧缩的影响下,中小企业规模小、风险大、缺少抵押物等"先天不足"的固有缺点被成倍地放大,加之劳动力、资金、原材料、土地和资源环境成本上涨,税负较重等因素影响,对于依赖"成本驱动",并处于全球产业链低端的中小企业而言,其生产经营遭到了严重影响,尤其是珠江三角洲、长江三角洲等地大批的中小企业陷入经营困境。

一方面,为帮助中小企业顺利渡过难关,国家近几年来对中小企业频出政策暖风,研究并确定了支持中小微企业发展的金融、财税政策等九大措施，陆续出台行政费用减免及税收优惠等政策来支持中小企业。

另一方面，保持经济平稳较快发展是中国经济工作的首要任务，而减轻中小企业负担工作是促进经济平稳较快发展的重要措施，因此，中央表示接下来要进一步激发企业活力，加大对中小企业等的政策扶持和服务力度，进一步清费减负，拓宽企业融资渠道，从而加快振兴步伐。

一　国家层面出台的中小企业减负政策

为了进一步改善企业发展环境，完善企业负担监督管理机制，早在1997年，党中央、国务院就针对经济转轨时期向企业乱收费、乱罚款和摊派"三乱"问题，出台了《关于治理向企业乱收费、乱罚款和各种摊派等问题的决定》（中办发〔1997〕14号），建立联席会议制度并设立办公室，负责减轻企业负担工作指导、组织协调和监督检查。随后，工业和信息化部分别于2010年、2012年、2013年、2014年、2015年和2016年牵头组织开展了减轻企业负担专项治理、企业减负专项行动、辅助小微企业专项行动等工作（见表14-1）。在优化发展环境、切实减轻企业负担方面采取了多项措施。

表14-1　　　　　国家关于企业减负的综合政策汇总

时间	政策指定/发布部门及名称等	主要措施
2009年2月6日	人力资源和社会保障部、财政部和税务总局	采取缓缴社会保险费、降低社会保险费率、扩大失业保险基金支出范围等五大举措减轻企业负担，稳定就业局势
2009年12月15日	工信部	印发《关于做好减轻企业负担工作的指导意见》
2009年12月18日	工信部	印发《关于开展2009年减轻企业负担检查工作的通知》
2010年4月15日	工信部	按照国务院办公厅《关于制定治理和规范涉企收费措施的分工意见》，决定在全国范围内开展治理和规范涉企收费工作，发布《关于开展治理和规范涉企收费工作的通知》
2010年6月21日	工信部	印发《关于2010年减轻企业负担专项治理工作的实施意见》

续表

时间	政策指定/发布部门及名称等	主要措施
2010年7月21日	工信部	减轻企业负担专项治理工作领导小组组织督查组,发布《关于开展减轻企业负担专项治理督查工作的通知》,对部分地区减轻企业负担专项治理启动部署和自查自纠阶段工作情况进行督查
2012年4月13日	工信部	印发《减轻企业负担专项行动方案》,并于6月召开全国电视电话会议进行动员部署,各省市结合实际制定了省级专项行动方案。方案主要内容为以中小企业特别是小型微型企业为重点,组织企业减负专题调研和现场交流活动;以服务企业为宗旨,组织开展减轻企业负担部际联合行动;以优化企业发展环境为主题,组织开展减轻企业负担系列宣传活动;以开展专项行动为契机,探索建立减轻企业负担长效机制
2012年5月4日	国务院	出台《关于进一步支持小型微型企业健康发展的意见》,明确了进一步扶持小微企业的五项财税举措:多项减税措施齐发力、更多专项资金引导企业发展、国家中小企业发展基金扶持初创企业、政府采购向小微企业倾斜、取消不合理收费为企业"减负"
2013年2月25日	工信部	发布《关于做好2013年减轻企业负担工作的通知》,明确主要工作内容为推动惠企政策落实、继续规范涉企收费、建设负担调查体系、探索建立负担指数、加大政策宣传力度、完善减负工作机制、加快推进法制建设、加强重大问题研究
2013年9月11日	工信部	发布《关于开展扶助小微企业专项行动的通知》,要求各地依据《扶助小微企业专项行动实施方案》,结合本地区实际,确定工作目标,细化工作内容,务实推动扶助小微企业专项行动实施
2014年5月6日	工信部	发布《关于做好2014年减轻企业负担工作的通知》,重点探索清单管理方式,促进涉企收费更加透明;完善调查评价工作,建立负担问题反馈机制;加强政策宣传评估,推动惠企政策落到实处;完善制度建设,建立减负工作长效机制

续表

时间	政策指定/发布部门及名称等	主要措施
2014年6月17日	国务院	发布《关于进一步加强涉企收费管理减轻企业负担的通知》，强调应当建立和实施涉企收费目录清单制度、从严审批涉企行政事业性收费和政府性基金项目、切实规范行政审批前置服务项目及收费、坚决查处各种侵害企业合法权益的违规行为、全面深化涉企收费制度改革。随后在2015年6月4日，中国中小企业发展促进中心对30号文件颁布一年来的落实情况进行评估，并出具第三方评估报告
2015年3月18日	工信部	《关于做好2015年减轻企业负担工作的通知》，强调进一步完善涉企收费清单制度，强化社会监督；进一步开展重点治理，规范涉企收费行为；进一步抓好督促落实，加强监督检查；进一步加强调查研究和政策宣传，夯实工作基础
2015年10月23日	国务院	《关于开展全国清理规范涉企收费减轻企业负担专项督查的通知》，并于2015年第四季度在全国范围内完成清理规范涉企收费减轻企业负担的专项督查

根据出台的各项综合政策措施，政府重点针对中小企业在费用支出、行政审批和税负承担方面分别制定了详细政策。

（一）清理涉企行政事业性收费

自2012年2月1日起，根据《关于取消部分涉企行政事业性收费的通知》（财综〔2011〕9号）文件规定，对全国性及中央部门和单位涉企行政事业性收费项目进行了全面清理，取消了31项涉企行政事业性收费；根据《关于公布取消253项涉及企业行政事业性收费的通知》（财综〔2011〕127号）文件规定，取消了253项各省、自治区、直辖市设立的涉及企业的行政事业性收费。根据《关于免征小型微型企业部分行政事业性收费的通知》（财综〔2011〕104号）文件规定，对小型微型企业免征13项行政事业性收费项目。

自2013年1月起，根据《国家发展改革委财政部关于降低部分行政事业性收费标准的通知》（发改价格〔2012〕3882号）文件规定，降低3项行政事业性收费标准，取消和免征30项行政事业性收费。自2013年5月起，根据《国务院关于取消和下放一批行政审批项目等事项的决定》（国发〔2013〕19号）文件，国务院决定，取消3项行政事业性收费项目。自2013年8月1日起，根据《关于公布取消和免征一批行政事业性收费的通知》（财综〔2013〕67号）文件规定，在全国统一取消和免征33项行政事业性收费。自2013年10月1日起，根据《国家发展改革委财政部关于降低部分行政事业性收费标准的通知》（发改价格〔2013〕1494号）文件，为减轻企业和居民负担，降低14个部门20个行政事业性收费项目的收费标准。

2014年6月，国务院办公厅出台《关于进一步加强涉企收费管理减轻企业负担的通知》，强调要建立和实施涉企收费目录清单制度，既是贯彻落实党中央、国务院部署，也是推动减轻企业负担的重要举措。《通知》对建立和实施涉企收费目录清单制度提出了明确要求：一是要对现行涉企行政事业性收费、政府性基金和实施政府定价或指导价的经营服务性收费项目进行梳理，形成目录清单。二是要进一步提高涉企收费政策的透明度，将所有涉企收费目录清单及其具体实施情况，纳入各地区、各部门政务公开范畴，通过政府网站和公共媒体实时对外公开，接受社会监督。三是各地区、各部门严格执行涉企收费目录清单，清单之内的涉企收费，逐步减少项目数量；清单之外的涉企收费，一律不得执行。同时，2014年11月1日，财政部正式公布全国涉企行政事业性收费和政府性基金目录清单，其中，全国性及中央部门和单位涉企行政事业性收费共涉及29个领域，87个项目，全国政府性基金共25个项目。

自2015年10月1日起，财政部、国家发展改革委《关于取消有关水运涉企业行政事业性收费项目的通知》开始实施，取消船舶港务费、特种船舶和水上水下工程护航费等7项中央级设立的行政事业性收费，为切实减轻航运企业负担，促进长江经济带发展做出了贡献。

自2016年5月1日起，财政部发布的《关于扩大18项行政事业性收费免征范围的通知》即将实施，通知要求将现行对小微企业免征的18项行政事业性收费的免征范围扩大到所有企业和个人，涉及国内植物检疫费、拖拉机驾驶证费、新兽药审批费等18项原行政事业性收费项目。

（二）调整涉企行政审批项目

自 2012 年 8 月 22 日起，国务院常务会议决定取消和调整 314 项部门行政审批项目，其中取消 184 项、下放 117 项、合并 13 项。

自 2013 年 5 月起，根据《国务院关于取消和下放一批行政审批项目等事项的决定》（国发〔2013〕19 号）文件，国务院决定，取消和下放一批行政审批项目等事项，共计 117 项，取消评比达标表彰项目 10 项。自 2013 年 7 月起，根据《国务院关于取消和下放 50 项行政审批项目等事项的决定》（国发〔2013〕27 号）文件，国务院决定再取消和下放一批行政审批项目等事项，共计 50 项。自 2013 年 8 月起，国务院常务会议决定出台严格控制新设行政许可的措施，再取消 76 个评比达标表彰评估项目。

2014 年 9 月 17 日，国务院常务会议决定，在继续实施好现有小微企业支持政策的同时，要加大进一步简政放权力度，加快清理不必要的证照和资质、资格审批，为小微企业"降门槛、除障碍"。

工业和信息化部坚持简政放权、放管结合、优化服务"三管齐下"，2012—2015 年 3 年时间里共取消下放调整行政审批事项 26 项（占原有审批项目近一半）。2015 年全部取消非行政许可审批，清理 13 项中介服务，废止 5 项规章，修改 7 项规章，保留的行政审批事项办理天数平均压缩 9 天，精简审批环节 5 个，发布 29 项行政许可事项办事指南信息，推进行政许可网上"一个窗口"受理，切实为企业松绑减负，为"大众创业、万众创新"清障搭台。

2016 年 2 月 23 日，国务院印发《国务院关于第二批取消 152 项中央指定地方实施行政审批事项的决定》，其中 2 项涉及工业和信息化部，分别是："'三高'地点接纳设置无线寻呼发射基站的'三高'产权单位备案核准"、"专用汽车项目核准"。

（三）加大税收优惠力度

为支持中小企业的发展，政府陆续出台了一系列专门针对中小企业的税收优惠政策，此外一些通用的税收优惠政策在中小企业中同样适用。自 2011 年 11 月 1 日起，根据《关于修改〈中华人民共和国增值税暂行条例实施细则〉和〈中华人民共和国营业税暂行条例实施细则〉的决定》（财政部令第 65 号）文件，上调增值税和营业税起征点。

自 2013 年 8 月 1 日起，根据《关于暂免征收部分小微企业增值税和营业税的通知》（财税〔2013〕52号）文件规定，为进一步扶持小微企业发展，经国务院批准，对增值税小规模纳税人中月销售额不超过2万元的企业或非企业性单位，暂免征收增值税；对营业税纳税人中月营业额不超过2万元的企业或非企业性单位，暂免征收营业税。又根据《国务院办公厅转发国家经贸委关于鼓励和促进中小企业发展若干政策意见的通知》（国办发〔2000〕59号）文件规定，对纳入全国试点范围的非营利性中小企业信用担保、再担保机构从事担保业务取得的收入，凡符合国家规定免税条件的，三年内免征营业税。此外，政府针对中小企业在所得税、房产税、土地增值税、土地使用税等方面的优惠，也均出台了相关政策；同时，根据《关于小型微利企业有关企业所得税政策的通知》（财税〔2009〕133号）和《关于继续实施小型微利企业所得税优惠政策的通知》（财税〔2011〕4号）等文件规定，政府针对不同行业也出台了不同的政策，使各大行业都享受到了不同的税收优惠福利。

自2014年1月1日至2016年12月31日，将小型微利企业所得税减半征税优惠范围扩展到年应纳税所得额低于10万元（含10万元），并将执行范围扩大到核定征收企业。

自2016年5月1日起，根据国务院常务会议审议通过的营改增试点方案，政府将建筑业、房地产业、金融业、生活服务业纳入试点范围，实现货物和服务行业全覆盖，打通税收抵扣链条，支持现代服务业发展和制造业升级，预计2016年全年减税将超过5000亿元。

二 地区层面出台的中小企业减负政策

随着全国减轻企业负担工作的推进，企业调查举报机制逐步建立，目前，各省（区、市）均建立了企业负担调查机制，江苏、江西、四川等多个地区还结合调查工作建立了企业监督员制度，为政府和企业建立了有效的沟通桥梁。同时，按照联席会议要求，各省（区、市）均公布了减轻企业负担举报电话和邮箱。贵州、湖南、江西、宁夏、重庆等多个省市对投诉举报的相关程序、责任分配、级别设定、机制建立均有明确的规定，问题投诉及处理过程较为规范，得到了企业的广泛好评。但也有个别地区只是公布了举报电话，与之相关的各种程序及机制建设仍待改善。此外，地方立法建设也在不断地推进中，近年来，各地区纷纷加强企业减负立法建设，据不完全统计，已有20多个省份出台了《企业负担监督条例》、《企业权益保护条例》、《企业和企业经营者权益保护条例》等减轻企业负担方面的地方性法规，河北、浙江还制定了保护企业权益的政府规章，这些为其他地区乃至全国的减负立法工作提供了有益的借鉴。

为贯彻落实中央八项规定有关整治涉企乱收费、乱摊派的要求以及国务院清理规范涉企收费的部署，近几年来各地区已加强涉企收费管理力度，力求减轻中小企业负担（见表14-2）。同时，为了解各地区的减负措施实施成效，国务院减轻企业负担部际联席会议印发通知，决定于2015年第四季度在全国范围内开展清理规范涉企收费减轻企业负担专项督查，督查时间从2015年10—12月，分为三个阶段，从10月下旬到11月中旬为全面自查阶段，从11月中旬至12月上旬为实地督查阶段，从12月上旬至12月底为总结整改阶段。此次督察工作中，国务院企业减负督查小组共分五组，分别进入湖南、广西、安徽、江苏、陕西、宁夏、重庆、江西、四川和青海等地区开展深入的督察工作。其中，湖南省将清理、规范涉企收费项目作为减轻企业负担的突破口，在全国率先实现省、市两级全面公布涉企收费目录清单，2016年湖南省将在确保"清单之外无收费"的前提下，重点在行政审批中介服务收费、进出口环节收费、行业协会（学会）涉企收费、银行业涉企收费四大重点领域，纵深推进清费减负工作；重庆市则针对企业反映经营成本上升、税费负担较重、融资难和融资贵等突出问题，开展以"五清理、五脱钩"为主要内容的行业协会清理规范工作；制定并出台《重庆市社会组织评比达标表彰活动管理实施办法（试行）》；江西省则重点对全省经营服务性收费和进出口环节收费进行清理规范，起草《江西省人民政府办公厅关于进一步加强涉企收费管理减轻企业负担的实施意见》，出台《江西省政府制定价格的经营服务性收费项目清单》，促进经营服务性收费行为在阳光下运行。

表14-2 近几年来各地区加强涉企收费管理及减轻企业负担措施情况

地区	行政事业性收费项目数	清理涉企收费主要措施
北京	39	分别取消了"医疗器械产品注册费"、"广告经营单位注册登记费"、"公路养路费"等10项涉及企业生产、流通环节的行政事业性收费，降低了"计量检定费"收费标准，进一步规范了涉企收费行为，减轻了企业负担

续表

地区	行政事业性收费项目数	清理涉企收费主要措施
天津	37	取消城镇土地使用费等项目，每年减轻企业负担 3.4 亿元
河北	56	取消免征 18 项行政事业性收费，降低 19 项收费标准，每年减负 1.6 亿元，取消取缔 45 项经营服务性收费，每年减轻企业负担 4 亿多元
山西	85	清理取消涉煤收费基金，减轻煤炭企业负担 108 亿元
内蒙古	81	取消降低 26 项收费，清理涉煤收费基金，减轻企业负担 90 亿元以上
辽宁	49	取消全部省定行政事业性收费项目，免征征地管理费等 16 项收费项目，减半征收失业、生育、工伤保险，每年减负 91.5 亿元；取消调整行政审批前置要件 72 项
吉林	66	取消调整规范行政事业性收费 5 项，收费标准降低 5%；取消 22 项经营服务性收费，降低 18 项收费标准
黑龙江	68	取消停征 22 项行政事业性收费，停征价格调节基金，减轻社会负担 13 亿元；暂停征收防洪保安费，减轻企业负担 9 亿元；清理规范 93 项行政审批前置服务收费
上海	68	取消行政审批前置的评估评审事项 57 项，简化 20 项
江苏	94	清理取消地税部门代征的收费项目，每年减轻企业负担 10 亿多元
浙江	55	减免水利建设基金，减轻企业负担 14 亿元以上
安徽	60	取消缓征各类收费 228 项，降标 13 项，每年减轻企业负担 17 亿元；行政事业性收费、政府性基金、行政审批前置服务收费精减率分别为 44.1%、24% 和 68.3%
福建	126	取消清理行政事业性收费和经营服务性收费，减轻企业负担 19 亿元
江西	108	对本地区、本部门、本系统、所属事业单位、主管的行业协会商会及举办企业的涉企收费进行全面清理
山东	79	省级行政事业性收费项目压减 73%，取消免征涉外贸企业收费 20 项；降低多项审批前置服务收费标准，取消产品质量定期检验收费
河南	89	取消企业年度检验费、免征出口商品检验检疫费，对小微企业免征管理登记证照类收费，放开 16 项经营服务性收费
湖北	115	停征价格调节基金，取消审批前置服务事项 47 项，降低 588 项收费标准

续表

地区	行政事业性收费项目数	清理涉企收费主要措施
湖南	69	围绕行政审批中介服务收费、进出口环节收费、行业协会（学会）涉企收费、银行业涉企收费四大重点领域开展
广东	96	免征32项中央设立和7项省设立的行政事业性收费的省级收入部分，今后每年可减轻企业负担23亿元
广西	88	全省范围开展涉企收费专项清理工作，以推进普遍性降费，激发市场活力，支持实体经济发展
海南	46	取消停征28项行政事业性收费，减轻企业负担1亿元
重庆	83	取消7项行政事业性收费，压减政府定价经营服务费收费20%，减轻企业负担18亿元
四川	85	取消归并36项行政事业性收费，取消放开31项政府定价经营服务性收费，减轻企业负担8亿元以上
贵州	62	取消归并16项行政事业性收费
云南	96	取消或暂停征收依法合规设立，但属于政府提供普遍公共服务或体现一般性管理职能的收费，包括企业、个体工商户注册登记费等12项收费；另外对小微企业免征组织机构代码证书费等42项行政事业性收费
西藏	39	取消停征43项行政事业性收费
陕西	66	先后对涉企收费、涉煤收费、涉及稀土钨钼收费以及进出口环节收费进行了清理规范，取消和停征了40项行政事业性收费；对小微企业免征土地登记费等42项行政事业性收费
甘肃	100	专项治理工作从启动部署、自查自纠、检查整改、总结报告四个阶段进行
青海	62	免征5项行政事业性收费，清理涉煤收费基金，缓征新型墙体材料专项基金
宁夏	92	取消和减免52项行政事业性收费，停征和降低政府定价经营服务性收费10余项
新疆	81	对1990年以来政府定价或政府指导价的经营服务性收费项目进行了清理，形成了《新疆实行政府定价或指导价涉企经营服务性收费目录》，涉及建设、工商、司法、公安、环保等27个部门58项收费

为解决企业不合理负担问题而组织开展的企业减负专项性工作，每一次均起到了一定作用，但是企业减负工作依然任重道远，其重要原因是缺乏长效的机制。工信部安全生产司司长肖春泉表示下一步将从监测、评价、治理、监督、宣传等多个环节入手，在建立长效机制上下功夫，努力推进制度化、法制化，为减负工作提供长期保障。

第二节 减轻中小企业负担的实施情况

在国务院减负办的指导下，国务院先后发布《工业和信息化部办公厅关于开展减轻企业负担政策宣传周活动的通知》、《全国企业负担调查评价报告》，举办了首届减负政策高层论坛，并且编印了《减轻企业负担政策解答（2008—2012）》、《关于做好 2016 年减轻企业负担工作的通知》。各省市认真贯彻落实党的十八大和十八届三中全会、四中全会、五中全会以及中央经济工作会议精神，按照中央整治涉企乱收费乱摊派和降低实体经济企业成本的要求以及国务院推进简政放权放管结合优化服务的部署，围绕"降成本、减负担"的目标，以深化实施涉企行政事项清单制度为核心，以减轻中小微型企业负担、督促落实惠企减负政策、整治企业不合理收费等突出问题为重点，切断中介服务收费和行政审批的联系，逐步建立加强涉企收费管理减轻企业负担的长效机制，加大工作力度，坚持减负、治乱、服务并举，标本兼治，强化督察，努力开拓企业治乱减负工作新局面。

一 全国范围减轻中小企业负担的实施情况

（一）各地区减轻中小企业负担实施情况概述

2015 年全国企业负担总指数为 0.852，东中部地区的负担指数较低，前五个地区分别为河南（0.548）、江苏（0.584）、辽宁（0.621）、安徽（0.626）和吉林（0.637），西部地区平均指数高于全国平均水平，为 1.064。

各省份涉企收费清单制度日益健全。2014 年中央层面实施取消或暂停征收企业 12 项收费，对小微企业免征 47 项收费等多项措施，每年可减轻企业负担 400 多亿元；各地区取消、停征、减免的涉企行政事业性收费和政府性基金项目共计 600 余项，每年可减轻企业负担超过 1000 亿元。行政事业性和政府性基金收费项目数量有所减少，辽宁、北京取消了本地区设立的全部涉企行政事业性收费项目。半数以上的地区已经公布了政府定价的经营服务收费清单，湖北、湖南、安徽、山东、广东、海南等地区还率先公布了行政审批前置中介服务收费清单。部分省市结合本地实际情况，制定相应的政策措施，福建省公布了行政事业性收费优惠政策清单和中介服务收费定价目录，重庆市公布了减轻企业负担政策措施目录清单，浙江省公布了非税收入项目清单，安徽省公布了政府保证金清单等。

各省份逐步建立调查举报机制。江苏、江西、四川建立企业监督员制度，为政府和企业建立有效的沟通桥梁。各地区均公布了减轻企业负担举报电话和邮箱，贵州、湖南、江西、宁夏、重庆等多个省市对投诉举报的相关程序、责任分配、级别设定、机制建立均有明确的规定，问题投诉及处理过程较为规范。

各地积极推进立法工作。20 多个省份出台了《企业负担监督条例》《企业权益保护条例》《企业和企业经营者权益保护条例》等减轻企业负担方面的地方性法规，河北、浙江还制定了保护企业权益的政府规章。

惠企政策宣传培训力度增强。自 2009 年开始，每年都会开展全国减轻企业负担工作座谈会，会议议题紧紧围绕落实中央和地方出台的减轻企业负担政策措施和支持企业发展，统一思想，交流经验；同时，为了更好地加强政策的宣传解读、舆论引导和监督机制的建立，从 2012 年开始，政府每年都会举办全国减轻企业负担政策宣传周活动，这一活动也是落实党中央、国务院关于减轻企业负担工作部署的一项重要举措，具体会议及宣传周内容详见表 14-3 和表 14-4。

表 14-3　　　　全国减轻企业负担工作座谈会的具体内容

时间	地点	主要内容
2009 年 6 月	北京	①交流各地近期减负工作进展情况；②探讨减轻企业负担工作应对金融危机、确保国民经济平稳较快发展的重要意义；③提出下一步做好减负工作的意见和建议；④修改《国务院减轻企业负担部际联席会议关于进一步做好减轻企业负担工作的通知》（征求意见稿）

续表

时间	地点	主要内容
2010年2月	海口	①认真抓好中央和地方减轻企业负担各项政策措施的落实工作;②遵照国务院《关于进一步促进中小企业发展的若干意见》精神,开展中小企业减负专项治理工作;③继续做好涉企收费项目的清理整治,规范执收行为;④加快法制建设步伐,探索建立长效治理机制;⑤加强领导,落实责任制度,完善工作机制
2011年1月	北京	①与会同志一致认为减轻企业负担工作开展10多年来,特别是在应对国际金融危机过程中发挥了十分重要的作用,但仍存在着许多问题,如向企业收取捐赠赞助和开展涉企评比达标表彰活动等"三乱"行为,增加了企业非生产性负担;有关行政执法部门审批执法项目多、标准高、时间长等问题影响了企业正常生产经营;许多涉企深层负担,制约了企业可持续发展,在当前经济形势不确定因素很多的情况下,进一步推进减轻企业负担工作尤为重要;②为做好下一步工作,与会同志建议:一是继续大力推进减轻企业负担工作,特别在中小企业融资、用地等方面,认真抓好惠企政策措施的落实,巩固专项治理工作成果;二是严格规范向企业收取捐赠赞助行为和增加企业负担的评比达标表彰工作
2013年4月	厦门	①会议认为2012年企业减负专项行动成效明显,提振了全系统做好减负工作的信心;②会议一致认为2013年减负工作思路清晰、任务明确、部署及时,特别是调查评估工作作为重要抓手,将为建立减负长效机制奠定基础;③与会代表们还就完善调查系统、深化评价工作、改善政策环境、推进区域交流、加强制度建设等方面提出了建议
2014年3月	四川	大会一致认为,减轻企业负担工作是推进简政放权、扶持小微企业的重要举措,要做好统筹部署,特别是要在收费清单管理、负担调查评价、政策宣传评估、减负制度建设方面加大工作力度,建设长效机制,为激发企业活力和营造良好环境发挥积极作用
2015年1月	厦门	①会议认为2014年是全国减轻企业负担工作具有里程碑意义的一年,各部门、各地区积极贯彻落实国务院加强涉企收费管理减轻企业负担的部署,各项工作积极推进并取得明显成效,涉企收费清单制度逐步建立,为改善企业发展环境发挥重要的作用;②会议强调2015年要继续把减轻企业负担作为稳定经济增长、推进简政放权、服务企业发展的重要工作抓好抓实,特别是要按照"清单之内逐步减少数量、清单之外加大查处力度"的原则将涉企收费清单制度落到实处,并继续抓好调查研究、政策宣传、监督检查、制度建设和组织保障等工作,建立减轻企业负担工作的长效机制,为企业发展营造更好的环境

表14-4 全国减轻企业负担政策宣传周活动的具体内容

时间	具体内容
2012年8月（第一届）	国务院发布《工业和信息化部办公厅关于开展减轻企业负担政策宣传周活动的通知》，举办了首届减负政策高层论坛，组织了减负政策咨询解答活动，开展了系列访谈和专题报道，通过电视、网络、报刊、广播等进行广泛宣传，主要目的是广泛宣传国家减轻企业负担采取的政策措施，帮助更多企业了解国家出台的惠企政策措施，营造全社会关心支持企业特别是中小微企业发展的良好氛围，在此基础上编印了《减轻企业负担政策解答（2008—2012）》，免费向企业发放
2013年9月（第二届）	首次发布全国企业负担调查评价报告，报告显示，被调查企业毛利率达到19%，说明企业的控制成本能力较强，具备一定的获利能力；但平均利润率只有5.1%，扣除所得税之后净利润更少，说明企业税费的负担还比较重，企业可供留存分配和追加投入再生产的资金非常有限；下一步工信部将联合国务院减轻企业负担部际联席会议成员单位及有关部门，以政府职能转变为契机、以扶助小微企业为重点，在落实惠企政策和改善公共服务的基础上，着力在制度化和法制化方面做文章，完善工作机制、形成工作合力，在调查、评价、治理、监督、宣传、培训等方面建立减负长效机制，让广大中小企业切身感受到政策的实惠，不断打造维护企业权益、支持企业发展的良好氛围
2014年11月（第三届）	工业和信息化部副部长毛伟明总结了近年来减轻企业负担工作取得的成绩，并要求各地区、各部门要按照联席会议部署，认真做好减轻企业负担政策宣传工作；审计署企业审计司副司长周树大介绍了通过审计工作规范涉企收费的成果；国家质检总局计划财务司副司长倪大航介绍了质检系统减轻企业负担的做法；中国中小企业发展促进中心主任秦志辉发布了全国企业负担调查评价报告
2015年10月（第四届）	本届宣传周活动在清理规范涉企收费专项行动取得阶段性成果的背景下举办，目的是通过宣传今年以来中央和各地区采取的减轻企业负担政策措施，以及全国清理规范涉企收费专项行动成果，督促各地区、各部门将各项惠企减负政策措施落实到位，让企业真正了解和享受政策，为稳增长、促改革的大局发挥应有的作用；同时，会议期间中国中小企业发展促进中心还发布了《2015年全国企业负担调查评价报告》

全面降低企业创业创新成本。充分依托"互联网+"、大数据、智能制造等先进技术和发展模式，强化先进技术驱动，建设一批小微企业创业创新基地，建立和完善线上与线下、境内与境外、政府与市场开放合作等

中小企业创业创新协同机制，降低全社会中小企业创业门槛和成本。改革商事制度，实施工商营业执照、组织机构代码证、税务登记证"三证合一"、"一照一码"，落实"先照后证"改革，为创业创新提供便利的工商登记服务。各级财政加强了资金引导，统筹安排各类支持小微企业和创业创新的专项资金，加大对创业创新的支持力度。在确保公平竞争前提下，鼓励对众创空间等孵化机构的办公用房、用水、用能、网络等软硬件设施给予适当优惠，减轻创业者负担。此外，完善税收优惠措施。落实了创业创新企业孵化器、大学科技园等税收优惠政策，对符合条件的创业小镇、众创空间等新型孵化机构给予税收优惠政策，完善了创业投资企业享受70%应纳税所得额税收抵免政策。

总的来说，全国各省积极开展企业减负专项工作。有半数以上的地区对涉企收费清单进行了相应制定，对中小企业部分收费项目进行减免、停征，减轻中小企业的经营成本。各省市建立调查举报机制，使中小企业能够更为及时规范地投诉反映问题。积极推进立法工作，使减负工作有法可依。同时各地区还积极开展减负工作座谈会和宣传周活动，使企业更加了解相关减负政策。为减轻小微企业创业创新的成本问题，各级政府纷纷出台相应的政策和改革措施。

（二）企业调查情况

根据 2015 年全国企业负担调查评价报告显示，所调查的全国 31 个省份近 5000 家企业中，企业缴费负担总体下降，政府部门的收费项目数量减少，收费内容和标准更加清晰，被调查的企业中有 90% 的企业表示政务环境得到了改善。与此同时，人工成本的攀升、融资难和融资贵、税费负担偏重等问题仍较为突出。

调查的企业表示涉企收费明显规范，乱收费问题得到改善。有八成以上的企业对收费目录清单内容表示了解，95% 以上的企业表示不存在一些强制收费的问题，对于以往反映较强烈的社团收费问题也有所改善。同时，调查还发现，个别地区存在强制企业订购报纸杂志费的现象严重，一些部门行政审批前置中介服务收费不够合理，行政事业性收费和政府基金征收后的支出情况不透明的问题较为突出。

人工成本上升、融资难融资贵的问题突出。人工成本的上升是企业反映最为突出的问题，有 79% 的企业反映了该问题，且越来越多的企业表示人工成本上升成为企业发展的负担。融资问题也是企业反映的焦点问题，66%的企业反映"融资成本高"，且有上升的趋势。66%的企业反映"资金压力紧张"。

对于惠企政策的落实情况，涉企收费清单制度、工商登记年检改革等政策措施得到有效落实，有七成的企业得到了政府的研发（技改）资金支持。但仍有一半以上企业未落实"规范垄断领域收费"、"政府采购支持"等政策，有46%的企业未落实对银行"七不准、四公开"规定，政策距离全面落实还有一定差距，政策的宣传仍需加强。

对于税负方面，企业方希望国家能够加大税费减免力度，取消不必要的行政审批，进一步降低融资成本、进一步严格收费规定，取消不合规摊派。通过建设形成企业减负长效机制来做好减轻企业负担，尤其是需要"加强法制建设、将保护企业权益纳入法制轨道"和"建立权力清单制度、明确政府的职权边界"。此外，还要加大对侵害企业权益行为的查处和惩罚力度，完善企业举报和反馈机制、加强新闻舆论和社会监督。

二 各省市减轻中小企业负担的实施情况

为落实《政府工作报告》相关企业减负相关要求，全国各省市积极开展了减负的相关工作，促进经济结构转型升级。江西省的减负工作主要是完善涉企收费清单制度、清理规范进出口环节收费、清理规范行政审批前置中介服务收费。重庆市的减负工作主要是清理规范行业协会商会涉企收费、落实企业收费减免政策。辽宁省的减负工作主要是积极开展收费清理、研究惠企政策出台、政府部门帮助企业走出困境、扩大实施企业直购电支持政策范围。四川省的减负工作主要是建立涉企收费目录清单管理制度、贯彻落实各项惠企政策、推进简政放权工作开展、健全减负机制。湖南省的减负工作主要是实施涉企收费清单管理制度、公开涉企收费信息、推进投诉平台建设。

（一）江西省减轻中小企业负担实施情况

江西省领导重视企业减负工作，完善涉企收费清单制度。政府部门将清理涉企收费工作与推进简政放权放管工作有机结合。省财政厅在单位门户网站公布全省涉企行政事业性收费和政府性基金目录清单，取消4项省级设立的涉企行政事业性收费项目。省发改委起草了《江西省人民政府办公厅关于进一步加强涉企收费管理减轻企业负担的实施意见》，出台了

《江西省政府制定价格的经营服务性收费项目清单》。

清理规范进出口环节收费。检验检疫局工作领导小组对系统中各业务单位涉及进出口环节的经营性服务和收费情况进行自查自纠，详细整理各项收费，形成专项材料。省财政厅明确列出进出口环节行政事业收费项目、政策依据等。省政府定价的进出口环节经营服务性收费为零，行政事业性收费只有"货物港务费"一项，并且对小微企业免征。

清理规范行政审批前置中介服务收费。已完成对省级行政审批前置中介服务收费的清理规范工作，将进一步开展行政审批事项中介服务收费项目的清理，加快推进中介服务机构与审批部门脱钩，取消没有法定依据的行政审批中介服务。

（二）重庆市减轻中小企业负担实施情况

重庆市领导高度重视企业所反映的问题。重庆市市委召开常委会议，加强涉收费管理减轻企业负担工作；市政府将减轻企业负担纳入政府工作报告，多次会议制定惠企减负政策；市委常委、常务副市长牵头召开市级相关部门减轻企业负担专题会议3次，企业座谈会2次。

清理规范行业协会商会涉企收费。重庆市2015年开展以"五清理、五脱钩"为主要内容的行业协会清理规范工作，对2193家社会团体进行清理。主要工作内容为：规范了党政机关干部在社会团体兼职的行为；遏制了行业协会乱摊派乱收费行为，重点对151项培训项目检查核实，服务性收费项目由43项减少为7项；规范了社会组织评比达标表彰行为，制定出台《重庆市社会组织评比达标表彰活动管理实施办法（试行）》，表彰项目由75项减少到3项；厘清了行业协会与相关部门资产关系，253家社会团体清退党政机关资产1442万元，2117家社会团体实行独立账户、独立核算、独立财务管理，2010家社会团体与党政机关分离；净化了社会组织发展环境，依法撤销注销问题突出、名存实亡的社会团体401家。

落实企业收费减免政策。重庆市严格执行国家出台的相关政策，预计年可减轻企业负担近50亿元。其中，市国土房管局减免征地管理费近8亿元、市农委免征小微企业相关费用3810万元，市质监局对小微企业免征组织机构代码证书费1224万元；市工商局共减免企业注册登记费4095万元，市国税局、市地税局免征小微企业营业税或增值税约35亿元，市人社局执行社会保险费率调整政策，减轻企业负担9.1亿元；市残联免征微型企业残疾人就业保障金2.63亿元。重庆市建立的减轻企业负担政策措施目录中，第一批、第二批有70项具体政策措施，第三批有40项政策措施。

（三）辽宁省减轻中小企业负担实施情况

辽宁省委、省政府高度重视企业减负工作，大力整治企业负担过重问题，通过规范涉企收费、减轻企业交费、对口帮扶困难企业等政策措施，为企业发展营造良好环境，激活市场主体活力，促进工业经济平稳增长，近两年来，辽宁省取消免征、减征、缓征了85项收费项目，累计减少企业缴费150余亿元。

积极开展收费清理。省政府下发《辽宁省人民政府办公厅关于成立省政府推进职能转变协调小组的通知》（辽政办发〔2015〕48号），专门成立收费清理改革组，清理取消不合法不合理的收费项目。对于省级自立的涉企收费项目全部取消，所保留的48项涉企行政事业性收费和15项政府性基金全部为国家立项。物价部门将38项政府定价的涉企经营服务性收费项目放开，实行市场调节。政府定价涉企垄断经营服务收费由50项减少到13项。

研究惠企政策出台，切实减轻企业负担。辽宁省相继出台了《关于取消缓征部分行政事业性收费和政府性基金项目的通知》（辽财非〔2014〕52号）《缓征部分行政事业性收费省级收入的通知》（辽财非〔2014〕420号）《关于对部分行政事业性收费和政府性基金等项目延长减免缓征期限的通知》（辽财非〔2014〕498号）等一系列减轻企业负担优惠政策，全年共减收企业缴费91.5亿元。工作领导小组对减负工作进行专项督查，督查组共召开16次减负成员单位座谈会，与170多个市（县）直单位进行了座谈；召开了15次企业座谈会，与110多户企业进行了座谈，实地走访了企业、协会、收费窗口，摸清并清理了各地涉企收费，落实了惠企政策。

政府部门还帮助企业走出困境。省政协刘国强副主席和省政府7位副省长带队对口帮扶14个市，深入企业一线帮助解决难题，省领导带队共走访企业62户，召开专题座谈会16次，协调解决问题近百件。对于企业融资贵融资难的问题，政府积极拓宽渠道，在全省积极推广建立"助保贷"业务，沈阳、大连等9个市与建设银行签约，合作开展为中小企业贷款。建立银行停止续贷报告制度，限制银行随意抽贷行为。探索建立过桥资金、订单抵押贷款和应收账款抵押贷款等新模式，融资6亿元作为过桥资金，已为20多户企业有效缓解了资金紧张问题。

此外，还通过积极推动扩大实施企业直购电支持政策范围，为企业节省用电成本6.2亿元以上。调整基本电费计算方法，减少容量不再收取50%基本电费，从而解决企业电费贵的难题。

（四）四川省减轻中小企业负担实施情况

四川省主要从四个方面入手，构建减轻企业负担的长效机制：

（1）实施涉企收费目录清单为重点，务实企业减负基础。四川省2013年建立涉企收费目录清单管理制度，目前实施征收的政府性基金22项，全为中央批准设立项目；涉企行政事业性收费62项，其中省本级设立的仅1项，省级及以上实施政府定价和指导价的涉企经营服务性收费省本级设立的仅8项。对于行政事业性和政府性基金，累计取消5项、停收7项、免征42项。四川已成为全国收费项目最少、收费标准最低的省份之一。

（2）贯彻落实各项惠企政策。四川省出台一系列推进工业稳增长、加快转型升级的决策部署，降低生产要素成本，环节融资难融资贵，大力开拓市场等具体措施。2015年上半年四川税务系统共减免各类税325亿元，其中小微企业优惠享受面达100%。通过清理规范行政事业性收费项目和政府性基金，减轻企业和社会负担约22亿元，通过推行工商"三免"惠企政策为企业节省费用达2000多万元。

（3）推进简政放权工作开展。行政审批制度改革方面：2013年以来，省本级共取消、调整行政审批等事项430项，目前省本级保留行政许可项目281项。行政权力清单制度建设方面：2015年省本级行政权力事项5297项目，比2012年减少3177项。投资审批改革方面：共取消、下放核准事项57项，95%左右的企业投资项目实现了无前置条件的属地化、备案制管理。商事制度改革方面：率先于全国实施"三证合一、一照一码"登记制度改革，采用"3+1"模式，将公章准刻纳入办理程序。大力推行"先照后证"，制定了"四川省工商登记前置审批事项清单（59项）"、"四川省市场主体许可证经营事项监管清单（207项）"，同时大力探索试点推行企业名称登记、经营范围登记、电子营业执照三项改革。

（4）健全减负机制。四川省根据经济发展需要，在原减负机构基础上，成立以分管工业的副省长为组长、省政府分管副秘书长和省经信委主任为副组长、省级 20 个与企业经营管理相关的部门为成员单位的全省减轻企业负担工作领导小组，同时一并调整了省减负办成员，新增了省发展改革委、财政厅相关业务处长为省减负办副主任。通过调整充实 179 人组成的省级减轻企业负担监督员队伍，强化对各项减负政策宣传和企业负担的监督，进一步确保各项减负政策落地生根和诉求渠道畅通。

（五）湖南省减轻企业负担实施情况

湖南省把减轻企业负担作为稳增长的重要举措，围绕推进实施涉企收费清单管理，落实相关减轻企业负担的工作部署。

（1）实施涉企收费清单管理制度。2015 年 10 月，湖南省发布新版省级涉企行政事业性收费和政府性基金目录清单，调整后省级保留的涉企行政事业性收费仅 63 项、政府性基金 17 项。此外，省政府定价的行政审批前置服务收费目录清单和省政府定价的涉企经营服务性收费目录清单拟分别保留收费事项 22 项、32 项，与 2014 年相比，服务收费缩减幅度达 37% 和 36%。

（2）公开涉企收费信息。湖南省委牵头组织发改、财政等部门，对省直 24 家涉企收费执收单位开展为期一个月的涉企收费信息公开专项督查，并形成督查报告印发各有关单位。所有省执收部门按照 30 号通知提出的要求，将本部门本系统涉企收费项目名称、设立依据、征收标准、征收程序、收费周期等方面信息纳入单位政务公开范畴，通过网站向社会公示。同时还设立了举报电话、电子邮箱等投诉平台，确保涉企收费规范公开，企业投诉有门。

（3）推进投诉平台的建设。2014 年，湖南省挂牌设立省减轻企业负担投诉举报中心，并牵头制定印发领导小组《减轻企业负担投诉举报处理制度》。省委督促 14 个市州、120 多个县（市区）向社会公布减轻企业负担投诉举报途径，已累计受理投诉 40 多起，重点督办案件 11 起，涉及电力、税务、质监、工商等多个系统和部门。

总体来看以上五个省份的政府高度重视企业减负和优化经济发展环境工作，积极落实党中央、国务院关于减轻企业负担的部署要求；认真开展涉企收费清理工作，涉企收费清单制度逐步建立；开展专项治理，规范涉企收费行为，真正遏制各种乱收费、乱摊派、乱罚款行为，激发市场活力和稳定经济增长；落实惠企政策，企业负担明显减轻；加强制度建设，建立完善减负工作长效机制；出台保护企业权益相关法律，为减轻企业负担提供法制保障；推进相关投诉平台建设，使企业能够更加方便及时地反映问题。

第三节　减轻中小企业负担的实施成效及完善措施

全国和31个省份高度重视减轻企业负担工作，认真贯彻落实"标本兼治、保稳促调、减负帮扶"精神，充分履行质监职能、提升企业信心、服务产业转型升级，结合涉企评议活动进一步加大减负力度，以优化服务、提升能力、强化监督和规范行为为抓手，以减轻企业负担、优化发展环境为目标，扎实推进企业减负工作。减轻中小企业负担的实施成效主要表现在建立了目录清单制度、收费减免力度的加大、全面实施营改增、推进简政放权工作、举报机制的完善、宣传减负政策、开展了专项治理和督察工作、完善减负工作机制、下调燃煤发电上网电价和工商业用电价格。全国范围内的企业减负工作取得了良好的成效，但减负工作仍是任重道远，需要进一步加强涉企收费管理，完善涉企收费的监督体系，形成企业减负的长效机制，需要继续加大税收优惠力度，促进金融机构的规范经营。

一　减轻中小企业负担的实施成效

一是创新性建立了目录清单制度。全国和31个省份涉企行政事业性收费和政府基金清单在2015年1月底对外公布。全国政府性基金25项，全国性及中央部门和单位涉企行政事业性收费85项，各省份设立的涉企行政事业性收费0—25项不等。目前，中央部门及各地区行政审批前置中介服务收费清单基本梳理完毕，湖南、湖北、安徽、广东、山东、海南等省已率先公布了行政审批前置中介服务收费清单。各部门和地区逐步形成统一规范的收费清单格式并建立常态化公示机制，建立全国涉企收费清单项目库。

二是收费减免力度加大。2014年中央层面实施取消或暂停征收企业12项收费，对小微企业免征47项收费等多项措施，每年可减轻企业负担400多亿元；各地区取消、停征、减免的涉企行政事业性收费和政府性基金项目共计600余项，每年可减轻企业负担超过1000亿元。

三是全面实施营改增。营改增试点范围扩大到建筑业、房地产业、金融业、生活服务业。一方面实现了增值税对货物和服务的全覆盖，基本消除了重复征税，大大减轻企业负担；另一方面将不动产纳入抵扣范围，比较完整地实现了规范的消费性增值税制度，有利于降低企业经营成本，扩大企业投资，使企业有更充足的资金投入产品创新和产业升级，创造现代服务业和小微企业发展的良好环境、增加就业岗位，增强企业经营活力。预计2016年减税的金额将超过5000亿元。

四是简政放权工作得到推进。取消和下放了632项行政审批等事项，保留了1193项行政审批事项，占原有行政审批事项的34.6%。同时简化了工商登记、推进政社分开。

五是举报机制得到完善。联席会议办公室及各级减负工作机构在其网站上分别公布了全国和各省份减轻企业负担举报电话和邮箱。投诉案件按程序进行了办理，违规收费对地区和部门取消了相关收费项目，并将前期的收取费用退还给了企业。目前接到各类企业举报信息1000余件，相关部门已对此进行了整改，并对违规收费的地区和单位进行了全国通报批评。

六是政策得到了大力宣传。联席会议第三届全国减轻企业负担政策宣传周活动，全国电视电话会议开通到市县，发布了2015年全国企业负担调查评价报告，对4000多家企业进行调查评估，对联席会议开展的清理规范涉企收费专项行动成果进行全面宣传解读。工信部组织编印了《减轻企业负担政策解答》并向企业免费发放。

七是专项治理和督查工作有效开展。重点领域的涉企收费行为得到规范，如进出口领域经营服务性收费项目明显减少，能源资源的乱收费得到遏制，银行机构在清单管理、收费公开方面有了改善。

八是减负工作机制完善。工信部牵头的联席会议完善了工作机制，制定了新的议事工作规程，强化了办公室力量；多个地区由省领导亲自挂帅，加强了省级减轻企业负担协调机制建设，调整充实了人员队伍，强化了为企业服务的工作体系；建立覆盖全国3000家企业的调查系统，研究制定地区负担评价指数，形成政策宣传周活动平台。

九是下调燃煤发电上网电价和工商业用电价格。根据电力体制改革的相关精神和煤电价格联动机制有关规定，全国燃煤发电上网电价平均每千瓦时下调约2分钱（含税），全国工商业用电价格平均每千瓦时下调约1.8分钱。同时推进销售电价结构调整，全面推进工商业用电同价，江西、贵州和新疆实行商业用电和普通工业用电同价，居民生活和农业生产用电价格原则上保持稳定，适当减少电力用户间的交叉补贴。

二 减轻中小企业负担的改进建议

（一）全面深化改革，加强涉企收费管理

第一，全面清理行政审批前置服务项目及收费，取消没有法律法规依据的前置服务项目，最大限度地减少前置服务项目和收费。

第二，公开涉企收费的前置服务项目，降低能源、金融、市政、交通等领域的收费项目，接受监督，引入竞争机制，通过市场调节价格。

第三，对个别确需实行政府定价、指导价的前置服务实行政府定价目录管理，严格核定服务成本，制定服务价格。

第四，要规范行业协会、中介组织的收费行为，严禁其利用行政资源强制收取费用。

第五，加强对部分地区违规摊派现象的治理，部分地方政府存在要求当地企业捐赠赞助，强制企业订购报纸杂志的现象。

第六，建立支持小微企业的长效机制，全面落实已出台的各项收费减免措施，暂免小微企业管理类、登记类和证照类行政事业性收费改为长期措施。

第七，加强涉企收费政策的宣传评估，建立第三方评估机制，切实增强收费政策的针对性、时效性。

（二）转变政府职能，完善涉企收费监管体系

加快转变涉企收费管理职能，转变涉企收费管理职能，贯彻党中央关于市场在配置资源中起决定性作用和更好发挥政府作用。一是减少干预，最大限度地减少行政审批前置服务项目及收费，取消没有法律法规依据的前置服务项目；要引入竞争机制，利用市场调节收费价格，将行政审批和中介服务收费的关系切开。二是从严审批，按照相关法律法规设立涉企行

政事业性收费和政府性基金项目。三是加强监督，进一步强化涉企收费事中和事后监管，建立举报和反馈机制，强化社会舆论监督，制止乱收费的行为，对侵害企业权益的违规收费行为进行曝光，并按有关规定进行严惩。四是完善制度，加强收费管理与产业政策的协调配合，建立多层次监督体系，按照"征税清费"原则，逐步减少涉企收费项目数量。

（三）从基础和制度入手，形成企业减负的长效机制

企业减负工作情况复杂、头绪繁多、任务艰巨，要克服以运动式治理解决问题的弊端，从基础入手，着眼制度，在调查评价、宣传评估、立法建设等方面形成长效机制。一是要建立企业负担调查信息平台，完善企业举报渠道，形成发现问题、反映问题和研究解决问题的工作机制。二是要加强政策宣传评估，通过多种形式的宣传活动加大政策宣传力度，推动建立和实施第三方评估，增强政策的针对性和实效性。三是要研究完善保护企业权益的相关法律法规，尽快制定维护企业权益、减轻企业负担的相关条例，通过清单方式进一步明确规范政府和企业的责任和权利，明确减轻企业负担工作牵头部门的职责和义务，确保减轻企业负担工作规范化、法治化。四是要强化联席会议机制作用，督促各级地方政府减负工作机制，从组织、经费上保障减负工作的顺利开展，同时赋予联席会议和地方减负工作机制一定的执法权，为其监督检查和处理整治违规收费行为提供有力的手段。

（四）继续加大税收优惠力度，进一步减轻企业税负

继续加大税收优惠力度，减少重复征税，减少税收优惠政策审批环节，改革税收预缴制度，加大对违规征收"过头税"的整治力度，真正实现"放水养鱼"。各地区政府要积极落实《政府工作报告》关于全面实施营改增的要求，进一步减轻企业负担，促进经济结构转型升级。一是将营改增试点范围扩大到建筑业、房地产业、金融业和生活服务业，实现货物和服务行业全面覆盖，打通税收抵扣链条。二是在之前已将企业购进机器设备所含增值税纳入抵扣范围的基础上，允许将新增不动产纳入抵扣范围，增加进项抵扣，加大企业减负力度，促进扩大有效投资。三是对新增试点行业的原有营业税优惠政策原则上延续，对特定行业采取过渡性措施，对服务出口实行零税率或免税政策，确保所有行业税负只减不增。

（五）促进金融机构规范经营，降低企业融资成本

规范金融机构经营模式，整顿各种以贷转存、存贷挂钩等对不规范经营行为，降低企业融资成本。同时要创新融资渠道，鼓励实施"产融结合、投贷联动"的融资政策体系，丰富融资产品和工具，降低融资成本，推动银行"七不准，四公开"要求落到实处，规范金融机构对收费行为。加快发展个人创业小额信贷、商标专用权和知识产权质押融资、中小企业集合债、科技保险等新型金融产品，推进动产、保单、股权、排污权等抵质押方式创新，进一步深化供应链融资方式，开发灵活多样的中小企业贷款保证保险和信用保险产品。构建中小企业多层次、多渠道创业创新融资体系，着力加强中小企业初创资金支持，充分发挥600亿元的国家中小企业发展基金的积极作用，用市场化的办法，发挥中央财政投入的杠杆效应、乘数效应，重点支持种子期、初创期成长型中小企业发展。

第十五章

中小企业融资评价专题研究

第一节 2015年全球中小企业创业融资趋势分析

一 全球中小企业面临的宏观经济环境

金融危机之后，OECD成员国和伙伴国大多经历了一个较长时间的经济复苏过程。2014年，各国经济复苏情况趋向明朗，多数国家GDP都已实现正增长。2014年，美国、英国GDP增长表现强劲，日本经济则出现了0.1%的负增长。2014年，欧元区也迎来了经济增长拐点，实现了0.9%的正增长，并有望在2015年和2016年获得更高的经济增长。对比经济危机前的经济增速，新兴市场国家，例如中国、哥伦比亚、土耳其等国家，在2014年面临了较为明显的经济衰退。整体上，OECD成员国和欧元区GDP增长将2015—2016年保持复苏与增长趋势。另外，也需要注意到对于新兴市场国家而言，未来一段时间的经济展望并不乐观。商品市场的价格低迷在一定程度上打击了过于依赖石油等自然资源的经济体，例如巴西和俄罗斯。上述国家已经面临了较为严重的经济衰退。

表15-1　2007—2014年各国实际GDP增长率及2015—2016年的预测值　　单位:%

国家或地区	2007年	2008年	2009年	2010年	2011年	2012年	2013年	2014年	2015年	2016年
澳大利亚	4.5	2.5	1.6	2.3	2.6	3.7	2	2.7	2.2	2.6
奥地利	3.5	1.2	-3.6	1.8	3	0.7	0.3	0.5	0.8	1.3

续表

国家或地区	2007 年	2008 年	2009 年	2010 年	2011 年	2012 年	2013 年	2014 年	2015 年	2016 年
比利时	3.4	0.7	-2.3	2.7	1.8	0.2	0	1.3	1.3	1.5
加拿大	2.0	1.2	-2.7	3.4	3.0	1.9	2.0	2.4	1.2	2.0
智利	5.2	3.2	-1.0	5.7	5.8	5.5	4.3	1.8	2.2	2.6
中国	14.2	9.6	9.2	10.6	9.5	7.7	7.7	7.3	6.8	6.5
哥伦比亚	6.9	3.5	1.7	4.0	6.6	4.0	4.9	4.6	2.8	3.0
捷克	5.5	2.5	-4.7	2.1	2.0	-0.8	-0.5	2	4.3	2.3
丹麦	0.8	-0.7	-5.1	1.6	1.2	-0.7	-0.5	1.1	1.8	1.8
爱沙尼亚	7.4	-5.0	-14.3	1.8	7.5	5.1	1.7	2.9	1.8	2.5
芬兰	5.2	0.7	-8.3	3	2.6	-1.4	-1.1	-0.4	-0.1	1.1
法国	2.3	0.1	-2.9	1.9	2.1	0.2	0.7	0.2	1.1	1.3
格鲁吉亚	12.3	2.3	-3.8	6.3	7.2	6.2	3.3	4.8	2.0	3.0
希腊	3.4	-0.4	-4.4	-5.3	-8.9	-6.6	-4	0.7	-1.4	-1.2
匈牙利	0.4	0.8	-6.6	0.7	1.8	-1.7	1.9	3.7	3.0	2.4
爱尔兰	5.5	-2.2	-5.7	0.4	2.6	0.1	1.4	5.2	5.6	4.1
以色列	6.2	3.2	1.2	5.4	5.0	2.9	3.4	2.6	2.5	3.2
意大利	1.4	-1.1	-5.5	1.7	0.7	-2.9	-1.8	-0.4	0.8	1.4
日本	2.2	-1	-5.5	4.7	-0.5	1.7	1.6	-0.1	0.6	1.0
韩国	5.5	2.8	0.7	6.5	3.7	2.3	2.9	3.3	2.7	3.1
马来西亚	6.3	4.8	-1.5	7.4	5.2	5.6	4.7	6.0	4.7	5.0
墨西哥	3.1	1.2	-4.5	5.1	4.0	3.8	1.6	2.1	2.3	3.1
荷兰	3.7	1.7	-3.8	1.3	1.7	-1.1	-0.4	1.0	2.2	2.5
新西兰	3.7	-0.8	0.5	2.0	1.4	2.9	2.5	3	2.3	1.9
挪威	2.9	0.4	-1.6	0.6	1.0	2.7	0.7	2.2	1.2	1.1
葡萄牙	2.5	0.2	-3.0	1.9	-1.8	-4.0	-1.1	0.9	1.7	1.6
俄罗斯	8.5	5.2	-7.8	4.5	4.3	3.4	1.3	0.6	-4.0	-0.4
塞尔维亚	4.5	3.8	-3.5	1.0	1.4	-1.0	2.6	-1.8	-0.5	1.5
斯洛伐克	10.8	5.7	-5.5	5.1	2.8	1.5	1.4	2.5	3.2	3.4
斯洛文尼亚	6.9	3.3	-7.8	1.2	0.6	-2.7	-1.1	3.0	2.5	1.9
西班牙	3.8	1.1	-3.6	0.0	-1.0	-2.6	-1.7	1.4	3.2	2.7
瑞典	3.5	-0.7	-5.1	5.7	2.7	0.0	1.2	2.4	2.9	3.1
瑞士	4.1	2.3	-2.1	3.0	1.8	1.1	1.8	1.9	0.7	1.1
泰国	5.0	2.5	-2.3	7.8	0.1	7.3	2.8	0.9	3.5	4.0

续表

国家或地区	2007年	2008年	2009年	2010年	2011年	2012年	2013年	2014年	2015年	2016年
土耳其	4.7	0.7	-4.8	9.2	8.8	2.1	4.2	2.9	3.1	3.4
英国	2.6	-0.5	-4.2	1.5	2.0	1.2	2.2	2.9	2.4	2.4
美国	1.8	-0.3	-2.8	2.5	1.6	2.2	1.5	2.4	2.4	2.5
欧元区	3.0	0.4	-4.5	2.0	1.6	-0.8	-0.3	0.9	1.5	1.8
经合组织	2.7	0.2	-3.4	3.0	1.9	1.3	1.2	1.9	2.0	2.2

由于经济复苏过程中市场需求依然不够强劲，2014年欧元区各国通胀压力有所减少，失业率依然维持高位，能源和商品价格依然处于低位。然而，美国和日本的通胀率较之前有较为明显提升。除了新兴市场国家和转型经济体外，2016年通胀率将较之前略有提升。

二 全球中小企业信贷融资国际比较

虽然，全球经济总体处于复苏阶段，货币金融环境对中小企业融资也较为适宜，2014年各国中小企业借贷情况依然是参差不齐。2014年，加拿大、意大利等11个国家的中小企业借贷出现了负增长，日本、韩国、马来西亚、法国等16个国家的中小企业借贷则得到了持续增长。

总体来说，2014年的贷款增长要超过2013年的贷款增长表现。如果考虑到2007年以来的通胀水平的话，在所观测的30个国家中有12个国家2014年的中小企业贷款余额（经通胀率折算后）依然小于2007年金融危机之前的水平，例如加拿大、英国、美国、意大利等。在上述国家，中小企业借贷余额的下降，特别是在2010—2014年的下降，表明金融危机对这些国家中小企业借贷的影响是较为长期和深远的。当然，这也可能与部分国家在金融危机之前中小企业贷款余额加快增长，达到不可持续的历史高位有关。

表15-2　　　　2008—2014年各国中小企业贷款业务增长率　　　　单位:%

国家	2008年	2009年	2010年	2011年	2012年	2013年	2014年
中小企业贷款余额							
澳大利亚	1.56	-0.07	4.15	0.50	1.83	0.01	3.11
比利时	5.44	-1.22	3.5	4.14	7.42	-1.62	-0.23

续表

国家	2008 年	2009 年	2010 年	2011 年	2012 年	2013 年	2014 年
加拿大	-3.82	5.92	-3.43	1.79	-4.03	3.58	-0.1
智利	10.71	2.99	-0.02	9.57	13.26	1.08	10.92
中国	—	—	18.15	14.59	17.39	10.83	—
哥伦比亚	3.77	-10.10	5.55	8.46	10.55	—	10.29
捷克	14.18	-7.39	5.83	7.09	-1.09	1.87	-0.84
爱沙尼亚	-4.94	-14.89	-12.18	-13.91	-6.56	-1.99	0.98
法国	2.32	0.18	4.13	4.36	0.53	0.45	0.48
格鲁吉亚	—	—	—	0.97	10.94	18.87	13.76
希腊	—	—	—	-7.7	-6.09	—	2.34
匈牙利	5.09	-11.12	-12.92	-1.88	1.10	-1.91	-6.57
爱尔兰	—	—	—	6.15	-0.46	-0.92	0.64
以色列	-0.69	-9.34	6.04	0.34	0.97	-2.37	12.67
意大利	-0.40	-0.76	6.31	-3.37	-3.15	-4.91	-3.88
日本	0.68	-1.81	0.29	0.73	0.05	2.15	0.17
韩国	11.22	1.40	-3.64	1.52	0.47	5.12	6.22
马来西亚	-1.71	8.48	-4.26	10.94	12.70	11.43	10.57
墨西哥	9.97	65.82	6.87	10.02	15.44	14.58	7.80
新西兰	—	—	-0.58	-3.71	6.03	-6.62	3.85
挪威	13.27	-2.46	-1.93	-1.94	-2.98	-6.99	—
葡萄牙	7.64	-0.21	-2.27	-3.81	-8.22	-10.02	-5.94
塞尔维亚	26.33	-8.30	0.06	-6.15	-15.33	-12.85	6.39
斯洛伐克	28.68	0.70	-0.38	-13.39	2.82	-3.32	—
斯洛文尼亚	13.52	-3.58	6.00	-4.71	-7.45	-25.23	-20.83
瑞典	10.14	4.09	-5.73	-1.79	5.73	-1.39	—
瑞士	4.69	-0.68	5.41	3.66	1.90	5.51	-0.80
泰国	5.33	5.36	3.43	-1.08	17.49	5.96	—
土耳其	-1.28	-6.53	42.59	19.51	14.77	28.08	14.04
英国	8.02	-3.69	-4.83	-8.68	-6.09	-3.78	-3.66
美国	1.61	-3.06	-7.30	-8.72	-4.91	-2.04	-0.71
中值	5.21	-0.99	0.18	0.73	0.53	-0.92	0.81

三 全球中小企业信贷份额国际比较

表15-3列出了各国在2007—2014年的中小企业贷款在所有商业贷款总额中所占的份额比例。以贷款余额计算,金融危机期间,全球中小企业信贷份额的中位值从2007年的40.2%下降到2008年的34.2%,随后逐步得到提升,到2014年观测各国这一份额的中位数已提高到了44.2%。2014年,中小企业贷款份额较上年普遍有所提高,各国的中位值从40.9%提高到44.2%。在中国,中小企业信贷余额在所有商业贷款余额中的份额近年来逐年提高,从2009年的54.6%提高到2013年的64.9%。

表15-3　　　　2007—2014年各国中小企业贷款占所有商业贷款的比例　　　　单位:%

国家	2007年	2008年	2009年	2010年	2011年	2012年	2013年	2014年
中小企业贷款余额									
澳大利亚	—	26.7	28.7	32.7	33.1	32.7	32.6	32.2
比利时	61.7	59.6	62.7	62.3	65.1	65.4	67.2	67.8
加拿大	17.4	15.6	17.9	17.5	17.7	15.9	15.3	14.2
智利	16.7	15.2	17.5	18.2	17.5	18.5	16.9	18.0
中国	—	—	54.6	56.7	60.5	64.6	64.9	—
哥伦比亚	32.7	30.2	27.7	25.6	24.8	24.9	51.0	49.4
捷克	63.9	65.2	67.3	70.2	70.7	70.1	70.1	69.8
爱沙尼亚	35.8	34.5	31.0	29.4	28.3	26.2	26.5	26.4
法国	20.8	20.4	20.2	20.5	20.8	21.2	21.1	21.2
格鲁吉亚	—	—	—	36.4	34.4	34.8	36.2	36.1
希腊	—	—	—	38.5	36.8	38.8	49.8	50.6
匈牙利	62.4	60.6	60.0	54.5	54.4	63.5	66.2	62.2
爱尔兰	—	—	—	63.9	67.8	67.7	66.9	67.3
以色列	40.9	37.1	38.0	39.6	38.7	41.5	41.9	47.3
意大利	18.8	17.9	18.3	19.0	18.3	18.4	18.7	18.9
日本	69.6	67.3	66.7	67.8	66.9	65.8	65.3	65.0

续表

国家	2007年	2008年	2009年	2010年	2011年	2012年	2013年	2014年
韩国	86.8	82.6	83.5	81.5	77.7	74.7	74.7	74.0
马来西亚	44.0	42.3	41.3	37.6	39.2	40.3	42.5	44.2
墨西哥	13.0	12.3	20.0	20.5	20.5	22.6	24.0	24.8
新西兰	—	—	42.2	44.0	43.0	44.1	40.9	40.9
挪威	42.9	43.7	40.4	41.0	40.4	40.0	36.2	—
葡萄牙	82.0	82.0	81.0	81.6	81.3	80.6	79.6	80.2
塞尔维亚	21.0	21.6	21.1	21.7	22.0	19.3	18.9	
斯洛伐克	65.7	77.1	79.4	79.4	65.8	71.1	71.1	
斯洛文尼亚	55.2	53.7	53.9	57.5	60.5	62.6	51.5	48.6
瑞典	12.1	11.4	12.2	12.9	12.1	12.0	11.6	—
瑞士	80.4	80.9	79.3	79.3	78.5	78.6	78.8	76.4
泰国	28.1	26.6	26.9	38.4	36.8	37.6	38.7	—
土耳其	40.2	33.9	31.8	35.7	35.7	38.2	38.5	38.2
英国	19.8	18.1	20.0	21.4	21.1	21.5	22.1	22.5
美国	30.9	28.4	28.4	29.0	26.8	23.7	22.5	21.2
中值	40.2	34.2	34.9	38.4	36.8	38.8	40.9	44.2

中小企业贷款在所有商业贷款中所占比例或份额是进行融资评价的重要方面。这一指标有以下几个方面：一是比例上升可能意味着中小企业贷款增速超过全部商业贷款增速；二是在一个国家所有商业贷款总额在不断缩减的情况下，中小企业信贷保持稳定或略有增长；三是中小企业贷款和全部商业贷款总额都是下降的，但是中小企业贷款下降速度要小于全部商业贷款总额的下降速度。

表15-4归纳了近年来各个国家中小企业贷款比例变化趋势，并细分了其中的具体情景。2013—2014年，中国的中小企业信贷份额依然是在增加，而且是在所有商业贷款余额均在增长的背景下实现的，中小企业信贷增速要高于大型企业的信贷增速。

表 15-4　　2013—2014 年各国中小企业贷款余额和信贷市场情况的变化趋势

中小企业贷款份额变化	国家	中小企业和总商业贷款股指走势	信贷市场的情况
中小企业贷款余额占比增加	智利、中国、法国、希腊、马来西亚、墨西哥、泰国	中小企业贷款增速快于商业贷款总额增速	在日益增长的商业贷款市场中提高中小企业贷款比例
中小企业贷款余额占比增加	以色列、西班牙	中小企业贷款增加，但商业贷款总额下降	在日益萎缩的商业贷款中增加中小企业贷款比例
中小企业贷款余额占比增加	比利时、芬兰、爱尔兰、意大利、葡萄牙、英国	中小企业贷款下降速度小于商业贷款总额的下降速度	在日益缩减的商业贷款市场中保持中小企业贷款比例提高
中小企业贷款余额占比减少	奥地利、捷克、匈牙利、俄罗斯、塞尔维亚、斯洛伐克、斯洛文尼亚	中小企业贷款比贷款总额的下降速度更快	在日益缩减的商业信贷市场中中小企业贷款占比下降
中小企业贷款余额占比减少	加拿大、挪威、瑞典、瑞士、美国	中小企业贷款减少，而商业贷款总额增加	在不断扩张的商业贷款市场中中小企业贷款比例快速下滑
中小企业贷款余额占比减少	澳大利亚、哥伦比亚、丹麦、爱沙尼亚、格鲁吉亚、日本、韩国、新西兰、土耳其	中小企业贷款增加，但贷款总额增加得更快	在快速扩张的信贷市场中中小企业贷款占比下降

四　全球中小企业信贷获取国际比较

（一）信贷成本

表 15-5 列出了各国 2007—2014 年中小企业银行借贷的平均利率。由于全球较为宽松的货币政策，2011—2013 年各国中小企业利率大多一直处于下降通道，所观测国家中只有马来西亚是例外。利率下行的趋势在 2014 年也得以维持，在提交了 2014 年数据的 34 个国家中有 26 个国家的中小企业借贷利率是下降的，表明全球中小企业融资环境在近年来逐步得

到改善。仅有比利时、哥伦比亚、马来西亚等少数国家的中小企业借贷利率在2013—2014年是上升的。

表15-5　　2007—2014年各国中小企业银行借贷的平均利率　　单位:%

国家	2007年	2008年	2009年	2010年	2011年	2012年	2013年	2014年
澳大利亚	8.56	7.99	7.56	8.29	7.94	7.07	6.49	6.22
奥地利	5.11	5.47	2.89	2.43	2.92	2.46	2.28	2.27
比利时	5.45	5.70	3.01	2.51	2.88	2.32	2.06	2.09
加拿大	7.50	—	6.20	5.80	5.30	5.40	5.60	5.10
智利	—	—	—	9.22	11.32	12.55	11.53	10.03
中国	—	—	—	—	—	—	8.39	7.51
哥伦比亚	20.09	23.13	20.43	18.66	21.53	21.74	19.94	20.43
捷克	5.03	5.57	4.64	4.01	3.73	3.48	3.13	3.76
丹麦	5.99	6.65	5.43	4.46	4.57	4.38	4.13	3.83
爱沙尼亚	6.10	6.70	5.30	5.00	4.90	4.00	3.40	3.30
芬兰	5.39	5.58	3.02	2.66	3.23	2.86	2.81	2.71
法国	5.10	5.41	2.86	2.48	3.12	2.44	2.16	2.09
格鲁吉亚	—	—	—	16.51	15.50	14.52	11.58	10.73
希腊	6.83	6.18	4.70	6.34	7.26	6.46	6.06	5.44
匈牙利	10.19	11.25	12.31	8.99	9.38	9.70	7.40	5.10
爱尔兰	6.23	6.67	3.98	3.88	4.68	4.34	4.30	4.78
以色列	—	—	—	5.00	5.62	5.52	5.00	4.48
意大利	6.30	6.30	3.60	3.70	5.00	5.60	5.40	4.40
韩国	6.95	7.49	6.09	6.33	6.25	5.83	5.06	4.65
马来西亚	—	6.39	5.50	5.69	5.74	5.72	6.57	7.72
墨西哥	—	—	11.68	11.67	11.40	11.30	10.28	9.58
荷兰	—	5.70	4.50	6.00	6.40	4.40	4.30	4.10
新西兰	12.15	11.19	9.88	10.19	10.05	9.60	9.59	10.37
葡萄牙	7.05	7.64	5.71	6.16	7.41	7.59	6.82	5.97
俄罗斯	—	—	—	—	—	—	13.10	17.89
塞尔维亚	18.85	21.33	20.48	16.50	17.95	19.01	18.27	13.85
斯洛伐克	5.50	4.60	3.00	3.20	3.20	3.80	3.60	—

续表

国家	2007年	2008年	2009年	2010年	2011年	2012年	2013年	2014年
斯洛文尼亚	5.78	6.52	6.21	6.31	6.58	6.32	5.94	5.49
西班牙	5.96	5.51	3.63	3.78	4.95	4.91	4.79	3.89
瑞典	4.86	5.66	2.42	2.58	4.15	4.04	3.00	2.68
瑞士	—	—	2.21	2.11	2.08	2.01	1.99	2.04
泰国	5.94	6.34	6.60	7.14	8.10	7.00	6.40	—
土耳其	—	4.54	3.47	3.49	3.52	3.71	3.59	3.43
英国	7.96	5.16	3.82	4.09	3.90	3.76	3.55	3.39
美国	6.17	6.32	4.70	5.34	5.30	5.46	5.23	4.78

各国中小企业借贷利率近年来的变化趋势大体上是，2007—2008年中小企业借贷利率普遍上升，而之后几年中借贷利率普遍下降，特别是在2012—2014年。许多国家2014年中小企业借贷利率水平仅为2008年的一半左右。例如中国、俄罗斯、智利等新兴经济体国家，由于普遍存在较高的通胀水平，借贷利率也明显要高于其他观测国。另外，受到金融危机影响较为严重的国家，例如希腊、爱尔兰、西班牙等，借贷利率在2008—2014年并没有像其他国家那样快速下降。

（二）抵押品要求

在多数国家，至少有一半以上的中小企业在向银行贷款时被要求提供抵押品。英国情况较为特殊，其中小企业借贷时仅有1/3会被要求提供抵押品。这一比例要明显低于其他国家。瑞士，大约有75%的中小企业在贷款时被要求提供抵押品，而在斯洛伐克，这一比例为100%，该国对贷款抵押品做出了强制性的规定。银行出于风险控制对于没有优先权的中小企业往往会提出在贷款之前提供相关抵押品的要求，如何降低抵押贷款的比例，也成为当前解决中小企业融资问题的一个现实课题。目前，也有一些金融机构开始尝试用更为丰富的替代数据来更准确地进行信用评估，从而减少对抵押品的依赖。

相比较而言，中国有一半中小企业在贷款期间被要求在银行有抵押，且其抵押金由2011年的50.6%增加到2013年的54.52%，政府已经陆续出台了相应的政策用以缓解此现象，目前中国中小企业贷款抵押品要求居于国际中等水平。

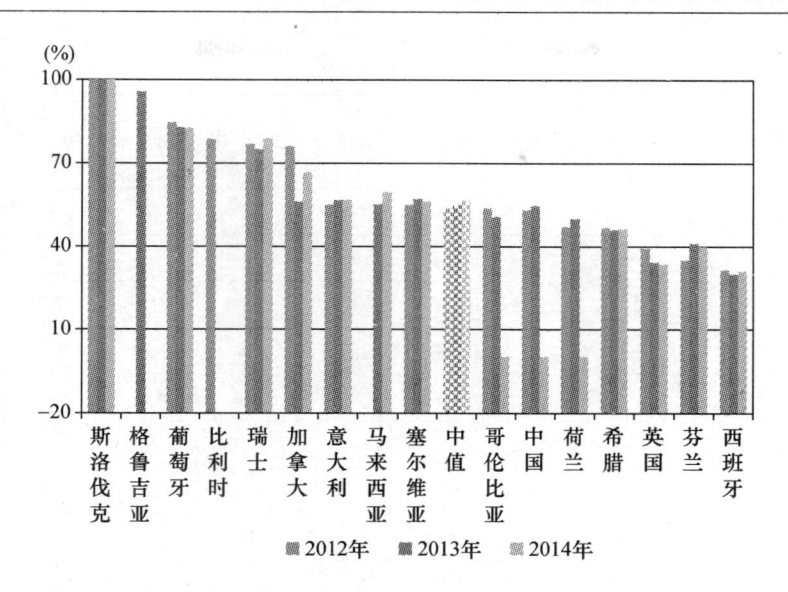

图 15-1　2012—2014 年各国中小企业贷款抵押品需求趋势

（三）拒贷率

较高的拒贷率常常被视为信贷供应存在困难的表现。而且，对于中小企业而言，其拒贷率往往也会高于大型企业。贷款申请被拒绝的比例越高，说明中小企业融资需求没有得到满足，这或者是因为银行对申请贷款的条件提得太高，或是申请者资质条件普遍变差，或是银行在实施限量配给。2013—2014 年，15 个参与提交数据的国家中有 12 个报告其拒贷率在下降，仅有中国、加拿大和韩国等少数几个国家是例外。2012—2013 年，全球主要国家的中小企业拒贷率也大多是下降的。近几年的主流趋势表明，全球中小企业融资环境整体趋向于宽松。

表 15-6　　　　　2007—2014 年各国中小企业拒贷率走势　　　　单位：%

国家	2007 年	2008 年	2009 年	2010 年	2011 年	2012 年	2013 年	2014 年	2013—2014 年变化值
比利时	22.2	20.9	19.3	19.9	19.8	22.5	22.2	22	-0.2
加拿大	6	—	—	9	8	7	9	12.8	3.8
智利	—	—	—	—	13	—	11	—	—
中国	—	—	—	—	—	—	6.2	12	5.78

续表

国家	2007年	2008年	2009年	2010年	2011年	2012年	2013年	2014年	2013—2014年变化值
哥伦比亚	2	4	9	5	3	4	7	3	-4
丹麦	3	—	—	12	—	—	—	14	—
法国	12.3	12.2	12.8	13.6	13	12.4	12.7	12.5	-0.2
芬兰	—	—	—	—	1	5	10	8	-2
格鲁吉亚	—	—	—	—	—	—	—	4.6	—
希腊	—	—	25.8	24.5	33.8	28.3	26	21.5	-4.5
爱尔兰	—	—	—	—	30	24	20	14	-6
意大利	3.1	8.2	6.9	5.7	11.3	12	9	8.4	-0.6
韩国	41.5	47.2	40.7	48.7	43.4	41.7	39.8	46.7	6.9
马来西亚	—	—	—	—	—	—	15.1	8.6	-6.5
新西兰	6	13	18	28	13	14	10	—	—
塞尔维亚	18.7	17.2	28.4	27.1	15.8	31.5	31.8	24.7	-7.1
斯洛伐克	—	—	—	—	57.2	—	53.2	—	—
西班牙	—	—	23	16	14	18	13	12	-1
瑞士	29	30.4	29.2	30.3	31.1	28.7	28.1	27.9	-0.2
泰国	28.5	25.9	14.7	26.9	—	—	—	—	—
英国	—	—	—	27	30.1	31.1	32.8	21.6	-11.2
中值	14.4	17.2	21.15	22.21	14.9	20.27	13	13.85	-1

五 全球中小企业股权融资国际比较

表15-7列出了近年来各国风险资本投资金额的变化情况。数据表明，股权融资市场受到金融危机的冲击较大。大多数国家在2008—2010年经历了风险资本投资的快速下滑。在表15-2所观测的国家中依然有17个国家2014年的风险资本投资还没有恢复到2007年的水平。仅有9个国家，例如俄罗斯、爱尔兰、韩国等，2014年风险投资总额超过了2007年的水平。以样本国家的中值来看，2007—2014年，各国平均的风险资本投资总额下滑了约30%。从2012—2014年的数据变化来看，各国风险资本投资的趋势性变化并不明显。在部分国家，风险资本投资出现了可喜

的增长，政府推出的各项措施对风险资本投资增长起到了较好的促进作用。

表 15-7　　2007—2014 年各国风险投资金额变化情况　　单位：万美元

国家	2007年	2008年	2009年	2010年	2011年	2012年	2013年	2014年	2007—2014年变化率（%）
澳大利亚	680.3	755.8	532.7	367.8	246.5	331.3	252.9	265.9	-60.9
奥地利	109.3	74.4	105.4	57.7	130.3	54.7	83.9	81.8	-25.2
比利时	247.5	171.6	216.6	109.8	126.7	121.1	118.8	151.2	-38.9
加拿大	—	—	—	—	—	—	—	1464.8	—
捷克	5.7	46.6	39.2	30.5	14.6	6.7	3.8	12	109.7
丹麦	284.3	279.3	114.2	91.1	174.1	101	106.7	87.5	-69.2
爱沙尼亚	2.6	5.5	3.8	7.7	1.8	7.7	8.2	5.8	122.1
芬兰	180.9	175.8	126.3	131.1	119.1	101.6	171.1	163.7	-9.5
法国	1403.2	1599.7	1171.9	995.2	878.1	727.8	905.8	835.8	-40.4
希腊	26	47.9	23.2	6.6	13.7	0	6.4	0.3	-99
匈牙利	14.4	18.8	1.7	23.7	55.6	84.1	22.2	42.6	196.9
爱尔兰	118.1	134.7	105.8	61.2	78.2	118.4	150.7	119.4	1.1
以色列	1196	1395	739	884	1226	868	895	1165	-2.6
意大利	179.2	163.2	88.1	97.1	96.1	101.6	80.7	44.8	-75
日本	—	—	267.7	1283.4	1553.7	1284.6	1862.8	—	—
韩国	798.9	495.5	397.6	527.3	633.2	606.6	635.3	865.6	8.3
荷兰	383.9	440	236.9	194.5	236.9	232.4	259	224.6	-41.5
新西兰	60.2	46.5	21.2	68	28.9	21.7	44.9	46.3	-23.1
挪威	356.6	231.9	167.3	227	173.9	151.5	94.6	157.2	-55.9
葡萄牙	140.4	89.8	47.4	73	16.5	21.5	50.4	65.9	-53.1
俄罗斯	108.3	161.8	123.8	153.3	272.2	152	335.2	250.7	131.5
斯洛伐克	1.5	0	0.3	2.7	0	0	0	6.2	312.2
斯洛文尼亚	0.7	4.2	2.5	1.5	3.2	1.7	5.3	3.3	404.2
西班牙	468	766.3	227.4	154.6	210.7	150.1	138.8	132.4	-71.7

续表

国家	2007 年	2008 年	2009 年	2010 年	2011 年	2012 年	2013 年	2014 年	2007—2014 年变化率（%）
瑞典	564	560.7	300	338.6	344.9	287.2	307	376.2	-33.3
瑞士	379.4	249.2	312.9	240.7	280.3	233.4	243.8	224.1	-40.9
英国	2055.9	2237.7	1089.5	1021.2	1112.8	845.7	758.3	1112.6	-45.9
美国	32063.4	30397.7	20332.5	23444.3	29878.1	27592.5	30097.2	49532.4	54.5
中值	214.21	173.69	126.29	131.1	173.91	121.09	138.84	151.17	-29.26

新兴市场国家的风险资本市场大多还没有得到充分的培育。全球大约有85%的风险资本投资发生于欧洲和美国。最近的一些变化表明新兴市场国家也在加快对风险资本市场的培育，特别是在中国和印度，它们的风险资本投资金额在2014年分别增长了18%和6%。

公开的证券市场为高成长性中小企业提供持续成长融资的重要平台，能够为上市的中小企业提供长期的融资来源。股票市场更为重视高成长性的年轻公司，上市标准也更加注重考察公司的风险和盈利情况。从IPO上市的公司规模分析，股票市场对于那些中上规模的中小企业更为适宜，投行中介是这类中小企业获取上市所需信息的关键机构。

相对于大型企业，IPO成本对于发行规模较小的中小企业而言相对更高。因为上市融资中许多的固定费用对于不同发行规模的大型企业和中小企业大体上都是一致的。总体而言，中小企业在谋求资本市场上的股权融资难度更大，也面临着更大的资格和成本挑战。需要建立一个针对中小企业的股权融资生态系统，强化中小企业参与更为有效的股权融资。提高对平台、经纪人、做市商、顾问、研究机构、投资者的经济激励对于培育这样的一种股权融资生态系统是有帮助的。

六 资产支持融资活动

（一）融资租赁

从各国数据来看，融资租赁业务额在金融危机之后出现了大幅度下滑，并且到目前为止还没有恢复到2007年的水平。取各国数据的中位值看，融资租赁业务额在2008—2009年大约下降了1/3，并且目前也仅恢复到2007—2008年的79%水平。仅有中国、哥伦比亚、瑞典、瑞士和土耳其等少数国家的融资租赁业务增长超过了通胀率。其中，中国表现特别突出，其融资租赁业务快速发展，2007—2014年业务额大约增长了100倍。

表15-8　2007—2014年各国融资租赁情况（以2007年为基准）

国家	2007年	2008年	2009年	2010年	2011年	2012年	2013年	2014年
奥地利	1	1.06	0.69	0.74	0.77	0.6	0.67	0.59
比利时	1	1.09	0.79	0.92	1.01	1.03	0.91	0.98
捷克	1	0.96	0.48	0.54	0.57	0.52	0.51	0.54
丹麦	1	1.11	0.74	0.7	0.86	0.8	0.85	0.91
爱沙尼亚	1	0.72	0.24	0.28	0.45	0.56	0.5	0.48
芬兰	1	0.94	0.73	0.74	0.85	0.82	0.75	0.8
法国	1	1.01	0.82	0.88	0.95	0.93	0.88	0.94
匈牙利	1	0.94	0.32	—	—	—	—	—
意大利	1	0.83	0.55	0.58	0.53	0.35	0.31	0.34
荷兰	1	0.97	0.66	0.58	0.69	0.76	0.7	0.69
挪威	1	0.92	0.69	0.76	0.87	0.91	0.88	0.94
葡萄牙	1	0.94	0.68	0.68	0.42	0.26	0.26	0.33
斯洛伐克	1	1.11	0.64	0.68	0.77	0.76	0.74	0.8
斯洛文尼亚	1	1.14	0.57	0.54	0.51	0.41	0.41	0.37
西班牙	1	0.68	0.34	0.42	0.34	0.27	0.26	0.35
瑞典	1	1.02	0.72	0.9	0.94	1.12	1.09	1.09
瑞士	1	1.15	0.95	1.1	1.29	1.25	1.12	1.31
澳大利亚	1	0.92	0.68	0.66	0.68	0.78	0.67	0.75
中国	1	5.98	14.38	25.54	31.49	51.43	68.5	103.36
哥伦比亚	1	1.04	1.05	1.11	1.31	1.51	1.69	1.93
希腊	1	1.04	0.96	0.93	0.87	0.79	0.56	0.54
日本	1	0.82	0.62	0.64	0.68	0.7	0.82	—

续表

国家	2007年	2008年	2009年	2010年	2011年	2012年	2013年	2014年
土耳其	—	1	0.73	0.67	0.87	0.92	1.27	1.4
英国	1	0.96	0.66	0.65	0.66	0.70	0.73	0.79
美国	1	1.01	0.83	0.73	0.57	0.58	0.61	0.61
中值（结合两种数据）	1	1	0.69	0.69	0.77	0.77	0.73	0.79

资料来源：Leaseurope；单个国家统计数据。

（二）保理融资

保理融资就是中小企业将应收账款提高折价销售给专业公司从而获得融资的一种方式。2007—2013年，除美国、日本、挪威等少数国家外，大多数所观测的国家保理金额呈上升趋势，许多国家的保理融资总额已较2007年增长了一位。特别是中国和韩国，由于前期保理融资发展起步较慢，前期业务基数较低，在这一期间实现了近十倍的业务增长。2013—2014年，32个观测国家中有23个国家的保理业务量实现正增长，仅有日本、智利、葡萄牙等少数国家呈负增长趋势。这表明，保理融资在各国的应用范围越来越广泛，已经成为中小企业融资的重要金融工具。

表15-9　2007—2014年各国中小企业保理业务量（以2007年为基准）

国家	2007年	2008年	2009年	2010年	2011年	2012年	2013年	2014年
奥地利	1.00	1.20	1.23	1.52	1.62	1.94	2.46	2.81
比利时	1.00	1.15	1.21	1.59	1.85	2.01	2.23	2.58
加拿大	1.00	0.68	0.75	0.84	1.15	1.52	1.2	1.21
智利	1.00	1.08	0.95	0.99	1.25	1.38	1.44	1.34
中国	1.00	1.54	1.90	4.10	6.74	8.30	8.98	9.55
哥伦比亚	1.00	0.96	1.06	1.19	1.99	1.77	2.70	3.39
捷克	1.00	1.02	0.75	0.89	1.04	1.04	1.04	1.13
丹麦	1.00	0.62	0.80	0.87	0.99	0.93	0.93	1.08
爱沙尼亚	1.00	1.02	0.71	0.86	0.79	1.25	1.21	1.25

续表

国家	2007 年	2008 年	2009 年	2010 年	2011 年	2012 年	2013 年	2014 年
芬兰	1.00	0.97	0.81	0.93	0.95	1.21	1.23	1.41
法国	1.00	1.08	1.03	1.22	1.37	1.45	1.54	1.73
匈牙利	1.00	0.98	0.75	0.97	0.80	0.73	0.71	0.74
爱尔兰	1.00	1.07	0.90	0.96	0.86	0.92	0.97	1.16
以色列	1.00	1.72	1.65	1.92	1.88	1.56	1.13	3.19
意大利	1.00	1.02	0.97	1.12	1.34	1.37	1.32	1.35
日本	1.00	1.39	1.10	1.32	1.52	1.34	1.07	0.70
韩国	1.00	0.92	2.88	4.83	7.58	7.42	11.36	11.64
墨西哥	1.00	0.98	0.21	1.38	1.90	2.27	2.40	2.10
荷兰	1.00	0.92	0.92	1.06	1.39	1.49	1.53	1.56
挪威	1.00	0.80	0.85	0.79	0.81	0.87	0.76	0.80
葡萄牙	1.00	1.05	1.02	1.19	1.60	1.32	1.26	1.19
俄罗斯	1.00	1.05	0.54	0.68	1.02	1.57	1.77	1.13
塞尔维亚	1.00	1.48	1.51	1.74	2.95	2.85	1.93	0.85
斯洛伐克	1.00	1.13	0.81	0.7	0.82	0.71	0.73	0.71
斯洛文尼亚	1.00	1.37	1.32	1.34	1.12	1.32	1.25	1.12
西班牙	1.00	1.17	1.22	1.32	1.42	1.44	1.34	1.30
瑞典	1.00	0.71	0.82	0.81	1.25	1.40	1.28	1.17
瑞士	1.00	1.01	1.94	1.55	1.33	1.16	1.20	1.48
泰国	1.00	1.02	0.89	0.85	1.20	1.67	1.27	1.55
土耳其	1.00	0.82	0.88	1.59	1.16	1.12	1.06	1.27
英国	1.00	0.64	0.65	0.73	0.85	0.90	0.94	1.05
美国	1.00	1.01	0.89	0.94	1.02	0.74	0.79	0.90
中值	1.00	1.02	0.91	1.09	1.25	1.38	1.25	1.26

七 延期支付、破产率与不良贷款

(一) 延期支付

多数国家在 2009 年之后都经历了 B2B 和 B2C 延期支付天数的上升，并大致在 2011—2012 年达到高点。延期支付天数上升往往意味着中小企业资金获得和维持现金流运转方面面临着较大的困难。与之相关的流动性困难、停业和破产都将会对经济发展产生影响。2014年，在提交数据的18个国家中有8个国家的B2B延期支付天数保持下降趋势。芬兰和瑞士延期支付天数较上年持平，还有比利时、希腊、韩国等8个国家延期支付天数呈上升趋势。2012—2013年，全球中小企业B2B延期支付天数总体保持下降趋势，但各国之间表现差异性较大。芬兰、韩国、加拿大等国家中小企业B2B延期支付天数已低于2007年的水平。而英国、希腊等国家的延期支付天数在2013—2014年持续维持高位，高于2007年的水平。

表15-10　　2007—2014年各国中小企业延期付款的变化情况

国家	定义	2007	2008	2009	2010	2011	2012	2013	2014	2013—2014增长率（%）
奥地利	B2B平均延期天数	—	8	8	11	12	11	12	13	8.33
	B2C平均延期天数	—	20	16	6	11	11	9	9	0
比利时	B2B平均延期天数	—	—	17	17	15	19	18	19	5.56
	B2C平均延期天数	—	—	12	12	16	16	14	12	-14.29
智利	B2B平均延期天数	—	—	—	—	45	43	41	44	7.32
中国	B2B平均延期天数	—	—	—	—	—	—	95.91	72.31	-24.61
	B2C平均延期天数	—	—	—	—	—	—	48.38	42.64	-11.86
哥伦比亚	B2B平均延期天数	48.8	50.2	60.8	62.3	66.4	25.6	82.2	91.4	11.19
捷克	B2B平均延期天数	—	—	—	15	17	16	14	15	7.14
	B2C平均延期天数	—	—	—	12	13	11	10	10	0
丹麦	B2B平均延期天数	7.2	6.1	12	12	13	12	10	9	-10
爱沙尼亚	B2B平均延期天数	9	8	13	13	10	10	9	7	-22.22
芬兰	B2B平均延期天数	6	5	7	7	7	7	6	6	0
希腊	B2B平均延期天数	4.6	4.3	6.7	8.7	14.1	23.4	31.8	33.5	5.35
匈牙利	B2B平均延期天数	16.3	19	19	15	22	20	—	—	
以色列	应付账款周转天数		74	80	90	122	110	109		
意大利	B2B平均延期天数	—	23.6	24.6	20.0	18.6	20.2	19.9	18.5	-7.04

续表

国家	定义	2007	2008	2009	2010	2011	2012	2013	2014	2013—2014增长率（%）
韩国	SMEs 平均延期天数	11.0	12.1	9.9	12.1	11.7	9.1	9.7	10.0	3.09
荷兰	B2B 平均延期天数	—	13.9	16	17	18	18	17	16	-5.88
新西兰	B2B 平均延期天数	43.1	50.8	44.5	44	45.6	40.1	39.6	37	-6.57
葡萄牙	B2B 平均延期天数	39.9	33	35	37	41	40	35	33	-5.71
	B2C 平均延期天数	—	—	30	32	34	30	30	30	0
塞尔维亚	% 所有企业延期比例	—	—	33	31	35	28	28	—	
斯洛伐克	B2B 平均延期天数	19.7	8	13	17	20	21	19	17	-10.53
西班牙	B2B 平均延期天数	7	6	16	14	9	13	21		
瑞典	B2B 平均延期天数	6.9	7	8	8	8	7	7	8	14.29
瑞士	B2B 平均延期天数	—	12	13	13	11	10	9	9	0
泰国	B2B 平均延期天数	33	—	—	—	—	—	—	—	
英国	B2B 平均延期天数	19.13	21.51	22.82	22.64	25.7	24.66	25.16	24.45	-2.82
美国	% B2B 企业延期比例	—	—	—	—	—	—	25.9	—	

（二）破产率

与 2013 年相比，全球中小企业破产率呈下降趋势，在提交数据的 25 个国家中有 20 个国家 2014 年的中小企业破产率在下降。匈牙利、意大利等国家的破产率有所上升，其中匈牙利的破产率几乎是 2013 年的两倍。美国、希腊、韩国、西班牙等国家的破产率都下降了 10% 以上。破产率的年度变动情况反映国别差异正在增大。2011—2013 年，这一数据的总体变化趋势在各国间较为一致，大体上都是在金融危机后呈不断上升的趋势。目前，所观测的国家中有 9 个国家的破产率已低于 2007 年金融危机之前的水平。但依然有相当多的国家的中小企业破产率几乎是 2007 年金融危机之前水平的两倍左右。这充分表明，各国经济复苏程度还是存在较大差异的。

表 15-11　　2007—2014 年各国中小企业破产率变化情况　　单位:%

国家	范围	2007年	2008年	2009年	2010年	2011年	2012年	2013年	2014年	2013—2014年增长率
澳大利亚	每10000家公司	1.00	1.04	1.04	1.11	1.13	1.18	1.09	0.87	-20.41
奥地利	所有公司	1.00	1.00	1.10	1.01	0.93	0.96	0.87	0.86	-0.66
比利时	所有公司	1.00	1.10	1.23	1.25	1.33	1.38	1.53	1.40	-8.55
加拿大	每1000家公司	1.00	0.95	0.84	0.65	0.61	0.55	0.51	0.48	-4.96
智利	所有公司	1.00	1.05	1.04	1.13	1.22	1.22	1.39	—	—
哥伦比亚	所有公司	1.00	2.88	4.52	4.82	5.39	3.52	4.73	4.27	-9.62
捷克	所有公司	1.00	1.07	1.49	1.62	1.78	1.95	2.25	2.15	-4.45
丹麦	所有公司	1.00	1.54	2.38	2.69	2.28	2.27	2.08	1.69	-18.91
爱沙尼亚	中小企业	1.00	2.09	5.22	5.09	3.08	2.45	2.27	2.12	-6.75
芬兰	所有公司百分比	1.00	1.11	1.33	1.11	1.22	1.22	1.33	—	—
法国	所有公司	1.00	1.08	1.23	1.18	1.16	1.19	1.22	1.22	-0.08
希腊	所有公司	1.00	0.70	0.69	0.69	0.87	0.81	0.76	0.64	-15.82
匈牙利	每10000家公司	1.00	1.10	1.39	1.52	1.83	1.97	2.46	4.22	71.32
意大利	所有公司	1.00	1.22	1.52	1.83	1.97	2.04	2.30	2.55	11.22
日本	所有公司	1.00	1.11	1.10	0.95	0.90	0.86	0.77	0.69	-10.35
韩国	所有公司	1.00	1.19	0.87	0.68	0.59	0.54	0.44	0.37	-15.98
荷兰	所有公司	—	—	1.00	0.89	0.88	1.05	1.18	0.95	-19.49
新西兰	所有公司	1.00	0.69	0.70	0.85	0.76	0.68	0.61	0.53	-13.37
挪威	仅中小企业	1.00	1.50	2.16	1.90	1.81	1.60	1.87	1.92	2.98
葡萄牙	所有公司	1.00	1.35	1.46	1.57	1.82	2.56	2.31	1.54	-33.35
俄罗斯	所有公司	—	1.00	1.11	1.15	0.92	1.01	0.94	1.04	10.32
斯洛伐克	所有公司	1.00	1.49	1.63	2.04	2.22	2.13	2.33	2.43	4.06
西班牙	仅中小企业	1.00	2.79	5.02	4.74	5.49	7.47	8.28	5.72	-30.92
瑞典	仅中小企业	1.00	1.09	1.32	1.26	1.20	1.29	1.33	1.24	-7.05
瑞士	所有公司	1.00	0.98	1.21	1.45	1.54	1.59	1.51	1.36	-9.67
英国	所有公司	1.00	1.12	1.19	1.18	1.34	1.29	1.32	1.28	-2.82
美国	所有公司	1.00	1.54	2.15	1.99	1.69	1.41	1.17	0.95	-18.76
中值		1.00	1.11	1.23	1.25	1.33	1.29	1.33	1.32	-7.80

注：相对于 2007（2007 = 1）。

(三) 不良贷款

表 15-12 列出了各国中小企业不良贷款率的情况。一般不良贷款将会随着信贷余额的增加而增加，各国对不良贷款报告标准并不一致，这在一定程度上增加了国别比较的难度。各国的不良贷款率在金融危机之后普遍出现了较大的增加。2007—2009 年，所观测的国家中仅有马来西亚和泰国的情况是例外，这两个国家的不良贷款率在金融危机之后并没有显著增加。2009 年之后，美国、中国、加拿大、马来西亚和泰国等多个国家的不良贷款率呈下降趋势，并有不少国家达到了 2007 年金融危机前的低点水平。各国不良贷款率的中位数在 2009—2014 年保持下降趋势，表明中小企业营运环境得到了一定的改善。

表 15-12   2007—2014 年各国中小企业不良贷款率   单位：%

国家	2007 年	2008 年	2009 年	2010 年	2011 年	2012 年	2013 年	2014 年
加拿大	0.69	1.03	1.41	0.79	0.58	0.42	0.33	0.35
智利	—	—	7.12	6.61	6.47	6.33	7.09	7.06
中国	—	—	3.83	2.52	1.75	1.65	1.66	—
哥伦比亚	2.52	3.66	5.05	3.68	2.80	2.91	1.15	1.54
爱沙尼亚	0.95	3.59	7.36	8.17	6.31	5.18	3.27	2.96
芬兰	1.10	1.80	3.40	4.00	4.50	4.60	5.40	—
格鲁吉亚	—	—	—	10.33	8.68	6.40	4.97	4.16
意大利	6.83	7.27	8.53	9.42	10.55	11.95	14.33	16.72
韩国	0.93	1.83	1.54	2.27	1.74	1.64	1.64	1.49
马来西亚	—	7.12	6.28	7.50	5.77	4.52	3.70	3.17
新西兰	—	—	2.73	2.91	2.79	2.74	2.39	1.70
葡萄牙	2.15	2.89	4.97	5.44	8.20	12.17	15.62	17.34
俄罗斯	—	2.90	7.56	8.80	8.19	8.39	7.08	7.71
塞尔维亚	6.72	10.56	18.86	21.00	22.64	26.39	28.43	28.88
斯洛伐克	—	—	—	—	—	9.90	9.40	9.80
泰国	7.90	6.80	7.60	4.50	3.60	3.30	3.10	—
土耳其	3.75	5.04	8.28	4.70	3.2	3.27	3.22	3.38
美国	2.10	2.62	3.37	2.65	1.92	1.42	1.20	1.23
中值	2.15	3.59	5.67	4.70	4.50	4.56	3.48	3.38

第二节 2015年OECD中国中小企业创业融资报告

一 中国中小企业在国民经济中的地位

中小企业约占中国企业总数量的97%,并贡献了80%以上的城乡就业和60%的GDP。根据2013年的统计数据,中国共有1169.9万家中小微企业,以及大约4440万家个体户。除个体户外,约60.2%的中小微企业从事服务业,其中36.5%从事零售、批发业,10.2%从事出租及商业服务业,2.5%从事信息传播服务业,2.5%从事房地产服务业,8.5%从事其他类型的服务业。另外,还有18.5%、5.0%和3.2%的中小微企业来自加工制造业、建筑业和农业领域。

表15-13　　2008年中国中小企业的规模分布

员工人数(人)	企业数量(家)	百分比(%)
0—9	3137540	44.20
10—19	1918977	27.03
20—49	1152260	16.23
50—99	451206	6.36
100—299	317180	4.47
300—499	58021	0.82
500—999	37419	0.53
1000—4999	23805	0.33
5000—9999	1576	0.02
10000以上	781	0.01
合计	7098765	100.00

资料来源:国家统计局:《中国经济普查年报》(2008),中国统计出版社2008年版。

中国对中小企业的划分标准是根据企业经营收入和从业人数共同划定的,具体划分标准可见表15-14。近年来,中国经济政策更加注重对小微企业的政策扶持。

表 15-14　　　　　　　　　中国大中小微型企业划分标准

行业名称	指标名称	单位	大型	中型	小型	微型
农、林、牧、渔业	营业收入（Y）	万元	Y≥20000	500≤Y<20000	50≤Y<500	Y<50
工业*	从业人员（X）	人	X≥1000	300≤X<1000	20≤X<300	X<20
	营业收入（Y）	万元	Y≥40000	2000≤Y<40000	300≤Y<2000	Y<300
建筑业	营业收入（Y）	万元	Y≥80000	6000≤Y<80000	300≤Y<6000	Y<300
	资产总额（Z）	万元	Z≥80000	5000≤Z<80000	300≤Z<5000	Z<300
批发业	从业人员（X）	人	X≥200	20≤X<200	5≤X<20	X<5
	营业收入（Y）	万元	Y≥40000	5000≤Y<40000	1000≤Y<5000	Y<1000
零售业	从业人员（X）	人	X≥300	50≤X<300	10≤X<50	X<10
	营业收入（Y）	万元	Y≥20000	500≤Y<20000	100≤Y<500	Y<100
交通运输业*	从业人员（X）	人	X≥1000	300≤X<1000	20≤X<300	X<20
	营业收入（Y）	万元	Y≥30000	3000≤Y<30000	200≤Y<3000	Y<200
仓储业	从业人员（X）	人	X≥200	100≤X<200	20≤X<100	X<20
	营业收入（Y）	万元	Y≥30000	1000≤Y<30000	100≤Y<1000	Y<100
邮政业	从业人员（X）	人	X≥1000	300≤X<1000	20≤X<300	X<20
	营业收入（Y）	万元	Y≥30000	2000≤Y<30000	100≤Y<2000	Y<100
住宿业	从业人员（X）	人	X≥300	100≤X<300	10≤X<100	X<10
	营业收入（Y）	万元	Y≥10000	2000≤Y<10000	100≤Y<2000	Y<100
餐饮业	从业人员（X）	人	X≥300	100≤X<300	10≤X<100	X<10
	营业收入（Y）	万元	Y≥10000	2000≤Y<10000	100≤Y<2000	Y<100
信息传输业*	从业人员（X）	人	X≥2000	100≤X<2000	10≤X<100	X<10
	营业收入（Y）	万元	Y≥100000	1000≤Y<100000	100≤Y<1000	Y<100
软件和信息技术服务业	从业人员（X）	人	X≥300	100≤X<300	10≤X<100	X<10
	营业收入（Y）	万元	Y≥10000	1000≤Y<10000	50≤Y<1000	Y<50
房地产开发经营	营业收入（Y）	万元	Y≥200000	1000≤Y<200000	100≤Y<1000	Y<100
	资产总额（Z）	万元	Z≥10000	5000≤Z<10000	2000≤Z<5000	Z<2000
物业管理	从业人员（X）	人	X≥1000	300≤X<1000	100≤X<300	X<100
	营业收入（Y）	万元	Y≥5000	1000≤Y<5000	500≤Y<1000	Y<500
租赁和商务服务业	从业人员（X）	人	X≥300	100≤X<300	10≤X<100	X<10
	资产总额（Z）	万元	Z≥120000	8000≤Z<120000	100≤Z<8000	Z<100

续表

行业名称	指标名称	单位	大型	中型	小型	微型
其他未列明行业*	从业人员（X）	人	X≥300	100≤X<300	10≤X<100	X<10

资料来源：工信部联企业〔2011〕300号文件。

说明：*工业包括采矿业，制造业，电力、热力、燃气及水生产供应业；交通运输业不含铁路运输业；信息传播业包括电信、互联网和相关服务；其他未列明行业包括科学研究和技术服务业，水利、环境和公共设施管理业，居民服务、修理和其他服务业，社会工作、文化、体育和娱乐业等。

2014年，中国政府开展了商事制度改革，并大力简化了新公司注册程序。中国共产党第十八届中央委员会第三次全体会议决定对商事登记制度进行改革，由注册资本实缴登记制改为注册资本认缴登记制，取消了原有对公司注册资本、出资方式、出资额、出资时间等硬性规定，取消了经营范围的登记和审批，从以往的"重审批轻监管"转变为"轻审批重监管"。例如，国家工商总局取消了最低注册资本金限额、注册资本金初缴限额和缴纳时间限制，这意味着新办企业将有权自由决定注册资本金规模，无须再受最低注册资本金规定和缴纳时间期限的制约。同时，国家工商总局还放松了对新注册企业营业场所的限制。按照之前的规定，新注册公司必须有适宜的经营场所，通常是市场租金较高的商业场所，商事制度改革后，新注册企业在经营场所的选择上有了更加灵活的选择空间，并不再局限于商业场所。上述商事制度改革对新企业创业起到了巨大的推动作用。2014年，共有1290万家新企业注册成立，较上年增长了14.2%，全国平均每天有10600家新企业注册成立。2014年，新注册资金本达到20.7万亿元，较上年增长了87.9%。新注册公司和个体户分别为370万家和900万家，较上年分别增长了45.9%和5.1%，新注册企业的产业分布表明创业质量正在稳步提升，大约有78.7%的新注册企业从事服务业。其中，信息传播业、软件和IT服务业、教育服务业、文化体育和娱乐业、科技服务业等新兴行业领域的新注册企业均增长较快，2014年同比增速为70%—97%。国外投资企业的注册也有5.8%的增长，此前这类企业新注册数曾连续两年下滑。

2014 年，中国政府进一步加强了对创业和创新的提倡力度。近年来，中国教育体系也承担了更多的社会责任，投入了更多的资源为创业者提供必要的创业培训，加大了对创业人才的培育。新一代的创业者，特别是在高新技术领域，未来潜力巨大。阿里巴巴等互联网企业的成功也激励了一大批的 IT、电子商务和互联网经济领域的新兴创业企业。创业者的社会形象得到了进一步的提升。然而，从创业率和创业成功率来看，在创业培育方面，还有许多工作要做。

缺乏创业资金支持是当前阻碍创业发展的主要因素之一。同时，融资问题也是导致中小微企业和创业企业经营失败的主要原因之一。在当前的银行体制下，私营中小企业向银行贷款时通常要求提供自己或合作担保方提供的抵押品或信用担保。为满足银行的信贷要求，并获取足够的信贷资源，私营中小企业往往抱团互助，展开融资合作。长期以来，在同一地域的中小企业往往嵌入于社会关系网络之中，并形成融资合作网络。这种情况下，若某家成员企业破产，信贷违约风险将很容易传播至其他周边企业。2014 年以来，在浙江、河南、陕西、四川、河北等省份，相互爆发了中小企业连锁破产的风险事件。这主要是由于 2014 年以来，中小企业普遍面临着资金链紧张和利润率下滑的双重压力。为防范小规模的区域性连锁债务危机，中国政府在一定程度上放松了信贷控制，并推出了有力的改革措施，以便进一步完善中小企业融资环境。

二 中小企业借贷总体情况

2014 年，中小企业贷款余额达到 28.59 万亿元人民币。2009—2013 年，中小企业贷款余额和全部商业贷款余额分别增长了 209.9% 和 176.5%。这一期间，中小企业贷款增长步伐要快于全部商业贷款的增长。自本轮金融危机以来，中国政府的宏观货币政策也更加趋于放松，并出台了一系列的刺激政策鼓励国有银行加大对中小企业的贷款支持。在 2013 年，中小企业贷款和全部商业贷款在绝对金额上分别增长了 12.7% 和 12.1%，中小企业贷款所占份额也略有提升。

在中国，从银行获取信用贷款依然是中小企业最为广泛的融资渠道。无论是政策性发展银行还是普通的国有商业银行都是支持中小企业发展重要融资政策工具。中国对中小企业融资支持部分是经国家开发银行来完成的，但其他国有和股份制银行其实提供了更为大量的融资支持。从数额来看，中小企业贷款中仅有7.3%是由国家开发银行提供的。中国国家开发银行是一家承担着为国家重大战略提供融资支持的这一重大责任的政策性银行，其重点支持领域包括城乡开发、跨境贸易、基础设施、基础性和支柱型产业发展、中西部发展和中小企业发展等。当前政策界也存在着争议，有观点认为中小企业融资问题应当通过设立专业性的金融机构，专门执行促进中小企业融资的政策责任。另外，有限的政府贷款担保主要由分散于各地的地方国有担保公司提供。

三 中小企业信贷环境变化

由于整体的宏观经济政策环境趋于宽松，中小企业信贷成本有所下降。2014年，中国针对特定金融机构两次降低了存款准备金率，并下调了基准利率。一年期贷款的基准利率从2013年的6%下降到2014年的5.6%。2014年，中小企业和大型企业的借贷利率则分别从8.4%和7.7%下降到7.51%和7.47%。中小企业和大型企业的借贷利率分别下降了0.9个百分点和0.3个百分点。近年来，中小企业的融资环境有较为明显的改善，中小企业与大型企业之间的借贷利差从2013年的0.7个百分点下降到0.04个百分点。

另外，中小企业向银行借贷时，除了正常的利息成本外，还经常支付一些额外费用。2014年，中小企业借贷中的额外费用大约为贷款总额的1.4%，较上年下降了2.3%。额外费用的降低与一些政府推出的旨在降低综合融资成本的政策措施有关，例如涉农贷款、国家中小企业专项资金、中小企业信贷损失补偿、银行信贷行政管理收费，以及更为广泛的中小企业税费减免等相关政策。

中小企业信贷申请通常会被要求提供抵押品。2014年，有54.5%的中小企业银行贷款需要提供抵押品。这一比例近年来呈逐渐上升的趋势，从2009年的50.6%上升到2014年的54.5%。趋向严格的抵押品需求将可能会增加中小企业的银行贷款融资难度；反过来，也可能削弱中小企业的生产经营性投资。中小企业贷款利用率一直维持在一个较高水平，2014年数据为94.8%，较上年略有增加，表明中小企业资金需求并没有得到根本缓解。短期贷款占中小企业贷款总额的比重由2013年的56.1%下降到49.2%，信贷期限结构的变化与抵押品需求提升趋势相一致。具有较好优秀资产的中型企业更容易获得长期信贷支持，而部分小微企业融资情况则并不乐观。

总体来说，中小企业信贷环境在 2014 年有所改善。这一观点也得到了借贷利率、信贷费用、短期贷款比重等一系列调研数据的支持。中小企业在信贷过程中最终获得的贷款额度平均是最初信贷申请需求的 67.9%，较上年增加了 8.3 个百分点。这意味着，从信贷额度缩减角度来看，中小企业信贷拒绝率下降到了 32.1%。然而，从信贷申请数量角度来看，中小企业信贷拒贷率并没有下降，还略有上升，2014 年信贷申请拒贷率上升至 12%。拥有优质资产、成长性高的中小型企业受到银行系统追捧。事实上，中型企业是银行重点发展的客户，而小企业，尤其是微型企业在申请贷款时最有可能被拒贷。这意味着，可能有一部分小微企业并没有从日益改善的融资环境中受益。无论是基于信贷额度缩减角度还是从信贷申请拒贷数量角度看，小微企业的拒贷率都要明显高于中型企业。

表 15 – 15　　　　　　2015 年中国中小微企业拒贷率　　　　　　单位:%

调查方法	调查项目	公司规模	拒贷率
基于信贷额度缩减角度	"在你最近的一次贷款中银行授权的数额占据你预期数额的多少比例"，然后如下计算 1 -（授权的贷款额度/原预期数额）	中等规模	27.32
		小型规模	30.99
		微型规模	35.09
基于信贷申请拒贷数量角度	"你最近的一次贷款申请被银行拒绝了吗?"	中等规模	5.56
		小型规模	11.66
		微型规模	12.11

四　股权融资市场培育

虽然，股权融资仅占中小企业融资总额的一小部分，但中小企业股权融资市场近年来日益活跃。2014 年 1 月，中国股市重启 IPO，在此之前已有两年多时间没有新股在 A 股市场挂牌上市。2014 年，各类企业的股权融资金额已高达 7060 亿元。中小企业股权融资市场有三种类型，在深圳证券交易所的中小板、创业板和全国中小企业股份转让市场（新三板）。中小板和创业板为优质中小企业和创业型企业提供了股权融资机会。2014 年，中小企业总共从深圳中小板获得股权融资 1699 亿元，从创业板获得股权融资 500 亿元。共有 82 家中小企业在中小板和创业板上市。

全国中小企业股份转让市场（新三板）是专门为中小企业设立的全国性证券交易市场，为广大中小企业提供了更好的融资渠道。小企业想要在传统的中国证券市场上融资依然还是有较大的难度。中国证券市场还是存在偏重于国有企业和大型企业的问题。2012年，200家中小企业在新三板挂牌上市，2013年挂牌企业数量上升至356家。新三板股权融资总量依然偏小，2012年融资总额仅为8.6亿元，2013年也仅突破10亿元。然而在2014年新三板迎来了一个快速发展的黄金时期，共有1572家中小企业在新三板挂牌上市，股权融资总额也达到了创纪录的130亿元。新三板的快速发展在很大程度上是由于国家对新三板体系从试点到全面推广过度造成的，对股权转让规则的修订和大量中介商和风险资本的涌入也为新三板快速发展提供了条件。

风险资本投资受到中国宏观经济增长乏力的影响，增长速度有所放缓。2014年，投向种子期和创业初期的风险资本投资依然保持稳定增长，并达到创纪录的913亿元，同比增长6.4%。投向成长期的风险资本在2011年达到近年来的峰值之后一直处于下滑状况。值得注意的是，与银行借贷、A股股权融资和新三板股权融资相比，风险资本投资规模始终不大，还没有发挥其对高新技术领域创业的融资支撑。

五　替代金融和其他指标

非银行融资工具，例如保理和融资租赁，获得了较快的发展，其融资金额所占比重也日益提高。2012年，中国放松了对商业保理的制度管控。自此，商业保理在中国也迎来了快速发展期。

表 15-16　　中国影子银行体系中民间借贷的温州指数

（调查于 2015 年 7 月 8—14 日）

通过民间借贷机构	温州地区综合民间借贷利率（年均）					19.1
	民间借贷服务中心	小额信贷公司	民间借贷公司	人际借贷	其他	农村社保福利中心
	15.7	18.3	14.9	15.5	26	11.2
通过贷款条款	一个月		三个月	6个月	一年	超过一年
	20.1		17.7	16.4	14.3	19.8

注：所有都以年利率来计算（%）。

2010年，全国具有商业保理业务的新设立公司仅为11家，2011年也才19家，2012年44家，然而到2013年新成立的保理公司达到了200家，而2014年达到了845家。2012年，全国保理总额为344亿欧元，大约占中国GDP的0.05%。2014年，全国工业企业应收账款总额为10万亿人民币，这说明保理市场在中国还有非常巨大的发展潜力。截至2014年5月，全国共有24家大型融资租赁公司，资产总额高达1.1万亿元。2014年，中小企业通过融资租赁渠道获得资金支持1091亿元。非银行融资工具应用范围依然偏小，仅有一小部分中小企业采用了这两类融资工具。然而，随着保理市场和融资租赁市场的快速发展，这类非银行融资工具可能会成为中小企业融资的重要工具和手段。

一般认为，中小企业，尤其是小微企业受制于中国国有银行的金融抑制体制，存在较为普遍的融资困难。因此，部分难以获得银行贷款的小企业会寻求替代金融方案，从民间金融——也就是所谓的"影子银行"体系中寻求融资机会。传统上，中小微企业通常会向亲友寻求小额的、低成本的私人借贷满足临时性的资金需求。当更为市场化的民间借贷涉入后，中小微企业将面临一个明显的体制内外的借贷利差，这是因为，正规的银行借贷体系和"影子银行"体系之间存在巨大的借贷利差。2014年，一年期贷款基准利率为6%（2014年1—11月）和5.4%（2014年11月开始），然而"影子银行"体系中民间借贷利率一直维持在11%—26%。中小企业一般也只是在资金链较为紧张的特殊时期无法获得银行贷款时才会寻求高息的民间借贷。虽然"影子银行"借贷金额仅占中小企业融资额的一小部分，但许多中小企业锁破产风险事件都与之有关，中小企业最终无法及时支付高息往往是引发这类风险事件的导火索。因此，这类替代金融方法对中国中小企业的融资风险有着直接关联，需要进一步加以重视。由于民间借贷市场隐匿性高、地域性强，目前为止还没有十分权威的指标数据来测度全国性的民间借贷利率。温州市民间金融发达，是全国民间金融市场中重要的区域节点，其在2012年推出的民间借贷指数——温州指数，在一定程度上可以反映民间借贷市场利率走势。

互联网金融近年来发展极为迅速，成为中小企业融资重要的替代金融渠道，并很有可能重新改造中小企业面临的融资环境。互联网金融可以大体分为互联网在线支付类、互联网融资类和互联网金融产品销售类三类，具体例如 P2P、众筹和互联网微金融等。自 2007 年首家 P2P 公司成立以来，P2P 业务发展非常迅速。2014 年，约有 1600 家互联网 P2P 平台公司，交易额达到 2528 亿元，P2P 贷款余额也有将近 1036 亿元。众筹可以进一步细分为以实物产品或服务回报的分销式众筹和以创业企业股权分配为回报的股权众筹。2014 年，全国共有 5997 家分销式众筹项目，共筹集项目资金 3 亿元，共有 3091 家股权众筹项目，共筹集项目资金 10 亿元。对于中小企业而言，互联网金融由于效率高、运作成本低，具有较好的应用情景，可以成为未来中小企业改善融资环境提供有力的重要金融工具。同时，互联网金融的快速发展也亟须加快相关金融监管体系的变革，以便能够为互联网金融发展提供有力的风险监管框架，促使其更为健康的发展。

表 15－17　　　　　　　2014 年中国互联网金融的发展成果

商业类型		机构/项目	投资者	投资金额	收入	备注
P2P		1575（机构）	297418	338 亿美元（截至 2014 年 7 月）	2528 亿美元	平均贷款利率：17.9%
众筹	分销式	5997（项目）	1664946	4 亿美元	—	
	股权分配	3091（项目）	5014	10 亿美元	—	
在线支付		颁发给互联网支付牌照 90 块，移动支付颁发牌照 37 块（截至 2014 年 2 月）	—	—	80767 亿美元	共有 269 块牌照颁发给第三方支付，包括互联网支付和移动支付（截至 2014 年 2 月）

2014 年，B2B 和 B2C 的支付延迟情况随着信贷环境改善也有了一定的改善。B2B 支付延迟从 95.9 天下降到 72.3 天，这意味着供应链现金流有了较大的缓解，B2C 延迟支付天数也从 48.4 天下降到 42.6 天。B2B 和 B2C 的支付延迟情况的改善在一定程度上提高了中小企业现金流安全性和融资能力。

2014 年，全国不良贷款余额达到 5490 亿元，较上年同比增加了 15.1%。中小企业的不良贷款余额为 4756 亿元，较上年也增加了

13.8%。中小企业不良贷款余额占中小企业贷款总余额的比重约为1.7%，较上年略微上升了0.01个百分点。总体来说，中小企业不良贷款率依然处于安全、可控的范围内。

第三节 2015年中国中小企业创业融资政策评价

2013年11月，中国政府开始力推旨在推进经济和社会结构性转型的系列改革。作为经济制度改革战略的一部分，中国政府采取了广泛的政策措施支持中小企业融资，降低融资成本、提高中小企业的银行贷款可得性，鼓励发展金融创新产品和互联网金融产品。2014年，中国政府还重点关注了创业和小微企业发展。

中国降低中小企业的所得税和增值税，并减免部分行政事业性收费。自2014年1月1日至2016年12月31日，对年应纳税所得额低于10万元（含10万元）的小型微利企业，其所得按50%计入应纳税所得额，按20%的税率缴纳企业所得税。月销售额或营业额不超过3万元（含3万元）的，免征增值税或营业税。增值税小规模纳税人兼营营业税应税项目的，应当分别核算增值税应税项目的销售额和营业税应税项目的营业额，月销售额不超过3万元（按季纳税9万元）的，免征增值税。同时，还免除了54项行政事业性收费。上述措施进一步改进了小微企业的营运环境，降低了小微企业的税收成本负担。2014年8月，国务院办公厅下发《关于多措并举着力缓解企业融资成本高的指导意见》。指导意见具体包括以下十方面：保持货币信贷总量合理适度增长、抑制金融机构筹资成本不合理上升、缩短企业融资链条、清理整顿不合理金融服务收费、提高贷款审批和发放效率、完善商业银行考核评价指标体系、加快发展中小金融机构、大力发展直接融资、积极发挥保险和担保的功能和作用、有序推进利率市场化改革。

中国政府对全国中小企业股份转让市场（新三板）发展较为关注，鼓励中小企业参与新三板股权融资活动。从2014年7月1日至2019年6月30日，个人持有新三板的股票，持股期限在1个月以内（含1个月）的，其股息红利所得全额计入应纳税所得额；持股期限在1个月以上至1

年（含1年）的，暂减按50%计入应纳税所得额；持股期限超过1年的，暂减按25%计入应纳税所得额。新三板挂牌上市门槛不高，特别适合于中小企业展开股权融资，将有望成为中小企业融资的重要金融工具。全国中小企业股份转让市场（新三板）已经成为中国多层次资本市场体系中的重要组成部分。

同时，中国政府也在不断加大对现有银行体系的改革力度，扩大中小企业融资渠道。其中一个重要的措施就是发展以中小企业为主要服务对象的小贷公司。2014年，全国共有8791家小贷公司，为中小企业共提供了9420亿元贷款。同时还有超过1100家村镇银行，成为中国银行体系中发展小微金融的重要基础。此外，非银行融资来源也得到了重视，30家大型融资租赁公司和5家私营银行在2014年获得批准。2014年8月，中国出台《金融支持小微企业发展实施意见》，提出以下措施：（1）确保实现小微企业贷款增速和增量"两个不低于"的目标；（2）加快丰富和创新小微企业金融服务方式；（3）着力强化对小微企业的增信服务和信息服务；（4）积极发展小型金融机构；（5）大力拓展小微企业直接融资渠道；（6）切实降低小微企业融资成本；（7）加大对小微企业金融服务的政策支持力度；（8）全面营造良好的小微金融发展环境。

2014年，随着互联网金融的快速发展，中国政府对这一领域的发展和金融创新总体上保持了较为开放的态度。同时，为了避免引发潜在的金融风险，中国政府也逐步加强了对互联网支付和P2P产品的金融监管，并努力将互联网金融创新纳入现有的金融监管体系之中。在这一领域，金融监管还将面临较多的挑战。

中小企业较高的借贷成本，尤其是非正式的影子银行体系中的高息借贷，也一直在中国政府的持续监测和关注之中。放松对中小企业的金融抑制是避免中小企业采用高息民间借贷的重要举措。中国政府加强了对中小企业贷款和贷款担保的支持力度。2014年，中国政府鼓励国有和股份制银行设立专门服务中小企业的部门或分支机构，并被允许设立了更多的村镇银行和小贷公司。5家私营银行也已在2014年成功设立。部分阻碍中小企业获取贷款融资的规章制度得到了修订和删改。例如，抵押品范围进一步扩大，应收账款、存货、知识产权、设备等都可以作为银行贷款的抵押品。另外，也加强了对国有担保公司的直接资本投入、运营补贴和中小企业担保的风险补偿。总体来说,"影子银行"也得到了更为严格的金融监管。2014年4月,财政部、商务部、工信部、科技部关于印发《中小企业发展专项资金管理暂行办法》的通知。专项资金的宗旨是,贯彻落实国家宏观政策和扶持中小企业发展战略,弥补市场失灵,促进公平竞争,激发中小企业与非公有制经济活力和创造力,促进扩大就业和改善民生。专项资金综合运用无偿资助、股权投资、业务补助或奖励、代偿补偿、购买服务等支持方式,采取市场化手段,引入竞争性分配办法,鼓励创业投资机构、担保机构、公共服务机构等支持中小企业,充分发挥财政资金的引导和促进作用。

表15-18　　2007—2014年间中国融资评价情况一览

指标	单位	2007年	2008年	2009年	2010年	2011年	2012年	2013年	2014年
〈借款〉									
商业贷款、中小企业(余额)	亿元	—	—	136 164	171 389	211 675	253 555	285 848	—
商业贷款,所有企业(余额)	亿元	—	—	249 397	302 915	350 169	392 830	440 192	—
商业贷款,所有企业(余额)	占商业贷款总额的比例(%)	—	—	54.6	56.68	60.45	64.55	64.94	—
短期贷款,中小企业(需求方调查)	占商业贷款总额的比例(%)	—	—	—	—	—	—	0.56	0.49
政府直接贷款,中小型企业(余额)	亿元	—	—	—	12 226	15 500	18 134	20 824	24 700
不良贷款,所有企业	亿元	—	—	6 424.55	5 320.43	4 425.5	4 771.20	5 489.73	—

续表

指标	单位	2007年	2008年	2009年	2010年	2011年	2012年	2013年	2014年
〈借款〉									
不良贷款,中小企业	亿元	—	—	5 217.62	4 318.29	3 699.69	4 178.14	4 755.78	—
不良贷款,中小型企业	占中小企业贷款总额比例(%)	—	—	3.83	2.52	1.75	1.65	1.66	—
利率,中小企业(需求方调查)	%	—	—	—	—	—	—	8.39	7.51
利率,大型企业(需求方调查)	%	—	—	—	—	—	—	7.72	7.47
利差(需求方调查)	%	—	—	—	—	—	—	0.67	0.04
贷款额外费用,中小企业(需求方调查)	%	—	—	—	—	—	—	3.7	1.38
抵押品要求,中小企业	抵押贷款占中小企业贷款总额的比例(%)			50.55	51.64	51.59	52.98	54.52	—
中小企业贷款发放/中小企业贷款申请额(需求方调查)	%	—	—	—	—	—	—	59.67	67.93

续表

指标	单位	2007年	2008年	2009年	2010年	2011年	2012年	2013年	2014年
〈借款〉										
拒贷率（申请贷款金额削减比例）	1-（中小企业贷款发放额/申请金额）	—	—	—	—	—	—	40.33	32.07
拒贷率（贷款申请被拒比例）	%	—	—	—	—	—	—	6.19	11.97
贷款使用率	中小企业已使用的贷款/授权	—	—	—	—	—	—	93.51	94.75
〈非银行金融〉										
风险投资（早期阶段）	亿元	240.4	413.4	524.9	664.2	610.8	858	913.1	—
风险投资（成长阶段）	亿元	872.5	1 042.3	1 080.2	1 742.4	2 587.2	2 454.9	1 725.9	—
融资租赁，中小企业（余额）	亿元	240	1 550	3 700	7 000	9 300	15 500	21 000	32 000
保理和票据贴现	亿欧元	—	55 000	67 300	154 550	274 870	343 759	378 128	—
〈其他〉										
延迟支付，B2B	天	—	—	—	—	—	—	95.91	72.31
延迟支付，B2C	天	—	—	—	—	—	—	48.38	42.64
破产率，所有企业	%	—	—	—	—	—	—	8.11	7
破产率，所有企业	%，年同比增长率	—	—	—	—	—	—	—	-13.7

续表

指标	单位	2007年	2008年	2009年	2010年	2011年	2012年	2013年	2014年
〈其他〉									
破产率，中小企业	%	—	—	—	—	—	—	7.57	7.24
破产率，中小企业	%，年同比增长率	—	—	—	—	—	—	—	-4.36

表 15–19　中国中小企业融资评价指标定义

指标	定义	来源
〈借款〉		
商业贷款，中小企业（余额）	在中国人民银行监管下的各类银行（包括外资银行）和融资机构给中小型企业发放的贷款总额（存量）	《中国金融年鉴》，由中国人民银行发布
商业贷款，总额（余额）	在中国人民银行监管下的各类银行（包括外资银行）和融资机构给所有企业发放的贷款总额（存量）	《中国金融年鉴》，由中国人民银行发布
新商业贷款，中小企业（增量）	在中国人民银行监管下的各类银行（包括外资银行）和融资机构给中小型企业发放的贷款增加额（增量）	《中国金融年鉴》，由中国人民银行发布
新商业贷款，总额（增量）	在中国人民银行监管下的各类银行（包括外资银行）和融资机构给所有企业发放的贷款增加额（增量）	《中国金融年鉴》，由中国人民银行发布
政府贷款担保，中小企业	从国有或国有控股担保机构流向中小企业的贷款担保金额	中国工业和信息化部（工信部）
政府直接贷款，中小企业（余额）	中国开发银行政策相关贷款（余额、股票）	中国国家开发银行
政府直接贷款，中小企业（增量）	中国开发银行政策相关贷款（一年内的增长数量）	中国国家开发银行
中小企业贷款发放额与贷款申请额之比（供应方调查）	中小企业贷款发放额与实际申请额比例	供应方调查

续表

指标	定义	来源
〈借款〉		
中小企业贷款发放额与贷款申请额之比（需求方调查）	中小企业实际获得贷款金额与最初申请额的比例（平均值）	需求方调查
中小企业贷款使用额与贷款授权额之比（需求方调查）	中小企业获得贷款3个月后的已使用资金的金额比例	需求方调查
不良贷款，中小企业	全国中小企业的不良贷款总额	《中国金融年鉴》，由中国人民银行发布
不良贷款，所有企业	全国所有企业的不良贷款总额	《中国金融年鉴》，由中国人民银行发布
贷款利率，中小企业（供应方调查）	最近一年中小型企业银行贷款的平均利率	供给方调查
贷款利率，大型企业（供应方调查）	最近一年大型企业银行贷款的平均利率	供给方调查
贷款利率，中小企业（需求方调查）	中小型企业最近一次银行贷款的平均利率	需求方调查
贷款利率，大型企业（需求方调查）	大型企业最近一次银行贷款的平均利率	需求方调查
抵押贷款比重，中小企业（供应方调查）	抵押贷款类型在全部信贷总额中的比例	《中国金融年鉴》，由中国人民银行发布
抵押贷款比重，中小企业（需求方调查）	最近一次贷款时，中小企业被要求提供抵押物的比例	需求方调查
贷款额外费用，中小企业（需求方调查）	中小企业获得银行贷款所付的额外的费用占总贷款金额的比例	需求方调查
短期贷款在中小企业贷款总额中占比（需求方调查）	近一年内中小企业短期贷款在企业贷款总额中的比例	需求方调查
〈股权〉		
风险和资本增长（早期阶段）	项目在早期阶段，包括初创和早期阶段的风险投资的金额合计	科学技术部
风险和资本增长（成长阶段）	项目在成长阶段，包括成熟阶段和调整阶段的风险投资的金额合计	科学技术部

续表

指标	定义	来源
〈其他〉		
拒贷率	综合拒贷概率,按中小企业最近三年中贷款申请被拒贷比例的加权平均(%)	需求方调查
延迟支付 B2B	B2B 公司的客户货款在合同约定支付日期后延迟支付的平均天数	需求方调查

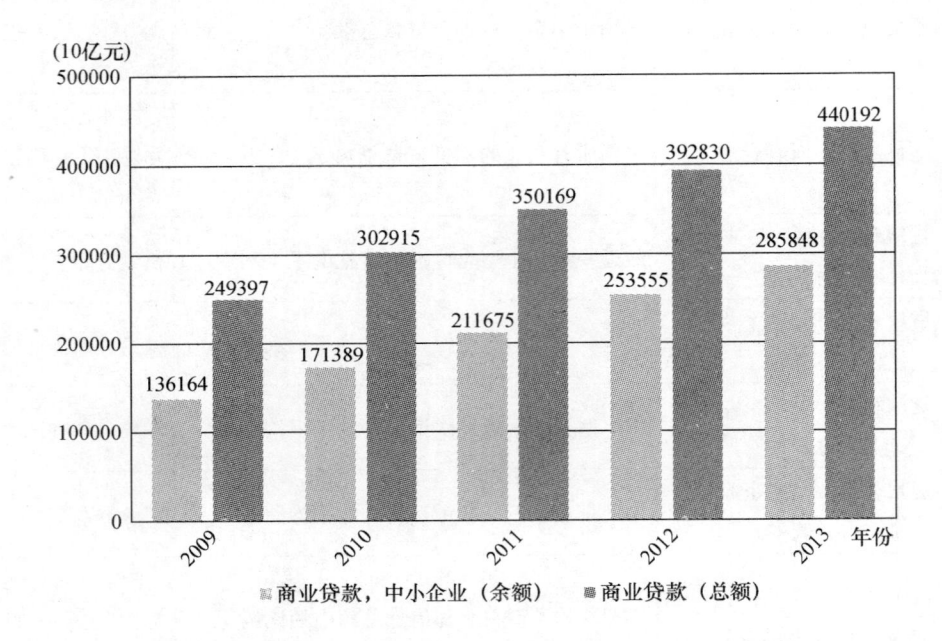

(10亿元)

年份	商业贷款,中小企业(余额)	商业贷款(总额)
2009	136164	249397
2010	171389	302915
2011	211675	350169
2012	253555	392830
2013	285848	440192

图 15-2 2009—2013 年中国中小企业贷款和商业贷款总额

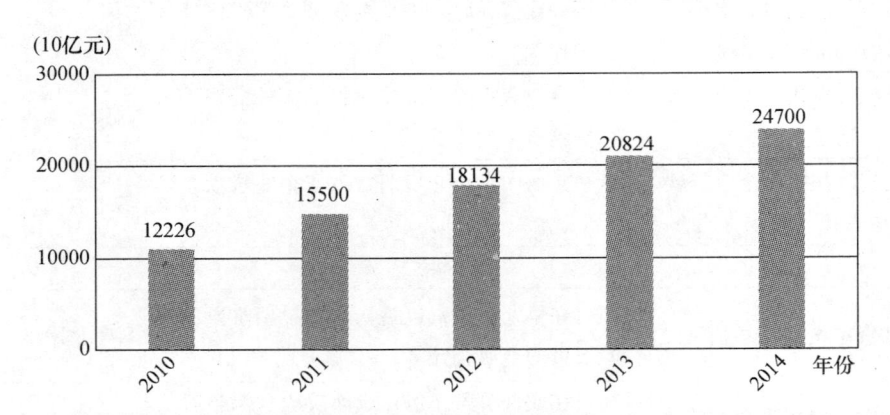

(10亿元)

年份	金额
2010	12226
2011	15500
2012	18134
2013	20824
2014	24700

图 15-3 2009—2014 年中国国家开发银行对中小企业贷款总额

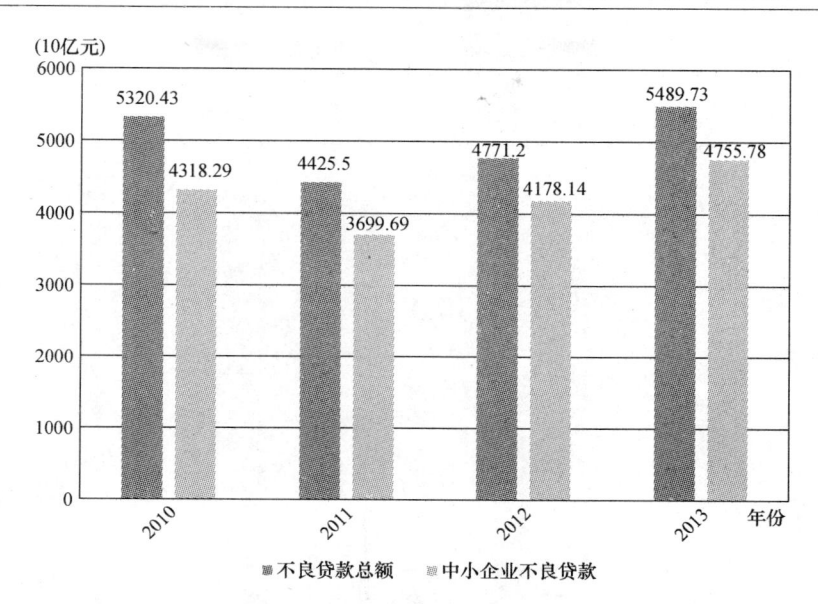

图 15-4 2009—2013 年中国中小企业不良贷款及总额

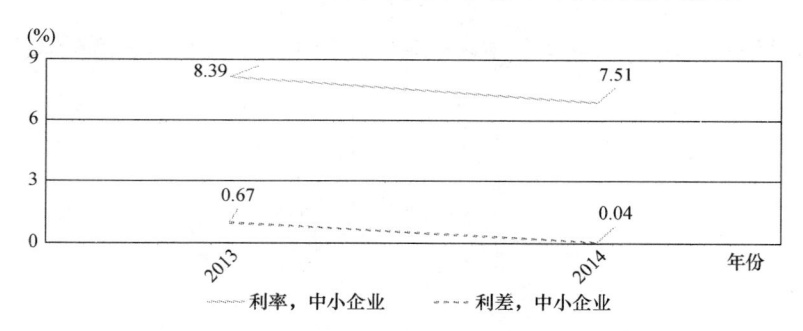

图 15-5 2013—2014 年中国中小企业利率及利差

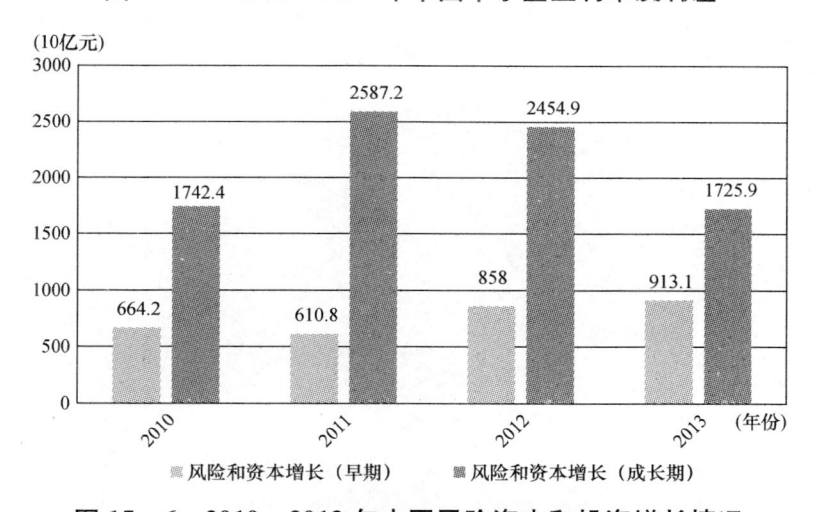

图 15-6 2010—2013 年中国风险资本和投资增长情况

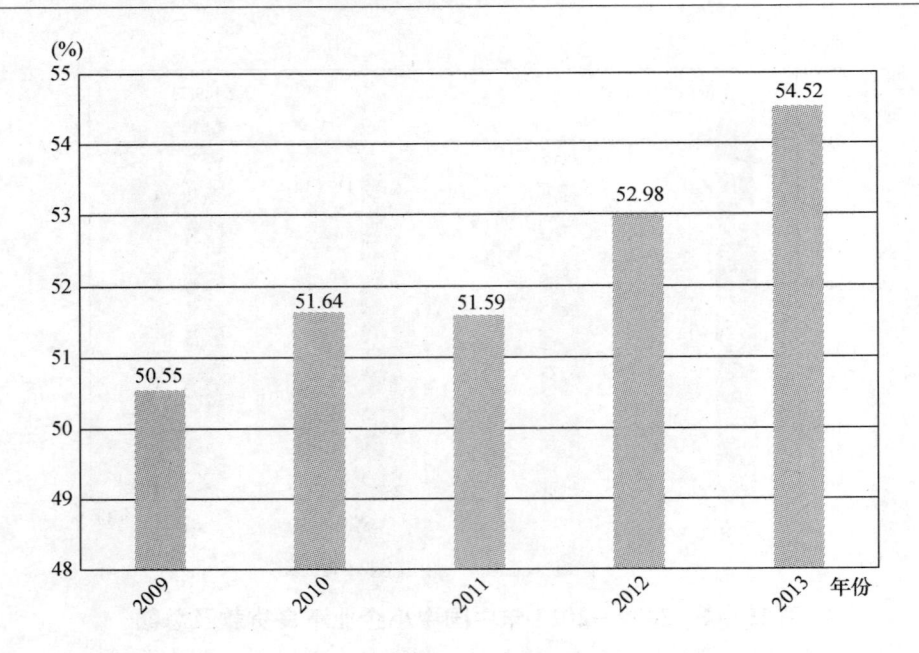

图 15-7　2009—2013 年中国抵押贷款占中小企业贷款总额的比例

第十六章

"一带一路"与中小企业"走出去"专题研究

第一节 "一带一路"背景下的中国中小企业国际化

一 "一带一路"战略下的中国中小企业国际化现状

"一带一路"战略是中国政府在深入分析国际经济发展新形势,并结合中国经济长期发展要求的大背景下提出的,从地理上看,"一带一路"贯穿整个欧亚大陆及太平洋、印度洋部分海域,起始端是包括中国、日本和韩国在内的活跃东亚经济圈,终端包含英国、法国等西欧主要发达国家在内的传统欧洲经济圈,中间广大区域则涵盖了中亚、西亚、南亚、东南亚以及中东欧在内的经济发展潜力巨大的国家和地区。"一带一路"在地理上是一个涵盖了40多亿人口,经济总量达到20兆美元,涉及60多个国家(地区)的跨国家超宏观经济带概念。将这种具有地缘理念的超级经济带上升到中国国家战略,对于中国企业国际化,中国经济长期可持续发展意义重大。"一带一路"战略自2013年提出,2014年经过相关利益方多轮的酝酿和谋划,2015年3月底中国政府正式颁布"一带一路"远景与行动文件。自此,"一带一路"战略进入了实质性启动阶段,并成为国家和地方经济工作中的一条主线,而地方中的"一带一路"沿线省市也为这一战略的全面"落地"做了实质性的准备工作,其中,包括新疆、福建等都陆续出台了实施细则。因此,2015年"一带一路"战略成为中国企业国际化最大的热点话题。中国政府有关"一带一路"远景与行动文件正式颁布不久,作为"一带一路"的配套工具和金融支撑,丝路基金、亚洲基础设施投资银行（简称"亚投行"）等金融组织机构相继筹建和投入运营，在与沿线有关国家沟通磋商后，中国基建类企业陆续推进一批条件成熟的重点项目，在这一系列的国家战略中，蕴含大量的商业机会，更多的民营企业积极参与到国际化行动中来。

2015年，中国中小企业国际化主要有以下几方面的新特点。

第一，企业国际化的行业选择更加多元化。受益于实施国际化战略的中国中小企业行业的日益广泛，2015年，中国中小企业国际化的行业分布更加分散。从行业分布来看，2015年，中国中小企业国际化涉及的行业达到20余个，几乎覆盖了中国企业对外投资的所有行业，其中，投资比较集中的行业是机械制造、电子信息、服装以及文化、金融等产业。而从投资规模来看，机械制造、电子信息和服装这三个行业仍然在中小企业对外国际化中占据大部分比重，交易金额占总金额的70%以上，这凸显出中小企业仍然以制造业为主的发展模式。另一个显著的特点是文化产业的高速发展，中小企业国际化中表现得十分突出。而从交易金额规模来看，机械制造、电子信息在对外投资中的比重最大，达到了40%以上，同样，文化产业则是投资增长速度最快的领域。例如，在今年中国中小企业对外投资中，万达集团在体育业务板块就发起了三次并购，1月以4500万欧元买下马德里竞技足球俱乐部20%股份；2月以10.5亿欧元控股欧洲体育传媒巨头盈方体育传媒集团；8月又宣布以6.5亿美元全资并购美国世界铁人公司（WTC）100%股权。

第二，企业国际化目的地的重心逐渐向欧洲和北美转移，欧美发达国家成为中国中小企业对外投资的首选目的地。在以往的中国中小企业对外投资中，中国香港、东盟是中国企业选择最集中的地区，这种情况正在逐渐改变，北美和西欧国家成为中国中小企业对外投资的首选地。一直以来，北美和欧洲企业的先进技术和品牌成为中国中小企业的青睐对象。而最近的研究统计表明，中国在欧洲的投资并购企业主要以中小企业为主，90%以上的被并企业都是中小企业，这些企业虽然在中等规模以下，但都非常有竞争力，很多在各个细分市场都是龙头企业。随着中国企业"走出去"战略需求的日益扩张，处于缓慢恢复期的欧洲企业也需要外部资本来帮助他们克服当前的市场压力，并进一步拓展外部市场。相反，近年来，东南亚等原来中国企业对外投资的重点区域由于产业、经济、政治等因素，对于我国企业的吸引力慢慢下降，尤其是新兴产业相关行业，更是出现了负增长。此外，欧洲企业吸引中国中小企业投资的原因，除了获得先进技术、知识等战略性资产外，还包括以下几个方面的原因：首先，欧洲中小企业一般是家族企业，股权结构相对单一，在投资并购谈判中牵扯的利益相关方较少，谈判行为相对简单。其次，这些企业由于规模小，可以避免西方社会工会、社区力量的阻挠，从而使投资并购活动比较容易进行。最后，欧洲中小企业虽然规模小，但专业化程度更高，这种小规模情境下的专业化往往意味着产品线的独特性和少量化，从而有利于主并企业产业链的整合。

二 中国中小企业国际化面临的新问题

中国中小企业国际化虽然在数量和规模上都超过了国有企业，但在对外投资经验和政府扶持政策上仍然面临着较大的短板，这在2015年的中国中小企业国际化战略中体现得较为明显。从中小企业自身来看，主要面临的主要问题包括以下三个方面。

第一，战略定位仍然不是很清晰，很多中小企业往往没有进行充分准备就盲目进行海外投资并购活动。在国家"一带一路"战略的影响下，出现了中小企业国际化的井喷现象，不管中小企业是否具备国际化的条件和时机，都将企业国际化作为未来发展的重要战略举措，在海外投资中容易盲目冒进。2015年，不少中国中小企业因为缺少清晰的国际化战略，没有对投资目标及其外部环境进行充分的调查研究就进投资，使得企业在海外布局过程中屡屡碰壁。

第二，面对国内外文化制度差异非常不适应，导致投资效果不理想，甚至最后以失败告终。对于缺乏国际化投资经验的中国中小企业而言，在对外投资过程中，尤其是涉及企业并购发生及整合过程中，会习惯性使用中国传统思维方式来管理被并购的欧美企业，从而引起被并购企业内部员工的误解和不满，轻则导致企业重要人才离职，重则影响企业的并购整合完成，这种文化制度差异体在金融保险、文化娱乐产业中体现得尤为明显，这些行业也是中国中小企业对外投资中失败率最高的行业。

第三，难以有效获取海外的先进知识和技术资产，对外投资常常处于被动局面，难以获得主动权。虽然很多投资欧美的中小企业是以获得海外发达国家企业先进知识、技术和品牌等战略性资产为目标的，但在对外投资实际中，这种战略性资产的获得往往十分困难。一方面，这种"以弱并强"的投资活动面临被并购方的抵抗心理更大。另一方面，中国很多中小企业在投资活动中也存在急功近利的心态，认为只要是自己投资的目标企业，就必须完全按照自己的方式来安排企业经营活动，被投资企业的组织架构、业务状况也要由投资者来决定。这更进一步加剧了投资方与被投资方之间的矛盾，从而不利于对投资企业核心资产的转移和整合。

从国家制度层面来看，中国中小企业对外投资则主要面临如下问题：

第一，国家及地方政府对于中小企业国家化的扶持力度不够，扶持政策落实"最后一公里"的问题仍然突出。长期以来，中国政府出台的支持政策主要是支持国有大中型企业，近年来虽然在促进中小民营企业国际化方面出台了一系列措施，但在实施过程中由于各方面原因却面临着各种各样的阻力，无法被贯彻落实。调查研究发现，中国中小企业国际化扶持政策在全国各地的落实效果不仅参差不齐，而且普遍难以让人满意，尤其是在基层政府相关部门的实施中，政策落实的"最后一公里"问题尤为突出，阻碍了中小企业国际化促进政策效力的发挥。

第二，缺乏国家主导的中小企业国际化公共服务平台，尚未设立专门服务于中小企业走出去的商业性机构。到目前为止，中国尚未出现具有官方权威性的中小企业国际化指导服务性机构或者专业组织，无法为中小企业"走出去"提供及时、可靠的政治、文化及商业信息咨询服务，中国中小企业"走出去"主要依靠自身寻找第三方咨询机构或者其他非正常渠道获取海外投资目标的各种信息，企业信息获取的质量不但难以保证，通常还需要花费十分高昂的信息费用。另外，中国政府对于中小企业海外投资的保障服务也无法满足中小企业国际化趋势的发展要求，在帮助中小企业解决投资纠纷、提供法律援助以及保障中方人身财产安全方面还远远不够。

第二节 中国中小企业国际化案例分析

一 卧龙控股集团有限公司概况

卧龙控股集团有限公司地处浙江杭州湾上虞经济开发区，创建于1984年10月，2002年9月改制设立为浙江卧龙控股集团有限公司，2003

年11月升格为卧龙控股集团有限公司。历经20多年的精心经营，至2014年8月，卧龙控股集团已发展成拥有卧龙电气、卧龙地产、卧龙ATB和卧龙—LJ公司4家上市公司，24家控股子公司的集电气制造、房地产开发和金融投资于一体的综合性跨国企业集团，当前，拥有资产150亿元，年销售额逾130亿元，企业员工11000余名。卧龙控股集团有限公司先后被评为全国机械工业100强企业、全国民营500强企业、中国机械工业管理现代化示范企业和浙江省"五个一批"重点骨干企业，被认定为国家重点高新技术企业、浙江省区外高新技术企业。

卧龙控股集团有限公司是以电机制造业为主业、房地产业和金融投资业为两翼的大型企业集团，主要拥有上虞、绍兴、上海、武汉和银川五大生产基地，专业生产经营各类工业电机及其自动化、微电机、家用电机、电动车、电源电池、牵引变压器等40大系列3000多个品种的产品，产品远销全球26个国家和地区，并被全球进出口商协会评为"中国最佳供应商"。2011年，卧龙控股集团有限公司通过并购奥地利ATB驱动技术股份有限公司，成为与ABB、西门子齐名的欧洲市场第三大电气产品制造商和服务商，同时形成了国内（上虞、绍兴、杭州、上海、北京、银川、武汉、烟台、芜湖）和国外（奥地利努斯特瑙、斯皮尔伯格；英国伯明翰、哈德斯菲尔德、诺维奇、利兹市；德国诺登汉姆、门兴格拉德巴赫、尔茨海姆；塞尔维亚博尔州、苏博蒂察；波兰塔尔努夫）两大制造基地群，主导产品国内市场占有率达25%以上，欧洲市场占有率超过70%。

二 卧龙控股集团海外投资并购

（一）卧龙控股集团的海外并购情况简介

2001年10月，浙江卧龙科技股份有限公司在2001年度第一次临时股东大会作出决议："随着美国电动车公司业务的不断发展，关联交易额将不断上升，为减少关联交易额，保护现有股东和发行上市后的新股东利益，决定以2002年6月30日为基准日，按照陈建成先生的承诺和法定程序对美国公司进行收购。"然而，由于美国公司经营不善，于2002年6月17日向美国佛罗里达州地方法院申请重组，后又转入破产程序，从而失去了收购条件。因此，浙江卧龙科技股份有限公司于2003年2月17日召开的二届四次董事会做出了放弃收购美国电动车公司的决议。2002年7月，浙江卧龙科技股份有限公司通过转让给意大利S.P.ECO公司价值

29880 欧元产品的形式，取得其拥有的意大利电动力公司 30% 的股份；2008 年 8 月，卧龙电气集团有限公司三届二十八次董事会审议通过了《关于对参股子公司进行增资的议案》，卧龙电气集团有限公司增加对意大利电动力公司的投资，受让自然人 Vaccari 和自然人 Reggiani 各自持有 14% 和 6% 的股份，受让完成后卧龙电气集团有限公司持股比例提高至 50%；2009 年 3 月和 7 月的卧龙电气集团有限公司四届三次临时董事会议和四届五次临时董事会议分别审议通过了《关于对参股子公司进行增资的议案》，增加对意大利电动力公司的投资，分别受让自然人丹特（Dante）和自然人朱维萍持有 6% 和 21% 的股份，受让完成后卧龙电气集团有限公司的持股比例由原来的 50% 增加至 77%。2011 年 10 月 19 日，卧龙控股集团有限公司成功收购奥地利 ATB 驱动技术股份公司。根据并购计划，卧龙集团收购 ATB 驱动技术股份公司及其原股东艾泰克工业股份公司所持的 ATB 全部股权和债权，ATB 原执行总裁施密特继续留任这一职务。收购完成后，卧龙控股成为 ATB 驱动技术股份公司实际控制人，间接控制 ATB 公司 97.94% 的股权。

（二）卧龙控股集团并购 ATB 集团

虽然卧龙控股集团有限公司在成功收购奥地利 ATB 驱动技术股份公司之前，受让完成了意大利电动力公司 77% 的股份，开拓了部分欧洲市场，但整个并购过程较为漫长（2002—2009 年），海外并购效应并不明显。而 2011 年，卧龙控股集团有限公司以总投资约为 1.05 亿欧元正式并购奥地利 ATB 驱动技术股份公司 97.94% 的股权，不仅标志着目前中资公司在奥地利最大的投资项目开始启动，而且其中的特大电机产品还将填补国内空白。因此，卧龙控股集团有限公司收购奥地利 ATB 驱动技术股份公司可以说是卧龙控股集团有限公司实施海外并购的转折点，海外并购成效逐渐显现。我们从并购目标、并购动因、并购过程、并购后的整合以及并购效应五个方面对卧龙控股集团有限公司并购奥地利 ATB 驱动技术股份公司展开详细阐述。

1. 并购目标选择

作为与 ABB、西门子齐名的电动马达和驱动系统的制造商，ATB 集团位于欧洲的奥地利，主要从事工业和工程应用方面的电动驱动系统，拥有超过 120 年电机驱动技术经验，技术研发能力在同行业领先。ATB 集团下属9家大型制造子公司分布于奥地利、德国、英国、法国、波兰、捷克、塞尔维亚7个国家（见图16-1），员工3500余人，主要产品包括运用于电厂电站的客户定制大型电机、应用于对安全性可靠性要求极高的化学、石化和采矿行业的正压型防爆交流电机、防甲烷电机、高效节能电机以及定制特种电机等，销售网络遍布欧洲、亚洲、美洲、非洲和大洋洲，其中电机产品在欧洲市场占有率超过70%，应用钻井平台的大电机占有全球最大市场份额。2010年，ATB集团共实现销售收入3.14亿欧元，2011年预计可实现销售收入近4亿欧元。截至2010年12月末，ATB公司资产总额为24106万欧元，负债总额为20186万欧元，净资产3919万欧元，2010年实现销售收入31446万欧元，净利润-10635万欧元（其中计提资产减值损失-9119万欧元，经营性净利润-1516万欧元）。

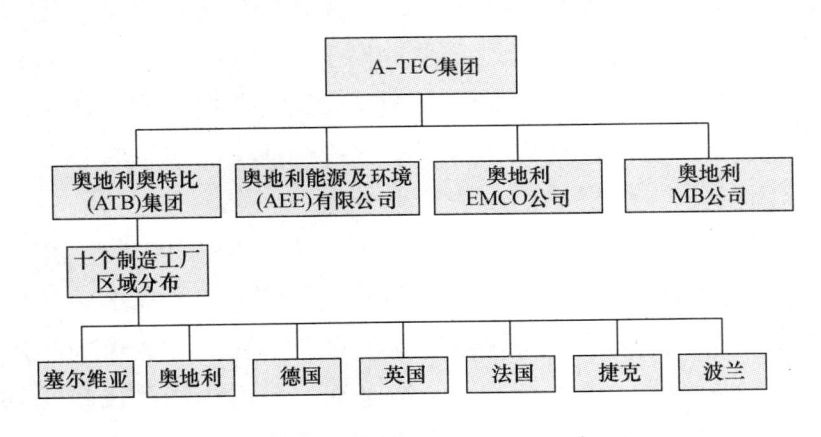

图16-1　并购前的ATB集团

卧龙控股集团跨国收购欧洲高端装备制造企业，主要是基于ATB和卧龙控股集团在产品、市场、技术等诸多方面具有很强的互补性，且ATB具有品牌、研发、工艺以及遍布全球的销售网络体系等优势：在工业电机领域，卧龙具有多年的制造和销售经验，ATB除具有全球广泛的品牌影响力之外，还在技术和工艺方面具有明显优势，两者可以进行充分的资源整合，发挥更大的协同效应；项目电机，既是中国鼓励支持的基础装备制造产业升级重点，也是卧龙"十二五"战略规划发展的重要产品，而ATB在电机产品领域发展已非常成熟。

2. 并购动因分析

首先，国内可以整合的目标企业逐渐变少。一方面，虽然2005年国务院出台的《关于鼓励支持和引导个体私营等非公有制经济发展的若干意见》允许民营企业进入电力、石油、民航、铁路、金融等原国有企业垄断的行业和领域，但在现实中，由于一些政府部门的限制和部分国有垄断企业维护既得利益的需要，民营企业在行业准入上仍然存在"看得见、进不去、一进就碰壁"的"玻璃门"现象，即有的行业依然难以进入，有些允许进入的行业则设置了很高的门槛（贺新闻、侯光明，2009），一定程度上阻碍了卧龙控股集团在国内的并购步伐。另一方面，近几年中国房地产、土地等资产价格的上涨不仅会影响社会通胀预期，而且可以通过需求、成本乃至资源配置等多种渠道向其他价格体系传导，如果其他类商品价格没有相应上涨，则会导致更多资源配置到房地产部门，而其他部门的供应相应减少，最终导致其他商品价格上涨（杨子强，2010），也就是说，国内资产价格日益提高会增加卧龙控股集团并购国内其他企业的成本。因此，为了提高并购成功率以及降低并购成本，卧龙控股集团转向考虑海外收购资产，并加快"走出去"步伐。

其次，卧龙控股集团在2006年"十一五"规划中明确提出"走出去"发展战略，力争到2010年基本建成市场国际化、资本多元化和管理现代化的高科技、高成长、高效益的大型企业集团。尽管卧龙控股集团目前已经在中国内地拥有八大研发、制造基地，且1/3产品出口国外，但整体而言，卧龙控股集团的国际化程度仍然较低。要成为一个国际化的跨国公司，在实现客户全球化的同时，也必须实现研发、制造基地的全球布局，因此，作为全球重要的电机使用地以及拥有电机与控制的研发、制造基地，欧洲是卧龙控股集团国际化发展过程中的必然选择。而ATB集团是欧洲第三大电机生产商，其技术研发能力在行业中领先，通过对ATB集团的并购有助于提升卧龙控股集团的整体技术水平，同时加速推动卧龙控股集团的全球化进程。

再次，由于中小型电机劳动密集型和材料密集型的特点，对一些发达国家而言，随着劳动力成本的不断提高，中小型电机的本土化生产已经没有竞争力，进而逐渐转向国外采购或定牌加工，国际电机产业并购整合风生水起。而电机作为工业耗电量的主要部分，在中国国民经济和社会发展中具有重要地位和作用，尤其是中国成为全球最大的电机生产国和重要出口国以来，中国中小型电机企业开始拥有全球化的市场。此外，中国的劳动力优势和装备制造业"自产自用"的生产模式大大降低了企业的投资成本，从而使电机产品在国际市场上不易被倾销。因此，不仅政府部门积极鼓励电机生产企业实施"走出去"战略，各大银行也在资金方面大力支持电机生产企业开展海外并购活动，这些都为卧龙控股集团并购 ATB 集团创造了良好的外部环境。

最后，卧龙控股集团已具备实施海外并购的内在条件。一方面，自 2002 年卧龙电气上市后，不仅收入得到大幅增长（从 2.08 亿元增长到 2010 年的 29.04 亿元），生产制造能力和管理理念也逐年提升，如继银川卧龙变压器公司、武汉卧龙电机公司和卧龙伺服电机公司 ERP 项目成功上线之后，卧龙控股集团第四期 ERP 工程如期完成，标志着卧龙控股集团实现了在业务系统平台上"统一相关信息、统一业务流程、统一财务核算"的管理新高度；另一方面，卧龙电气自成立以来完成了多起收购项目，具有很强的收购整合能力，如浙江卧龙灯塔电源有限公司和银川卧龙变压器有限公司的经营业绩在收购之后出现了质的飞跃，成为卧龙电气集团股份有限公司利润的主要来源，2009 年两个子公司总净利润之和占到合并报表利润的 68%，这反映了卧龙控股集团清晰的发展战略、高效的执行能力和优秀的整合能力。基于这些素质，并购在未来给卧龙控股集团带来的发展机遇是巨大且长远的。

3. 并购过程

2006 年，ATB 集团母公司 A-TEC 工业集团在维也纳证券交易所主板市场上市，由于旗下能源与工厂建设板块在 2009 年发生巨额亏损而破产，冲击 A-TEC 财务。2010 年 6 月 30 日，奥地利一家法院宣告 A-TEC 集团破产，资产重整打包出售。2010 年 10 月，A-TEC 无法偿还债务，随即进入破产重组程序。卧龙控股集团通过国际著名投资银行在 A-TEC 集团申请破产保护后不久即获悉了目标公司的信息，随即于 2011 年 1 月开始初步接触 ATB 集团和开展外围调研。在基本了解情况的基础上，卧龙控股集团向 A-TEC 管理层出具了非约束性报价。

2011 年 5 月起，卧龙控股集团有限公司组成项目组并会同中介机构进行了全面的尽职调查，到 7 月签订了并购协议。其后向国家相关部门完成了审批手续。到 9 月 30 日，由于管理层对业务出售工作不力，被取消了出售资格，并购协议被搁浅。10 月初，A-TEC 破产托管人重新启动了对 ATB 股权的出售，经与托管人的多轮谈判磋商，卧龙控股集团最终以约 1.015 亿欧元（约 10 亿元人民币）的资金收购相关股权和债权。

在这一收购过程中，全方位的中介机构和高度对称的信息资料起到了关键性作用：

（1）全方位的中介机构。作为市场的重要组成部分，高效率的中介机构（如律师事务所、会计师事务所、评估事务所、投资银行等）是中国民营企业完成跨国并购的重要保障，其不仅可以为企业海外并购提供目标企业以及目标企业所属政府监管政策等方面的信息，还能提供诸多法律与业务等方面的咨询，从而大大降低海外并购决策中信息的失真度和运作成本。在法律咨询方面，卧龙控股集团分别在欧洲、新加坡、奥地利、中国等地聘请了 10 余家律师事务所；在财务、税务、养老金以及人力资源方面，卧龙控股集团聘请了普华永道（PWC）、德勤（DTT）和安永（EY）三家国际会计师事务所，以对所并购的行业、区位、时机以及目标企业等做出正确的判断；另外，银行的支持也大大提高了卧龙控股集团收购 ATB 集团的成功率。

（2）高度对称的信息资料。一般而言，当被并购方同意被收购时，并购方需要对被并购方的资料（包括律师尽职调查的资料）进行核查，主要是被并购方的资产，特别是土地权属等的合法性与正确数额、债券债务情况、抵押担保情况、诉讼情况、税收情况、雇员情况、章程合同中对公司一旦被并购时其价款、抵押担保、与证券相关的权力（如认股权证）等的条件会发生什么样的变化，以进一步确定交易价与其他条件（卫香香，2011）。然而，卧龙控股集团的资料核查过程与一般跨国并购的资料核查过程有所不同，由于 ATB 集团没有聘请出售财务顾问（即没有公开销售），同时也没有国际大型企业和国内同行企业参与并购竞争，卧龙控股集团主要以一对一的方式与 ATB 集团进行谈判。因此，卧龙控股集团获取了 ATB 集团下属各个制造工厂的一线资料，而不是经第三方包装的数据库资料，这虽然加大了卧龙控股集团核查、分析资料的工作量，但也大大提高了信息的对称度。历经 11 个月，卧龙控股集团对 ATB 集团的来龙去脉有了清晰、全面的了解，这也为卧龙控股集团最终在交易价格上占据相对优势奠定了基础。

4. 并购后整合

在成功收购奥地利 ATB 集团后,卧龙控股集团制定了如下有效的资源整合战略:

(1) 在 ATB 集团《公司章程》方面,卧龙控股集团对 ATB 集团几家下属子公司的权限进行了修改,进一步放宽了股东的权限,如有较大的资金流动需经股东协商讨论决定,同时对 ATB 集团的内部机制流程也作了相应的修改,力争将 ATB 集团的职能由财务管控向业务管控转变。

(2) 在 ATB 集团的管理运营方面,卧龙控股集团于 2011 年 8 月和卧龙电气集团股份有限公司就 ATB 驱动技术股份公司的运营管理签署了《委托管理协议》,即卧龙控股集团委托卧龙电气集团股份有限公司对 ATB 公司进行管理运营,管理的期限为 36 个月,支付的托管费第一个管理年度为人民币 500 万元,以后每个管理年度在前一管理年度的基础上增加 10%,该托管费用的收取与支付构成关联交易。这不仅有效解决了 ATB 集团与卧龙电气集团股份有限公司之间的同业竞争问题,而且有利于卧龙电气集团股份有限公司掌握世界先进的高端电机生产技术,弥补卧龙电气产品在高端市场的不足,提升产品结构,进而发挥技术协同效应和产品结构协同效应。

(3) 在 ATB 集团的发展战略方面,卧龙控股集团主张"加法原则",不但不会关闭 ATB 集团下属的十个制造工厂,还将通过改善财务结构、加大资源整合与共享、优化管理体系与激励机制、改善生产加工条件等措施,大力支持 ATB 集团未来的健康发展和市场扩展,为 ATB 增添更加强劲的发展动力。卧龙控股集团董事会主席、新 ATB 集团监事会主席陈建成表示,未来三年卧龙控股集团将为 ATB 注资 6000 万欧元用于产品和市场开发。

(4) 在 ATB 集团的人力资源管理方面,卧龙控股集团仅派驻一名财务总裁 (CFO) 和一名行政副总裁参与其日常管理工作,同时新增一名首席运营官 (COO) 负责监督管理公司日常活动(包括采购、销售),而原 ATB 集团董事长克里斯蒂安·史密德继续担任卧龙—ATB 董事长,其他人事也基本保持平稳。

三　卧龙并购效果总结

作为 A-TEC 集团旗下规模最大的制造型企业，ATB 集团是欧洲居领先地位的电动马达和驱动系统的制造商，2004 年收购了英国、法国和塞尔维亚三个电机制造厂，其拥有世界一流的电机生产技术，且产品多元化，主要分为家用和园林工具电机、工业电机、防爆电机、家电电机以及针对汽车行业的研发中心（奥地利）。因此，卧龙控股集团通过并购 ATB 集团，不仅可以获取原有 ATB 集团的市场、技术、品牌等，还能通过功能互补效应增强卧龙控股集团的整体竞争力，主要表现在以下几个方面：

（1）市场互补优势。卧龙控股集团目前的销售市场主要集中在美国和东南亚国家，欧洲市场只占出口比例的 2%—4%，而 ATB 集团的销售网络遍及全球，其中 80%—90% 的销售市场在欧洲，10% 左右的销售市场则主要集中在美洲和亚洲，这为卧龙控股集团进军欧洲市场开辟了新捷径。

（2）产品互补优势，也称产品协同效应。ATB 公司产品涵盖了各类防爆电机、开启式分冷电机、P/M 系列高压感应电机、低启动电流电机、高压方箱型电机、核电站用高压电机等，这能够大大填补卧龙控股集团在这些领域的空白，并迅速拓展产品的覆盖范围和市场，进而充实核心业务和完善业务布局。

（3）价格和成本互补优势。在产品销售价格方面，ATB 集团比卧龙控股集团高 30%—40%；在材料成本方面，ATB 集团约占销售价格的 70%，而卧龙控股集团占销售价格的 40%—50%；在劳动力成本方面，ATB 集团约占产品销售收入的 40%，而卧龙控股集团仅占产品销售收入的 8% 左右。因此，通过并购，卧龙控股集团和 ATB 集团能够在价格和成本上实现良好的互补，从而促进收益的进一步增长。

（4）品牌效应。品牌是增强企业竞争力的一种重要战略。作为欧洲前三大电动马达和驱动系统的制造商，ATB 集团拥有 BROOK、SCHORCH 等多种品牌。通过并购 ATB 集团，卧龙控股集团能够充分利用 ATB 集团下属子公司现有的成熟品牌与完备的市场网络，进而加快卧龙产品进入全球高端电机市场的步伐。

2015 年中国中小企业大事记

1 月

1月1日，福建省人民政府办公厅出台《关于进一步扶持小微企业加快发展七条措施的通知》，内容包含了多个亮点。包括月营业额不超3万元免营业税，小微企业可获无抵押无担保贷款，设"小微企业发债增信资金池"，鼓励大学生到小微企业就业等。

1月12日，广发银行联合国际知名调研机构发布了《中国小微企业白皮书》，并推出了国内首个"小微企业健康指数"。该指数显示，1/3的中国小微企业"综合健康指数"低于基准值，处于亚健康状态，经营发展较为困难。"行业竞争激烈""成本压力大、利润低""整体经济环境不好""税负过重"以及"融资难"是目前中国小微企业经营发展面临的五大共性问题。

1月14日，国务院召开常务会议，决定设立国家新兴产业创业投资引导基金，助力创业创新和产业升级；加快发展服务贸易，以结构优化拓展发展空间。这是中国主动适应经济发展新常态的重要决策部署。

1月15日，财政部和国家税务总局发布《关于金融企业涉农贷款和中小企业贷款损失准备金税前扣除有关问题的通知》，对其涉农贷款和中小企业贷款进行风险分类后，按照以下比例计提的贷款损失准备金，准予在计算应纳税所得额时扣除：（1）关注类贷款，计提比例为2%；（2）次级类贷款，计提比例为25%；（3）可疑类贷款，计提比例为50%；

(4) 损失类贷款，计提比例为100%。

1月27日，广东省政府办公发布《关于促进小微企业上规模的指导意见》，以贯彻落实国务院关于扶持小微企业健康发展的工作部署，推动广东省小微企业加快转型升级为规模以上企业。

1月29日，山西省物价局发布《山西省免征小微企业行政事业性收费项目目录清单》，规定从2015年1月1日起，山西省免征小微企业来自国土资源、环保、食品药品监督等九大部门30余项行政事业收费。

1月31日，由工业和信息化部中小企业发展促进中心支持，中国中小企业国际合作协会主办的"第三届中国中小企业服务创新大会暨首选服务商发布会"在北京举行。来自各个领域的中小企业服务商代表等350多人参会。会上发布了"2014中国中小企业首选服务商"。入选服务商代表在会上发起了《中国中小企业首选服务商"诚信、优质、创新"服务倡议》，倡导提供"诚信、优质、创新"服务，发挥引领示范作用，与中小企业共同成长，合作共赢。

2月

2月1日，上海股权托管交易中心中小企业（Q板、E板）挂牌上市福建运营中心在厦门正式揭牌。该运营中心成立后，将作为中小企业有效对接资本市场的平台，为福建中小企业提供挂牌推介、定向增资、股权融资、重组、转板等一站式金融服务，缓解融资难题。

2月10日，工业和信息化部发布《关于开展2015年扶助小微企业专项行动的通知》（工信部企业〔2015〕50号）。要求落实好各项支持小微企业发展政策，助力小微企业激发创业创新活力，促进中小企业和非公有制经济平稳健康发展，继续开展扶助小微企业专项行动。

2月10日，河北省科学技术厅、河北省财政厅发布《关于组织申报2015年度河北省科技型中小企业技术创新资金项目的通知》。旨在落实

《河北省科技型中小企业成长计划》，培育壮大科技型中小企业群体规模，打造一批自主创新能力强、国内外行业竞争优势明显的科技小巨人企业和行业领军企业，完善科技型中小企业技术创新公共技术服务体系。

2月11日，深圳证券交易所关于发布《深圳证券交易所主板上市公司规范运作指引（2015年修订）》《深圳证券交易所中小企业板上市公司规范运作指引（2015年修订）》《深圳证券交易所创业板上市公司规范运作指引（2015年修订）》的通知

2月28日，工业和信息化部发布《关于开展2015年国家中小企业公共服务示范平台（技术类）享受科技开发用品进口免税政策资格申报工作的通知》（工信厅企业函〔2015〕122号）。

3月

3月3日，工业和信息化部、教育部办公厅联合发布《关于联合举办2015年全国中小企业网上百日招聘高校毕业生活动的通知》（工信厅联企业函〔2015〕128号），旨在促进以高校毕业生为重点的青年就业，进一步改善中小企业人才结构。

3月9日，银监会发布了《关于2015年小微企业金融服务工作的指导意见》。为持续改进小微企业金融服务，该《指导意见》引导商业银行从单纯注重小微企业贷款量的增加，转变为更加注重服务质效的提高和服务覆盖面的扩大，使银行业金融资源惠及更多的小微企业。

3月15日，甘肃省工信委制定并下发《甘肃省2015年扶助小微企业专项行动实施方案》，计划在2015年服务中小企业户数2万户以上，组织开展各类服务活动800场以上，加快对民间资本特别是股权投资等新兴融资方式的引进、吸收、推广和利用，不断拓展企业的直接融资渠道，鼓励支持中小企业利用新三板直接融资，争取6—8户企业在股权交易市场挂牌，融资额达到2亿元。

3月17日，财政部、国家税务总局联合发布《关于小型微利企业所得税优惠政策的通知》。通知明确，自2015年1月1日至2017年12月31日，对年应纳税所得额低于20万元（含20万元）的小型微利企业，其所得减按50%计入应纳税所得额，按20%的税率缴纳企业所得税。小微企业年应纳税所得额由原来的10万元以内扩大到20万元以内，这意味着更多的小微企业将可获实质性"大红包"，既可以减轻企业税收负担，同时也可以促进劳动者创业，进一步带动社会就业。

3月19日，云南省工商局召开全省工商部门"两个10万元"微型企业培育工作视频会，明确建设"云南省微型企业培育扶持工作信息系统"。2015年，云南省政府下达全省"两个10万元"微型企业扶持目标任务为3万户，交由工商部门完成1.2万户。

3月20日，湖北省发布2015年扶助小微企业专项行动实施方案，继续实施中小企业成长工程，力争全年新增1200家规模以上工业企业。

3月26日，"全国中小企业工作暨扶助小微企业专项行动电视电话会议"在京召开，会议全面总结2014年工作，对2015年中小企业工作和扶助小微企业专项行动做出全面部署。工业和信息化部部长苗圩出席主会场会议并作重要讲话，强调各地方中小企业主管部门要以"2015年扶助小微企业专项行动实施方案"为抓手，扎实做好2015年促进中小企业发展的各项工作。具体提出五项要求：一是要切实为中小微企业松绑减负；二是要在扎实推动政策落实上狠下功夫；三是要着力解决中小企业发展面临的突出问题，主要是融资难、融资贵问题；四是要做好"互联网+"这篇大文章；五是要进一步加强和改进公共服务。

3月31日，河北省工信厅印发《2015年扶助小微企业专项行动实施方案》，在全省范围内启动扶助小微企业专项行动。计划在2015年培育省级公共示范平台10个、争创国家级示范平台2个；全年新增中小企业创业辅导基地20个；加快平台网络建设，聚集带动服务机构800个以上，年服务小微企业4万家以上。

4 月

4月1日，广东省国家税务局、广东省地方税务局在广州联合举办小微企业税收优惠政策座谈会。会议明确小微企业可以同时享受月销售额3万元以下免征增值税和营业税的税收优惠政策。

4月4日，2015全国中小企业科技创新服务平台规划工作会议在深圳召开。会议总结了平台2014年在承接政府职能转移、企业综合服务等方面取得的成果，尤其是在企业对外贸易服务和金融服务领域取得突破。

4月8日，财政部、国家税务总局联合印发《财政部、国家税务总局关于小型微利企业所得税优惠政策有关问题的通知（财税〔2015〕34号）》。明确自2015年1月1日至2017年12月31日，对年应纳税所得额低于20万元（含20万元）的小型微利企业，其所得减按50%计入应纳税所得额，按20%的税率缴纳企业所得税。

4月8日，辽宁省国税局和省地税局联合召开新闻发布会，发布了小微企业税收优惠政策。明确资产总额不超过1000万元，从业人数不超过80人，工业企业资产总额不超过3000万元，从业人数不超过100人，且年度应纳税所得额不超过30万元的企业，都视为小型微利企业，可以享受相应的税收优惠。

4月10日，中国中小企业融资创新论坛在南宁召开。论坛围绕"创新·服务·企业融资新时代"的主题，设置了包括银行信贷、场外交易市场、股权众筹、互联网金融、资产证券化和政策扶持等融资领域的议题，来自全国金融界等500名代表就中小企业融资创新开展讨论。

4月12日，四川省工商业联合会、四川省技术创新促进会、中国低碳产业（四川）投资中心、成都市中小企业协会、香港道合集团联合举办"2015西部中小企业发展论坛"。旨在帮扶中小企业，帮助企业明晰当下经济形势、政府相关政策与企业自身发展形势。

4月13日，工业和信息化部印发《国家小型微型企业创业示范基地建设管理办法》，旨在深入贯彻落实国务院关于促进小型微型企业发展的政策措施，推动大众创业、万众创新，加快小企业创业基地建设步伐，优化小型微型企业创业创新环境，支持企业健康发展。

4月17日，江西省启动实施扶助小微企业专项行动，通过加强创业创新平台建设，开展省级小微企业创业风险金试点等多种途径，改善小微企业发展环境，支持大众创业、万众创新，合力促进小微企业发展。

4月24日，河北省人民政府发布《关于扶持小型微型企业健康发展的实施意见》，旨在破解小型微型企业（含个体工商户）发展面临的突出困难和问题，扶持小型微型企业健康发展。

4月27日，国家税务总局印发《关于金融企业涉农贷款和中小企业贷款损失税前扣除问题的公告》，明确金融企业涉农贷款、中小企业贷款逾期1年以上，经追索无法收回，应依据涉农贷款、中小企业贷款分类证明，可按规定计算确认贷款损失进行税前扣除。

5月

5月5日，工业和信息化部"2015中小企业信息化服务信息发布会"在北京举办，来自地方政府部门、信息化服务商和服务机构、行业协会，以及在京部分新闻媒体的代表参加发布会。发布会上，工业和信息化部信息中心、百度公司、畅捷通公司、远中和科技公司分别发布了搭建"创客中国"公共信息服务平台，建立产业创新创业生态圈；推动互联网营销和信息化培训，助力中小企业提升市场竞争力；智慧小微云图——小微企业互联网＋白皮书；实施"蒲公英工程"，促进中小企业移动应用等信息化服务信息。北京数码大方、畅捷通信息技术股份有限公司、工业和信息化部信息中心、中国网库、北京联通、铭万集团与地方中小企业主管部门、部分城市的区人民政府、工业园、产业集群等签署了战略合作协议。

5月8日，中国实施制造强国战略的第一个十年行动纲领——《中国制造 2025》正式发布。工业和信息化部推动组建国家制造强国领导小组和战略咨询委员会,指导发布重点领域技术路线图,有序制定"X"实施方案。地方和企业积极响应,纷纷出台系列推进方案和配套措施。

5月8日,青海省国税局、青海省地税局与建设银行青海省分行举行"AB级企业纳税人及小微企业银税互动——税易贷业务"合作签约仪式,共同为纳税信用级别评价为AB级的小微企业搭建融资服务平台,助力小微企业发展。"税易贷"具有流程创新、审批快捷,易于办理等特点。不仅解决小微企业融资难问题,也有助于企业关注自身信用记录,加强诚信建设,促进企业各项经营活动持续健康发展。

5月8-9日,由浙江工业大学、浙江大学中国西部发展研究院联合主办,浙江工业大学中国中小企业研究院等联合承办的首届国际产能研讨会在杭州顺利召开。本次研讨会共有12个国家的驻华领事官员、智库专家和知名学者、中国政府代表、知名企业家代表100余人参加。本次研讨会采取圆桌会议方式,邀请国际国内知名的学者、国家和浙江省相关政策制定者、"一带一路"为主的全球新兴市场国家驻华领事馆官员、在"一带一路"沿线重要国家开展国际产能合作的浙商代表,共商国际产能合作话题。

5月13日,由中小企业合作发展促进中心湖南工作委员会主办的"中小企业发展论坛暨互联网金融中国行·长沙站"在湖南长沙成功举行。

5月19日,文化部办公厅正式印发《2015年扶持成长型小微文化企业工作方案》。该方案提出了六项主要任务,包括以推动政策落实和提升政府支持工作能力水平为重点,进一步完善支持小微文化企业发展的政策措施;以提升经营管理能力及品牌塑造营销水平为重点,进一步支持文化领域创新创业和小微文化企业发展;以建设完善公共服务平台为重点,进一步优化小微文化企业创业发展环境;以鼓励金融创新、拓宽融资渠道为重点,进一步缓解小微文化企业融资难问题;以谋划"十三五"时期小微文化企业发展为重点,进一步加强对支持小微文化企业发展工作的指导;以营造文化领域创新创业和小微文化企业发展的良好舆论氛围为重点,进一步加大宣传力度。

5月22日,由浙江省中小企业协会、浙江工业大学中国中小企业研究院、浙江省企业发展研究会等单位联合发起的浙江省中小企业互联网金融峰会暨浙江省中小企业互联网金融交易中心(所)和互联网金融产业园开园启动仪式在杭州隆重举行。会议以探讨互联网金融创新及互联网金融产业发展为主题,举行了互联网金融产业园开园启动仪式。并以"创新金融,财富浙江"为主题,将论坛、展览、洽谈、参观、互动等多内容相融合,展示和推广互联网金融、金融理财产品、金融创新服务、中小微企业融资产品等,旨在通过互联网金融、中小企业金融创新等服务中小微企业发展,服务地方经济转型升级。

6月

6月1日,辽宁省工商局发布《辽宁省工商局关于鼓励大众创业支持小微企业加快发展的若干意见》(辽工商发〔2015〕29号),推进"三证合一"登记制度,年内实现"一照一码",将办理营业执照、组织机构代码、税务登记的时间,由现在的8天压缩到5天以内。

6月5日,中德金属生态城、佛山市中德工业服务区与德国工商大会、德国联邦雇主企业总会等单位联合举办首届中德中小企业合作交流会。

6月6日,由河北省内多名中小企业家、从事科技创新研究的专家学者,以及热衷于为中小企业技术创新做贡献的一线企业技术人才发起的河北省中小企业技术创新服务协会在石家庄宣告成立。

6月28日,浙江工业大学和阿里巴巴集团共同举办了以"中小企业转型升级"为主题的中小企业论坛。研讨会汇集了全国小企业发展研究与实践领域的知名学者、专家、企业家逾100人,围绕小企业"国际经验"、"创新实践"和"理论诉求"等三个板块,在小企业国际化、小企业创新服务、小企业信息化与发展等诸多领域展开前沿探讨。

6月28日,"全球中小企业联盟长三角南翼服务中心暨长三角(宁波)企业智库"在宁波举行成立庆典仪式,全球中小企业联盟秘书长曹方等参加会议。

7月

7月1,中法中小企业投资与贸易合作洽谈会日在巴黎举行。此次洽谈会正值李克强总理访问法国。300多家中法企业和数家法国经济组织代表共约600人参加。中国银行董事长田国立以及法国前总理让-皮埃尔·拉法兰、法国商务投资署署长穆丽爱·佩尼科、法国驻中国大使顾山等中法嘉宾出席,共同见证和推动两国中小企业间的这次投资与贸易合作洽谈。

7月1日至3日,"第三届中国中小企业投融资交易会暨互联网金融与中小企业投融资高峰论坛"在北京国家会议中心隆重召开。来自互联网金融领域(P2P网贷、众筹、支付等业态)的众多企业、来自政府相关监管部门、传统金融行业、互联网金融专家、媒体人士等就"互联网金融如何助力中小企业发展"、"互联网金融监管与行业自律"等话题展开讨论、互动交流。

7月2日,"新三板与中国中小企业发展论坛"在北京召开。特邀新三板主管领导,行业领袖实战专家和企业界重量级嘉宾,围绕发展趋势、政策解读、案例分享、挂牌策略、融资方案、风险防范等内容逐一展开,旨在为中小企业和投资者提供交流平台。

7月3日,河北省科技厅、河北省财政厅发布《关于组织申报2016年度河北省科技型中小企业技术创新资金项目的通知》。部署开展2016年度河北省科技型中小企业技术创新资金、科技小巨人和科技型中小企业服务体系建设等专项项目征集工作。

7月14日，山西省中小企业促进局印发《关于培育发展中小企业成长梯队的实施意见》。强调在新常态下转变工作方式，把搞好中小企业宏观管理服务与精准指导支持相结合，开展培育发展中小企业成长梯队工作。

7月17日，财政部印发《中小企业发展专项资金管理暂行办法》（财建［2015］458号），旨在促进中小企业特别是小型微型企业健康发展，规范和加强中小企业发展专项资金的管理和使用，专项资金旨在引领带动地方积极探索政府扶持中小企业的有效途径，支持改善中小企业发展环境，加大对薄弱环节的投入，突破制约中小企业发展的短板与瓶颈，建立扶持中小企业发展的长效机制，有效促进形成"大众创业、万众创新"的良好局面。

8月

8月24日，河北省人民政府《关于扶持小型微型企业健康发展的实施意见》。明确强调，逐步加大各级财政对小型微型企业的支持力度，完善中小企业发展专项资金管理办法，将小型微型企业纳入支持范围；增强中小企业创业辅导基地、科技企业孵化器、商贸企业集聚区吸纳和服务小型微型企业的能力，大力发展众创空间，支持小型微型企业参与"互联网+"行动；支持小型微型企业吸纳就业人员，引导各类基金投资小型微型企业，将创业者创办的小型微型企业纳入小额担保贷款扶持范围，支持小型微型企业在资本市场融资；组建省级再担保机构和促进银政担合作，鼓励银行业金融机构增加小型微型企业信贷投放，大力发展小型金融机构，创新小型微型企业金融产品；吸引高校毕业生到小型微型企业就业，建立支持小型微型企业发展的信息互联互通机制，完善小型微型企业公共服务体系，进一步减轻小型微型企业负担。

8月27日，无锡市经信委与无锡市信电局共同举办2015年无锡市企业首席信息主管（CIO）培训班，全市近180位企业信息主管共聚一堂，学习借鉴先进企业信息化工作的成功经验，探索运用信息化手段提升企业管理水平和竞争能力的方法与途径。与会专家、企业信息主管分别就

"传统企业在智能制造时代的机遇和探索""智能制造发展重点及生态体系构建""互联网+与制造业转型升级""中小企业的信息化解决方案"等课题,在培训班上进行了深入讲解。

8月28日,"2015中国中小企业政策大讲堂——'一带一路'与中小企业创新发展"专题培训在内蒙古呼和浩特举办。来自内蒙古各地的近400余名企业家、商会协会代表以及孵化器负责人参加培训。此次活动由中国中小企业发展促进中心,内蒙古自治区中小企业局,内蒙古自治区中小企业协会主办。全国中小企业公共政策服务平台——政商汇和内蒙古中小企业在线信息服务有限公司等承办。

9月

9月1日,国务院常务会议决定,中央财政出资150亿元发挥杠杆作用,通过社会出资人优先分红、国家出资收益适当让利等市场化办法,吸引地方政府和企业共同参与,建立总规模600亿元的国家中小企业发展基金,缓解中小企业融资难、融资贵,激发企业创业创新活力。这是政府携手社会资本支持中小企业发展的重大创新举措,也是财政治理理念和资金管理方式的深刻变革。

9月21日,根据《工业和信息化部国家税务总局关于中小企业信用担保机构免征营业税审批事项取消后有关问题的通知》(工信部联企业〔2015〕286号),就中小企业信用担保机构免征营业税审批事项取消后有关后续管理问题进行具体的政策解读。

9月24日,由中国中小企业协会和长春市人民政府主办的第九届中国中小企业节在长春开幕。本届中小企业节围绕"改革·服务·促发展,创新·创业·创未来"这一主题,展示创新成果,交流发展经验,探讨中小企业成长之道。

9月24日,2015中国中小企业发展高峰论坛在长春举办,此次论坛针对近年来融资难、融资贵等一系列制约中小企业发展的问题给出建议:

企业树立合力共赢思维，抱团取暖，共同克服困难；引进新工艺新设备、开发新产品、开辟新市场、获取新的资源供给，调整产品结构，提高生产效率；向前看、走出去，吸收国外先进经验，建立现代企业制度。

9月25日，2015年APEC中小企业峰会暨第二届广东省跨境电商高峰论坛广东亚洲举行。本次论坛为高速发展的跨境生态环境和产业链各个环节提供了展示舞台，也让所有与会者收获最前沿的市场动态、政策趋势和实战经验，帮助中小企业解决人才、营销、物流、融资等问题，从而助力跨境电商产业的持续发展。

9月28日下午，由民建上海市委与奉贤区人民政府联合举办的"2015年上海中小企业发展奉贤论坛"在奉贤区会议中心举行。本次论坛聚焦上海中小企业发展前景，以"互联创新活力"为主题，邀请专家学者、企业家、政府部门负责同志，通过"上海中小微企业生存发展指数"发布、专家解读、企业交流、领导点评等形式，深入探讨中小企业在"互联网+"背景下转型升级的渠道和方法。

10月

10月10日，由工业和信息化部、工商总局、广东省共同主办的第十二届中国国际中小企业博览会在广州开幕。工业和信息化部部长苗圩、副部长辛国斌，广东省省长朱小丹、副省长刘志庚等共同出席。本届中博会展览面积共11万平方米，设有5000个国际标准展位。其中报名参展境内企业2006家，展位数3643个；境外展览面积超过2万平方米，展位数达到1100个，超额完成1000个展位的招展计划。来自马来西亚、韩国、日本、泰国、俄罗斯、柬埔寨、德国等33个国家和地区的534家境外企业确认参展，同台展示不同国家（地区）最具代表性的特色产品和文化。

10月10日，以"创新驱动，智造未来"为主题的第十二届中博会中国中小企业高峰论坛在广州举行。本届高峰论坛积极响应"中国制造2025"战略部署，结合当前中小企业发展的新形势，聚焦中国制造业的创新与转型。

10月12日，作为第十二届中国国际中小企业博览会重要活动之一的"中小企业信息化应用推广活动暨信息化论坛"在广州举行。同日，产业集群与创新创业论坛也于广州市保利世贸博览馆举行。

10月17-18日，主题为"服务提升经济——创新驱动、智慧吴中"的"2015中国中小企业服务创新与发展大会暨苏州吴中·太湖经贸合作洽谈会"在苏州市吴中区太湖国际会议中心召开。为期两天的会议共安排了12场主题演讲。工业和信息化部原党组成员、总工程师朱宏任就"中国制造2025"作了专题解读。工业和信息化部中小企业局副巡视员韦向群作了题为"中小企业服务创新与十三五规划展望"的演讲。

10月20日，国务院减轻企业负担部际联席会议召开全国电视电话会议，正式启动第四届全国减轻企业负担政策宣传周活动。工业和信息化部中小企业发展促进中心发布了2015年企业负担调查评价报告。

10月26日—28日，为推动中德两国企业的交流与合作，实现经济发展互利共赢，由国家工业和信息化部、部中小企业发展促进中心、中国中小企业国际合作协会联合举办的"第四期德国中小企业经理人来华交流班"在揭阳市举行，近30名德国中小企业经理人与揭阳市近100名企业家就中德企业合作体会、合作项目及需求等方面进行了交流对接和探讨。

11月

11月16日，中国证监会发布《证监会关于进一步推进全国中小企业股份转让系统发展的若干意见》，稳步推进全国中小企业股份转让系统市场建设。

11月23日，第三届中国中小企业全球发展论坛在宁波召开。本次论坛由全球中小企业联盟、宁波市海曙区政府、中国中小企业产融共生联盟联合主办，中国中小企业产融共生联盟承办。论坛主题为"新常态、新机遇、新模式、新梦想"。

11月24日，河南省政府出台了《关于扶持小微企业发展的意见》，从鼓励大众创业、推动转型升级、提升创新能力、加大金融支持力度、降低企业融资成本、加大财税支持力度等十五个方面，提出了15条针对性强和具体化的政策措施支持小微企业发展，进一步激发小微企业活力、动力、创造力，促进大众创业、万众创新。

11月28日，2015第十届中国中小企业家年会在北京人民大会堂开幕。本届年会围绕"鼓劲大众创业、加油万众创新"的主题，对中小企业未来的投资方向、前沿产业、一带一路、现代制造业、农业、老龄产业等问题开展前瞻性探讨，对"互联网＋"的未来走势、发展机遇和发展路径进行富有洞察性的探索。

12月

12月9日，国家中小企业发展基金办公室（工业和信息化部中小企业局）发布《关于做好国家中小企业发展基金实体基金（地方）管理机构申报工作的通知》（国函〔2015〕142号）。国家中小企业发展基金理事会原则通过《国家中小企业发展基金首期基金设立方案》，为调动地方积极性，决定率先在地方启动实体直投基金设立工作。

12月10日，福建省中小商贸流通企业公共服务微信平台正式建设启动。旨在整合利用多方资源，扶持福建省中小商贸流通企业，成为政府连接中小商贸流通企业的桥梁和纽带，进一步加强政府的公共服务职能。

12月12日，甘肃省人民政府印发《甘肃省大力推进大众创业万众创新实施方案》（甘政发〔2015〕98号），明确各部门年度政府采购项目预算总额中面向中小企业采购不低于采购总额的30%，其中预留给小微企业的比例不低于60%。对非专门面向中小企业的采购项目，若采购小微型企业产品（服务），应给予其6%至10%的价格扣除。还鼓励大中型企业与小微企业组成联合体参与政府采购投标，对小微企业占联合体股份达到30%以上的，可给予联合体2%至3%的价格扣除。

12月14日，工信部印发《工业和信息化部关于贯彻落实〈国务院关于积极推进"互联网+"行动的指导意见〉的行动计划（2015－2018年)》，意见提出总体目标，到2018年，互联网与制造业融合进一步深化，制造业数字化、网络化、智能化水平显著提高，其中提到智能制造培育推广行动等七大行动计划。

12月17日，四川省经信委正式印发《四川省2015年扶助小微企业专项行动工作方案》。方案提出，将选取科技型、成长型小微企业进行创业促进工程试点不少于200户，力争推动1000户小微企业成长升规；促进中小企业梯度培育，"小巨人·成长型"中小企业达到3000户，"专精特新"中小企业新增400户。

附 表

2016年中国中小企业景气指数测评数据

附表1　　2001—2015年中国省际工业中小企业景气指数

省份	年份	先行指数	一致指数	滞后指数	工业企业景气指数（ISMECI）
江苏	2001	111.64	118.14	130.24	118.61
	2002	111.41	118.87	130.89	119.04
	2003	113.87	120.66	133.16	121.12
	2004	115.12	122.62	135.69	122.99
	2005	115.26	122.96	135.91	123.24
	2006	116.42	124.16	137.04	124.41
	2007	117.49	125.39	138.27	125.59
	2008	119.62	127.27	140.35	127.59
	2009	119.34	127.40	140.45	127.60
	2010	120.07	129.71	142.02	129.28
	2011	123.28	129.21	142.57	130.10
	2012	123.26	131.35	144.58	131.57
	2013	123.13	131.30	143.58	140.78
	2014	153.83	157.86	165.58	158.19
	2015	**141.27**	**123.39**	**128.07**	**129.69**
广东	2001	125.10	125.02	166.84	133.41
	2002	125.14	125.92	167.78	134.06
	2003	130.12	128.90	172.81	138.05
	2004	130.03	130.40	174.55	139.12

续表

省份	年份	先行指数	一致指数	滞后指数	工业企业景气指数（ISMECI）
广东	2005	130.36	131.18	175.57	139.81
	2006	132.13	132.51	177.30	141.35
	2007	133.34	133.75	178.61	142.60
	2008	135.35	135.19	180.26	144.25
	2009	135.36	135.46	180.78	144.50
	2010	136.57	137.64	182.59	146.31
	2011	138.81	135.46	182.09	145.79
	2012	139.87	139.09	185.77	148.66
	2013	140.12	138.88	185.76	150.99
	2014	150.96	148.63	176.64	154.93
	2015	**139.01**	**114.35**	**126.96**	**124.27**
浙江	2001	96.20	110.15	113.86	106.71
	2002	96.76	111.44	115.14	107.78
	2003	98.91	113.19	117.07	109.68
	2004	100.43	115.49	119.50	111.77
	2005	101.45	116.01	120.11	112.46
	2006	101.59	117.16	121.17	113.29
	2007	102.26	118.09	121.89	114.10
	2008	103.91	118.78	122.69	115.10
	2009	103.98	119.04	123.06	115.33
	2010	104.81	121.64	124.20	117.11
	2011	108.15	120.07	125.59	117.60
	2012	107.95	122.82	126.99	119.19
	2013	108.15	122.31	126.75	124.86
	2014	130.22	137.82	140.64	136.11
	2015	**128.16**	**110.26**	**116.38**	**116.85**
山东	2001	74.07	73.89	88.94	76.95
	2002	74.82	74.46	89.71	77.62
	2003	76.74	75.87	91.89	79.34

续表

省份	年份	先行指数	一致指数	滞后指数	工业企业景气指数（ISMECI）
山东	2004	77.71	77.00	93.13	80.44
	2005	77.92	77.93	93.91	81.13
	2006	78.52	78.54	94.65	81.76
	2007	79.64	79.25	95.37	82.59
	2008	80.29	79.97	96.33	83.34
	2009	80.67	80.47	96.87	83.81
	2010	80.74	81.12	97.27	84.23
	2011	82.10	81.37	97.24	84.76
	2012	82.97	82.81	99.27	86.15
	2013	82.39	83.06	98.15	96.53
	2014	115.99	115.67	125.18	117.67
	2015	**116.88**	**94.47**	**99.24**	**102.15**
河南	2001	65.58	47.45	65.92	56.58
	2002	65.60	47.61	65.92	56.67
	2003	66.45	47.97	66.69	57.26
	2004	67.22	48.66	67.92	58.08
	2005	66.97	49.09	68.17	58.27
	2006	67.73	49.72	68.63	58.90
	2007	68.63	50.46	69.63	59.74
	2008	70.17	51.17	70.82	60.80
	2009	69.95	51.30	71.27	60.89
	2010	70.46	52.13	72.17	61.63
	2011	71.86	52.94	73.54	62.74
	2012	72.00	53.24	73.74	62.97
	2013	71.28	53.07	72.48	65.31
	2014	76.52	65.03	77.35	70.94
	2015	**72.03**	**52.86**	**56.50**	**59.34**
辽宁	2001	71.20	30.50	50.79	46.77
	2002	70.95	30.63	50.87	46.77

续表

省份	年份	先行指数	一致指数	滞后指数	工业企业景气指数（ISMECI）
辽宁	2003	72.64	31.23	52.27	47.86
	2004	73.69	31.63	52.71	48.47
	2005	72.84	31.74	52.75	48.28
	2006	73.35	32.09	53.31	48.71
	2007	73.84	32.45	53.84	49.15
	2008	75.03	32.90	54.88	49.93
	2009	75.05	33.12	55.17	50.11
	2010	75.16	33.62	55.70	50.50
	2011	76.64	33.72	56.01	51.05
	2012	76.67	34.17	56.73	51.43
	2013	76.88	34.24	56.30	54.82
	2014	74.83	48.83	62.25	59.32
	2015	**64.00**	**37.89**	**45.31**	**47.21**
河北	2001	60.09	42.15	55.49	50.20
	2002	60.19	42.36	55.52	50.34
	2003	61.75	43.00	57.01	51.43
	2004	62.38	43.65	57.54	52.05
	2005	62.47	44.04	58.00	52.36
	2006	63.11	44.41	58.45	52.83
	2007	63.64	44.81	58.84	53.27
	2008	64.68	45.35	59.60	54.00
	2009	64.29	45.64	60.09	54.13
	2010	64.66	46.58	60.67	54.82
	2011	65.85	46.84	61.67	55.51
	2012	66.29	47.30	62.03	55.94
	2013	65.92	46.97	60.99	55.26
	2014	62.39	50.70	59.49	55.96
	2015	**58.92**	**38.98**	**43.43**	**45.85**

续表

省份	年份	先行指数	一致指数	滞后指数	工业企业景气指数（ISMECI）
福建	2001	37.42	31.02	42.01	35.14
	2002	37.52	31.28	42.30	35.36
	2003	38.99	32.14	43.68	36.50
	2004	38.97	32.45	44.04	36.72
	2005	39.18	32.64	44.28	36.93
	2006	39.63	32.97	44.69	37.31
	2007	39.94	33.31	45.09	37.65
	2008	40.49	33.50	45.39	37.97
	2009	40.43	33.65	45.57	38.07
	2010	40.70	34.23	46.00	38.52
	2011	41.44	34.28	46.53	38.88
	2012	41.75	34.79	47.05	39.33
	2013	41.53	34.72	46.86	42.94
	2014	51.27	46.89	54.27	49.68
	2015	**49.77**	**40.46**	**43.06**	**43.77**
湖北	2001	43.97	31.05	42.13	37.14
	2002	43.90	31.17	42.17	37.19
	2003	44.67	31.65	43.22	37.87
	2004	45.23	31.80	43.55	38.18
	2005	44.91	31.93	43.46	38.13
	2006	45.04	32.18	43.61	38.32
	2007	45.41	32.62	44.08	38.75
	2008	46.34	33.30	45.12	39.57
	2009	46.14	33.44	45.18	39.60
	2010	46.39	34.29	45.64	40.19
	2011	46.91	34.10	45.45	40.22
	2012	47.09	34.51	46.15	40.61
	2013	47.08	34.32	45.64	41.83
	2014	52.32	47.43	51.45	49.70
	2015	**48.83**	**37.45**	**39.74**	**41.32**

续表

省份	年份	先行指数	一致指数	滞后指数	工业企业景气指数（ISMECI）
安徽	2001	27.62	18.01	27.94	22.88
	2002	27.52	18.05	27.93	22.86
	2003	28.29	18.40	28.49	23.38
	2004	28.32	18.54	28.61	23.49
	2005	28.41	18.65	28.80	23.61
	2006	28.69	18.86	29.07	23.85
	2007	28.90	19.02	29.38	24.05
	2008	29.53	19.33	29.89	24.50
	2009	29.65	19.47	30.19	24.67
	2010	29.91	19.91	30.67	25.06
	2011	30.70	20.20	31.31	25.57
	2012	30.61	20.24	31.26	25.55
	2013	30.44	20.10	31.00	30.53
	2014	44.96	38.67	45.28	41.88
	2015	**43.92**	**36.22**	**38.23**	**38.93**
四川	2001	42.70	23.34	38.22	32.12
	2002	42.74	23.48	38.30	32.22
	2003	44.08	23.91	39.41	33.06
	2004	44.70	24.19	39.73	33.45
	2005	44.60	24.33	39.87	33.52
	2006	44.83	24.55	40.16	33.76
	2007	45.14	24.84	40.62	34.09
	2008	46.00	25.19	41.24	34.64
	2009	46.17	25.35	41.50	34.83
	2010	46.81	25.63	42.04	35.27
	2011	46.13	25.83	41.67	35.09
	2012	47.23	26.12	42.56	35.74
	2013	46.93	26.21	42.15	38.28
	2014	49.29	36.66	46.25	42.37
	2015	**46.14**	**30.78**	**35.27**	**36.29**

续表

省份	年份	先行指数	一致指数	滞后指数	工业企业景气指数（ISMECI）
上海	2001	47.89	53.09	56.79	52.27
	2002	47.64	53.20	56.69	52.23
	2003	49.40	54.95	58.87	54.07
	2004	49.89	55.89	59.77	54.87
	2005	50.10	55.85	59.84	54.92
	2006	50.45	56.22	60.19	55.28
	2007	50.90	56.61	60.51	55.68
	2008	51.02	57.03	60.88	56.00
	2009	51.03	57.08	60.94	56.04
	2010	51.13	57.77	61.12	56.45
	2011	52.88	56.05	60.81	56.05
	2012	52.77	58.11	62.23	57.33
	2013	53.29	57.70	62.12	55.43
	2014	47.48	49.86	52.38	49.65
	2015	**39.58**	**32.94**	**35.42**	**35.43**
湖南	2001	31.82	19.78	30.86	25.61
	2002	31.78	19.93	31.05	25.71
	2003	32.88	20.26	31.83	26.36
	2004	33.15	20.50	31.97	26.59
	2005	33.11	20.66	32.21	26.70
	2006	33.52	20.81	32.39	26.94
	2007	33.52	21.02	32.64	27.10
	2008	34.10	21.31	33.13	27.51
	2009	34.32	21.43	33.44	27.70
	2010	34.65	21.86	33.98	28.12
	2011	35.14	22.27	34.71	28.62
	2012	35.35	22.29	34.67	28.68
	2013	35.04	22.24	34.42	32.26
	2014	43.45	35.63	43.04	39.46
	2015	**40.48**	**31.64**	**33.65**	**34.69**

续表

省份	年份	先行指数	一致指数	滞后指数	工业企业景气指数（ISMECI）
江西	2001	21.68	11.80	19.37	16.28
	2002	21.60	11.85	19.40	16.28
	2003	22.29	12.04	19.80	16.67
	2004	22.38	12.20	19.99	16.81
	2005	22.33	12.29	20.14	16.87
	2006	22.47	12.41	20.31	17.01
	2007	22.78	12.56	20.55	17.22
	2008	23.14	12.74	20.96	17.51
	2009	23.19	12.78	20.97	17.54
	2010	23.44	12.98	21.21	17.77
	2011	23.84	13.16	21.56	18.04
	2012	23.90	13.25	21.70	18.13
	2013	23.60	13.19	21.39	19.77
	2014	27.55	21.12	26.15	24.05
	2015	**26.58**	**19.72**	**20.81**	**21.99**
天津	2001	23.21	26.24	28.96	25.88
	2002	23.54	26.28	29.00	26.00
	2003	24.09	26.94	29.96	26.69
	2004	24.31	27.37	30.43	27.06
	2005	24.48	27.55	30.46	27.21
	2006	24.53	27.72	30.44	27.31
	2007	24.66	27.89	30.71	27.48
	2008	24.94	28.28	31.11	27.85
	2009	24.81	28.35	31.26	27.87
	2010	24.76	28.63	31.41	28.03
	2011	25.34	28.23	31.36	27.99
	2012	25.47	29.00	31.95	28.53
	2013	25.55	28.92	31.63	27.76
	2014	24.05	25.88	27.68	25.69
	2015	**24.45**	**17.94**	**19.04**	**20.11**

续表

省份	年份	先行指数	一致指数	滞后指数	工业企业景气指数（ISMECI）
北京	2001	28.95	23.06	25.16	25.25
	2002	29.14	23.28	25.44	25.47
	2003	29.80	23.77	26.01	26.03
	2004	30.64	24.32	26.80	26.71
	2005	30.69	24.37	26.88	26.77
	2006	30.75	24.54	26.94	26.88
	2007	30.91	24.73	27.06	27.05
	2008	31.25	24.81	27.14	27.21
	2009	31.27	24.90	27.17	27.26
	2010	31.39	25.21	27.38	27.50
	2011	30.04	24.18	26.11	26.32
	2012	31.55	25.27	27.47	27.59
	2013	31.23	24.99	26.96	25.78
	2014	24.26	20.45	21.54	21.81
	2015	**25.35**	**14.32**	**17.57**	**18.28**
山西	2001	33.18	17.05	32.63	25.00
	2002	33.33	17.21	32.93	25.19
	2003	34.34	17.48	33.67	25.78
	2004	34.52	17.77	34.11	26.06
	2005	34.47	17.81	34.18	26.08
	2006	34.62	17.92	34.47	26.24
	2007	34.92	18.06	34.77	26.46
	2008	35.39	18.17	34.84	26.67
	2009	35.46	18.06	34.98	26.67
	2010	35.78	18.46	35.30	27.03
	2011	36.16	18.47	35.17	27.12
	2012	36.39	18.68	35.81	27.42
	2013	36.09	18.54	35.18	25.68
	2014	27.79	17.12	27.17	22.33
	2015	**26.43**	**12.86**	**18.17**	**17.99**

续表

省份	年份	先行指数	一致指数	滞后指数	工业企业景气指数（ISMECI）
广西	2001	35.15	13.82	22.89	22.03
	2002	34.94	13.78	22.80	21.93
	2003	35.79	14.08	23.39	22.46
	2004	35.99	14.27	23.60	22.65
	2005	35.85	14.29	23.58	22.61
	2006	36.10	14.41	23.71	22.78
	2007	36.53	14.58	24.02	23.05
	2008	36.75	14.69	24.24	23.22
	2009	37.03	14.77	24.36	23.37
	2010	37.34	15.19	24.77	23.75
	2011	37.65	15.32	25.10	23.98
	2012	37.81	15.37	25.15	24.05
	2013	37.83	15.29	24.91	23.80
	2014	31.59	17.92	23.75	23.19
	2015	**25.79**	**13.75**	**16.33**	**17.88**
陕西	2001	30.89	12.98	24.01	20.56
	2002	30.80	13.03	24.01	20.56
	2003	31.73	13.26	24.75	21.10
	2004	31.76	13.40	24.84	21.20
	2005	31.77	13.46	24.91	21.24
	2006	31.85	13.52	24.98	21.31
	2007	32.01	13.62	25.10	21.43
	2008	32.64	13.86	25.54	21.83
	2009	33.15	14.02	25.92	22.14
	2010	33.22	14.33	26.34	22.40
	2011	34.05	14.42	26.46	22.72
	2012	33.91	14.49	26.62	22.74
	2013	33.91	14.44	26.27	22.06
	2014	28.01	16.16	23.39	21.16
	2015	**25.91**	**13.00**	**16.98**	**17.67**

续表

省份	年份	先行指数	一致指数	滞后指数	工业企业景气指数（ISMECI）
吉林	2001	22.45	13.06	21.45	17.56
	2002	22.52	13.09	21.49	17.60
	2003	23.07	13.28	22.05	17.97
	2004	23.31	13.44	22.17	18.15
	2005	23.08	13.48	22.10	18.08
	2006	23.19	13.58	22.29	18.20
	2007	23.37	13.75	22.45	18.38
	2008	23.70	13.98	22.79	18.66
	2009	23.74	14.09	22.98	18.76
	2010	23.84	14.29	23.20	18.93
	2011	24.36	14.53	23.68	19.31
	2012	24.31	14.56	23.64	19.30
	2013	24.13	14.52	23.46	19.71
	2014	23.32	17.39	22.84	20.26
	2015	**22.49**	**13.59**	**16.83**	**16.91**
重庆	2001	18.78	10.58	17.06	14.33
	2002	18.82	10.64	17.11	14.39
	2003	19.37	10.83	17.49	14.73
	2004	19.42	10.90	17.59	14.80
	2005	19.40	10.97	17.69	14.85
	2006	19.52	11.05	17.81	14.94
	2007	19.85	11.21	18.04	15.17
	2008	20.26	11.38	18.37	15.44
	2009	20.29	11.45	18.47	15.51
	2010	20.55	11.70	18.75	15.76
	2011	20.97	11.65	18.75	15.87
	2012	20.99	11.82	19.00	16.00
	2013	20.91	11.79	18.85	17.00
	2014	21.51	15.96	20.22	18.48
	2015	**20.89**	**13.91**	**15.88**	**16.40**

续表

省份	年份	先行指数	一致指数	滞后指数	工业企业景气指数（ISMECI）
云南	2001	31.75	11.88	21.13	19.69
	2002	31.66	11.86	21.06	19.64
	2003	32.94	12.16	21.63	20.29
	2004	33.03	12.33	21.73	20.42
	2005	33.29	12.39	21.83	20.55
	2006	33.48	12.52	22.04	20.71
	2007	33.72	12.61	22.24	20.87
	2008	34.12	12.75	22.49	21.11
	2009	34.11	12.79	22.68	21.16
	2010	34.64	12.99	22.93	21.47
	2011	34.46	12.68	22.65	21.21
	2012	35.10	13.08	23.14	21.70
	2013	34.22	12.98	22.78	20.32
	2014	26.41	13.37	19.34	18.48
	2015	**24.10**	**10.22**	**13.90**	**15.12**
黑龙江	2001	21.27	11.79	19.88	16.25
	2002	21.29	11.85	19.91	16.30
	2003	21.94	12.00	20.40	16.66
	2004	22.07	12.22	20.65	16.86
	2005	21.79	12.16	20.44	16.70
	2006	21.83	12.21	20.49	16.75
	2007	21.99	12.32	20.62	16.88
	2008	22.23	12.54	20.91	17.12
	2009	22.20	12.55	20.89	17.11
	2010	22.46	12.88	21.20	17.42
	2011	22.86	12.73	21.34	17.49
	2012	22.75	12.91	21.41	17.56
	2013	22.72	12.89	21.32	17.43
	2014	18.80	14.76	19.73	16.97
	2015	**18.94**	**11.46**	**13.72**	**14.15**

续表

省份	年份	先行指数	一致指数	滞后指数	工业企业景气指数（ISMECI）
内蒙古	2001	22.87	8.69	15.65	14.34
	2002	22.91	8.75	15.69	14.39
	2003	23.34	8.88	16.02	14.65
	2004	23.62	9.01	16.23	14.83
	2005	23.96	9.11	16.44	15.03
	2006	24.16	9.21	16.58	15.17
	2007	24.43	9.31	16.74	15.33
	2008	24.82	9.40	16.97	15.54
	2009	24.80	9.44	16.99	15.56
	2010	24.98	9.58	17.23	15.73
	2011	25.46	9.69	17.35	15.95
	2012	25.68	9.79	17.59	16.12
	2013	25.63	9.82	17.45	16.38
	2014	22.36	12.83	17.38	16.60
	2015	**20.86**	**10.36**	**13.19**	**14.07**
贵州	2001	17.33	8.08	13.12	11.86
	2002	17.38	8.15	13.17	11.93
	2003	17.74	8.31	13.51	12.18
	2004	17.85	8.43	13.61	12.29
	2005	17.79	8.43	13.62	12.28
	2006	17.82	8.48	13.70	12.32
	2007	17.99	8.53	13.78	12.42
	2008	18.37	8.64	14.02	12.63
	2009	18.48	8.67	14.07	12.69
	2010	18.50	8.83	14.28	12.82
	2011	18.96	8.91	14.28	13.00
	2012	18.90	8.96	14.45	13.04
	2013	18.79	8.90	14.22	12.79
	2014	17.17	11.12	14.39	13.59
	2015	**17.27**	**9.86**	**11.04**	**12.32**

续表

省份	年份	先行指数	一致指数	滞后指数	工业企业景气指数（ISMECI）
新疆	2001	23.67	8.04	14.65	14.05
	2002	23.87	8.06	14.72	14.14
	2003	24.23	8.10	14.92	14.30
	2004	24.21	8.20	14.97	14.36
	2005	24.28	8.27	15.02	14.42
	2006	24.47	8.36	15.12	14.54
	2007	24.99	8.47	15.35	14.80
	2008	25.21	8.56	15.55	14.95
	2009	25.28	8.60	15.67	15.02
	2010	25.85	8.90	16.09	15.42
	2011	26.15	8.86	16.05	15.49
	2012	26.17	8.94	16.17	15.56
	2013	25.84	8.85	15.83	14.40
	2014	19.04	8.72	13.05	12.68
	2015	**20.27**	**6.91**	**10.69**	**11.67**
甘肃	2001	16.96	11.18	16.19	13.92
	2002	17.00	11.23	16.17	13.95
	2003	17.17	11.30	16.32	14.07
	2004	17.42	11.39	16.49	14.22
	2005	17.34	11.46	16.36	14.21
	2006	17.35	11.48	16.43	14.23
	2007	17.49	11.62	16.49	14.35
	2008	17.66	11.72	16.64	14.49
	2009	17.70	11.78	16.75	14.55
	2010	17.86	11.90	16.88	14.69
	2011	18.33	11.70	16.93	14.73
	2012	18.16	11.93	16.97	14.81
	2013	18.11	11.98	16.97	13.82
	2014	14.06	10.27	13.37	12.03
	2015	**14.06**	**7.96**	**8.53**	**9.91**

续表

省份	年份	先行指数	一致指数	滞后指数	工业企业景气指数（ISMECI）
宁夏	2001	6.05	2.36	4.89	3.97
	2002	5.97	2.32	4.79	3.91
	2003	6.12	2.37	4.93	4.01
	2004	6.20	2.42	4.99	4.07
	2005	6.23	2.43	5.02	4.09
	2006	6.22	2.44	5.02	4.09
	2007	6.26	2.45	5.05	4.11
	2008	6.34	2.47	5.07	4.15
	2009	6.36	2.48	5.11	4.17
	2010	6.42	2.51	5.16	4.21
	2011	6.40	2.48	5.12	4.18
	2012	6.48	2.53	5.20	4.25
	2013	6.48	2.52	5.18	4.13
	2014	5.44	3.06	4.66	4.09
	2015	**3.93**	**2.37**	**2.77**	**2.92**
海南	2001	8.22	3.19	4.85	5.03
	2002	8.21	3.22	4.85	5.04
	2003	8.35	3.27	4.97	5.13
	2004	8.41	3.29	4.99	5.17
	2005	8.51	3.32	5.09	5.23
	2006	8.51	3.34	5.11	5.25
	2007	8.64	3.37	5.13	5.30
	2008	8.57	3.38	5.13	5.29
	2009	8.58	3.40	5.15	5.31
	2010	8.77	3.45	5.21	5.40
	2011	8.46	3.47	5.17	5.31
	2012	8.72	3.50	5.27	5.42
	2013	8.87	3.52	5.26	4.93
	2014	5.74	2.58	3.62	3.74
	2015	**4.95**	**1.63**	**2.55**	**2.81**

续表

省份	年份	先行指数	一致指数	滞后指数	工业企业景气指数（ISMECI）
青海	2001	3.20	1.65	3.32	2.45
	2002	3.22	1.66	3.34	2.46
	2003	3.27	1.68	3.38	2.49
	2004	3.29	1.70	3.42	2.52
	2005	3.24	1.68	3.37	2.48
	2006	3.26	1.69	3.39	2.50
	2007	3.29	1.72	3.43	2.53
	2008	3.33	1.74	3.47	2.56
	2009	3.35	1.74	3.48	2.57
	2010	3.37	1.77	3.54	2.61
	2011	3.42	1.78	3.56	2.63
	2012	3.41	1.79	3.56	2.63
	2013	3.40	1.78	3.54	2.47
	2014	2.77	1.77	2.84	2.29
	2015	**2.93**	**1.49**	**2.10**	**2.05**
西藏	2001	3.18	1.23	1.82	1.93
	2002	3.20	1.23	1.82	1.94
	2003	3.19	1.24	1.82	1.94
	2004	3.21	1.24	1.82	1.95
	2005	3.23	1.25	1.83	1.96
	2006	3.24	1.26	1.83	1.97
	2007	3.22	1.25	1.79	1.95
	2008	3.26	1.26	1.82	1.97
	2009	3.29	1.27	1.82	1.98
	2010	3.35	1.30	1.85	2.03
	2011	3.39	1.31	1.84	2.04
	2012	3.36	1.31	1.83	2.03
	2013	3.31	0.78	1.84	1.55
	2014	2.15	0.90	1.24	1.34
	2015	**2.12**	**0.66**	**0.92**	**1.15**

附表 2　　　　2001—2015 年中国区域工业中小企业景气指数

地区	年份	先行指数	一致指数	滞后指数	工业企业景气指数（ISMECI）
华东	2001	148.35	178.69	165.94	167.04
	2002	148.60	180.00	167.01	167.99
	2003	153.62	183.49	170.92	172.02
	2004	155.14	186.50	173.74	174.54
	2005	155.70	187.52	174.54	175.38
	2006	156.83	189.25	176.02	176.88
	2007	158.46	191.01	177.45	178.53
	2008	160.82	193.12	179.41	180.69
	2009	160.88	193.78	179.95	181.14
	2010	161.71	195.32	181.15	182.40
	2011	164.39	198.00	183.88	185.09
	2012	165.96	200.00	185.69	186.92
	2013	188.66	134.36	128.00	166.30
	2014	119.80	119.32	125.14	120.63
	2015	**133.71**	**114.45**	**120.06**	**121.35**
华中	2001	48.15	41.04	47.24	44.41
	2002	48.11	41.23	47.32	44.51
	2003	48.99	41.74	48.33	45.23
	2004	49.65	42.22	48.90	45.79
	2005	49.39	42.55	49.03	45.90
	2006	49.75	43.00	49.30	46.28
	2007	50.23	43.59	49.90	46.85
	2008	51.36	44.30	50.90	47.74
	2009	51.16	44.47	51.19	47.82
	2010	51.54	44.91	51.70	48.26
	2011	52.21	45.53	52.41	48.91
	2012	52.49	45.90	52.76	49.25
	2013	49.70	69.35	120.44	62.67
	2014	48.76	39.39	48.61	44.05
	2015	**41.44**	**32.51**	**34.28**	**35.54**

续表

地区	年份	先行指数	一致指数	滞后指数	工业企业景气指数（ISMECI）
华南	2001	58.52	60.44	67.89	61.36
	2002	58.39	60.83	68.21	61.57
	2003	60.64	62.27	70.25	63.38
	2004	60.71	63.02	71.00	63.92
	2005	60.79	63.37	71.38	64.20
	2006	61.57	64.00	72.06	64.88
	2007	62.22	64.64	72.67	65.52
	2008	62.98	65.32	73.34	66.22
	2009	63.13	65.50	73.57	66.40
	2010	63.82	66.08	74.18	67.02
	2011	64.54	66.92	75.17	67.86
	2012	65.13	67.62	75.95	68.54
	2013	69.17	95.56	127.43	82.91
	2014	58.80	56.08	70.75	59.83
	2015	**37.67**	**29.02**	**32.62**	**32.34**
华北	2001	56.55	49.61	54.86	52.74
	2002	56.82	49.92	55.11	53.03
	2003	58.23	50.83	56.61	54.21
	2004	59.56	51.84	57.77	55.34
	2005	59.80	52.16	58.06	55.63
	2006	60.12	52.59	58.34	56.00
	2007	60.54	53.05	58.74	56.43
	2008	61.20	53.60	59.23	57.01
	2009	61.12	53.75	59.44	57.10
	2010	61.46	54.22	59.91	57.53
	2011	62.41	54.85	60.65	58.28
	2012	63.10	55.49	61.35	58.94
	2013	59.48	71.97	125.70	69.85
	2014	30.07	24.47	28.40	26.94
	2015	**33.37**	**19.62**	**23.52**	**24.52**

续表

地区	年份	先行指数	一致指数	滞后指数	工业企业景气指数（ISMECI）
西南	2001	38.08	22.68	31.73	29.11
	2002	38.13	22.78	31.77	29.18
	2003	39.37	23.25	32.67	29.97
	2004	39.76	23.53	32.91	30.28
	2005	39.72	23.66	33.04	30.35
	2006	39.91	23.87	33.30	30.57
	2007	40.22	24.14	33.68	30.87
	2008	41.08	24.49	34.23	31.41
	2009	41.27	24.63	34.46	31.59
	2010	41.73	24.81	34.81	31.89
	2011	40.94	24.53	34.31	31.41
	2012	42.07	25.16	35.20	32.24
	2013	32.51	62.34	125.74	50.78
	2014	26.59	17.83	22.76	21.44
	2015	**22.55**	**12.50**	**15.13**	**16.04**
东北	2001	37.77	22.94	32.07	29.22
	2002	37.74	23.03	32.11	29.26
	2003	38.76	23.44	33.00	29.95
	2004	39.24	23.79	33.30	30.32
	2005	38.75	23.82	33.20	30.18
	2006	38.96	24.05	33.48	30.41
	2007	39.25	24.33	33.77	30.69
	2008	39.85	24.70	34.37	31.18
	2009	39.85	24.86	34.54	31.29
	2010	40.04	25.07	34.81	31.51
	2011	40.55	25.41	35.29	31.92
	2012	40.69	25.61	35.50	32.11
	2013	32.37	61.88	134.96	51.48
	2014	33.60	20.94	28.90	26.33
	2015	**21.18**	**11.71**	**14.60**	**15.12**

续表

地区	年份	先行指数	一致指数	滞后指数	工业企业景气指数（ISMECI）
西北	2001	26.92	14.76	22.15	19.88
	2002	26.95	14.80	22.11	19.91
	2003	27.63	15.00	22.65	20.32
	2004	27.81	15.16	22.86	20.50
	2005	27.75	15.22	22.81	20.50
	2006	27.79	15.33	22.91	20.58
	2007	28.12	15.50	23.09	20.80
	2008	28.59	15.76	23.42	21.14
	2009	28.89	15.90	23.69	21.36
	2010	29.13	16.11	24.00	21.59
	2011	29.69	16.36	24.40	21.96
	2012	29.66	16.39	24.37	21.97
	2013	22.17	54.47	199.63	49.60
	2014	10.72	4.77	8.30	7.26
	2015	**16.51**	**8.65**	**10.75**	**11.43**

附表3　2010—2016年中国省际上市中小企业景气指数

省份	年份	先行指数	一致指数	滞后指数	上市企业景气指数（SCNBCI）
广东	2010	158.76	146.20	164.89	137.83
	2011	157.54	146.00	164.29	137.36
	2012	157.31	145.28	164.62	137.02
	2013	157.09	145.25	164.48	136.94
	2014	145.32	131.58	141.62	137.71
	2015	145.00	130.64	134.35	151.78
	2016	**153.13**	**132.48**	**136.22**	**139.42**
浙江	2010	132.18	122.99	138.79	115.69
	2011	131.97	122.92	138.59	115.57
	2012	131.31	122.13	138.83	115.09

续表

省份	年份	先行指数	一致指数	滞后指数	上市企业景气指数（SCNBCI）
浙江	2013	131.61	122.24	139.07	115.26
	2014	112.84	102.26	103.19	105.62
	2015	114.03	102.67	104.27	118.78
	2016	**124.63**	**109.97**	**111.99**	**114.77**
北京	2010	98.95	97.76	115.88	91.85
	2011	98.72	97.77	115.52	91.74
	2012	98.57	97.39	116.16	91.64
	2013	98.47	97.36	115.76	91.52
	2014	100.18	89.40	101.38	95.03
	2015	102.96	90.43	95.84	106.25
	2016	**123.04**	**107.97**	**111.98**	**113.29**
江苏	2010	112.25	106.06	124.31	100.34
	2011	111.29	105.83	123.20	99.81
	2012	112.24	105.29	124.75	100.04
	2013	111.98	105.28	124.32	99.90
	2014	94.02	84.36	88.07	88.00
	2015	95.29	85.08	89.24	99.16
	2016	**93.28**	**80.78**	**84.17**	**85.21**
上海	2010	78.20	77.51	97.46	73.89
	2011	78.08	77.44	97.18	73.77
	2012	77.96	76.43	96.97	73.20
	2013	78.06	76.44	97.04	73.24
	2014	72.14	69.99	71.24	70.88
	2015	74.50	71.44	73.89	80.99
	2016	**87.23**	**76.68**	**79.96**	**80.50**
山东	2010	87.89	87.90	103.99	82.33
	2011	87.51	87.74	103.74	82.12
	2012	87.98	87.19	104.08	82.01
	2013	88.09	87.15	104.02	82.00

续表

省份	年份	先行指数	一致指数	滞后指数	上市企业景气指数（SCNBCI）
山东	2014	79.74	77.47	78.83	78.43
	2015	82.07	78.81	81.08	89.33
	2016	**85.89**	**74.38**	**76.98**	**78.35**
湖南	2010	88.64	74.65	93.19	73.69
	2011	88.00	74.58	92.35	73.36
	2012	88.53	73.74	92.89	73.15
	2013	88.22	73.73	92.36	72.98
	2014	78.52	59.79	70.51	67.56
	2015	80.70	61.94	68.74	76.58
	2016	**84.57**	**66.92**	**71.55**	**73.14**
四川	2010	86.57	78.58	98.13	76.23
	2011	86.06	78.56	98.26	76.14
	2012	85.42	77.98	98.22	75.72
	2013	85.51	78.02	98.20	75.75
	2014	74.63	63.36	68.97	67.86
	2015	77.26	65.84	71.71	78.28
	2016	**85.24**	**67.08**	**69.33**	**72.98**
河南	2010	89.35	80.40	95.54	77.18
	2011	89.38	80.38	95.59	77.18
	2012	88.87	79.29	95.75	76.57
	2013	88.78	79.32	95.53	76.52
	2014	87.85	63.46	74.76	73.04
	2015	90.69	65.45	73.02	82.90
	2016	**84.56**	**64.48**	**64.84**	**70.58**
安徽	2010	70.45	76.47	96.15	71.56
	2011	70.23	76.53	95.84	71.48
	2012	70.14	75.69	96.11	71.09
	2013	70.19	75.78	96.10	71.15
	2014	68.57	61.00	71.10	65.29

续表

省份	年份	先行指数	一致指数	滞后指数	上市企业景气指数（SCNBCI）
安徽	2015	71.11	62.83	65.81	73.18
	2016	**79.57**	**65.79**	**67.79**	**70.33**
辽宁	2010	89.47	71.73	92.18	72.19
	2011	88.42	71.63	92.02	71.90
	2012	88.37	70.89	91.98	71.52
	2013	88.12	70.79	91.89	71.40
	2014	74.26	63.74	64.97	67.15
	2015	77.15	65.28	66.56	76.77
	2016	**81.41**	**63.49**	**64.69**	**69.10**
福建	2010	82.21	71.01	87.43	69.44
	2011	81.96	70.93	86.90	69.24
	2012	81.65	70.33	87.25	68.94
	2013	81.72	70.32	87.00	68.91
	2014	70.99	61.41	67.86	65.57
	2015	73.49	63.31	66.61	74.44
	2016	**78.47**	**59.80**	**62.86**	**66.01**
天津	2010	73.95	65.77	89.14	65.50
	2011	73.52	65.65	88.30	65.19
	2012	73.76	65.12	88.96	65.10
	2013	74.33	65.25	88.45	65.18
	2014	53.16	50.81	61.47	53.65
	2015	55.51	52.15	63.78	61.44
	2016	**74.98**	**60.29**	**62.07**	**65.05**
陕西	2010	80.43	66.67	90.52	67.53
	2011	80.15	66.62	90.44	67.43
	2012	80.03	65.40	89.90	66.69
	2013	80.39	65.56	90.02	66.86
	2014	36.97	54.93	57.04	49.96
	2015	39.77	57.00	59.43	57.87
	2016	**70.05**	**60.00**	**65.03**	**64.02**

续表

省份	年份	先行指数	一致指数	滞后指数	上市企业景气指数（SCNBCI）
吉林	2010	84.66	77.03	93.76	74.20
	2011	84.10	76.88	93.31	73.92
	2012	84.37	76.49	93.62	73.84
	2013	84.23	76.43	93.28	73.72
	2014	69.21	56.78	74.14	63.98
	2015	71.13	58.41	69.87	71.62
	2016	**79.72**	**55.09**	**61.90**	**63.84**
湖北	2010	73.57	61.60	76.58	60.83
	2011	73.02	61.51	76.63	60.69
	2012	72.54	61.05	76.70	60.37
	2013	72.32	60.92	76.83	60.29
	2014	73.00	58.77	69.07	65.10
	2015	75.91	60.70	55.81	71.35
	2016	**75.93**	**57.67**	**56.23**	**62.86**
重庆	2010	84.18	68.97	91.67	69.66
	2011	83.60	68.94	91.59	69.51
	2012	84.33	68.53	91.75	69.48
	2013	84.69	68.70	92.24	69.74
	2014	68.19	53.75	40.89	55.51
	2015	70.91	55.93	43.77	64.26
	2016	**78.37**	**55.48**	**57.74**	**62.80**
新疆	2010	70.00	66.09	95.98	66.24
	2011	68.96	65.96	95.56	65.88
	2012	68.48	65.45	95.08	65.44
	2013	67.82	65.34	94.91	65.22
	2014	73.13	59.37	64.22	64.47
	2015	74.85	59.88	65.19	72.65
	2016	**67.74**	**58.15**	**64.39**	**62.27**

续表

省份	年份	先行指数	一致指数	滞后指数	上市企业景气指数（SCNBCI）
贵州	2010	67.78	67.60	78.76	63.11
	2011	67.71	67.54	78.82	63.08
	2012	67.87	67.43	79.20	63.13
	2013	68.11	67.38	79.07	63.12
	2014	55.74	53.73	63.16	56.22
	2015	58.95	56.32	63.52	64.89
	2016	**70.99**	**56.61**	**61.72**	**61.94**
河北	2010	63.78	68.26	89.02	64.69
	2011	63.59	68.06	88.71	64.49
	2012	64.19	67.57	89.24	64.47
	2013	64.14	67.50	89.06	64.39
	2014	57.15	56.38	59.48	57.23
	2015	60.25	58.37	53.54	64.24
	2016	**64.77**	**62.69**	**55.29**	**61.84**
甘肃	2010	93.73	71.62	100.36	74.63
	2011	94.14	71.75	100.27	74.76
	2012	93.40	71.22	101.66	74.62
	2013	93.77	71.29	102.15	74.83
	2014	60.86	52.29	58.74	56.15
	2015	60.28	51.15	45.43	58.35
	2016	**68.83**	**53.74**	**59.32**	**59.38**
云南	2010	41.85	61.55	74.30	54.00
	2011	41.99	61.59	74.31	54.06
	2012	42.20	61.28	74.73	54.02
	2013	42.24	61.40	74.91	54.13
	2014	50.91	45.26	54.50	48.80
	2015	53.99	47.75	56.99	56.91
	2016	**55.21**	**55.67**	**59.78**	**56.36**

续表

省份	年份	先行指数	一致指数	滞后指数	上市企业景气指数（SCNBCI）
西藏	2010	116.46	93.81	100.68	101.98
	2011	115.60	93.78	100.13	101.60
	2012	114.66	93.32	99.99	101.06
	2013	115.50	91.61	101.55	100.77
	2014	70.10	55.70	61.77	61.23
	2015	69.96	54.25	60.65	66.80
	2016	**61.24**	**52.05**	**57.99**	**56.00**
海南	2010	70.80	66.81	78.51	63.26
	2011	70.37	66.48	78.30	62.97
	2012	70.71	66.16	79.08	63.04
	2013	71.14	65.90	79.57	63.09
	2014	45.63	60.37	56.38	55.15
	2015	45.81	59.99	25.57	53.97
	2016	**62.70**	**54.30**	**43.95**	**54.75**
江西	2010	53.11	63.74	73.44	57.18
	2011	53.09	63.63	73.32	57.10
	2012	53.32	63.48	74.21	57.24
	2013	53.16	63.45	73.82	57.12
	2014	72.96	51.68	62.04	60.14
	2015	74.56	52.50	63.73	68.06
	2016	**56.57**	**52.39**	**51.79**	**53.53**
山西	2010	67.97	51.74	43.06	48.08
	2011	67.96	51.78	43.13	48.11
	2012	68.28	51.78	43.99	48.34
	2013	68.34	51.96	44.33	48.51
	2014	68.79	43.25	18.46	45.95
	2015	69.70	44.40	19.77	51.95
	2016	**65.37**	**50.77**	**37.13**	**52.42**

续表

省份	年份	先行指数	一致指数	滞后指数	上市企业景气指数（SCNBCI）
广西	2010	67.82	48.70	65.22	50.96
	2011	68.07	48.91	65.71	51.21
	2012	68.11	48.65	65.13	50.97
	2013	68.03	48.66	65.08	50.95
	2014	63.51	51.26	61.17	56.91
	2015	64.63	50.69	54.49	61.61
	2016	**60.80**	**45.96**	**49.23**	**51.07**

附表4　2010—2016年中国区域上市中小企业景气指数

地区	年份	先行指数	一致指数	滞后指数	上市企业景气指数（SCNBCI）
华东	2010	142.44	173.58	154.22	160.36
	2011	141.93	173.21	153.73	159.93
	2012	142.16	172.51	154.54	159.81
	2013	142.17	172.51	154.47	159.80
	2014	139.70	130.68	135.56	134.36
	2015	140.02	129.73	133.39	133.55
	2016	**144.36**	**131.05**	**133.39**	**135.51**
华南	2010	108.32	132.03	114.98	121.51
	2011	107.15	131.80	114.49	120.94
	2012	107.00	130.87	114.82	120.50
	2013	106.76	130.83	114.73	120.39
	2014	97.12	93.37	98.69	95.56
	2015	92.30	87.43	79.22	87.25
	2016	**102.04**	**87.15**	**86.43**	**91.47**
华北	2010	74.95	108.41	90.69	94.83
	2011	74.62	108.35	90.37	94.64
	2012	74.96	107.92	91.08	94.66
	2013	74.84	107.85	90.74	94.52

续表

地区	年份	先行指数	一致指数	滞后指数	上市企业景气指数（SCNBCI）
华北	2014	78.83	68.97	69.20	71.97
	2015	80.38	68.09	69.27	72.01
	2016	**101.11**	**85.03**	**88.80**	**90.61**
华中	2010	78.51	104.24	83.01	92.27
	2011	78.07	104.12	82.91	92.06
	2012	77.89	102.87	83.27	91.45
	2013	77.58	102.81	82.95	91.27
	2014	80.58	61.46	72.24	69.35
	2015	82.14	61.83	65.41	68.64
	2016	**81.16**	**61.95**	**63.75**	**68.07**
西南	2010	67.83	100.42	80.40	86.64
	2011	67.58	100.37	80.50	86.56
	2012	67.76	99.95	80.71	86.44
	2013	67.93	100.06	80.76	86.56
	2014	68.33	58.77	62.27	62.34
	2015	72.09	61.41	66.06	65.54
	2016	**75.79**	**62.93**	**66.90**	**67.58**
西北	2010	69.09	92.58	87.02	84.42
	2011	68.70	92.54	86.72	84.22
	2012	68.53	91.67	86.51	83.70
	2013	68.46	91.66	86.62	83.69
	2014	54.60	53.14	57.61	54.47
	2015	55.05	46.76	52.82	50.46
	2016	**69.17**	**52.38**	**61.43**	**59.23**
东北	2010	75.09	97.43	81.13	87.47
	2011	74.12	97.26	80.77	87.02
	2012	74.29	96.39	80.96	86.68
	2013	74.06	96.28	80.69	86.50
	2014	68.00	56.56	66.02	61.88
	2015	72.59	52.17	61.94	60.25
	2016	**68.69**	**51.53**	**56.26**	**57.62**

附表 5　　　　　2016 年中国省际中小企业比较景气指数

省份	中小企业景气调查指数	百度中小企业景气指数	比较综合指数	2016 年排名	与上年比较
浙江	108	100.23	104.11	1	—
江苏	108	99.44	103.72	2	↑1
上海	98	99.71	98.85	3	↑1
北京	96	100.51	98.26	4	↑2
天津	92	99.84	95.92	5	↑3
广东	90	99.51	94.75	6	↓4
福建	88	99.74	93.87	7	↓2
山东	84	99.54	91.77	8	↓1
重庆	84	97.51	90.75	9	—
湖北	80	100.03	90.02	10	↑2
四川	80	99.28	89.64	11	↓1
安徽	78	99.45	88.73	12	↑1
河南	76	100.79	88.39	13	↑2
湖南	74	99.28	86.64	14	↓3
河北	72	98.24	85.12	15	↑3
江西	70	99.76	84.88	16	—
广西	70	97.76	83.88	17	↓3
贵州	68	98.42	83.21	18	↑1
云南	66	98.49	82.24	19	↑2
海南	66	96.01	81.01	20	↓3
山西	60	99.53	79.77	21	↑2
内蒙古	54	99.53	76.77	22	↑5
陕西	56	97.50	76.75	23	↓3
辽宁	50	99.31	74.66	24	↓2
甘肃	50	97.50	73.75	25	↑1
吉林	48	98.44	73.22	26	↓1
黑龙江	46	99.21	72.61	27	↑3
青海	46	97.50	71.75	28	↑1
宁夏	44	97.50	70.75	29	↓1
新疆	40	97.50	68.75	30	↓6
西藏	38	98.42	68.21	31	—

附表6　　2010—2016年中国区域中小企业比较景气指数

地区	2010年	2011年	2012年	2013年	2014年	2015年	2016年
华东	120.42	128.75	129.91	125.34	128.73	102.76	95.13
华中	123.68	123.01	123.53	117.00	125.99	82.80	88.35
华北	118.36	131.03	126.77	117.66	125.70	80.78	87.17
华南	120.02	123.14	127.14	122.09	127.43	91.57	86.55
西南	116.88	124.92	128.84	122.49	126.19	76.89	82.81
东北	123.75	134.38	137.89	124.76	134.96	63.52	73.50
西北	117.40	131.56	126.87	124.76	119.63	63.85	72.35

附表7　　2010—2016年中国省际中小企业综合景气指数

省份	2010年	2011年	2012年	2013年	2014年	2015年	2016年
广东	129.25	133.49	132.84	141.87	143.33	146.79	122.91
浙江	115.86	120.44	119.79	118.6	118.14	127.82	113.68
江苏	116.75	118.1	119.59	118.45	124.02	132.55	111.15
山东	46.72	48.38	47.32	100.42	94.49	105.45	92.93
河南	67.56	69.91	69.48	76.92	72.70	75.80	68.52
北京	52.66	56.69	55.57	60.91	56.5	63.08	62.78
上海	72.72	77.96	76.31	78.18	67.46	72.54	61.63
福建	54.35	58.35	56.92	64.55	58.78	67.54	60.46
辽宁	54.80	58.91	57.11	74.08	65.62	66.39	59.27
河北	59.19	64	62.18	77.95	64.13	62.33	58.50
安徽	51.40	54.44	52.89	58.4	51.12	59.92	58.31
四川	52.48	55.09	53.37	62.78	55.73	63.25	57.96
湖北	55.67	59.06	57.80	63.10	57.08	63.36	57.52
湖南	51.31	53.48	52.48	59.72	53.60	59.82	56.62
天津	53.48	53.99	54.09	55.13	44.94	50.89	48.76
重庆	43.17	45.78	43.83	48.48	38.50	47.20	45.19
江西	43.76	46.42	44.82	48.29	42.27	47.86	44.03
陕西	38.70	44.66	43.20	60.07	42.98	42.29	43.39
吉林	45.47	47.86	46.84	53.56	45.09	44.42	42.25

续表

省份	2010年	2011年	2012年	2013年	2014年	2015年	2016年
贵州	42.81	41.82	40.39	51.66	37.55	40.94	41.38
广西	44.74	47.31	45.88	53.83	44.31	45.89	41.04
云南	41.77	44.20	43.07	50.15	40.30	40.38	40.92
山西	42.96	45.97	44.95	56.06	41.02	40.05	40.68
新疆	40.87	44.19	42.75	47.3	38.78	41.19	38.27
甘肃	38.58	43.04	41.92	54.74	37.17	36.27	37.52
海南	37.10	37.54	37.18	42.10	33.36	33.4	34.03
西藏	30.10	21.45	24.73	24.48	31.63	31.59	31.02
内蒙古	31.70	31.85	33.08	36.46	22.34	20.48	22.39
黑龙江	28.06	31.48	30.11	45.63	13.84	19.77	21.60
宁夏	23.68	25.88	25.18	27.33	13.72	13.68	15.61
青海	23.77	24.21	24.30	30.24	12.47	12.58	15.37

附表8　　2010—2016年中国区域中小企业综合景气指数

地区	2010年	2011年	2012年	2013年	2014年	2015年	2016年
华东	164.81	168.36	170.10	173.42	166.30	120.93	120.35
华南	79.34	81.56	90.65	92.35	82.91	74.40	60.92
华北	67.32	69.85	79.65	82.37	69.58	51.23	56.88
华中	62.23	64.77	72.55	73.94	62.67	59.18	55.86
西南	50.74	50.34	62.40	62.92	50.78	49.91	44.86
东北	47.69	50.91	64.18	66.96	51.48	25.86	39.54
西北	41.27	44.56	55.29	58.49	49.60	31.54	37.95

附表9　　2010—2016年中国省际中小企业综合景气指数排名

省份	2010年	2011年	2012年	2013年	2014年	2015年	2016年
广东	1	1	1	1	1	1	1
浙江	3	2	2	2	3	3	2
江苏	2	3	3	3	2	2	3
山东	15	4	15	4	4	4	4

续表

省份	2010年	2011年	2012年	2013年	2014年	2015年	2016年
河南	5	6	5	7	5	5	5
北京	11	8	10	12	11	11	6
上海	4	5	4	5	6	6	7
福建	9	7	9	9	9	7	8
辽宁	8	12	8	8	7	8	9
河北	6	9	6	6	8	12	10
安徽	13	13	13	15	14	13	11
四川	12	15	12	11	12	10	12
湖北	7	10	7	10	10	9	13
湖南	14	14	14	14	13	14	14
天津	10	11	11	17	16	15	15
重庆	19	16	20	23	23	17	16
江西	18	18	19	24	19	16	17
陕西	24	19	21	13	18	20	18
吉林	16	20	16	20	15	19	19
贵州	21	27	25	21	24	22	20
广西	17	22	17	19	17	18	21
云南	22	23	22	22	21	23	22
山西	20	17	18	16	20	24	23
新疆	23	25	23	25	22	21	24
甘肃	25	24	24	18	25	25	25
海南	26	28	26	27	26	26	26
西藏	28	30	30	31	27	27	27
内蒙古	27	21	27	28	29	28	28
黑龙江	29	26	28	26	28	29	29
宁夏	31	29	29	30	30	30	30
青海	30	—	—	29	31	31	31

附表10　　2010—2016年中国区域中小企业综合景气指数排名

地区	2010年	2011年	2012年	2013年	2014年	2015年	2016年
华东	1	1	1	1	1	1	1
华南	2	2	2	2	2	2	2
华北	3	3	3	3	3	4	3
华中	4	4	4	4	4	3	4
西南	5	6	5	6	6	5	5
西北	7	7	7	7	7	6	6
东北	6	5	6	5	5	7	7

附表11　　2010—2016年中国主要城市中小企业综合景气指数

城市	2010年	2011年	2012年	2013年	2014年	2015年	2016年
苏州	133.86	138.99	138.99	136.38	140.06	137.19	134.97
杭州	124.26	126.16	127.82	124.01	124.73	125.87	120.35
广州	106.61	110.21	111.17	106.39	106.11	111.59	105.16
青岛	80.57	83.72	83.73	83.03	85.38	82.57	83.56
成都	64.19	67.14	70.01	65.63	75.69	68.55	67.04
福州	58.03	64.56	65.54	66.12	68.97	66.94	65.73
郑州	41.87	42.04	42.31	42.22	42.54	64.03	65.60
武汉	60.98	63.73	63.23	63.63	61.60	62.86	63.39
石家庄	36.23	36.53	36.70	38.68	39.79	62.05	63.05
大连	66.29	62.41	61.51	63.23	60.08	60.66	60.29
长沙	56.43	57.96	58.58	58.83	60.05	58.34	59.33
合肥	50.88	52.90	52.82	53.13	52.84	54.50	55.27
昆明	24.81	24.85	24.93	24.83	24.90	49.25	52.39
西安	42.93	49.08	48.47	48.82	59.01	49.91	51.24
贵阳	21.97	22.00	22.03	23.20	23.03	47.88	49.54
乌鲁木齐	22.33	22.38	22.38	22.49	21.83	45.10	46.36

附表12　2010—2016年中国主要城市中小企业综合景气指数排名

城市	2010年	2011年	2012年	2013年	2014年	2015年	2016年
苏州	1	1	1	1	1	1	1
杭州	2	2	2	2	2	2	2
广州	3	3	3	3	3	3	3
青岛	4	4	4	4	4	4	4
成都	6	5	5	6	5	5	5
福州	8	6	6	5	6	6	6
郑州	12	12	12	12	12	7	7
武汉	7	7	7	7	7	8	8
石家庄	13	13	13	13	13	9	9
大连	5	8	8	8	8	10	10
长沙	9	9	9	9	9	11	11
合肥	10	10	10	10	11	12	12
昆明	—	—	—	—	14	14	13
西安	11	11	11	11	10	13	14
贵阳	15	15	15	14	15	15	15
乌鲁木齐	14	14	14	15	16	16	16

参考文献

［德］奥利弗·索姆、伊娃·柯娜尔：《德国制造业创新之谜：传统企业如何以非研发创新塑造持续竞争力》，工业4.0研究院译，人民邮电出版社2016年版。

［美］丹尼尔·鲁斯：《改变世界的机器：精益生产之道》，余锋、陶建刚译，机械工业出版社2015年版。

［美］詹姆斯·P. 沃麦克、［英］丹尼尔·T. 琼斯、［美］亚力克·福奇（Alec Foege）：《工匠精神：缔造伟大传奇的重要力量》，陈劲译，浙江人民出版社2014年版。

［日］秋山利辉：《匠人精神：一流人才育成的30条法则》，陈晓丽译，中信出版社2015年版。

《支持中小企业"专精特新"发展的地方经验》，《中国中小企业》2014年第4期。

Engle, Robert F. and C. W. J. Granger, Co-integration and Error Correction: Representation, Estimation, and Testing [J]. *Econometrica*, 1987, 55, pp. 251–276.

G. H. Moore and Shiskin, Indicators of Business Expansions and Contractions [M]. NBER, New York, 1967.

Hamilton, J. D., Time Series Analysis [M]. Princeton University Press, 1994.

IUD中国政务舆情监测中心：《浙江版"大禹治水"：五水共治倒逼转型升级》，《领导决策信息》2014年第13期。

James H. Stock, Mark W. Watson, Interpreting the Evidence on Money-income Causality [J]. *Journal of Econometrics*, 1989, 40 (1), pp. 161–181.

Mitchell, W. C., Business Cycles: The Problem and Its Setting [M]. NBER,

New York, 1927.

Moore, G. H., *Business Cycle Indicators* [R]. Volume I, Princeton University Press, Princeton, 1961.

Moore, G. H., Statistical Indicators of Cyclical Revivals and Recessions [M]. reprinted in GH, 1950.

Samuelson, Paul A., Science and Stocks [J]. *Newsweek*, 1966 (19): 92.

阿里研究院:《2012—2014年阿里农产品电子商务白皮书》, 2015年。

阿里研究院:《2014年中国城市电子商务发展指数报告》, 2015年。

阿里研究院:《阿里巴巴小企业活跃指数报告 (aBAI)》, 2014年。

阿里研究院:《"互联网+"从IT到DT》。

阿里研究院:《农村电子商务三种模式》, 2013年。

阿里研究院:《中国淘宝村》, 电子工业出版社2015年版。

艾瑞咨询集团:《2012—2014年中国跨境电商市场研究报告》, 2015年。

艾瑞咨询集团:《2014年中国电子商务行业年度监测报告 (简版)》, 2014年。

毕大川、刘树成:《经济周期与预警系统》, 科学出版社1990年版。

蔡萌、苏丹丹:《义乌文交会发布一指数两榜单》,《中国文化报》2015年4月29日第2版。

曹方超:《山东中小企业借道"互联网+"提质增效》,《中国经济时报》2016年4月20日。

曹继军、颜维琦:《上市互联网企业景气指数首发》,《光明日报》2015年3月25日。

曹淑敏:《推进"互联网+"加快经济提质增效升级》,《人民论坛》2015年第6期。

陈迪红、李华中、杨湘豫:《行业景气指数建立的方法选择及实证分析》,《系统工程》2003年第21卷第4期。

陈刚:《制造业"机器换人"的浙江路径》,《浙江日报》2016年4月14日。

陈劲:《要有"互联网精神", 更要有"工匠精神"》,《解放日报》2015年4月17日。

陈灿、曹磊、郭勤贵、黄璜:《互联网+: 跨界与融合》, 机械工业出版社 2015 年版。

陈乐一、粟壬波、李春风：《当前中国经济景气走势的合成指数分析》，《当代经济研究》2014 年第 2 期。

陈磊、吴桂珍、高铁梅：《主成分分析与景气波动：对 1993 年中国经济发展趋势的预测》，《数量经济技术经济研究》1993 年第 7 期。

陈文博、余国新、刘运超：《基于新疆红枣产业景气分析的抗风险研究》，《新疆农业科学》2015 年第 2 期。

陈祥荣：《建设学习、服务、创新、效能、廉洁"五型工商"为我市加快基本实现现代化作出新贡献》，《杭州》2013 年第 3 期。

陈晓红、彭佳、吴小瑾：《基于突变级数法的中小企业成长性评价模型》，《研究财经研究》2004 年第 11 期。

陈晓红、邹湘娟、佘坚：《中小企业成长性评价方法有效性研究——来自沪深股市的实证》，《当代经济科学》2005 年第 5 期。

谌新民、葛国兴、李萍：《中国就业景气指数及其公共政策研究》，《广东社会科学》2013 年第 3 期。

程恩富、高建昆：《中国经济新常态重在提质增效》，《中国社会科学报》2015 年 9 月 17 日。

池仁勇、林汉川、蓝庆新等：《中国中小微企业转型升级与景气动态研究的调研报告》，中国社会科学出版社 2014 年版。

池仁勇、林汉川等：《转型期我国中小企业发展的若干问题研究》，中国社会科学出版社 2012 年版。

池仁勇、刘道学、林汉川、秦志辉等：《中国中小企业景气指数研究报告（2013）》，中国社会科学出版社 2013 年版。

池仁勇、刘道学、林汉川、秦志辉等：《中国中小企业景气指数研究报告（2014）》，中国社会科学出版社 2014 年版。

池仁勇、刘道学、林汉川、秦志辉等：《中国中小企业景气指数研究报告（2015）》，中国社会科学出版社 2015 年版。

池仁勇、谢洪明、程聪等：《中国中小企业景气指数研究报告（2011）》，经济科学出版社 2011 年版。

池仁勇：《区域中小企业创新网络形成、结构属性与功能提升：浙江省实证考察》，《管理世界》2005 年第 10 期。

从佩华：《浅谈企业的成长性及其财务评价方法》，《财会研究》1997 年第 9 期。

崔霞、李贝贝：《京房景气指数》，《数据》2013 年第 12 期。

崔宇丹、潘佳：《新产品开发风险与策略》，《职业圈》2007 年第 56 卷第 4 期。

邓圩：《转型升级助推业绩增长中小企业活力不断增强》，《人民日报》2015 年 3 月 2 日第 1 版。

电商平台 eBay：《大中华区跨境电子商务零售出口产业地图》，eBay 网，2014 年 4 月 1 日。

丁勇、姜亚彬：《我国制造业 PMI 与宏观经济景气指数关系的实证分析》，《统计与决策》2016 年第 3 期。

董文泉、高铁梅、陈磊、吴桂珍：《Stock–Watson 型景气指数及其对中国经济的应用》，《数量经济技术经济研究》1995 年第 12 期。

董文泉、高铁梅、姜诗章、陈雷：《经济周期波动的分析与预测方法》，吉林大学出版社 1998 年版。

冯明、刘淳：《基于互联网搜索量的先导景气指数、需求预测及消费者购前调研行为——以汽车行业为例》，《营销科学学报》2013 年第 3 期。

高铁梅、谷宇、王哲：《中国出口周期性波动及成因研究：基于主成分方法构建中国出口景气指数》，《商业经济与管理》2007 年第 2 期。

高铁梅、孔宪丽、王金明：《国际经济景气分析研究进展综述》，《数量经济技术经济研究》2003 年第 11 期。

高铁梅、梁云芳：《中国工业景气调查数据的综合分析》，《预测》2002 年第 21 卷第 4 期。

工业和信息化部赛迪智库中小企业形势分析课题组：《2014 年中国中小企业发展形势展望》，赛迪网，2013 年 3 月 12 日。

工业和信息化部中小企业司：《大力促进中小企业发展——〈中国制造 2025〉解读文章》，工业和信息化部中小企业司网，2015 年 5 月 22 日。

《工业企业景气指数》，《中国经济景气月报》2015 年 4 月 23 日。

龚盈盈：《基于景气指数的宏观经济监测预警系统研究》，武汉理工大学，2005 年。

辜胜阻、杨威：《"十二五"时期中小企业转型升级的新战略思考》，《江海学刊》2011 年第 5 期。

辜胜阻：《为小微企业大幅减负刻不容缓》，《中华工商时报》2012 年 3 月 28 日。

顾海兵、张帅：《"十三五"时期我国经济安全水平预测分析》，《中共中央党校学报》2016 年第 20 卷第 2 期。

郭艳丽：《对中西部欠发达地区中小企业发展的思考》，《山西经济日报》2014 年 4 月 15 日第 7 版。

郭志刚、贾善和：《产业集群助推四川县域经济发展》，《商业研究》2006 年第 16 期。

国家工信部：《关于做好 2016 年减轻企业负担工作的通知》，2016 年。

国家工信部：《国家发展改革委关于降低燃煤发电上网电价和工商业用电价格》。

国家工信部：《湖南省着眼大局抓减负　服务企业促发展》，2015 年。

国家工信部：《李克强：打赢全面实施营改增改革攻坚战》，2016 年。

国家工信部：《李克强主持召开国务院常务会议部署全面推开营改增试点进一步减轻企业税负》，2016 年。

国家工信部：《辽宁省大力帮扶企业减负脱困助力工业经济复苏》，2015 年。

国家工信部：《全面实施营改增让中国经济"动起来"》，2016 年。

国家工信部：《四川省多措并举减轻企业负担经济稳增长注入新动力》，2015 年。

国家经济贸易委员会中小企业司、国家统计局工业交通司和中国企业评价协会组成的联合课题组：《成长性中小企业评价的方法体系》，《北京统计》2001 年第 5 期。

国家开发银行研究院等：《经济周期出现微波化"新常态"》，《上海证券报》2015 年 1 月 5 日第 10 版。

何勇、张云杰：《海南省旅游景气指数构建研究》，《经济研究导刊》2014 年第 1 期。

胡培兆、朱惠莉：《需求结构波动的周期测定及与经济波动相关性分析》，《福建论坛》（人文社会科学版）2016 年第 2 期。

胡雯:《民建中央:建议加快营改增步伐减轻小微企业税负》,网易财经,2013年2月28日。

胡作华:《浙江对六类小微企业提供信用贷款服务》,新华网,2012年4月9日。

黄隽:《解读艺术品景气指数》,《21世纪经济报道》2015年4月6日第19版。

黄薇、徐建炜、徐奇渊:《领先指数:对未来经济趋势的推测》,中国社会科学院世界经济与政治研究所国际金融研究中心,工作论文2011年3月4日。

黄维成:《优序图法在评比中的应用》,《技术经济》1997年第3期。

黄晓波、曹春嫚、朱鹏:《基于会计信息的企业景气指数研究——以我国上市公司2007—2012年数据为例》,《南京审计学院学报》2013年第5期。

黄阳华:《德国"工业4.0"计划及其对中国产业创新的启示》,《经济社会体制比较》2015年第2期。

霍晨:《浅谈行业景气指数与企业信用评级——以商业企业财务信用评级为例》,《中国经贸导刊》2015年第2期。

机械工业信息研究院:《我国中小企业"专精特新"发展调查研究》,《中国中小企业》2014年第4期。

贾帆联、林洁、易双云:《浙江工业企业"机器换人"情况调查》,《政策瞭望》2013年第8期。

蒋小华:《不一样的美国工匠精神/为什么需要新工匠精神》,凤凰网,蒋小华管理培训专栏,2016年5月5日,http://blog.ifeng.com/article/44682695.html?touping,2016年5月10日。

交通银行:《中国财富景气指数报告》,《金融博览》(财富)2015年第6期。

科技部火炬高技术产业开发中心、中国高新技术产业导报社:《我国促进科技成果转化的若干新趋势研究》,科学技术部火炬高技术产业开发中心,http://www.chinatorch.gov.cn/kjb/llyj/201312/24b06c87bc2d45689f7eae2f6d9bbff4.shtml,2013年12月21日。

孔宪丽、何光剑:《中国汽车工业景气指数的开发与应用》,《统计与决策》2007 年第 3 期。

赖福平：《工业企业景气指数研究与实证分析》，暨南大学，2005 年。

李柏洲、孙立梅：《基于 β 调和系数法的中小型高科技企业成长性评价研究》，《哈尔滨工程大学学报》2006 年第 6 期。

李庚寅、周显志：《中国发展中小企业支持系统研究》，经济科学出版社 2003 年版。

李丽辉：《营改增试点一年减税 426.3 亿元　中小企业税负降 40%》，《人民日报》2013 年 2 月 18 日。

李平：《嘉善百家企业"景气"》，《经贸实践》2015 年第 4 期。

李思：《中国经济景气指数呈现波动》，《上海金融报》2015 年 4 月 10 日第 B10 版。

李思：《"微金融"发展大有可为》，上海金融新闻网，http：//www. shfinancialnews. com/，2012 年 7 月 10 日。

李维安：《中小企业发展电子商务的模式探析》，浙江工业大学，2008 年。

李文溥、尚琳琳、林新：《地区经济景气指数的构建与景气分析初探》，《东南学术》2001 年第 6 期。

李晓佳：《马桶盖背后——经济循环二元分裂与中国制造困境》，财新网，2015 年 4 月 15 日，http：//opinion. caixin. com/2015 - 04 - 15/100800364. html，2016 年 4 月 27 日。

李扬：《小微金融发展迎来新起点》，新浪财经，http：//finance. sina. com. cn/，2012 年 5 月 15 日。

李贞、杨金祥、袁婷婷：《科技成果转化研究的反思与启示》，《广西民族大学学报》（哲学社会科学版）2006 年第 1 期。

廖蓁、王明宇：《跨境电商现状分析及趋势探讨》，《电子商务期刊》2014 年。

林汉川、池仁勇、秦志辉等：《中国中小企业发展研究报告（2013）》，企业管理出版社 2013 年版。

林汉川、管鸿禧：《中国不同行业中小企业竞争力评价比较研究》，《中国社会科学》2005 年第 3 期。

林汉川等：《中小企业的界定与评价》，《中国工业经济》2000 年第 7 期。

刘存信：《2015 年一季度我国安防行业经济"低调"开局，类似去年同期》,《中国安防》2015年第8期。

刘道学、池仁勇等:《中国中小企业景气指数研究报告(2012)》,经济科学出版社2012年版。

刘方:《中国中小企业发展状况与政策研究》,《当代经济管理》2014年第2期。

刘娟:《中小企业国际化与电子商务应用研究》,经济科学出版社2014年版。

刘艳:《中小企业资金管理策略研究》,吉林大学,2013年。

刘元鹏:《中小企业开展电子商务的模式选择》,西南财经大学,2013年。

陆静丹、张雅文、洪伟芳、陈健、陈俊梁:《就业景气指数实证研究》,《人力资源管理》2014年第3期。

罗兰:《企业负担轻了有活力减税不会挤瘪财政"钱袋子"》,《人民日报》(海外版)2013年1月4日。

罗淑君:《浙江省移动商务发展策略研究》,浙江师范大学,2011年。

吕香亭:《综合评价指标筛选方法综述》,《合作经济与科技》2009年第3期。

倪明:《中小企业信息化问题的研究》,安徽农业大学,2003年。

钮军:《中小企业的电子商务发展模式研究》,北京交通大学,2009年。

潘峰、田雄:《中小企业科技成果转化的模式研究》,《当代经济》2006年第3期。

庞淑娟:《钢铁行业景气周期预测方法研究》,《中国物价》2015年第6期。

彭龙、张晨昊:《中国电商市场发展报告》,人民邮电出版社2015年版。

彭十一:《中国中小企业界定标准的历史回顾及评价》,《商业时代》2009年第32期。

彭瑜:《中小型企业如何迈向智能制造》,《智慧工厂》2015年第11期。

彭元正:《我国一季度石油产业景气指数分析——石油产业步入新常态深化改革成为关键点》,《中国石油企业》2015年第4期。

戚少成:《景气指数的概念、种类和数值表示方法》,《中国统计》2000年第11期。

乔冒玲:《构建企业成长性评价指标初探》,《南京工业大学学报》(社会科学版）2002年第1期。

卿倩、赵一飞：《全球干散货航运市场景气指数的建立与研究》，《西南民族大学学报》（自然科学版）2012年第2期。

屈魁等：《完善工业企业景气监测动态调整机制》，《金融时报》2015年1月19日第11版。

瞿麦生：《论层次分析法的经济逻辑基础：兼论经济思维层次性原则》，《天津商业大学学报》2008年第28卷第4期。

任桂萍、李思明：《黑龙江省科技成果转化瓶颈问题分析及对策研究》，《商业经济》2016年第2期。

任旭东：《解读大数据反映大趋势——有色金属产业景气指数意义重大》，《中国有色金属》2015年第1期。

阮俊豪：《BDI指数风险测度及其与宏观经济景气指数关系的实证研究》，《经济视野》2013年第8期。

上海国际航运研究中心：《中国航运景气指数创历史新低》，《中国水运报》2016年5月9日。

史亚楠：《基于扩散指数的中国经济景气预测》，《财经界》2014年第11期。

孙赫、王晨光：《山东省旅游景区景气指数研究》，《商业经济研究》2015年第1期。

孙延芳、胡振：《中国建筑业景气指数的合成与预测》，《统计与决策》2015年第11期。

孙泽厚、黄箐：《市场预测的景气问卷模糊预测法》，《工业技术经济》1997年第16卷第2期。

孙智强：《苏北地区科技成果转化服务体系建设研究》，《特区经济》2016年第3期。

唐福勇：《长三角小微企业景气度好转》，《中国经济时报》2015年2月12日第1版。

田国垒：《浙江民营企业转型升级之道》，中国管理传播网，2009年5月27日。

田俊荣：《中小企业税费调查：实际税负为何比大企业还高》，《人民日报》2013年4月16日。

万春霞：《发展产业集群壮大县域经济》，四川大学，2007年。

汪倩：《中小企业信息化建设面临的障碍及对策》，《现代情报期刊》2004年第2期。

汪向东、梁春晓：《"新三农"与电子商务》，中国农业科学技术出版社2014年版。

汪勇婷、谢印成：《阿里巴巴电子商务平台的功能挖掘与中小企业应用对策探讨》，《中国民营科技与经济》2007年第9期。

汪中求：《日本工匠精神：一生专注做一事》，《解放日报》2015年8月17日。

王呈斌：《基于问卷调查的民营企业景气状况及其特征分析》，《经济理论与经济管理》2009年第3期。

王恩德、梁云芳、孔宪丽、高铁梅：《中国中小工业企业景气监测预警系统开发与应用》，《吉林大学社会科学学报》2006年第5期。

王恩德：《工业景气调查在工业生产形势分析中的应用》，中国电子学会工业工程学会第五届年会，1997年。

王尔德：《"中国制造2025"应与"一带一路"无缝对接》，《21世纪经济报道》2015年5月21日第7版。

王桂虎：《"新常态"下的宏观经济波动、企业家信心和失业率》，《首都经济贸易大学学报》2015年第1期。

王晖、陈丽、陈垦、薛漫清、梁庆：《多指标综合评价方法及权重系数的选择》，《广东药学院学报》2007年第5期。

王辉：《我国中小企业电子商务发展模式》，武汉理工大学，2005年。

王继承：《中小企业2013年度报告》，《中国经济报告》2014年第2期。

王茜：《我国中小企业信息化建设的价值分析》，天津大学，2012年。

王潼、张元生、李凯、宫维可、刘欲：《景气问卷模糊预测方法及其在中国的应用》，《预测》1991年第4期。

王伟明：《BDI指数对我国上市航运企业业绩影响的实证研究》，《亚太经济》2016年第2期。

王亚南：《湖北20年文化消费需求景气状况测评——基于内生动力的文化发展民生成效视角》，《江汉学术》2013年第4期。

王祖强：《探索建立"五水共治"的长效机制》，《浙江经济》2014年第

23期。

翁晋阳、Mark、管鹏、文丹枫：《再战跨境电商》，人民邮电出版社2015年版。

邬关荣、刘婷、唐琼：《浙江省广告业景气指数的编制与分析》，《江苏商论》2014年第12期。

吴春青：《我国中小企业信息化建设的问题及对策》，《产业与科技论坛》2008年第1期。

吴凤菊：《江苏省中小企业政策景气指数的现状及原因分析》，《当代经济》2016年第1期。

吴家曦、李华燊：《浙江省中小企业转型升级调查报告》，《管理世界》2009年第8期。

吴君、吴业明：《我国货币政策的非对称性效应：基于消费者景气指数分析》，《数学的实践与认识》2015年第3期。

吴小明：《我国中小企业发展电子商务策略研究》，华中师范大学，2012年。

吴晓波：《去日本买只马桶盖》，搜狐财经，2015年1月31日，http://business.sohu.com/20150131/n409252763.shtml。

吴瑛：《温州新型农村金融机构问题与对策研究》，《浙江万里学院学报》2012年第6期。

吴勇毅：《微时代电商Style》，《销售与市场》（管理版）2013年第5期。

吴智慧：《工业传统制造业转型升级的新思维与新模式》，《家具》2015年第1期。

武鹏、胡海峰：《中国金融风险指数FRI的构建及经济预测的检验》，《统计与决策》2016年第2期。

肖欢明、苏为华、陈骥：《产业链视角下的纺织业景气评价与预警研究——以浙江省为例》，《财经论丛》2014年第1期。

肖欢明：《行业景气与行业股价关系的实证研究——以纺织服饰行业为例》，《金融经济》2015年第10期。

肖加其、苏文希：《中小企业科技成果转化投融资现状及投融资机制的探讨》，《企业技术开发》2012年5月下旬刊。

肖阳阳：《中国上市公司研发投入影响因素实证研究》，中南大学，

2008 年。

谢海燕：《各地陆续启动扶助小微企业专项行动将改善融资服务》，中国中小企业信息网，2013 年 4 月 8 日。

刑伟：《对浙江家族企业问题的几点思考》，《商场现代化》2006 年第 8 期。

徐国祥、郑雯：《中国金融状况指数的构建及预测能力研究》，《统计研究》2013 年第 8 期。

徐科：《小微企业减负刻不容缓 政策仍需再发力》，《证券日报》2012 年 12 月 2 日。

徐小平：《发展中小企业集群 实现中部县域经济跨越式发展》，《武汉理工大学学报》（社会科学版）2011 年第 8 期。

许慧楠、吴兰德、顾姝姝：《南通市中小企业景气调研分析——以纺织业为例》，《市场周刊》（理论研究）2016 年第 3 期。

许谏：《把握经济周期看准"钟点"投资》，《现代物流报》2013 年 4 月 28 日第 A19 版。

许阳千：《基于景气指数理论框架的广西区域经济预警系统构建》，《广西经济管理干部学院学报》2013 年第 2 期。

许洲：《景气分析之物价水平波动》，《投资与合作》2013 年第 8 期。

《百度中小企业景气指数 2015 年一季度报告》，《学习时报》2015 年 4 月 20 日第 4 版。

杨婷：《两大指数双双回落工业生产形势严峻——2015 年四季度盐城市亭湖区工业企业景气调查报告》，《新经济》2016 年第 12 期。

杨婷：《中小企业移动互联网营销模式研究》，安徽大学，2014 年。

杨晓光、鲍勤：《新常态下的中国经济转型——在阵痛中稳步前行》，《中国科学院院刊》2016 年第 3 期。

叶华：《浅谈中国外贸跨境电子商务的发展》，《湖北经济学院学报》（人文社会科学学报）2013 年第 11 期。

殷克东、高文晶、徐华林：《我国海洋经济景气指数及波动特征研究》，《中国渔业经济》2013 年第 4 期。

于德泉：《影响经济波动的国际因素分析》，《中国物价》2016 年第 4 期。

余思成、周桂荣：《中小企业转型升级的关键问题及解决对策分析》，《环渤海经济瞭望》2015年第4期。

余韵、陈甲斌、冯丹丹、张艳：《基于合成指数模型的中国煤炭行业周期波动研究》，《资源科学》2015年第5期。

张洪国：《智能制造生态链：助力中小企业创新发展》，《互联网经济》2015年第5期。

张捷、王霄：《中小企业金融成长周期与融资结构变化》，《世界经济》2002年第9期。

张金如：《浙江省中小企业发展报告（2014）》，浙江工商大学出版社2014年版。

张凌云、庞世明、刘波：《旅游景气指数研究回顾与展望》，《旅游科学》2009年第23卷第5期。

张宁：《谁来破解中小企业融资困局》，《企业观察报》，中国经济网，http://finance.ce.cn/rolling/201503/16/t20150316_4832452.shtml，2005年3月16日。

张同斌：《中央企业发展与宏观经济增长——基于景气合成指数和MS—VAR模型的实证研究》，《统计研究》2015年第3期。

张伟斌、葛立成：《2013年浙江发展报告》，杭州出版社2013年版。

张炜、方辉、刘信：《浙江省战略性新兴产业景气指数研究》，《科技管理研究》2015年第4期。

张彦、魏钦恭、李汉林：《发展过程中的社会景气与社会信心——概念、量表与指数构建》，《中国社会科学》2015年第4期。

张艳芳、江飞涛、谭运嘉：《中国工业景气指数构建与分析》，《河北经贸大学学报》2015年第4期。

张扬：《我国中小企业发展电子商务研究》，首都经济贸易大学，2012年。

张洋：《企业景气指数与宏观经济波动研究》，北京工商大学，2005年。

张永军：《经济景气计量分析方法与应用研究》，中国经济出版社2007年版。

张宇青、周应恒、易中懿：《经济预警指数、国房景气指数与CPI指数波动溢出实证分析——基于三元VAR – GARCH – BEKK模型》，《统计与信息论坛》2014年第3期。

赵陈诗卉、祝继常：《铁路货运市场景气指数构建与应用》，《中国铁路》

2016年第2期。

赵军利：《经济学家信心指数总体回升——2015年一季度中国百名经济学家信心调查报告》，《中国经济景气月报》2015年第4期。

赵乃育：《中国宏观税负仍有下调空间》，《人民日报》（海外版）2013年3月1日。

赵晓晖：《我国中小企业信息化发展现状与对策研究》，燕山大学，2013年。

支小军、王伟国、王太祥：《我国棉花价格景气指数构建研究》，《价格理论与实践》2013年第1期。

中国出版传媒商报专题调查组：《"十问"书业景气指数》，《中国出版传媒商报》2015年1月16日第1版。

中国互联网络信息中心：《2012年上半年中国中小企业互联网应用状况调查报告》，2012年10月。

中国互联网络信息中心：《2012年下半年中国中小企业互联网应用状况调查报告》，2013年1月。

中国互联网络信息中心：《2013年上半年中国企业互联网应用状况调查报告》，2013年7月。

中国互联网络信息中心：《2013年下半年中国企业互联网应用状况调查报告》，2014年1月。

中国互联网络信息中心：《2014年下半年中国企业互联网应用状况调查报告》，2015年2月。

中国互联网协会：《2015中国互联网产业综述与2016发展趋势报告》，2016年。

中国柯桥纺织指数编制办公室：《产出回缩销售上涨景气指数微升》，《中国纺织报》2015年6月3日第4版。

刘元春、闫衍、刘晓光：《持续探底进程中的中国宏观经济——2015—2016年中国宏观经济分析与预测》，《经济理论与经济管理》2016年第1期。

中国中小企业发展促进中心：《2015年全国企业负担调查评价报告》，《中国中小企业》2015年第11期。

周德全：《中国航运企业景气状况分析与预测》，《水运管理》2013年第

7期。

周东峰、马政：《中小企业科技成果转化问题及对策初探》，《青海科技》2009年第2期。

周跃锋、李英博：《工业4.0背景下中小企业未来之路的探讨》，《科技和产业》2014年第11期。

朱宏任：《积极推动扶持小微企业政策出台》，《中国证券报》2012年12月10日。

朱军、王长胜：《经济景气分析预警系统的理论方法》，中国计划出版社1993年版。

朱顺泉：《基于突变级数法的上市公司绩效综合评价研究》，《系统工程理论与实践》2002年第2期。

朱云英：《浅论统计指标和景气指数对工业经济的预测意义》，《中国外资》2013年第5期。

庄幼绯、卢为民、毛鹰翱、李毅：《土地市场景气指数编制的探索与实践——以上海土地市场为例》，《上海国土资源》2016年第1期。

邹洪伟：《投资景气指数的研究》，北方工业大学，2002年。

邹磊、徐策：《实施"互联网+"行动计划推动提质增效升级（上）》，《宏观经济管理》2015年第6期。